Der Schönbuch

Mensch und Wald in Geschichte und Gegenwart

Ingrid Gamer-Wallert
Sönke Lorenz (Hrsg.)

DER SCHÖNBUCH

Mensch und Wald in Geschichte und Gegenwart

ATTEMPTO

Die Deutsche Bibliothek – CIP-Einheitsaufnahme

Der **Schönbuch**: Mensch und Wald in Geschichte und Gegenwart / Ingrid Gamer-Wallert; Sönke Lorenz (Hrsg.). – Tübingen: Attempto, 1999
(Veröffentlichungen des Alemannischen Instituts; Nr. 66)
ISBN 2-89308-292-1

Wir danken allen Rechteinhabern für die Genehmigung zum Abdruck des Bildmaterials.

Die Herausgeber und der Verlag danken der Stiftung der Württembergischen Hypothekenbank für Kunst und Wissenschaft, der Vereinigung der Freunde der Universität Tübingen e.V. (Universitätsbund), Herrn Ehrensenator Prof. e.h. Dr. h.c. Adolf Merckle, Blaubeuren, dem Alemannischen Institut Freiburg und dem Verein der Freunde und Förderer des Instituts für Geschichtliche Landeskunde und Historische Hilfswissenschaften herzlich für die gewährte finanzielle Unterstützung bei der Drucklegung des Bandes.

Dischingerweg 5 · D-72070 Tübingen

 Gedruckt auf chlorfrei gebleichtem und säurefreiem Werkdruckpapier.

Titelbild: A. Kieser; Ortsansicht von Bebenhausen
(HAStAS, H 107/18 Nr. 52)
Satz und Druck: Gulde, Tübingen
Einband: Koch, Tübingen
Printed in Germany

ISBN 3-89308-292-1

Vorwort

Vor genau 30 Jahren faßten der erste Band der Kreisbeschreibung Tübingens, vor allem aber die Hermann Grees verdankte Veröffentlichung einer im Rahmen der »Interdisziplinären Gespräche über Fragen der Landeskunde« des Alemannischen Instituts veranstalteten Vortragsreihe den neuesten Forschungsstand zum Schönbuch zusammen. Zwei Jahrzehnte später edierte Gerhard Einsele die Ergebnisse eines landschaftsökologischen Forschungsprojekts der Deutschen Forschungsgemeinschaft zum »Naturpark Schönbuch«. Damit verabschiedete sich die Forschung zu diesem, vor den Toren der alten württembergischen Landesuniversität gelegenen Waldgebiet aber keineswegs, sie hat vielmehr in weiteren DFG-Projekten, Habilitationsschriften, Dissertationen, Magister- und Diplomarbeiten immer wieder neuen Auftrieb erfahren. Die neuesten Ergebnisse zu bündeln und auch einem weiteren Leserkreis zugänglich zu machen, war im Sommer 1996 das Ziel einer gemeinsam mit dem Alemannischen Institut veranstalteten Ringvorlesung zum Schönbuch im Studium generale der Eberhard-Karls-Universität, der Anlaß das bevorstehende 25jährige Jubiläum des 1972 zum ersten »Naturpark von Baden-Württemberg« erklärten Schönbuchs.

Die Aufgabe dieser Ringvorlesung sollte sein, den Schönbuch in seiner Ganzheit als Naturraum und Kulturlandschaft zu erfassen, als geographisch-geologischen Raum, als Waldgebiet mit seinem Nutzen, aber auch seinen Problemen durch die Jahrhunderte hindurch – es sei hier nur an die Auswirkungen der »Wilden Wiebke« des Jahres 1990 erinnert –, seiner Umstrukturierung zum neuen Wald, als Lebensraum für Pflanzen und Tiere, von Pilz-Wurzelsymbiosen bis zu den Säugetieren, als Lebens- und Siedlungsraum auch für den Menschen mit dessen zahlreichen und vielfältigen Hinterlassenschaften seit neolithischer Zeit, mit Kloster Bebenhausen und dem Einsiedel als geistlichen und kulturellen Zentren der Region vom Mittelalter bis in die frühe Neuzeit, deren Beziehungen zu den Schönbuchgemeinden, als Raum, der die Phantasie von Erzählern und Dichtern beflügelte. Wie stark der Schönbuch die Kartographen seit dem Beginn des 15. Jahrhunderts beschäftigte, zeigte eine die Ringvorlesung begleitende, von Hermann Grees konzipierte und mit Unterstützung der Forstdirektion Tübingen-Bebenhausen, des Landesvermessungsamtes Baden-Württemberg und des Kulturamts der Stadt Tübingen gestaltete Ausstellung zum Thema »Der Schönbuch im Kartenbild der Jahrhunderte«.

Der vorliegende Band faßt die Beiträge von dreizehn Referenten der Ringvorlesung zusammen, Geistes-, Natur- und Forstwissenschaftlern, und legt damit einen wesentlichen Ausschnitt intensiver Forschertätigkeit der letzten drei Jahrzehnte vor. Zugleich vermittelt er einen Überblick über die historischen Karten zum Schönbuch.

Den Herausgebern ist es ein Anliegen, ein Wort des Dankes zu sagen.

Der Dank gilt zu allererst den Autoren, die zum Teil noch unpublizierte Wissen zur Verfügung stellten. Er gilt jenen, die durch ihre finanzielle Unterstützung das Erscheinen dieses Bandes möglich machten, so der Stiftung der Württembergischen Hypothekenbank für Kunst und Wissenschaft, der Vereinigung der Freunde der Universität Tübingen e.V. (Universitätsbund), Herrn Ehrensenator Prof. e.h. Dr. h.c. Adolf Merckle, Blaubeuren, dem Alemannischen Institut Freiburg sowie dem Verein der Freunde und Förderer des Instituts für Geschichtliche Landeskunde und Historische Hilfswissenschaften.

Er gilt schließlich dem Attempto-Verlag und seinem hochmotivierten Team.

Ingrid Gamer-Wallert Sönke Lorenz

Inhalt

Der Schönbuch als Forschungsobjekt einst und heute

Ingrid Gamer-Wallert

Am 27. März 1972 wurde der Schönbuch zum ersten Naturpark von Baden-Württemberg erklärt mit dem Ziel, in ihm für Pflanzen und Tiere eine ökologische Ausgleichzone zu bewahren und gleichzeitig für die Menschen des von Norden her expandierenden Großballungsraums Stuttgart und »Mittlerer Neckar« einen landschaftsbezogenen Erholungsraum zu gestalten.[1] Damit war, wie der damalige Ministerpräsident Hans Filbinger versicherte, das langjährige Gespenst eines Großflughafens an seiner Stelle »endgültig aus der Diskussion ausgeschieden«.

Ca. 120 km² umschließt dieses noch weitgehend geschlossene Waldgebiet zwischen dem Ammer- und Aichtal, dem Herrenberger Gäu und den Fildern, ein *Naturraum,* der gar nicht so homogen ist, wie es auf den ersten Blick scheinen könnte, der sogar eher als recht inhomogen bezeichnet werden muß aufgrund vielfältiger natürlicher Gegebenheiten, etwa in bezug auf den geologischen Untergrund, das Relief, den Boden, die Waldbestände, eine *Kulturlandschaft* zugleich, die seit vorgeschichtlichen Zeiten besiedelt war, im 1. vorchristlichen Jt. von Kelten, die später die Römer ablösten, seit etwa der Mitte des 5. Jhs. n.Chr. die Alemannen, in der im Mittelalter etwa 70 Dörfer Nutzungsrechte hattten und wo Menschen vielfältigsten Tätigkeiten im Walde nachgingen als Beeren- und Pilzesammler, Hirten, Holzfäller, Zimmerleute, Steinbrucharbeiter, Köhler, Glasbläser, Förster und anderes mehr,[2] eine Kulturlandschaft mit Einsiedeleien, Klöstern, Burgen und Schlössern, in denen Mönche wirkten und Grafen, Herzöge, gar Könige unter anderem ihrer Jagdleidenschaft nachgingen. Fernstraßen durchzogen den Raum, stellten die Verbindung her zwischen dem Oberrhein und der Donau, zwischen Pforzheim und Urach. Märchen und Phantasien beseelten ihn, Ausdruck des sich in der Waldeinsamkeit fürchtenden Menschen, etwa vor der Gestalt des Ranzenpuffers, eines Waldgeistes, der im Schönbuch Jahrhunderte lang sein Unwesen getrieben haben soll. Denksteine bezeugen bis heute Unglücksfälle, aber auch Verbrechen, deren Opfer Bauern, Waldarbeiter, Förster und Jagende wurden. Das berühmteste dieser Opfer war Ritter Hans von Hutten, der im Mai des Jahres 1515 von Herzog Ulrich während einer Jagd im Böblinger Wald ermordet wurde, sterben mußte, weil jener sich in Ursula Thumb von Neuburg, die Ehefrau seines Stallmeisters, verliebt hatte. Das vor einigen Jahren in Dettenhausen eröffnete Schönbuch-Museum vermittelt ein anschauliches Bild von all diesem.

Einerseits vor den Toren der Landeshauptstadt gelegen, andererseits aber auch vor jenen der württembergischen Landesuniversität, ist der Schönbuch relativ früh zum Forschungsobjekt geworden, wobei die Fragestel-

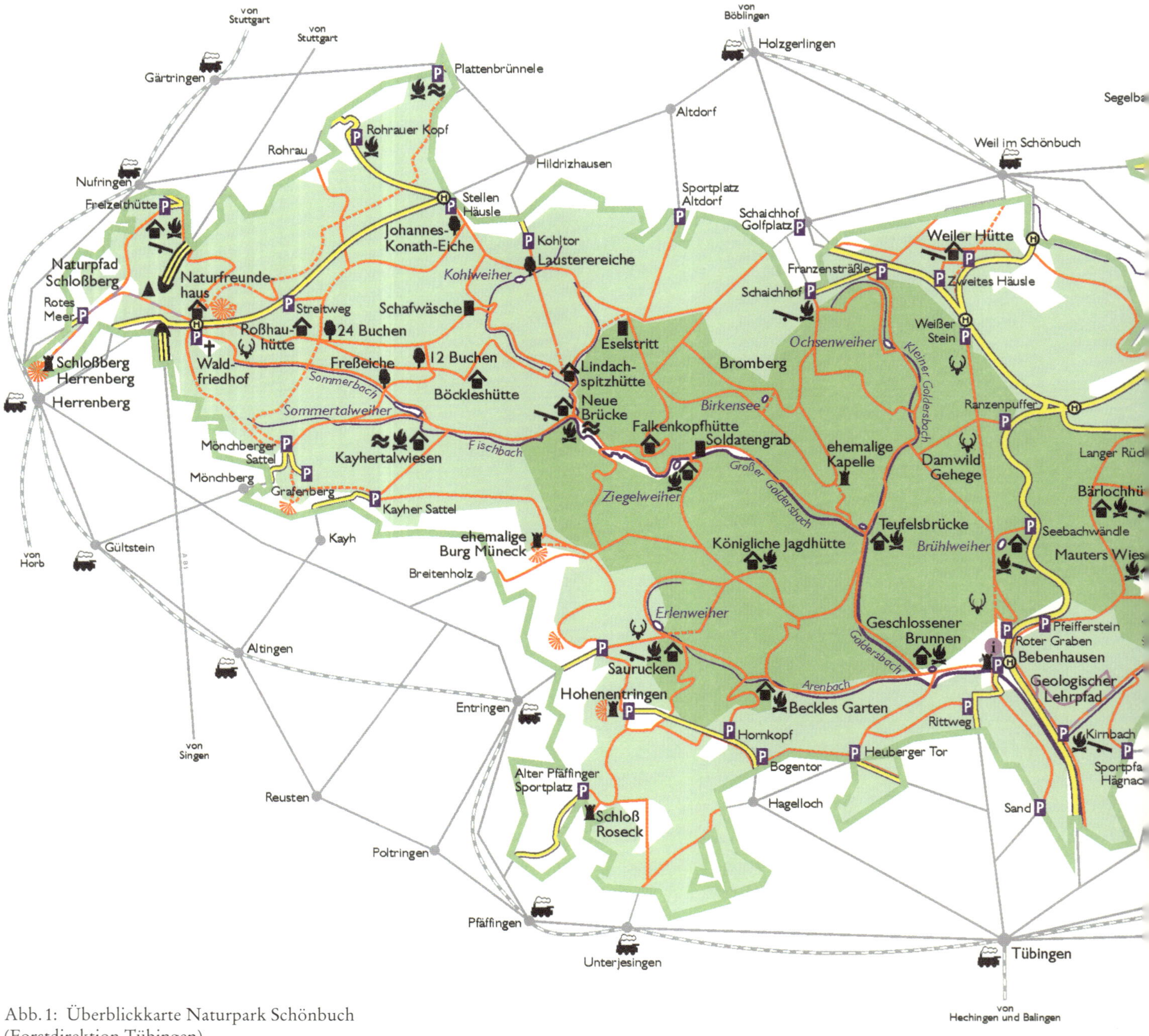

Abb. 1: Überblickkarte Naturpark Schönbuch
(Forstdirektion Tübingen)

BUCH

Stand: 1. Juli 1996

INFORMATIONSZENTRUM
Naturpark Schönbuch im Schreibturm des Klosters Bebenhausen

SCHÖNBUCH-MUSEUM
in Dettenhausen mit den Abteilungen Stein–Wald–Jagd. Auskunft und Anmeldung für Führungen: Gemeinde Dettenhausen, Forstdirektion Tübingen und Informationszentrum Naturpark Schönbuch.

Weitere Informationen, Hinweise und Wandervorschläge finden Sie auf der offiziellen **KARTE** der Naturparkverwaltung „Naturpark Schönbuch", herausgegeben vom Landesvermessungsamt Baden-Württemberg.

- Naturparkgrenze
- Wald außerhalb/innerhalb Rotwildgatter
- Siedlungsfläche
- für den Kfz-Verkehr freigegebene Straße
- Bushaltestelle
- Bahnhof
- Wanderparkplatz
- ausgeschilderter Weg (befestigt)
- ausgeschilderter Fußweg
- Lehrpfad
- Aussichtspunkt
- Grillplatz
- Schutzhütte
- Spielplatz, Spielwiese
- Wassertretbecken
- Wildgehege
- sehenswerter Baum
- Gedenkstein, Bodendenkmal
- Burg, Schloß, Ruine
- Funkturm

lungen sich im Laufe der Zeit erweitert und ausdifferenziert haben. Es ist das Verdienst von Hermann Grees, den Weg der landeskundlichen Erforschung des Schönbuchs von seinen Anfängen im 15. und 16. Jh. bis zum Jahre 1968 nachvollzogen und aufgelistet und uns gleichzeitig eine ausführliche Bibliographie an die Hand gegeben zu haben.[3] So können wir uns hier auf einige Marksteine konzentrieren.

Wie Grees gezeigt hat, diktierten die Erforschungswege des Schönbuchs zunächst weitgehend Aufgaben und Bedarf der Waldwirtschaft. Es waren Kartographen gefragt, u.a. Mathematiker und Astronomen der Tübinger Universität wie Wilhelm Schickart (1592–1635). Seine dem Raum zwischen Böblingen und Balingen-Trochtelfingen gewidmete kolorierte Federzeichnung des Jahres 1634 (der allein erhalten gebliebene Entwurf eines von 20 Blättern der Topographia Wirtembergiae) war zum erstenmal auf der Basis genauerer Vermessungen erstellt, die über eineinhalb Jahrhunderte die Grundlage weiterer Karten bilden sollten, bis nochmals ein Tübinger Mathematiker und Astronom, Johann Gottlieb Friedrich von Bohnenberger (1765–1831), diese, nun von der Sternwarte im Nordostturm des Schlosses Hohentübingen aus, mit Hilfe der Triangulation verbessern und zusammen mit Ambros Ignaz Ammann und E.H. Michaelis zwischen 1798 und 1828 für das ganz Schwaben in 54 Blättern wiedergebende Kartenwerk (Charte von Schwaben) nutzen konnte, darunter auch Blatt 8, das dem Schönbuch galt und zum erstenmal mit brauchbarer Reliefwiedergabe (Höhenschraffen) versehen war. Den weiteren Weg der kartographischen Erfassung des Schönbuchs hat Hermann Grees in einer im Sommer 1996 im Winterrefektorium des Klosters Bebenhausen konzipierten erfolgreichen Ausstellung zum »Schönbuch im Kartenbild der Jahrhunderte« aufgezeigt. Er läßt sich zudem nachvollziehen in dem unmittelbar nach der Ausstellung im gleichen Jahr erschienenen, von Wolfgang Sannwald herausgegebenen und von Hermann Grees mitgestalteten Band »Schönbuch, Neckar, enge Gassen. Ortspläne und Landkarten aus vier Jahrhunderten«.[4]

Ebenso alt wie die ersten Vesuche der Kartographierung des Schönbuchs ist, wie Grees aufgezeigt hat, das historisch-topographische bzw. geographisch-landeskundliche Interesse an diesem großen Waldgebiet.

Für ersteres mögen die Namen des herzöglichen Leibarztes Oswald Gabelkover (1539–1616)[5] und des Tübinger Philologen Martin Crusius (1526–1607)[6] stehen, in diesem Zusammenhang genannt sei aber auch die Hildrizhausener und Herrenberger Chronik von Eiselin (um 1620), Niedermayer (1680–1702) und Gottlieb Friedrich Heß (1697–1761)[7] sowie schließlich Christian Friedrich Sattlers »Topographische Geschichte«.[8] Für die geographische Landeskunde haben Gottlieb Friedrich Rösler[9] und später Eduard Schwarz[10] die Grundlagen gesetzt, wobei letzterer bereits die Ergebnisse der ebenfalls relativ früh einsetzenden geologischen Beobachtungen mitverarbeitete.

Mit dem Beginn des 19. Jhs. beginnt die Phase der Spezialuntersuchungen. Neben historisch- topographische und geographisch-landeskundliche Fragen treten nun verstärkter solche zur Pflanzenwelt des Schönbuchs in den Vordergrund sowie nach seiner Kulturgeschichte. Es ist die Zeit von Eduard Paulus (1803–1878),[11] der auch bereits die erste archäologische Karte des Schönbuchs vorlegte, von Christoph Friedrich Stälin (1805–1873)[12] und Ludwig Schmid,[13] von Friedrich August von Quenstedt (1809–1889)[14], für den 1837 an der Tübinger Universität eigens ein Lehrstuhl für Geologie geschaffen wird, von Hubert von Mohl, der im Jahr 1863 in Tübingen die erste naturwissenschaftliche Fakultät einer deutschen Hochschule gründete, und nicht zuletzt des Oberforstrats Friedrich August Tscherning,[15] dem 1877 für seine Bebenhausener Untersuchungen die wohlverdiente Ehrendoktorwürde verliehen wurde. Die Ergebnisse münden in die ersten Oberamtsbeschreibungen rund um den Schönbuch, die kurz nach der Mitte des 19. Jhs. erscheinen, insbesondere jene von Tübingen aus dem Jahr 1867, die den aktuellen Stand der Forschung zusammenfassen und zusätzlich bereichert werden durch eigens dazu verfaßte Spezialbeiträge.

Wie schon gesagt, bedeutete die Oberamtsbeschreibung Tübingens von 1867 einen Meilenstein in der landeskundlichen Forschung auch zum Schönbuch. Dann aber sollte es weiterer hundert Jahre Forschung bedürfen für einen vergleichbaren, in dem 1967 erschienenen 1. Band der Kreisbeschreibung Tübingens[16] verwirklichten, der seinerseits auf in den letzten hundert Jahren sehr intensiv geführten einschlägigen Forschungsaktivitäten fußen konnte. Inzwischen waren, um nur die wichtigsten zu nennen, die Arbeiten von F.Hertlein/O. Paret/P.Goessler,[17] Oskar Paret,[18] Friedrich Huttenlocher,[19] Adolf Mayer,[20] Ferdinand Graner,[21] Max Zeyher[22] sowie Rudolf Kieß[23] erschienen, Torsten Capelle, Siegwalt Schiek, Oskar Paret, Robert Roeren, Hans Jänichen, H.Hoffmann, Paul Filzer und andere mehr lieferten zusätzliche wertvolle Spezialbeiträge.

Im gleichen Jahr 1967 bildete der Schönbuch das Rahmenthema innerhalb der »innerdisziplinären Gespräche über Fragen der Landeskunde« des Alemannischen Instituts. Initiiert hatten diese landeskundliche Veranstaltung die Tübinger Professoren Karl-Heinz Schröder und Hansmartin Decker-Hauff zusammen mit Regierungsdirektor Hans Jänichen. Neben geographischen Beiträgen von Friedrich Huttenlocher und Hermann Grees fanden sich solche zum Waldaufbau der letzten 150 Jahre (Paul Kirschfeld), dem Wandel des Pflanzenkleids im Schönbuch (Paul Filzer), zur Geschichte des Schönbuchs (Hans Jänichen) und den Schönbuchgerechtigkeiten (Paul Schwarz und Jürgen Sydow), der siedlungsgeographischen Entwicklung des Gebiets (Wolf-Dieter Sick), dem Schönbuch als Kunstlandschaft (Adolf Schahl) sowie, wie schon mehrfach genannt, der Geschichte seiner landeskundlichen Erforschung (Hermann Grees). Schröders damaliger Wissenschaftlicher Assistent, Hermann Grees, hat in der Folge die Ergebnisse dieser Veranstaltung publiziert, der 1969 erschienene Band bildet bis heute die Grundlage für jede landeskundliche Forschung zum Thema »Schönbuch«.

Vornehmlich naturwissenschaftliche Fragen und Probleme standen in den Jahren 1978–1982 bei dem interdisziplinären landschaftsökologischen Forschungsprojekt »Naturpark Schönbuch« im Vordergrund. Den Anstoß dazu hatte die damalige Forstverwaltung gegeben: Neben einer interdisziplinären Forschergruppe der Tübinger Universität hatte die Forstliche Versuchs- und Forschungsanstalt Freiburg mit ihrer damaligen Außenstelle Stuttgart mitgewirkt sowie das zuständige Regierungspräsidum. Von der Deutschen Forschungsgemeinschaft getragen und gefördert, lag die wissenschaftliche Koordination in den Händen des Tübinger Geologen Gerhard Einsele. Ihm wird nicht nur ein Teil der Untersuchungen verdankt, sondern auch die wissenschaftliche Herausgabe der Ergebnisse, die 1986, also vor genau 10 Jahren, in dem stattlichen Forschungsbericht der Deutschen Forschungs-Gemeinschaft »Das landschaftsökologische Forschungsprojekt Naturpark Schönbuch. Wasser- und Stoffhaushalt, Bio-, Geo- und Forstwirtschaftliche Studien in Südwestdeutschland« zusammengefaßt wurden. Die vielen innerhalb dieses Projekts entstandenen Einzeluntersuchungen wie Diplomarbeiten und Dissertationen zum Thema Schönbuch aufzählen zu wollen, wäre ein hoffnungsloses Unterfangen.

Inzwischen sind wieder bereits 10 Jahre intensiver Forschung zum Schönbuch vergangen, die weitgehend an die Tübinger Universität gebunden war. Aus der Fülle herausgegriffen seien die Untersuchungen von Kurt Bittel, Wolfgang Kimmig und Siegwalt Schiek[24] sowie Christoph Morrisey[25] zur Vor- und Frühgeschichte des Schönbuchs, von Barbara Scholkmann[26] zur mittelalterlichen Geschichte von Bebenhausen und der Glashütte am kleinen Goldersbach, Jürgen Sydow,[27] Mathias Köhler,[28] Wilfried Setzler und Franz Quarthal,[29] Günther Stegmaier[30] zur Zisterzienser-Abtei, Siegwalt

Schiek[31] zum Einsiedel bei Tübingen, Adolf Rieth[32] zur Einsiedelei auf dem Bromberg und Sönke Lorenz,[33] u.a. auch zu Holzgerlingen,[34] K. Hess[35] allgemeiner zur Geschichte einer Landschaft und ihren Menschen. Aus dem Bereich der Naturwissenschaften seien, stellvertretend für viele, die Bände von Erwin Kulzer u.a.[36] zu den Säugetieren, von W. Schubert[37] zur Vogelwelt und von Ulrich Ade u.a.[38] zu naturnahen Lebensräumen und Flora im Schönbuch hervorgehoben, nicht minder das neuere Projekt zu den Sturmwurfflächen von K. H. Pfeffer und seinem wissenschaftlichen Team[39]. Wir sahen darin Grund genug, im Rahmen einer Ringvorlesung des Studium generale der Eberhard-Karls-Universität im Sommersemester 1996 wenigstens einen Ausschnitt des aktuellen Forschungsstandes zum Thema »Der Schönbuch. Mensch und Wald in Geschichte und Gegenwart« einem breiteren Hörerkreis vorzustellen und anschließend auch dem an dem Schönbuch und seiner landeskundlichen Entwicklung allgemein interessierten Leser zur Kenntnis zu bringen. Den Anlaß des 25jährigen Jubiläums unseres »Naturparks Schönbuch« nahmen wir gerne wahr.

Anmerkungen

[1] P. Weidenbach, Naherholungsgebiet Schönbuch. Gegenwärtiger Stand – Ausbauplanung – Bewertung der Erholungsfunktion, Stuttgart 1971.
[2] U. Hägele, Schönbuch-Museum. Stein – Wald – Jagd, Dettenhausen – Tübingen 1992.
[3] Zum Gang der landeskundlichen Erforschung des Schönbuchs. In H. Grees (Hg.): Der Schönbuch. Veröffentlichungen des Alemannischen Instituts 27, Bühl/Baden 1969, S. 151–198.
[4] Gomaringen 1996.
[5] Hrsg. K. Pfaff, in: Württ. Jb. 1855, 2, S. 172–196.
[6] Annales Suevici. Frankfurt 1595.
[7] Chronicon patriae Hildrizhusanae et Herrenbergiae, s. E. Rheinwald, Die Herrenberger Chronik. Zum 200. Todestag ihres Verfassers, des Vogts Gottlieb Friedrich Hess (1697–1761), Schönbuch und Gäu 1961.
[8] des Herzogthums Würtemberg und aller demselben einverleibten Herrschaften. Stuttgart 1784, S. 319, 552ff.
[9] Beiträge zur Naturgeschichte des Herzogthums Wirtemberg I-III. Tübingen 1788–1791.
[10] Reine natürliche Geographie von Würtemberg erläutert an einem geographisch-geognostischen Durchschnitte für das ganze Land. 1832.
[11] Der Schönbuch mit seinen Alterthümern, in: Schriften Württ. AV I, 5.H. Stuttgart 1859; ders.u.a., Die Cisterzienser-Abtei Bebenhausen, Stuttgart 1866.
[12] Wirtembergische Geschichte 1–4, Stuttgart 1841–1873.
[13] Geschichte der Pfalzgrafen von Tübingen nach meist ungedruckten Quellen, nebst Urkundenbuch, Tübingen 1853.
[14] Geologische Ausflüge in Schwaben mit besonderer Berücksichtigung von Tübingens Umgebung, Tübingen 1864.
[15] Zu seinen zahlreichen einschlägigen Veröffentlichungen s. H. Grees, Der Schönbuch, Bühl 1969, S. 185 und 190.
[16] Der Landkreis Tübingen. Amtliche Kreisbeschreibung, hg. von der Staatlichen Archivverwaltung Baden-Württemberg 1–3, Stuttgart 1967 – 1974.
[17] Die Römer in Württemberg 1–3, Stuttgart 1928–1932.
[18] Württemberg in vor- und frühgeschichtlicher Zeit. Veröffentlichungen der Kommission für Geschichtliche Landeskunde in Baden-Württemberg 17, Stuttgart 1961.
[19] Filder, Glemswald und Schönbuch, Bau der Landschaft. Erdgeschichtliche und landeskundliche Abhandlungen aus Schwaben und Franken 15. Öhringen 1934; Geographischer Führer für Tübingen und Umgebung, Tübingen 1966.
[20] Flora von Tübingen und Umgebung, Tübingen 1904, ^{2}1939.
[21] Geschichte der Waldgerechtigkeiten im Schönbuch, in: Darstellungen aus der Württembergischen Geschichte 19, Stuttgart 1929.
[22] Der Schönbuch, Waldwirtschaftsgeschichte eines alten Reichsforstes. Darstellungen aus der Württembergischen Geschichte 30, Stuttgart 1938; 2. Auflage 1957.
[23] Die Rolle der Forsten im Aufbau des württembergischen Territoriums bis ins 16. Jahrhundert. Veröffentlichungen der Kommission für Geschichtliche Landeskunde in Baden-Württemberg 2, Stuttgart 1958.
[24] Die Kelten in Baden-Württemberg. Stuttgart 1981; s. auch K. Bittel, S. Schiek, D. Müller, Die keltischen Viereckschanzen. Atlas archäologischer Geländedenkmäler in Baden-Württemberg 1, Stuttgart 1990.
[25] Die vor- und frühgeschichtliche Besiedlung des Schönbuchs I-II, Diss. Tübingen 1995, bislang ungedruckt.
[26] S. die bibliographischen Angaben zu Barbara Scholkmanns Beitrag in unserem Band.
[27] Die Zisterzienserabtei Bebenhausen. Germania Sacra, N.F.16 Bd. 2, Berlin-New York 1984.
[28] Die Bau- und Kunstgeschichte des ehemaligen Zisterzienserklosters Bebenhausen bei Tübingen. Der Klausurbereich, Stuttgart 1994.

[29] Das Zisterzienserkloster Bebenhausen. Beiträge zur Archäologie, Geschichte und Architektur, Stuttgart 1996.

[30] Die Zisterzienserabtei Bebenhausen zwischen Reichsunmittelbarkeit und Landsässigkeit bis zu ihrer Reformation 1535–1560, Diss. Freiburg 1993 bislang ungedruckt.

[31] Der Einsiedel bei Tübingen. Seine Geschichte und seine Bauten, Sigmaringen 1982.

[32] Schwäbische Heimat Jg.27, H.4, 1976.

[33] Staufer, Tübinger und andere Herrschaftsträger im Schönbuch, in: Von Schwaben bis Jerusalem, Facetten staufischer Geschichte, hrsg. von S. Lorenz und U. Schmidt. Veröffentlichungen des Alemannischen Instituts 61, Sigmaringen 1995, S. 285 – 320.

[34] S. Lorenz u.a., Holzgerlingen. Von der Schönbuchsiedlung zur Stadt, Stuttgart 1995.

[35] K. Hess, Ausgewählte Beiträge zur Geschichte einer Landschaft und ihren Menschen. Heimat Schönbuch und Gäu. Veröffentlichungen des Heimatvereins für Schönbuch und Gäu 17. Böblingen 1986 ; s. davor schon H.-D. Musch und M. Grohe, Schönbuch und Gäu. Stuttgart und Aalen 1976; W. Setzler, Schönbuch – Tübingen – Rammert, Reihe Natur-Heimat-Wandern, Stuttgart 1985.

[36] E. Kulzer, A. v. Lindeiner-Wildau, I.-M. Wolters, Säugetiere im Schönbuch. Übersicht über die Biologie der Arten und Ergebnisse einer faunistisch-ökologischen Untersuchung in den Jahren 1989–1991. Beihefte zu den Veröffentlichungen für Naturschutz und Landschaftspflege in Baden-Württemberg 71, Karlsruhe 1993.

[37] Vogelwelt in Schönbuch und Gäu. Beihefte zu den Veröffentlichungen für Naturschutz und Landschaftspflege in Baden-Württemberg 31. Karlsruhe 1983; ders. (Hrsg.), Die Tierwelt in Schönbuch und Gäu. Wirbeltiere und ihr Schutz, Remshalden 1992.

[38] U. Ade, B. u. H. Baumann, W. Wahrenburg, Naturnahe Lebensräume und Flora in Schönbuch und Gäu, Remshalden 1990.

[39] K. H. Pfeffer, Geologische Bestandsaufnahme des oberflächennahen Untergrundes ausgewiesener Sturmwurfflächen für anwendungsorientierte Forschungen im Waldökosystem, in: PAÖ 7, 1993, S. 352–362; s.auch H. Zelesny, Gesamtkonzept »Wissenschaftliche Begleitforschung auf Sturmwurfflächen« im Bereich der Forstdirektion Tübingen, a.O.

Der Schönbuch als Naturraum und Kulturlandschaft

Hermann Grees

Was ist uns der Schönbuch? Doch wohl zunächst ein höchst erfreuliches, auch in seinen Geländeformen sehr abwechslungsreiches Waldgebiet, ein Erholungsgebiet, das zu Spaziergängen und Radtouren einlädt, das für die Tübinger vor der Haustüre liegt und auch für die zahlreichen Bewohner der Filder und selbst für die Stuttgarter noch relativ gut zu erreichen ist, auch über einen fast geschlossenen Kranz von Autobahnen und Autostraßen, von denen der Schönbuch umringt ist. Dazu führt eine Bundesstraße, die man nach der Fertigstellung der Schnellstraße nach Stuttgart einmal zurückbauen wollte, mitten durch den Schönbuch. Offenbar ist sie aber unverzichtbar, vor allem als Verbindung von Tübingen nach Böblingen und Sindelfingen.

Daß dieses Waldgebiet weitgehend erhalten geblieben ist und nicht völlig gerodet wurde wie die Umgebung ringsum, ist natürlich zunächst der Tatsache zu verdanken, daß es jahrhundertelang landesherrliches Jagdgebiet war, das unter den besonderen Schutz der herrschaftlichen Forstleute gestellt war und blieb und von ihnen gepflegt wurde, auch nachdem es keinen König mehr gab. Freilich haben auch die natürlichen Gegebenheiten mit der Entstehung und Erhaltung dieses Jagd- und Forstgebietes zu tun. Die Böden im Schönbuch, meist Sandböden, wie auch die Steilhänge der Keupertäler sind für eine landwirtschaftliche Nutzung sehr ungünstig. Eine Ausnahme davon machen die im Schönbuch liegenden offenen Rodungsinseln auf besseren Böden.[1] Unter den Motiven, die dazu führten, daß der Württemberger Graf 1342 den Schönbuch samt der Stadt Tübingen dem Tübinger Pfalzgrafen abkaufte, mag auch die günstige Lage des Forsts zur Stuttgarter Residenz eine Rolle gespielt haben.

Jedenfalls war eine spätere Folge davon, daß der Schönbuch für die Universität Tübingen zu einem beliebten, weil nahen Forschungsfeld wurde, oder besser zu einem »Forschungswald«, und er ist es bis heute geblieben, wie auch die folgenden Beiträge zeigen.[2] Für die historisch orientierte Forschung ist das Kloster Bebenhausen mitten im Schönbuch besonders wichtig wie auch die Tatsache, daß die Forstleute vor allem im 19. Jh. ihren Amtssitz im Kloster zeitweise zu einem Zentrum der Schönbuchforschung machten und dabei weit über ihre dienstliche Aufgabe hinausgingen. An erster Stelle ist hier der Forstrat Friedrich August Tscherning zu nennen[3] oder dann die Forstwissenschaftler Ferdinand Graner und Max Zeyher.[4]

Unzählige Dissertationen und Examensarbeiten sind über den Schönbuch geschrieben worden oder über Aspekte, die ihn betreffen. Nicht selten sind bei Untersuchungen im Schönbuch auch allgemeine Erkenntnisfortschritte erzielt worden. Das gilt etwa für die Erklärung der zunächst verwirrenden Lagerung der Gesteinsschichten im Schönbuch. Die Schichtlagerung ist das Ergebnis einer Bruchtektonik, durch die im Rahmen der sogenannten saxonischen Gebirgsbildung einzelne Schollen in unterschiedliche Höhenlage gebracht und daher verschieden stark abgetragen wurden. Allerdings mußte sich in diesem Falle der Eßlinger Industrielle und Liebhabergeologe Carl Deffner (1855ff.), der auch schon als »Geologe des Schönbuchs« bezeichnet wurde, erst gegen August Quenstedt durchsetzen, den berühmten Inhaber des Tübinger geologischen Lehrstuhls.[5] Einen ähnlich wichtigen Fortschritt für die sog. Periglazialforschung, die sich mit eiszeitlichen Vorgängen außerhalb des vergletscherten Gebietes befaßt, brachte die Entlarvung der Moränen, die E. Koken im vermeintlich einst vergletscherten Schönbuch gefunden zu haben glaubte, als »Pseudomoränen«, als periglaziale Fließerden durch P. Keßler (1921/25).

Auch die Habilitationsschrift Friedrich Huttenlochers, *Filder, Glemswald, Schönbuch*, in der ihm eine Synthese der damals konkurrierenden Theorien über die Entstehung des Schichtstufenlandes gelingt, kann man hier anführen.[6] Leider ist es zu der von ihm einst geplanten umfassenden landeskundlichen Darstellung des Schönbuchs nicht gekommen.

Auf weitere Beispiele wichtiger allgemeiner Erkenntnisse, die in anderen Disziplinen im Schönbuch gewonnen wurden, z.B. in der Forstwissenschaft, der Vegetationskunde, der Ökologie oder auch in der Landesgeschichte, muß hier verzichtet werden, sie ließen sich leicht vermehren.[7]

Es muß aber noch auf eine wichtige Vorfrage für räumlich gebundene Untersuchungen eingegangen werden: Wie ist der Schönbuch überhaupt abzugrenzen? Hierzu gibt es nämlich verschiedene Möglichkeiten. Da ist zunächst die amtliche Grenze des Naturparks Schönbuch, wie sie 1972 bei der Ausweisung des ersten baden-württembergischen Naturparks festgelegt wurde, in Anlehnung an das damals schon bestehende Landschaftsschutzgebiet (s. Abb. 1).[8] Sie zieht im Norden mit mehreren Vorsprüngen (z.B. Mauren) und Buchten (z.B. Dettenhausen) ungefähr von West nach Ost, nördlich von Herrenberg bis gegen Aich, im Osten schließt sie das Schaich- und das Reichenbachtal ein, klammert aber die ganze Walddorfer Platte aus. Im Süden umgreift sie die offene Pfrondorfer und Waldhäuser Platte sowie die Feldflur von Hagelloch, im Westen folgt sie zwischen Unterjesingen und Herrenberg ungefähr dem Fuß des Schönbuchtraufs.

Das Gebiet dieses so abgegrenzten Naturparks Schönbuch deckt sich aber nicht mit dem historischen Schönbuch, dessen genaue Abgrenzung erstmals auf der Karte »Tibinger Vorst. Schambuech.« von Georg Gadner (1592) aus seinem in Forste gegliederten Kartenwerk faßbar wird (Farbteil Abb. I).[9] Darauf ist die Schönbuchgrenze als feine rot gepunktete Linie dargestellt. Dieser Grenzverlauf ist auch von F. Huttenlocher übernommen worden (Abb. 2).[10] Demnach liegt der historische Schönbuch nahezu allseits innerhalb des ebenfalls nach Gadner abgegrenzten Tübinger Forsts. Im Südosten und Südwesten sowie im Norden zwischen Schaichhof und Dettenhausen folgen die Naturparkgrenzen ungefähr den alten Grenzen des Schönbuchs. Der Herrenberger Stadtwald gehört 1592 nicht zum Schönbuch, dafür reicht dieser im Nordosten über Waldenbuch und Steinenbronn bis zur Mäulesmühle südlich von Musberg an der Einmündung des Eschbachs in das Reichenbachtal. Diesem Tal, das unter dem Namen Siebenmühlental besser bekannt ist, folgt die Grenze talabwärts. Im Süden gibt es aber dann eine Überraschung. Das Kloster Bebenhausen mit den Klosterwaldungen gehört nicht zum Schönbuch im Sinne der Abgrenzung Gadners, ebensowenig seine Ortschaften Pfrondorf, Waldhausen, Hagelloch und Unterjesingen mit ihren Wäldern. Die Grenze des Schönbuchs macht einen großen Bogen nach Norden um das Kloster. Offenbar sind die Klosterwaldungen aus dem offiziellen Schönbuch ausgeklammert, wohl schon seitdem das

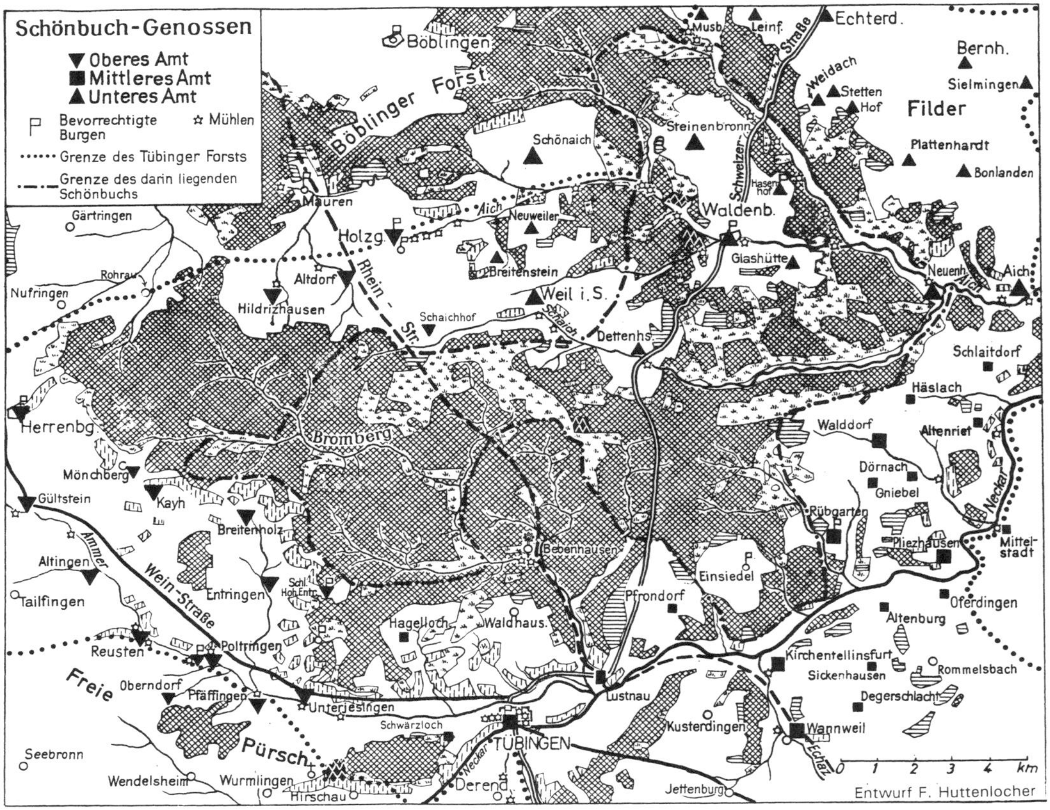

Abb. 2: Friedrich Huttenlocher, Schönbuch-Genossen (vgl. Anm. 1, Flächensignaturen s. Abb. 9)

Kloster 1187 und 1191 damit ausgestattet wurde. F.A. Tscherning (1902) hat versucht, mit den Anhaltspunkten der Urkunde von 1191 den Grenzverlauf im einzelnen zu rekonstruieren.[11]

Auf die Forstgrenzen nehmen die einschlägigen Karten in Schweickhers Ämteratlas von 1575 keine Rücksicht (Farbteil Abb. II).[12] Bei Schweickher stehen die württembergischen Ämter im Vordergrund, für die er je eine besondere Karte zeichnete, auf der nur die zum Amt gehörigen Orte dargestellt sind (Süden oben). Auf der Karte für das Klosteramt Bebenhausen, das ja nach der Säkularisierung des Klosters einen eigenen Verwaltungsbezirk bildete, ist der Name Schönbuch in das Waldgebiet nordöstlich von Bebenhausen eingesetzt, auf der Karte für das Amt Tübingen kann sich der Name Schönbuch nördlich von Tübingen auch auf das Klostergebiet beziehen. Mit dem Namen Schönbuch war offenbar die Vorstellung eines Waldlandes verbunden. Das zeigt sich z.B. darin, daß auf der Karte für das Amt Tübingen die offene Gegend um Walddorf-Häslach als »vorm Schönbuch« liegend bezeichnet wird.

Erstmals erscheint der Name des Schönbuchs auf den Karten in den Ptolemaeus-Ausgaben und der Kosmographie Sebastian Münsters, der ja die Gegend von seiner Tätigkeit in Tübingen kannte, so auf der Schwarzwaldkarte von 1545, »Schanbach« innerhalb der Wald- und Hügelsignaturen zwischen Tübingen, Herrenberg und Weil im Schönbuch (Abb. 3).[13] Daß der Name Schönbuch als ein umfassender Landschaftsname verstanden wurde, dafür spricht auch, daß er auf der ersten

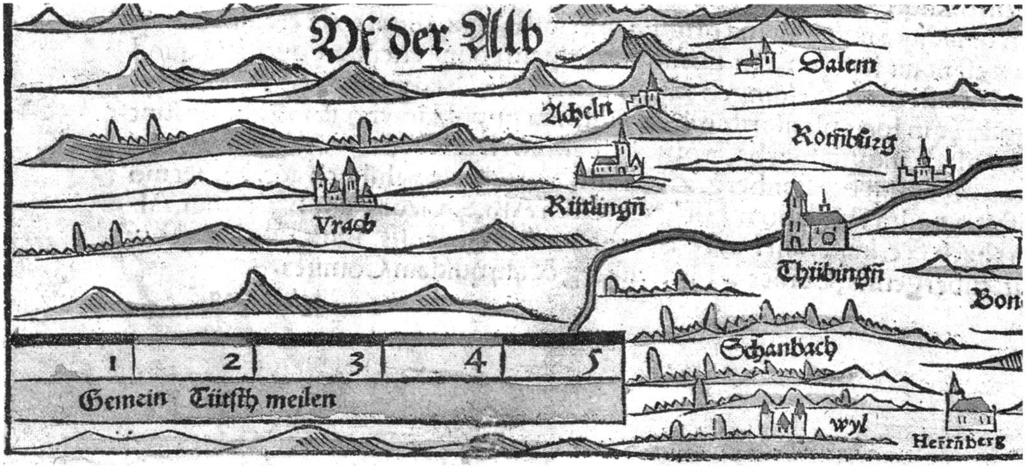

Abb. 3: Sebastian Münster, Nigra Silva XI. Nova Tabula 1545 (Ausschnitt) Süden oben. (Landesvermessungsamt Baden-Württemberg)

überlieferten Karte von ganz Württemberg des Tübinger Professors Johann Scheubel von 1557/59 wie andere Landschaftsnamen auf einem Schriftband dargestellt ist, und zwar fast in der Mitte dieser Rundkarte (Abb. 4: »Schainbuch«, mit Baumsignaturen).[14]

Dem genialen Wilhelm Schickhard, Professor für Hebräisch und Astronomie in Tübingen, kam es bei seinen 13 »Tabulae Wirtembergiae« (vor 1635), von denen nur Tabula 8 überliefert ist, nicht auf Verwaltungs- oder Rechtsgrenzen an. Er strebte eine topographisch möglichst exakte Darstellung des Karteninhalts an auf Grund seiner neuen genauen Vermessungen, auch eine der wissenschaftlichen Innovationen, bei denen der Schönbuch eine wichtige Rolle gespielt haben dürfte. Schickhard, der auch Schüler der Klosterschule Bebenhausen war, plazierte jedenfalls den Namen Schönbuch auf seiner Karte so, daß er auch für das Klostergebiet gilt (Farbteil Abb. III).[15]

Die nächsten Karten des Schönbuchs stammen aus dem großangelegten Forstkartenwerk des württembergischen Obristleutnants und Kriegsrates Andreas Kieser. Die Forstkarten, die Kieser und seine Mitarbeiter 1683 vom Tübinger Forst herstellten, sind die ersten großmaßstäbigen Karten des Schönbuchs im Maßstab von ca. 1 : 8100 bis 8200. Sie stellen nicht nur die Waldflächen, sondern auch die Siedlungen sowie die Äcker, Wiesen, Weiden und Weinberge innerhalb des Schönbuchs und in seiner Umgebung recht genau dar (Abb. 5).[16] Diese Karten wie auch die Übersichtskarte »Tübinger Vorst sambt dem Schönbuch« von 1683 (Farbteil Abb. IV, Maßstab ca. 1 : 81000, ohne Verfasserangabe),[17] der die Forstkarten zugrundeliegen und die auch Kieser zuzuschreiben ist, verzeichnen die Schönbuchgrenze ebenfalls, auch wenn sie in ihrem Verlauf nicht leicht zu erkennen ist. Eine aus 16 Teilkarten bestehende Schönbuchkarte, die im Zusammenhang mit der Abfassung des entsprechenden Forstlagerbuchs durch Kieser um 1683 entstanden sein muß, zeigt dagegen die Schönbuchgrenze ganz eindeutig, versehen mit Grenzmarken. Die innerhalb dieser Grenze liegenden landwirtschaftlich genutzten Grundstücke werden nach ihrer Nutzung unterschieden (Akker, Wiese, Weide, Heide), der Wald bleibt ohne Signatur.[18] Dabei entspricht die Schönbuchgrenze etwa derjenigen der Gadner-Karte mit einigen kleineren Abweichungen. Aus der tabellarischen Zusammenstellung der Meßergebnisse der einzelnen Karten ergibt sich, daß der fast 37000 Morgen umfassende Schönbuch da-

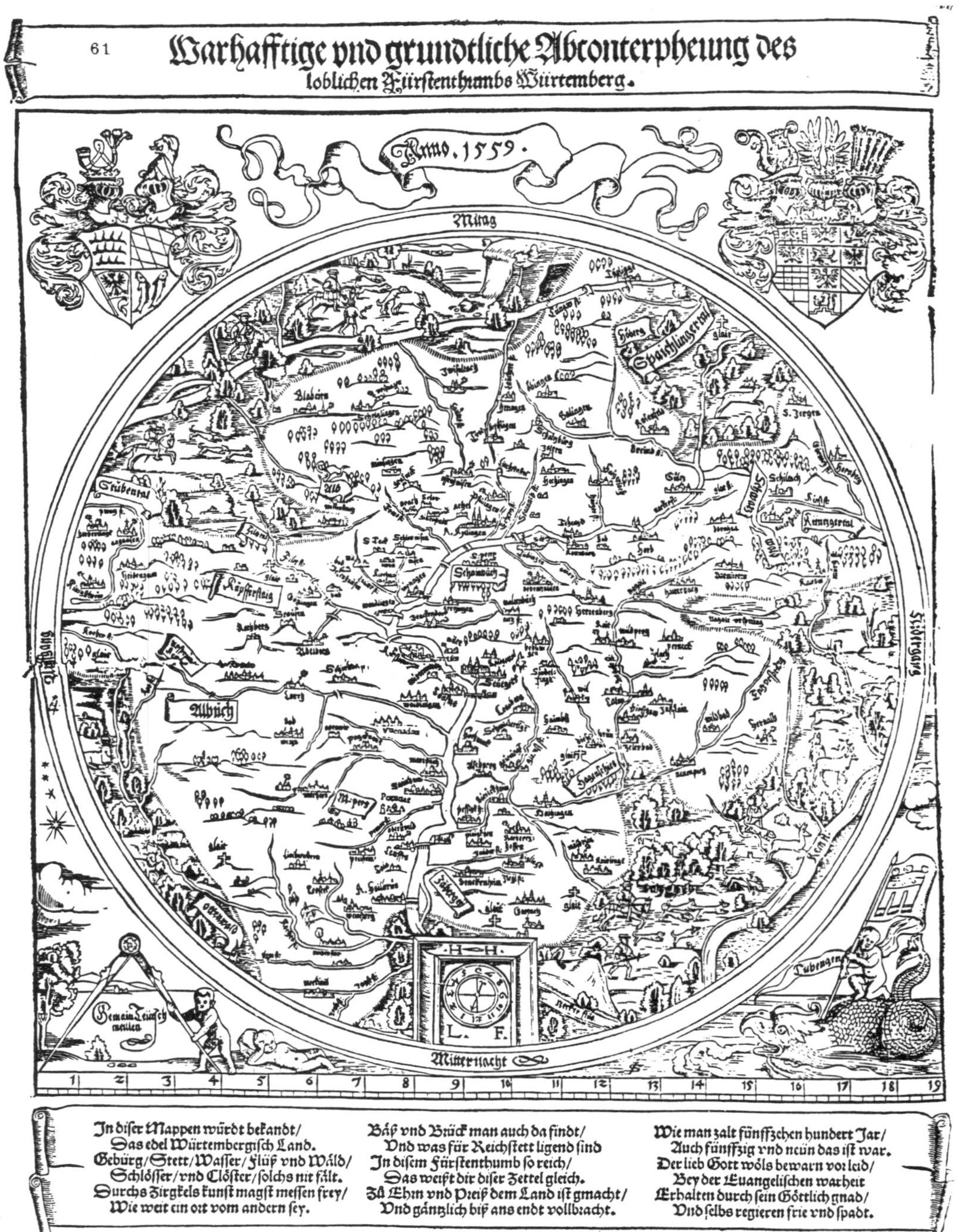

Abb. 4: Johann Scheubel, Rundkarte des Herzogtums Württemberg, 1557/59 (Universitätsbibliothek Basel)

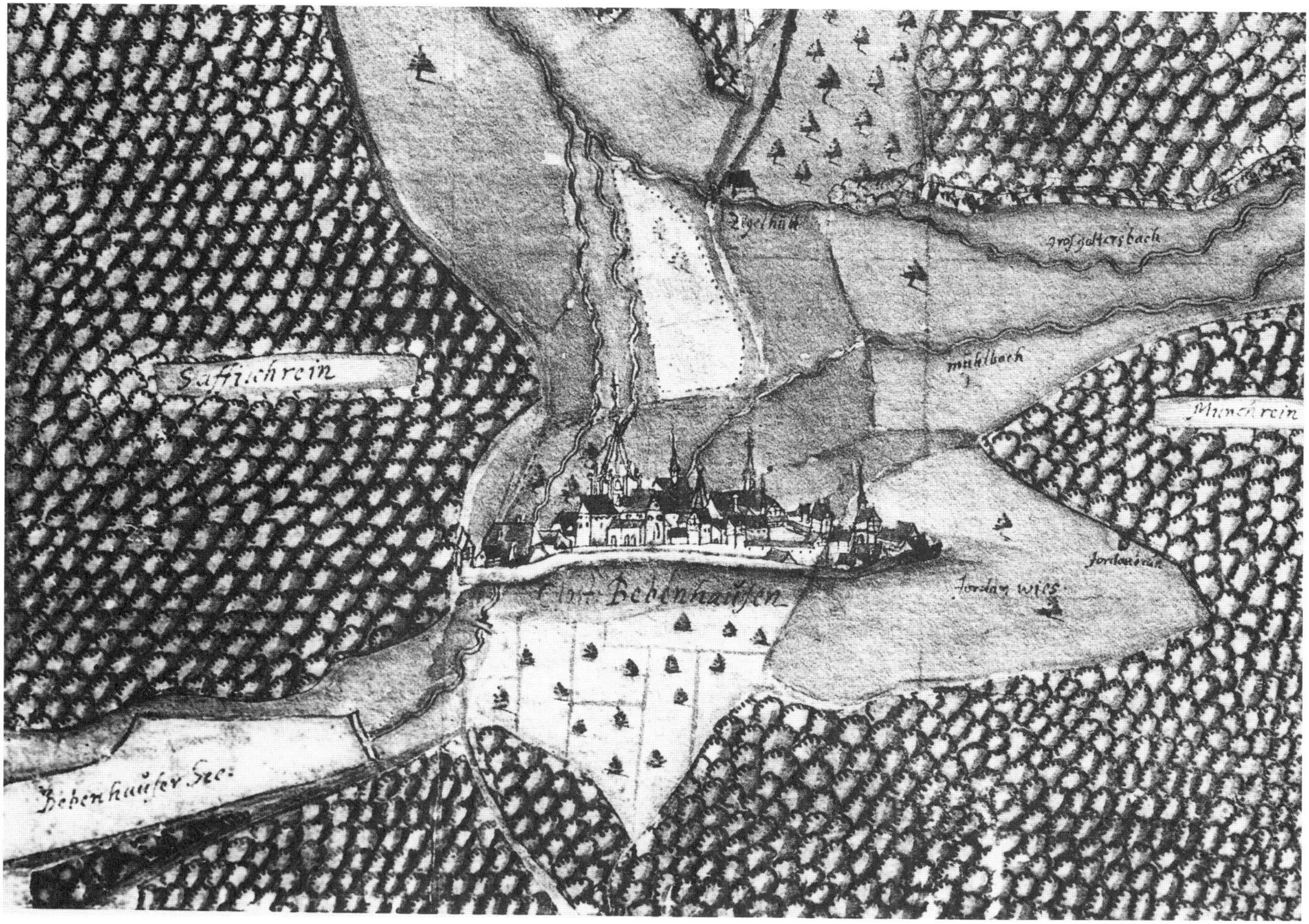

Abb. 5: Andreas Kieser, Forstkartenwerk, Ausschnitt aus Blatt 124 (Zählung Schiek) Kloster Bebenhausen und Umgebung, 1683. Süden oben (Landesbildstelle Stuttgart)

mals etwa zu einem Drittel landwirtschaftlich genutzt wurde.

Die letzte eigens für den ganzen Schönbuch angefertigte Karte ist die »General-Charte von denen in dem Tübinger-Oberforst befindlichen Cammer-, Schoenbuchs-, Schoenbuchs-Bann und Cammer-Schreiberei-Waldungen« von 1799 des tüchtigen Forstgeometers Pickel[19]. Diese Karte beruht auf großmaßstäbigen Einzelkartierungen der verschiedenen »Huten« im Schönbuch, von denen etwa 30 erhalten sind (Maßstab 1 : 4 100). Sie basieren auf einer genauen Vermessung mit sorgfältiger Erfassung des Reliefs und seiner Darstellung mit Hilfe von Hangschraffen (Beispiel »Breitenholzer Huth« 1797, Farbteil Abb. V). Die Übersichtskarte stellt außer einigen verstreuten Kammer- und Kammerschreibereiwäldern nur die Waldflächen des Schönbuchs dar und zeigt dabei eine weitgehende Übereinstimmung mit der Schönbuchabgrenzung Gadners, also ohne die »zum Kloster Bebenhausen gehörigen Waldungen« (so wörtlich auf der Karte) und ohne den Herrenberger Stadtwald.

Der kartengeschichtliche Rückblick zeigt, daß sich die Schönbuchabgrenzung seit Gadner kaum mehr geändert hat. Sie dürfte aber auch nicht »ursprünglich« sein. Zum alten Schönbuch gehörten sicher auch die bebenhausischen Wälder, die wohl schon als Ausstattungsgut an das Kloster kamen[20]. Dafür spricht auch, daß das Kloster und der Klostergutshof Waldhausen wie übrigens auch St.Peter/Einsiedel nicht zu den »Schönbuchgenossen« gehörten, die Nutzungsrechte im Schönbuch hatten. Der Herrenberger Stadtwald könnte im Zusammenhang mit einer Teilung innerhalb des pfalzgräflichen Hauses und der Gründung der Stadt Herrenberg vom älteren Schönbuch abgetrennt worden sein. Die ursprünglich umfassendere Bedeutung des Namens Schönbuch wäre dann eingeengt worden auf ein sekundär forstherrschaftlich abgegrenztes Gebiet.

Auf die umstrittene Herkunft des Namens Schönbuch kann hier nicht näher eingegangen werden. Der Namensbestandteil -buch für Laubwälder, in denen die Buche vorherrscht, ist ja nicht ungewöhnlich. Das Bestimmungswort Schön- hat aber mit der heutigen Bedeutung des Wortes sicher nichts zu tun. Hans Jänichen sieht einen Zusammenhang mit dem alten Wort schaio für Gerichtsbote, doch scheint sich die Deutung mit dem Rückgriff auf althochdeutsch skagen = Landzunge, Landvorsprung eher durchgesetzt zu haben. Der Name Schönbuch hätte also ursprünglich etwa die Bedeutung bewaldeter Bergvorsprung gehabt.[21]

Vielleicht gehörte auch einmal der Bereich im Westen der nördlichen Ausstülpung gegen Waldenbuch-Steinenbronn zum historischen Schönbuch, etwa bis zum Stufenrand südlich von Böblingen und östlich von Ehningen. Dann käme dieser historische Schönbuch dem Schönbuch, wie er nach den naturräumlichen Verhältnissen abgegrenzt wird, recht nahe. Von der »Walddorfer Platte« gehören die westlichen Bereiche der Feldfluren von Walddorf, Gniebel und Rübgarten jedenfalls zu dem nach Kieser abgegrenzten Schönbuch. Die nördliche Abgrenzung freilich bleibt unsicher. Wo der Schönbuch in den Glemswald übergeht, läßt sich auch mit naturbezogenen Kriterien kaum festlegen.

Nach dem Exkurs eines historischen Kartenvergleichs soll nun auf den als Naturraum abgegrenzten Schönbuch, seine natürliche Ausstattung und seine Gliederung eingegangen werden.

Der Schönbuch gehört innerhalb des südwestdeutschen Stufenlandes zum Keuperbergland. Wie bei den anderen nach Südosten geneigten Schichten des Stufenlandes aus dem Erdmittelalter folgen auch innerhalb der mittleren und oberen Keuperformation »harte« und »weiche« oder besser: widerständige und weniger widerständige Schichten aufeinander (Abb. 6).[22] Die unterste Keuperschicht, der Lettenkeuper, kann für den Schönbuch außer Betracht bleiben. Widerständig sind die Sandsteinschichten. Sie bilden Stufen und Hochflächen. Von ihnen sind drei für den Bau des Schönbuchs wichtig, der rötliche bis grünliche Schilfsandstein, der Stubensandstein, der wichtigste und mächtigste, und der Rätsandstein, der höchste und härteste. Dazwischen liegen leichter abtragbare, meist wasserstauende Mergel, aus denen in der Regel die unteren Hänge und der Hangfuß bestehen.

Zuunterst kommt unmittelbar am Fuß des Steilabfalls der sog. Gipskeuper, aus dem heute noch in Altingen Gips gewonnen wird, früher z.B. auch in Wurmlingen und Entringen. Darauf folgt der in Flutrinnen abgelagerte und daher sehr unterschiedlich mächtige, feinkörnige Schilfsandstein, der als Bausandstein viel verwendet wurde und der z.B. im Neckarbett unter der Tübinger Neckarbrücke ansteht. Darüber liegen die grünen und roten Bunten Mergel, mit denen früher die Wengerter ihre Weinberge »gemergelt« haben, d.h. den abgeschwemmten Boden wieder anreicherten. Darauf folgt der mächtige, grobkörnige Stubensandstein, der seinen Namen davon hat, daß sein Verwitterungsprodukt als

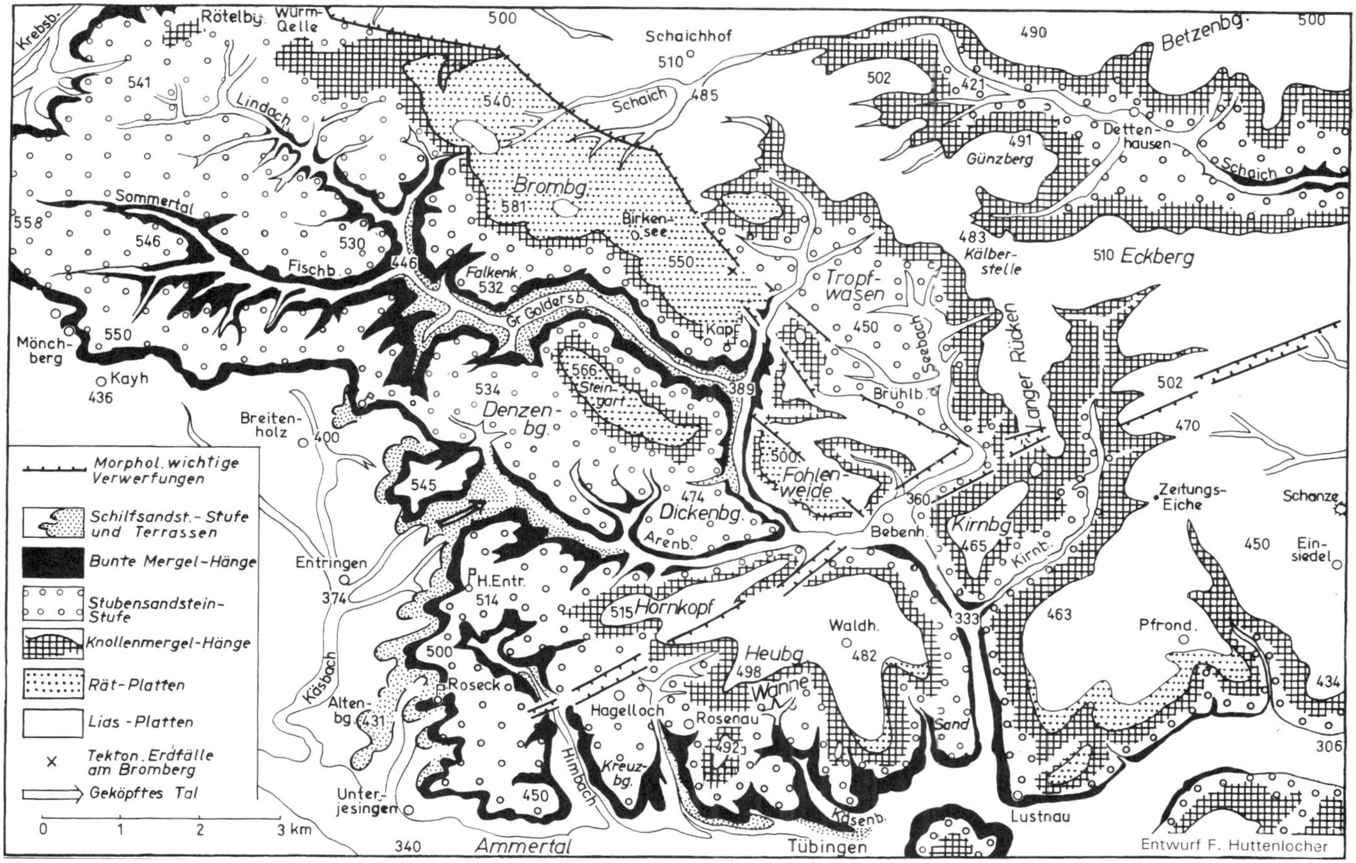

Abb. 6: Friedrich Huttenlocher, Bau und Oberflächenformen des Schönbuch (vgl. Anm. 1)

Streu- und Scheuersand verwendet wurde. Außerdem diente er als Bausandstein und zur Herstellung von Mühlsteinen. Auf diesem »Sand« stehen z.B. die Tübinger Wildermuth-Siedlung und das frühere Versorgungskrankenhaus. Die roten Knollenmergel z.B. rund um Tübingen in den oberen Hangbereichen sind berüchtigt als schwieriger Baugrund. Das geringmächtige oberste Keuperstockwerk bildet der sehr feinkörnige Rätsandstein, der so hart ist, daß er sogar als Pflasterstein verwendet wurde. Auf ihm stehen z.B. der Steinenbergturm und die ihn umgebenden Kiefern. Darüber folgt der untere Lias oder Schwarze Jura, der in großen Teilen des Schönbuchs abgetragen und nur unter bestimmten Bedingungen erhalten geblieben ist. Waldhausen und Waldhäuser-Ost liegen z.B. auf einer solchen Liasplatte. Diese Liasplatten sind deshalb besonders wichtig, weil sich auf ihnen Böden entwickelt haben, die fruchtbarer sind als die Keuperböden.

Dieser Gesteinsaufbau wird am besten am westlichen Steilrand des Schönbuchs sichtbar. Mit einer über 100 m hohen Stufe erhebt sich der Schönbuch im Südwesten und Westen, meist mit Vorstufen, unübersehbar über sein westliches Vorland, zwischen Tübingen und Unterjesingen über die Tübinger Stufenrandbucht mit dem

Ammertal, zwischen Unterjesingen und Herrenberg über das Obere Gäu. Bei Herrenberg biegt die Stufe fast rechtwinklig nach Nordosten ab Richtung Böblingen.

Wenn man von der Höhe der Stufe aus, etwa unterhalb der ehemaligen Burg Müneck, über Breitenholz, nach Westen blickt, breitet sich zu Füßen des Schönbuchs das wellige Obere Gäu aus, dessen Untergrund aus Muschelkalk besteht, auf den sich gegen den Schönbuch hin die unterste Keuperschicht legt, der Lettenkeuper. Die guten Böden verdankt dieses offene Land vor allem einer Lößauflagerung.

Das Hügelland mit ausgedehnten Streuobstwiesen unmittelbar am Fuß der Keuperstufe bis hin nach Herrenberg besteht aus Gipskeuper. Die darin eingelagerten Gips- bzw. Anhydritbänder wurden zum Teil ausgelaugt, es kommt zu Einbrüchen, woraus sich das unruhige Relief erklärt. Auch die immer wieder gefährdete Herrenberger Stiftskirche steht auf einem solchen Gipskeuperhügel. Aufgeschlossen ist dieser Gipskeupersokkel z.B. in den alten Gipsbrüchen von Wurmlingen oder Entringen.

Der Hang des Schönbuchtraufs, z.B. über dem Ammertal oberhalb Unterjesingen, besteht aus den Bunten Mergeln. Das sind die früheren Weinberglagen mit ihren Weinbergmäuerchen. An die Stelle der Weinberge sind oft Obstbäume, Beerensträucher und Gärten getreten, wenn sie überhaupt noch genutzt werden. Die von Hobbywengertern wieder angelegten Weinberge erkennt man im Herbst zum Teil an den blauen Vogelschutznetzen schon von weitem.

Der Aufschwung des Schönbuchtraufs ist an vielen Stellen unterbrochen durch eine Hangterrasse oder Vorstufe aus Schilfsandstein, z.B. am Altenberg, um den das nicht ganz ungefährliche Straßenstück zwischen Bahnhof Pfäffingen und Entringen herumführt, das jetzt entschärft werden soll.

Mit den Steilhängen des Stubensandsteins beginnt der geschlossene Wald. Die Burgstelle Müneck gehört, wie auch die von Wehingen, sowie Roseck und Hohenentringen, zu der Reihe der einstigen Burgen, von denen die Lage über den Schönbuchsteilhängen bevorzugt wurde.

Die Stufenstirn und die Hochfläche mit ihren ausgedehnten Wäldern dahinter werden überall vom Stubensandstein gebildet. Die höchsten Teile des Schönbuchs bestehen aus Rätsandsteinplatten, zu denen Knollenmergelhänge hinaufführen, so der Steingart (oder Stungart) mit der Königlichen Jagdhütte in aussichtsreicher Lage oder der größere Bromberg mit dem Birkensee, einem ehemaligen Steinbruch. Die sauren, nährstoffarmen Böden auf dem Rät geben sich im Unterwuchs z.B. durch Heidelbeersträucher, stellenweise sogar durch Weißmoos zu erkennen.

Wo man auf der Straße nach Böblingen auf dem neuen Straßenstück vor dem Schaichhof-Golfplatz den geschlossenen Wald verläßt – die alte Straße führte mit einer engen Kurve in die Schaichtalkerbe hinunter – quert man eine wichtige tektonische Linie, die sog. Brombergspalte. An dieser Bruchlinie ist die nördliche Schönbuchscholle gegenüber der höheren südlichen Schönbuchscholle so stark abgesenkt, daß in dieser tieferen Lage der Untere Lias erhalten geblieben ist, zum Teil mit einer Lößdecke. Auf dieser Liasplatte liegen die Dörfer Hildrizhausen, Altdorf, Weil im Schönbuch (!), Breitenstein und Schönaich mit ihren Feldern und Wiesen sowie die junge Stadt Holzgerlingen. Auch um Steinenbronn jenseits des bis auf den Stubensandstein eingeschnittenen Aichtals blieb noch ein Stück der Liasplatte erhalten.

Wenn man auf der alten B 27 hinter Steinenbronn und nach der Überquerung des Siebenmühlentals nochmals aus dem Wald herausfährt, überquert man erneut eine wichtige Bruchlinie und damit die klare Nordostgrenze des Schönbuchs, die sog. Filderrandverwerfung, die man auch Schönbuchrandverwerfung nennen könnte. Die relativ geradlinige Stufe begleitet die neue B 27 zwischen Bonlanden und Echterdingen im Westen als bewaldeter Höhenzug. An dieser Verwerfung ist die Fil-

Abb. 7: Friedrich Huttenlocher, Die naturräumliche Gliederung des Schönbuchs und seiner Umgebung (vgl. Anm. 1)

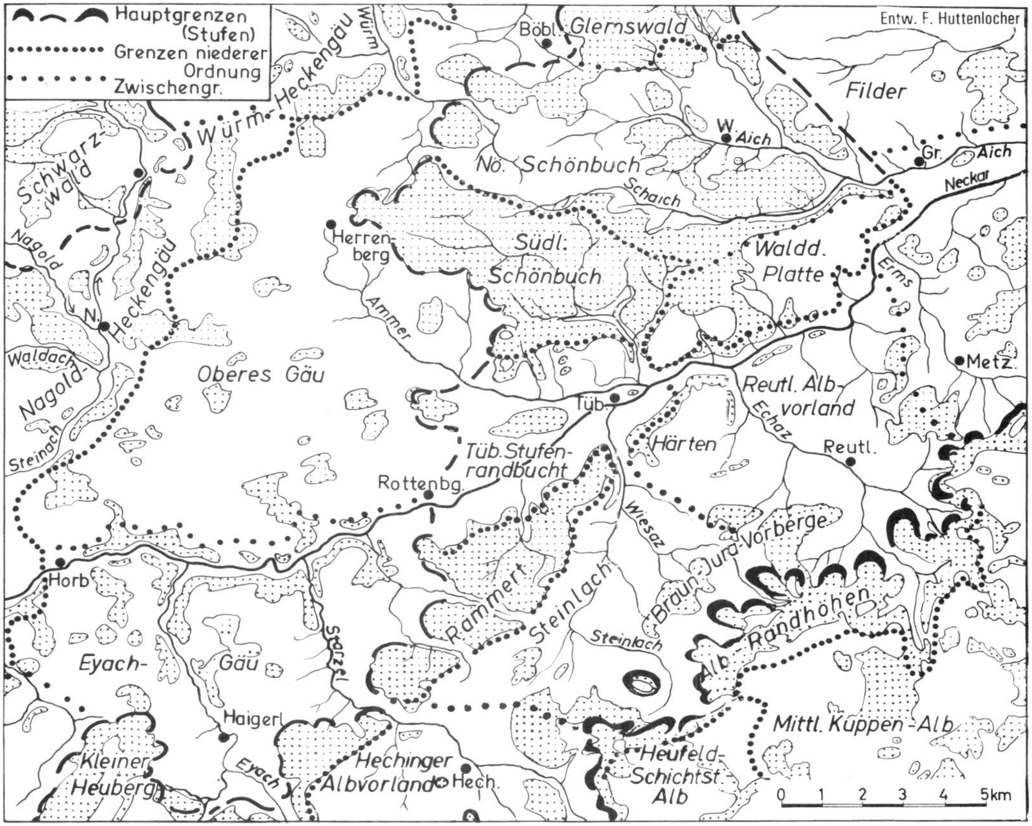

derscholle zwischen Schönbuch und Schurwald um bis zu 100 m abgesenkt worden, d.h. noch stärker als die nordöstliche Schönbuchscholle. Von der Höhe der Stufe blickt man wieder auf das geologisch Jüngere hinunter, das eigentlich darüber liegen müßte, auf die offene Filderebene. Diese verdankt ihren Namen den lößbedeckten Feldern auf dem abgesenkten Liasuntergrund, die ja immer mehr durch die expandierende Verstädterung des Mittleren Neckarraumes aufgezehrt werden.

Schönbuch und Filder bilden also eine Schollentreppe (Abb. 7).[23] Die höchste Stufe, auf der die Abtragung am weitesten fortgeschritten ist, bildet die südliche Schönbuchscholle, die niedrigste die Filder. Nun sind aber auch im südöstlichen Schönbuch über dem Neckartal kleinere offene Liasplatten erhalten geblieben, in der Richtung von Südwest nach Nordost die Waldhäuser und Pfrondorfer Platte, die Platte von Einsiedel und die große Walddorf-Häslacher Platte. Auch diese Liasplatten verdanken ihre Erhaltung auf dem Keuperuntergrund ihrer niedrigeren Lage, die sich hier hauptsächlich daraus ergibt, daß die Schichten wie allgemein in Südwestdeutschland nach Südosten einfallen. Daran könnten auch noch örtliche tektonische Ursachen beteiligt sein, zieht doch etwa in der Richtung der Aufeinanderfolge dieser Liasplatten der sogenannte Bebenhäuser Graben als Teil des »Schwäbischen Lineaments« durch den Schönbuch. Dieser schmale Graben tritt aber sonst im Gelände nicht deutlich in Erscheinung.

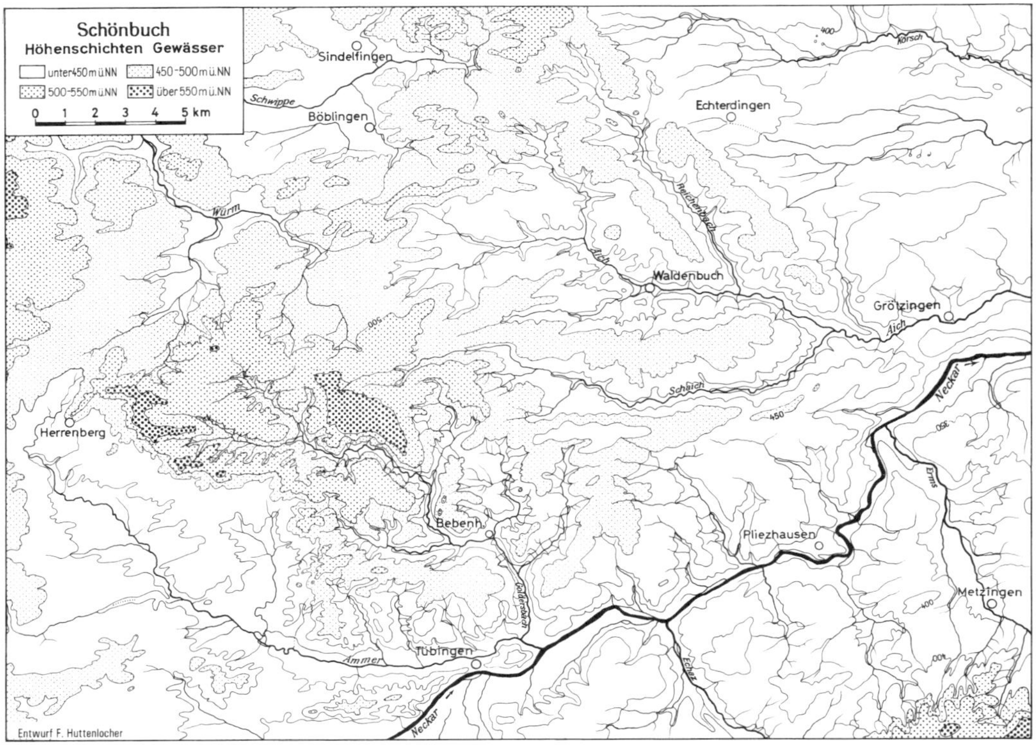

Abb. 8: Friedrich Huttenlocher, Höhenschichten im Schönbuch (vgl. Anm. 1)

Hinsichtlich der Abgrenzungsproblematik ergibt sich aus den geologisch-geomorphologischen Verhältnissen also folgendes: Nimmt man das Neckartal und das untere Ammertal als plausible Grenze des Schönbuchs im Süden und Südosten, im Westen und Nordwesten die Erosionsstufe des Schönbuchtraufs und im Nordosten die Filder- oder Schönbuchrandverwerfung, dann wird man gegen diese klare natürliche Abgrenzung des Schönbuchs nicht viel einwenden können. Nur für den Übergang zum Glemswald, seit 1995 Landschaftsschutzgebiet, das man z.B. im Auto auf der A 81 zwischen Böblingen-Sindelfingen und dem Autobahnkreuz Stuttgart quert, läßt sich keine klare Grenze finden.

Entscheidend für allgemeine Aussagen über den Schönbuch ist, ob man die größeren Liasplatten des nordöstlichen Schönbuchs und die Walddorfer Platte ausklammert, wie es sinnvollerweise die Naturparkgrenze tut, oder ob man sie ganz oder teilweise einbezieht wie z.B. die historische Schönbuchgrenze. Es empfiehlt sich also, jeweils zu sagen, auf welche Abgrenzung man sich bezieht, wenn man über den Schönbuch spricht.

Seine vielgestaltigen Formen im einzelnen erhält der Schönbuch durch die tief eingeschnittenen Täler, die dem Neckar mit der Aich samt ihren Nebenbächen Schaich und Reichenbach direkt, im Südwesten auch der Ammer mit dem Goldersbach, im Nordwesten der Würm mit der Schwippe zustreben (Abb. 8)[24]. Sie haben mit ihren weitverzweigten Nebentälern je nach dem Gestein, das sie anschneiden, die steilen Keuperklingen oder auch die Talweitungen mit ihren z.T. vernäßten Talböden geschaffen und die Höhenrücken dazwischen modelliert.

Die Gesamtheit der ökologischen Verhältnisse läßt sich am besten mit der Rekonstruktion der sog. natürlichen potentiellen Vegetation fassen, wie sie von den Forstwissenschaftlern und Vegetationskundlern vorgenommen wurde, so von F. A.Tscherning, Albrecht Faber und Paul Filzer[25]. Demnach ist der Schönbuch natürlicher Standort eines Laub-Mischwaldes aus Buche, Eiche und Hainbuche mit einem unterschiedlichen Mischungsverhältnis je nach Höhenlage, Hangneigung und Hangexposition, von denen sehr stark wie auch vom Ausgangsmaterial die Böden, ihre Gründigkeit und Wasserhaltigkeit abhängen.[26]

Der relativ hohe, aber zurückgehende Nadelholzanteil, der derzeit etwa die Hälfte ausmacht, ist in dem früher fast reinen Laubwald hauptsächlich das Ergebnis der Forstwirtschaft des 19. Jh. Sie mußte mit den schlimmen Waldverwüstungen fertigwerden, die vor allem die jahrhundertelange bäuerliche Waldweide, aber auch die Holz- und Streunutzung angerichtet hatten. Erst nach endlos langen Verhandlungen über die Abfindung ihrer Nutzungsrechte war es gelungen, die Bauern aus dem Wald hinauszukomplimentieren.[27]

Der Schönbuch ist also auch dort, wo er bis heute geschlossen bewaldet ist, Kulturlandschaft, um deren möglichst große Naturnähe sich die Forstwirtschaft bemüht. Und auch in der Vergangenheit war er nicht nur herrschaftliches Jagdgebiet, in dem die Bauern der umliegenden Ortschaften und selbst das Kloster Bebenhausen zu Jagddiensten verpflichtet waren. Vielmehr war der Schönbuch ein geradezu unabdingbarer wirtschaftlicher Ergänzungsraum für die Bevölkerung des Umlandes. Die Bauern durften nach althergebrachten Rechten nicht nur ihr Vieh zur Waldweide und zur Eichelmast in die Schönbuchwälder treiben, die Schönbuchrechte umfaßten auch die Versorgung mit Bau- und Brennholz und mit dem von den Handwerkern benötigten Holz sowie mit Laubstreu u.a. gegen die Entrichtung der sog. »Schönbuchmiete«, die im Lauf der Jahrhunderte ihrem Wert nach immer mehr zu einer Anerkennungsgebühr wurde[28]. Insgesamt gehörten 1623 z.B. 5 Städte (Tübingen, Reutlingen, Herrenberg, Waldenbuch und Grötzingen), 54 Dörfer und Weiler, 7 Schlösser oder Burgen, 31 einzelne Höfe und 39 Mühlen zu den nutzungsberechtigten Schönbuchgenossen[29], die F. Huttenlocher nach ihrer Zugehörigkeit zu den drei Schönbuchämtern kartographisch dargestellt hat (s. Abb. 2).[30]

Umgekehrt gingen aber vom Schönbuch auch starke Wirkungen aus auf die Siedlungen der weiteren Umgebung, in denen das Kloster Bebenhausen reich begütert war. Die klösterliche Grundherrschaft förderte z.B. den Weinbau an den Sonnenhängen des Schönbuchtraufs, vor allem aber betrieb sie eine Zeitlang die Zusammenlegung von Bauernhöfen zu großen befestigten Gutshöfen, sog. Grangien, die im 13. und 14. Jh. von den damals zahlreichen Laienmönchen bewirtschaftet wurden. Die nächstliegenden Beispiele sind der Bebenhäuser Hof bei Lustnau (Farbteil Abb. VI)[31] mit seinen heute noch eindrucksvollen Überresten oder die ehemaligen Grangien in Pfrondorf oder in Waldhausen (Farbteil Abb. VII),[31] dem einstigen Weiler oder kleinen Dorf, das bis zum 15. Jh. nur ein einziger, von Mauern umgebener Hof war.

In siedlungsgeographischer Hinsicht läßt sich der Schönbuch nicht ohne weiteres einordnen in das umfassende Modell Robert Gradmanns vom siedlungsräumlichen Gegensatz zwischen dem seit der Jungsteinzeit mehr oder weniger kontinuierlich besiedelten Altsiedelland, zu dem u.a. das Obere Gäu und die Filder gehören, und dem erst seit dem Hochmittelalter besiedelten Jungsiedelland. Nach den heutigen Siedlungsnamen ist der Schönbuch eher zum später erschlossenen Jungsiedelland zu rechnen, doch gibt es ältere Siedlungsdiskontinuitäten. Siedlungsspuren finden sich aus der Hallstatt- und aus der Römerzeit.[32] Dann scheint der Schönbuch wieder vom Wald zurückerobert worden zu sein. Die Wurzeln der danach entstandenen heutigen Siedlungen reichen in den einzelnen Teilen des Schönbuchs verschieden weit zurück,[33] worauf u.a. archäolo-

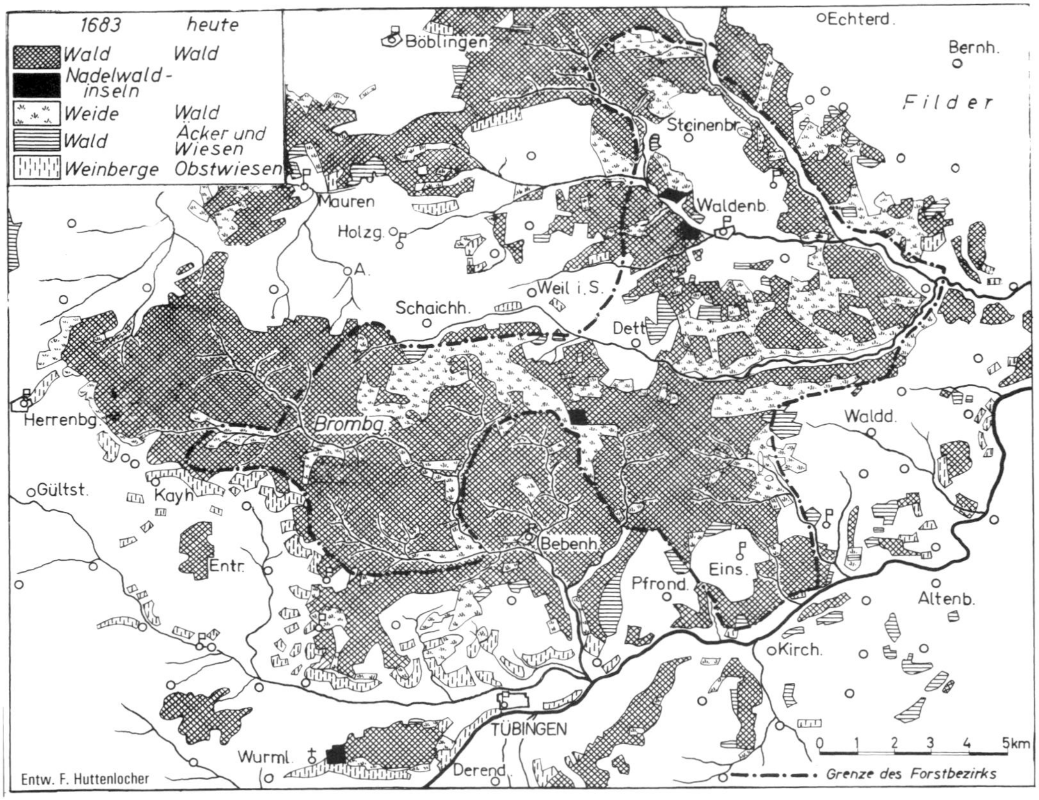

Abb. 9: Friedrich Huttenlocher, Kulturlandschaftliche Veränderungen im Schönbuch seit dem 17. Jahrhundert (vgl. Anm. 1)

gische Befunde, die Ortsnamen, Kirchenpatrozinien und die Entwicklung der kirchlichen Organisation schließen lassen. Am ältesten ist wohl Holzgerlingen, im Unterschied zu Gerlingen im Gäu das Gerlingen im Holz, wo ein alemannischer Reihengräberfriedhof aus dem 7. Jh. ausgegraben wurde. Von hier und von Weil im Schönbuch aus scheint der nordöstliche Schönbuch nach und nach besiedelt worden zu sein, während die Walddorfer Platte und die anderen Liasplatten im Süden offenbar vom Neckartal her erschlossen wurden. Am spätesten und am spärlichsten drang die Besiedlung in den südlichen Schönbuch vor.

Daß in der für die ländliche Bevölkerung und die Landwirtschaft schwierigen Zeit des ausgehenden Mittelalters auch im Schönbuch, besonders im Randbereich der besiedelten Teile, Siedlungen auch wieder aufgegeben wurden, hat Wolf-Dieter Sick im einzelnen nachgewiesen.[34]

Auf die geographischen Untersuchungen zum Kulturlandschaftswandel im Schönbuch kann hier nur noch hingewiesen werden, z.B. auf die einschlägigen Karten Friedrich Huttenlochers im Atlas der deutschen Agrarlandschaft und im Historischen Atlas von Baden-Württemberg, auf denen er die Veränderungen im Schönbuch seit dem auf den Kieserschen Forstkarten von 1683 festgehaltenen Zustand dargestellt hat, z.B. die Aufforstung von Hutungen und anderen landwirtschaftlich genutzten Flächen vor allem im Zusammenhang mit der Entflechtung von land- und forstwirtschaftlicher Nutzung seit dem Anfang des 19. Jahrhunderts. Erfaßt sind auch die inzwischen erfolgten Rodungen und die zahlreichen ehemaligen Weinberge, (Abb. 9).[35] In größerem Maßstab und noch differenzierter haben dies Th. Hornberger für Hagelloch[36] und H. Grees für den Schönbuchrand bei Entringen[37] untersucht.

Abschließend kann nur noch kurz auf die jüngste Entwicklung und auf die heutige Situation im Schönbuch eingegangen werden. Sie ist vor allem gekennzeichnet durch den ungeheuren Siedlungs- und Verkehrsdruck, der vom immer noch expandierenden Ballungsraum Stuttgart und von den großen Städten am Schönbuchrand ausgeht. Die Verstädterungswelle brandet gleichsam an allen Seiten, vor allem aber von Norden gegen den Schönbuch an und ist, soweit er nicht unter Schutz steht, längst in den Schönbuch eingedrungen, z.B. mit den neuen großen Wohngebieten in Dettenhausen und Weil im Schönbuch, in der jungen Stadt Holzgerlingen wie in Waldenbuch auch durch größere Gewerbegebiete.[38]

Der erste Großangriff auf das Waldgebiet des Schönbuchs erfolgte, als 1969 ein Großflughafen Stuttgart II südlich der Straße von der Kälberstelle nach Walddorf über die alte Stuttgarter Straße hinweg geplant wurde. Der bürgerliche Widerstand dagegen, unterstützt auch vom damaligen Tübinger Landrat, von der Forstdirektion, vom Schwäbischen Albverein und Heimatbund und vom Senat der Universität Tübingen, war aber so heftig, daß sich der damalige Ministerpräsident Hans Filbinger im Wahljahr 1972 veranlaßt sah, die Diskussionen dadurch zu beenden, daß er den Schönbuch zum ersten baden-württembergischen Naturpark erklärte unter Einbeziehung der schon seit 1936 bestehenden Natur- und Landschaftsschutzgebiete.

Natürlich hatte sich die Forstverwaltung auch schon früher um den Schutz des Schönbuchs bemüht. Z.B. wurde schon 1915 der Eisenbachhain zum Bannwald erklärt. Aber nun konnte sie, betraut mit der Geschäftsführung und dadurch mit einem besonderen Auftrag und mit zusätzlichen Mitteln, ihre Bemühungen fortsetzen, die forstwirtschaftlichen Gesichtspunkte mit dem Schutzanliegen und den legitimen Erholungsbedürfnissen der etwa 4 Millionen Besucher im Jahr einigermaßen in Einklang zu bringen.[39] Zahlreiche Erholungseinrichtungen wie Wanderparkplätze, Rast- und Spielplätze, Waldsportpfade, Feuerstellen, Liegewiesen u.a. wurden angelegt, eher schon zu viele, wie manche meinen, die von einer »Möblierung« des Waldes sprechen. Wege wurden so geführt und beschildert, daß für das Rotwild im Gehege und außerhalb und für andere Tiere im Schönbuchinnern eine gewisse Ruhezone erhalten bleibt. Einige Schaugehege wurden eingerichtet und mehrere Lehr- oder Beobachtungspfade angelegt, so der geologische und der waldgeschichtliche Lehrpfad am Kirnberg, die historischen Lehrpfade Einsiedel und Betzenberg sowie der Naturpfad Schloßberg bei Herrenberg.[40] Sie sollen vor allem der Information am Objekt dienen und zum Beobachten anregen und damit auch zum pfleglichen Umgang mit der Natur. In Dettenhausen, dem einstigen Kleinbauerndorf, das früher besonders stark vom Wald abhängig war und in dem viele Menschen in den Stubensandsteinbrüchen ihren Lebensunterhalt verdienten, wurde ein Schönbuchmuseum eingerichtet, das vor allem die frühere Bedeutung des Schönbuchs für die Bewohner veranschaulichen soll.[41]

Inzwischen wurde im ehemaligen Schreibturm des Klosters Bebenhausen ein Informationszentrum für die Besucher des Naturparks Schönbuch eingerichtet, und die Forstdirektion informiert im Internet auch über den Schönbuch.

Unterstützt werden die Schutzbemühungen durch die weitere Ausweisung von noch strenger geschützten Natur- und Biotopschutzgebieten.[42] In diesem Zusammenhang sind auch der Ensembleschutz für Bebenhausen und die sonstigen denkmalpflegerischen Bemühungen um das Kloster zu nennen.

Große Veränderungen haben sich für die Verkehrssituation ergeben. Die Bodenseeautobahn kommt dem

Schönbuch so nahe, daß sogar sein westlicher Ausläufer bei Herrenberg untertunnelt werden mußte, was die vom Autobahnverkehr ausgehenden Belastungen wohl nur wenig mindert. Die neue B 27 entlastet die alte B 27, die neuerdings bei der Kälberstelle entschärft wurde, sicher ganz beträchtlich, führt aber wie die A 81 auch den Erholungsverkehr aus Stuttgart und von den Fildern noch schneller und einfacher an den Schönbuch heran. Natürlich hat die steigende private Motorisierung und die dadurch bedingte Luftverschmutzung auch den Schönbuchwäldern hart zugesetzt.[43] Eine bescheidene Erleichterung soll u.a. die alte, schmalspurige Schönbuchbahn aus dem Jahr 1910 von Böblingen über Holzgerlingen nach Dettenhausen bringen, die nach langem Hin und Her jetzt wieder in Betrieb genommen wurde.[44] Außer durch mehr lokale Buslinien wird der öffentliche Personennahverkehr durch den Schönbuch auch von den RBS-Buslinien von Tübingen zur S-Bahnstation Leinfelden und zum Flughafen Echterdingen auf der alten B 27 sowie nach Böblingen-Sindelfingen auf der B 464 bedient.

Heftige kontrovers geführte Diskussionen hat bis vor wenigen Jahren der geplante Bau eines großen Hochwasserrückhaltedammes quer über das Goldersbachtal zwischen Bebenhausen und Tübingen ausgelöst. Der Hochwasserschutz ist natürlich ein legitimes Anliegen der schon wiederholt von Überschwemmungen heimgesuchten Lustnauer, doch blieb die Notwendigkeit eines solch großen Dammbaus umstritten. Schließlich wurde der Plan, vorwiegend aus Gründen des Landschaftsschutzes, zugunsten kleinerer Schutzmaßnahmen aufgegeben.[45] Im Aich-, Schaich-, Schwippe- und Würmtal wurden inzwischen einige Rückhaltebecken angelegt und Retensionsflächen ausgewiesen.

Abschließend kann man sagen, daß wenigstens der Teil des Schönbuchs, der als Naturpark und Landschaftsschutzgebiet geschützt ist, bisher vor Eingriffen aus dem ihn umgebenden Verdichtungsraum einigermaßen bewahrt werden konnte. Gleichzeitig konnte damit für die etwa zwei Millionen dort wohnenden Menschen ein Erholungsgebiet und auch ein gewisser ökologischer Ausgleichsraum von unschätzbarem Wert erhalten und sinnvoll erschlossen werden. Möge das denjenigen, die sich darum bemühen, auch in Zukunft gelingen. Viel wird dabei von der Entwicklung der umweltpolitischen Rahmenbedingungen abhängen.

Anmerkungen

[1] In der Darstellung der naturräumlichen Verhältnisse schließt sich das Folgende im wesentlichen an Friedrich Huttenlocher an: Geographischer Überblick. Der Schönbuch. In: Hermann Grees (Hrsg.), Der Schönbuch. Beiträge zu seiner landeskundlichen Erforschung. Veröffentlichungen des Alemannischen Instituts Freiburg Nr. 27. Arbeitsgruppe Tübingen. Bühl/Baden 1969, S. 12–30. Dieser Band ist Friedrich Huttenlocher zu seinem 75. Geburtstag gewidmet. Die Abb. 2 und 6–9 sind dem Beitrag F. Huttenlochers in diesem Band entnommen. Sie sind z.T. auch enthalten in F. Huttenlocher: Geographischer Führer für Tübingen und Umgebung. Mit Beiträgen über das Pflanzenkleid von Paul Filzer, Tübingen 1966. Darin: Der Schönbuch, S. 138–160.

[2] Beispiele für jüngere Forschungsprojekte sind u.a. Gerhard Einsele (Hrsg.): Das landschaftsökologische Forschungsprojekt Naturpark Schönbuch, Weinheim 1986. S. auch Forstwiss. Centralblatt, Hamburg und Berlin, 102, 1983, S. 281–334; ferner Walter Arnold, G. Einsele, O. Klee (Hrsg.): Kolloquium Schönbuchprojekt am 6. u. 7. 11. 1980 in Bebenhausen. Masch.schr. vervielf. – Erwin Kulzer, A. v. Lindeiner-Wildau, I. M. Wolters: Säugetiere im Naturpark Schönbuch. Beih. zu d. Veröff. für Naturschutz und Landschaftspflege in Baden-Württ. Nr. 71. Hrsg. Landesanst. f. Umweltschutz Baden-Württ., Karlsruhe 1993. – H. Zelesny: Gesamtkonzept »Wissenschaftliche Begleitforschung auf Sturmwurfflächen im Bereich der Forstdirektion Tübingen«. Veröff. Projekt Angewandte Ökologie. Hrsg. Landesanst. f. Umweltschutz Baden-Württ. Bd. 7, Karlsruhe 1993. S. darin u.a. auch Karl-Heinz Pfeffer S. 352–362 und Rolf Beck in Bd. 12, 1995, S. 69–76. – Natürlich beteiligen sich auch die Universitäten Stuttgart und Stuttgart-Hohenheim an der Schönbuchforschung. S. z.B. Baumbach, Günter; Dröscher, Frank; Mikisch, Edith: Feuchter und trockener Schadstoffeintrag in Waldbestände. Schlußbericht zum Forschungsvorhaben Untersuchungen zum feuchten und trockenen Schadstoffeintrag in Waldbestände im Schwarzwald und Schönbuch. Stuttgart 1991 (Institut für Verfahrenstechnik und Dampfkesselwesen, Abt. Reinhaltung der Luft; Berichte 21). Außerdem widmet sich auch die Landesanstalt für Umweltschutz Baden-Württemberg Karlsruhe dem Schönbuch, wie zahlreiche Veröffentlichungen zeigen.

Zur älteren Literatur H. Grees: Zum Gang der landeskundlichen Erforschung des Schönbuchs, mit Bibliographie, in H. Grees 1969 (Anm. 1) S. 151–198. Die dort angeführten Titel werden i. a. hier nicht mehr zitiert.

[3] S. H.Grees, Bibliographie S. 182, 185, 190 in H. Grees 1969 (Anm. 1).

[4] Ferdinand Graner: Geschichte der Waldgerechtigkeiten im Schönbuch. Darstell. aus d. Württ. Geschichte 19. Bd., Stuttgart 1929. – Max Zeyher: Der Schönbuch. Waldwirtschaftsgeschichte eines alten Reichsforstes. Darstell. aus d. Württ. Geschichte 30. Bd., Stuttgart 1938. [2]1957. – Zur Bedeutung des Schönbuchs als landesherrlicher Forst s. Rudolf Kieß: Die Rolle der Forsten im Aufbau des württembergischen Territoriums bis ins 16. Jahrhundert. Veröff. d. Kommm. f. geschichtl. Landeskde. in Baden-Württ. R. B, Bd. 2, Stuttgart 1958.

[5] H. Grees 1969 S. 163f., nach Walter Carlé 1955. In H. Grees 1969 (Anm. 1 u. 2).

[6] F. Huttenlocher: Filder, Glemswald und Schönbuch. Bau der Landschaft. Erdgesch. u. landeskundl. Abh. aus Schwaben u. Franken H. 15, Öhringen 1934.

[7] S. z.B. Jürgen Schedler: Ökologische Bibliographie. Eine Zusammenstellung wichtiger Arbeiten aus dem Themenkreis »Naturschutz – Artenschutz – Landschaftspflege« für den Landkreis Tübingen, Tübinger Blätter 72, 1985, S. 34–36.

[8] Aus Ulrich Hägele (Red.): Naturpark Schönbuch. Grüne Insel im Mittleren Neckarraum. Hrsg. Förderverein Naturpark Schönbuch e. V. Forstdirektion Tübingen 1992.

[9] Georg Gadner: Chorographia. Beschreybung des löblichen Fürstentums Wirtenberg ..., Blatt 16: Tibinger Vorst. Schambuech. 1592, Original im Hauptstaatsarchiv Stuttgart (N 3 Nr. 1). Reproduktion durch das Landesvermessungsamt Baden-Württemberg, Stuttgart 1996; auch im Historischen Atlas von Baden-Württemberg K. I, 2, mit Beiwort von Robert Uhland. S. auch Margareta Bull-Reichenmiller (Bearb.) u.a.: »Beritten, beschriben und gerissen«. Georg Gadner und sein kartographisches Werk. 1559–1602. Inventar und Begleitbuch zu einer Ausstellung. Hrsg. Hauptstaatsarchiv Stuttgart 1996. – H. Grees in Wolfgang Sannwald (Hrsg.): Schönbuch, Neckar, enge Gassen. Ortspläne und Landkarten aus vier Jahrhunderten. Gomaringen 1996, S. 14f. und Beilage 1.

In Verbindung mit der Ringvorlesung fand vom 20. Juni bis 21. Juli 1996 im Winterrefektorium des Klosters Bebenhausen eine Ausstellung »Der Schönbuch im Kartenbild der Jahrhunderte« statt, konzipiert und gestaltet von Hermann Grees. Leider konnte der Katalog dieser Ausstellung mit Abbildungen aus Umfangsgründen nicht, wie ursprünglich vorgesehen, in diese Veröffentlichung aufgenommen werden.

[10] F. Huttenlocher in H. Grees 1969 (Anm. 1) Karte 2.

[11] Dazu neuerdings Sönke Lorenz: Staufer, Tübinger und andere Herrschaftsträger im Schönbuch. In: Von Schwaben bis Jerusalem. Facetten staufischer Geschichte. Hrsg. S. Lorenz u. Ulrich Schmidt. Veröff. d. Alemann. Inst. Nr. 61. Sigmaringen 1995. S. 286–320, hier S. 317f. F.A. Tscherning, Grenze des Klosterwalds von Bebenhausen. Tübinger Bl. 5, 1902, S. 11–16 (posth.). Ursula Schwitalla, unveröff. Ms., Grenzen des Klosterwaldes, S. 37–40. – Erstmals sind die Grenzen des Schönbuchs im Forstlagerbuch von 1552/53 genauer beschrieben. F. Graner 1929 (Anm. 4) S. 34.

[12] Original in der Landesbibliothek Stuttgart (Cod. Hist. Q 102). Reproduktion Stuttgart 1979, hrsg. u. eingeleitet v. Wolfgang Irtenkauf. – H. Grees in W. Sannwald 1996 (Anm. 9), S. 11–13. – Eine Neubearbeitung des Ämteratlasses durch Heinrich Schickart bringt kaum Neues. Hauptstaatsarchiv Stuttgart N 1 Nr. 70.

[13] Sebastian Münster: Nigra Sylva XI. Nova Tabula 1545 Ausschnitt aus einer der Reproduktionen alter Karten, hrsg. v. Landesvermessungsamt Baden-Württemberg. Stuttgart 1988. Beiwort von Roland Häberlein.

[14] Johann Scheubel: Warhafftige und grundtliche Abconterpheung des loblichen Fürstenthumbs Würtemberg. Holzschnitt. Tübingen 1559. Verkleinert. Nach einer Reproduktion des dortigen Originaldrucks durch die Universitätsbibliothek Basel.

[15] Wilhelm Schickard: Wirtembergiae Tabula VIII (1634). Ausschnitt, verkleinert. Nach einer Reproduktion des Originals im Hauptstaatsarchiv Stuttgart (N 1 Nr. 11) aus Friedrich Seck (Hrsg.): Wilhelm Schickard 1592–1635. Tübingen 1978 (Contubernium 25). Beilage. – S. auch F. Seck (Hrsg.): Zum 400. Geburtstag von Wilhelm Schickard. Sigmaringen 1995 (Contubernium 41). – H. Grees in W. Sannwald 1996 (Anm. 9), S. 17–19.

[16] Verkleinerte Schwarzweiß-Reproduktion der im Zweiten Weltkrieg zerstörten Originale durch die Landesbildstelle Württemberg Stuttgart – Hans-Martin Maurer und Siegwalt Schiek: Altwürttemberg in Ortsansichten und Landkarten von Andreas Kieser 1680–1687. 3 Bde. Stuttgart 1985. – H. Grees in W. Sannwald 1996 (Anm. 9), S. 22–44. Darin sind alle den Schönbuch und den Landkreis Tübingen betreffenden Karten Kiesers verkleinert reproduziert. – Ottmar Burr: Wald- und Landesgeschichte nach alten Forstkarten. Schwäb. Heimat 38, 1987, S. 286–296.

[17] Andreas Kieser: Tübinger Vorst sambt dem Schonbuch 1683. Verkleinerte Reproduktion des Originals der Forstdirektion Tübingen, Bebenhausen. S. H.Grees in W. Sannwald 1996 (Anm. 9), S. 45 u. Beilage 2. Vgl. die entsprechende Karte Johann Majers von 1709 ebd. S. 47 u. Beilage 3.

[18] Andreas Kieser: Grundriß auf 16 Bögen und tabellarische Übersicht über den Schönbuchwald (im) Tübinger Vorst (Titel des Repertoriums). Hauptstaatsarchiv Stuttgart N 3 Nr. 19. – H. Grees in W. Sannwald 1996 (Anm. 9), S. 46.

[19] Pickel: »General-Charte von denen in dem Tübinger Oberforst befindlichen Cammer-, Schoenbuchs-, Schoenbuchs-Bann- und Cammer-Schreiberei-Waldungen« (mit Größenangaben) »nach ihrer wahren Lage und Entfernung von den Ortschaften aufgetragen«, 1799. Maßstab ca. 1 : 41 600. Hauptstaatsarchiv Stuttgart N 70 Nr. 213. Beispielkarte »Breitenholzer Huth« Forstdirektion Tübin-

gen, Bebenhausen. Vgl. H. Grees in W. Sannwald 1996 (Anm. 9), S. 75f. Wahrscheinlich hat sich Pickel u.a. an dem bedeutenden Kartographen Johann Adam Riediger orientiert, der 1736 bis 1746 in württembergischen Diensten stand. Vgl. etwa die Abbildungen in Jürgen Hagel: Johann Adam Riediger und der älteste Grundrißplan von Stuttgart. Schwäb. Heimat 40, 1989, S. 11–21.

[20] Neuerdings dazu S. Lorenz 1995 (Anm. 11) S. 315ff.

[21] Lutz Reichardt: Ortsnamenbuch des Kreises Tübingen. Veröff. d. Komm. f. geschichtl. Landeskde in Baden-Württ., R. B, 104. Bd. Stuttgart 1984. S. 14. – Hans Jänichen: Zur Geschichte des Schönbuchs. Anhang. Verhältnisse im Schönbuch vor 1000 n. Chr. In H. Grees 1969 (Anm. 1) S. 63f. – S. Lorenz 1995 (Anm. 11) S. 285.

[22] F. Huttenlocher in H. Grees 1969 (Anm. 1) Karte 2. Geologische Karte von Baden-Württemberg 1 : 25 000 Bl. 7319 Gärtringen, 7320 Böblingen, 7321 Filderstadt, 7419 Herrenberg, 7420 Tübingen, 7421 Metzingen sowie Geologische Karte von Stuttgart und Umgebung 1:50 000 und Geologische Karte von Tübingen und Umgebung 1:50 000, mit Erl. (Beil. z. Der Landkreis Tübingen, Amtliche Kreisbeschreibung. 3 Bde. Stuttgart und Tübingen 1967–1974). S. auch darin Erich Schwegler S. 6–32 und Wilhelm F. Schmidt-Eisenlohr S. 32–43. – Reiner Schwarz 1971 in: Helmut Blume (Hrsg.): Geomorphologische Untersuchungen im Württembergischen Keuperbergland. Tübinger geograph. Stud H. 46, 1971, S. 5–22. – Reiner Heeb (Hrsg.): Der Kreis Böblingen. R. Heimat und Arbeit. Stuttgart 1983. – Wilhelm Gfrörer (Hrsg.): Der Kreis Tübingen. R. Heimat und Arbeit. Stuttgart 1988. Diese beiden Kreisbeschreibungen und die »Amtliche Kreisbeschreibung« Tübingen auch für das Folgende.

[23] F. Huttenlocher in H. Grees 1969 (Anm. 1) Karte 1. – F. Huttenlocher: Geographische Landesaufnahme 1 : 200 000. Die naturräumlichen Einheiten auf Blatt 170 Stuttgart 1949, 2. Aufl. zus. mit H. Dongus, Bad Godesberg 1967.

[24] F. Huttenlocher in H. Grees 1969 (Anm. 1) Karte 3.

[25] Paul Filzer: Das Pflanzenkleid des Schönbuchs im Wandel der Zeiten. In H. Grees 1969 (Anm. 1) S. 39–48. S. darin auch H. Grees S. 166f. und Bibliographie S. 179f. – P. Filzer in: Der Landkreis Tübingen Bd. I 1967 (Anm. 22) S. 120–143, in F. Huttenlocher 1966 (Anm. 1) S. 41–43, 144–146, 209–212 und in Jahresh. d. Ges. f. Naturkde. Württ. 128, 1973, S. 118–126.

[26] S. z.B. Erhard Bibus: Die Bedeutung periglazialer Deckschichten für Bodenprofil, Standort und junge Reliefentwicklung im Schönbuch bei Tübingen. In: G. Einsele 1986 (Anm. 2) S. 27–57. – Friedrich Wacker in: Der Landkreis Tübingen Bd. I 1967 (Anm. 22) S. 101–120.

[27] F. Graner 1929 und M. Zeyher 1938 (Anm. 4), Paul Kirschfeld in H. Grees 1969 (Anm. 1) S. 91–104. – Walter Rieckert in: Der Landkreis Tübingen Bd. I 1967 (Anm. 22) S. 501–514.

[28] Paul Schwarz und Jürgen Sydow in H. Grees 1969 (Anm. 1) S. 65–75 u. S. 76–90. – F. Graner 1929 (Anm. 4).

[29] M. Zeyher 1938 (Anm. 4) S. 68. – Wolf-Dieter Sick in H. Grees 1969 (Anm. 1) S. 108.

[30] F. Huttenlocher in H. Grees 1969 (Anm. 1) Karte 5.

[31] Aus H.-M. Maurer u. S. Schiek 1985 (Anm. 16).

[32] S. Archäologische Karte des Schönbuchs und seiner Umgebung, Karte 4 in H. Grees 1969 (Anm. 1).

[33] S. z.B. W.-D. Sick in H. Grees 1969 (Anm. 1) S. 105. – Neuerdings, die archäologischen und siedlungsgeschichtlichen Kenntnisse zusammenfassend, S. Lorenz 1995 (Anm. 11) S. 286ff.

[34] W.-D. Sick: Vergleichende Untersuchungen zur Siedlungsentwicklung im württembergischen Keuperbergland (Schönbuch und Limpurger Berge). In: Studien zur südwestdeutschen Landeskunde. Festschr. f. Friedrich Huttenlocher, hrsg. v. K. H. Schröder. Bad Godesberg 1963, S. 166–183.

[35] F. Huttenlocher in H. Grees 1969 (Anm. 1), Karte 7.

[36] Theodor Hornberger: Kulturlandschaftliche Veränderungen am Beispiel eines kleinbäuerlichen Weingärtnerdorfes (Hagelloch, Kreis Tübingen). Württ. Jbb. f. Statistik und Landeskde. 1951/52, S. 106–110.

[37] H. Grees 1969 (Anm. 1) S. 31–38.

[38] Aus einem Informationsblatt des Ministeriums für Ernährung, Landwirtschaft und Umwelt Baden-Württ. o.J.

[39] Peter Weidenbach: Naherholungsgebiet Schönbuch. Gegenwärtiger Stand – Ausbauplanung – Bewertung der Erholungsfunktion. Schriftenr. d. Landesforstverw. Baden-Württ. Stuttgart 1971. – Hugo Baumann: Wald, Wild und Wanderer. Modell eines menschen- und tierfreundlichen Erholungsraumes: der ausgestaltete Schönbuch. Tübinger Bll. 58, 1971, S. 75–80. S. auch Schwäb. Heimat 28, 1977, S. 107–113. – Walter Stoll: Der Naturpark Schönbuch. Interessenausgleich zwischen Naherholung, Rotwild und Waldbau. Allg. Forstzeitschr. 44, 1989, S. 1355f. – Uwe Ceglarek: Naturpark Schönbuch. Naturschutz und Naturparke H. 90, 1978, S. 1–6. – Von den allgemeinen Darstellungen und Wanderführern seien als Beispiele genannt: Albert und Werner Ulmer: Naturpark Schönbuch. Weil im Schönbuch [3]1984. – Hans-Dieter Musch und Manfred Grohe: Schönbuch und Gäu. Stuttgart 1976. – Fritz Hartranft: Rundwanderungen im Schönbuch. Stuttgart [4]1978. – Walter Hahn: Naherholung im Schönbuch. Weil im Schönbuch 1975. – Wilfried Setzler u.a.: Schönbuch – Tübingen – Rammert. R. Natur – Heimat – Wandern. Hrsg. Schwäb. Albver. Stuttgart u. Aalen 1985.

[40] Walter Arnold: Drei Waldlehrpfade im Naturpark Schönbuch. Naturschutz und Naturparke H. 98, 1980, S. 37–42. – K. Brenner u. K.-D. Balke: Der geologische Lehrpfad am Kirnberg bei Tübingen. Tübingen o.J. – Heinz Wolpert in Bll. Schwäb. Albver. 84, 1978, S. 15; Karl Lamac ebd. 81, 1975, S. 42–44. – Stadt Herrenberg (Hrsg.): Naturpfade Herrenberg. o.J.

[41] Ulrich Hägele: Schönbuch Museum. Stein – Wald – Jagd. Dettenhausen-Tübingen 1992. – S. auch Tübinger Bll. 75, 1988, S. 33–35; Allg. Forstzeitschr. 44, 1989, S. 1388f. – Ralf Beckmann: Wem gehört der Schönbuch? Dettenhausen im Streit mit der Forstbehörde. Schwäb. Heimat 38, 1987, S. 307–318. – Ders.: Dettenhauser Stein. Ein Beitrag zur Geschichte der Sandsteingewinnung im Schönbuch.

Dettenhausen 1987. Weiteres in Bll. Schwäb. Albver. 93, 1987, S. 8–10 und 94,1988, S. 5–8.

[42] Ulrich Ade, B. u. H. Baumann, W. Wahrenburg: Naturnahe Lebensräume und Flora im Schönbuch und Gäu. Remshalden 1990. – M. Ade u.a.: Schaichtal, Lebensraum Bachaue. Ökologie aktuell 2, Stuttgart 1985.

[43] Peter Stoll: Bedrohung unserer Wälder. Zur Waldsituation im Raum Tübingen. Tübinger Bll. 71, 1984, S. 41–48.

[44] Ralf Beckmann: 75 Jahre Schönbuchbahn Böblingen – Dettenhausen. Dettenhausen 1986. Ferner in Bll. Schwäb. Albver. 92, 1986, S. 182–186 und Jürgen Schedler in Schwäb. Heimat 38, 1987, S. 19–28.

[45] Richard Rudolf: Hochwasserschutz für Lustnau. Bericht über ein ungelöstes Problem. Tübinger Bll. 71, 1984, S. 63–68. – Jürgen Giesecke: und G. Förch: Hochwasserschutz – ein legitimer Eingriff in den Naturhaushalt. In: Folgen anthropogener Eingriffe in die Wasserbewirtschaftung. Bd. A. Neubiberg 1990. S. 119–128.

Die vor- und frühgeschichtliche Besiedlung des Schönbuchs

Christoph Morrissey

Konfrontiert mit den Waldgebieten etwa des südlich benachbarten Rammerts, des Schwäbischen Waldes oder auch des Schwarzwaldes, fällt im Schönbuch die vergleichsweise hohe Zahl erhaltener vor- und frühgeschichtlicher Denkmäler – nämlich frühkeltische Grabhügel, spätkeltische Viereckschanzen und römische Steindenkmäler – in heute siedlungsfreiem und waldbedecktem Gebiet ins Auge. Auffälligerweise fehlen eben diese Zeugnisse menschlicher Anwesenheit auf den schon seit Jahrhunderten beackerten Wirtschaftsflächen der im weiteren Sinne auch noch zum Schönbuch gehörigen Holzgerlinger und Walddorfer Liasplatten fast vollständig. Funde anderer Epochen – der Jungsteinzeit, der Bronzezeit und des frühen Mittelalters – sind hingegen nur von dort bekannt geworden (Abb. 10). Schon zu Beginn des 20. Jhs. erkannte die siedlungsgeographische und landeskundliche Forschung diese Besonderheit (Gradmann 1913; Weller 1938) und stellte die Frage, ob etwa die zahlreichen Grabhügel als Beleg einer frühkeltischen Aufsiedlung im 8. Jh. v. Chr. des gesamten, heute waldbedeckten Gebietes zu sehen seien? Umging tatsächlich – und wenn ja, warum – die alamannische Landnahme als auch der hochmittelalterliche Landesausbau diese offensichtlich alt besiedelten Bereiche, so daß der Wald Kulturland auf Dauer zurück erobern konnte? Und warum finden sich eigentlich auf den Ackerfluren der Dörfer weder Grabhügel noch römische Denkmäler in nennenswerter Zahl? Zeigt dies abweichende Siedlungsschwerpunkte, unterschiedliche Siedlungsräume? Sind, zu guter Letzt, für das sich schemenhaft abzeichnende Siedlungsbild naturräumliche oder andere Bedingungen als ursächlich auszumachen?

Art und Aussagekraft der archäologischen Quellen

Mehr als zehntausend Generationen halten sich Menschen schon in Europa auf. Als Vor- und Frühgeschichte wird der Zeitraum vom frühesten Auftreten des Homo erectus um 600000 v. Chr. bis zum Beginn des Hochmittelalters (um 800 n. Chr.) bezeichnet, unzweifelhaft also der weitaus größte Teil der Menschheitsgeschichte. Damit ist allerdings auch ein Zeitraum menschlicher Anwesenheit und menschlichen Wirkens benannt, der aus schriftlichen Quellen kaum bis gar nicht zu erschließen ist, und als Vorgeschichte auch die Zeit vor Christi Geburt umfaßt.

Die Methodik der historischen Forschung verlangt es, Rechenschaft abzulegen über das Zustandekommen und die Aussagekraft der ihr zur Verfügung stehenden und ausgewerteten Quellen. Verlorene und hinterlas-

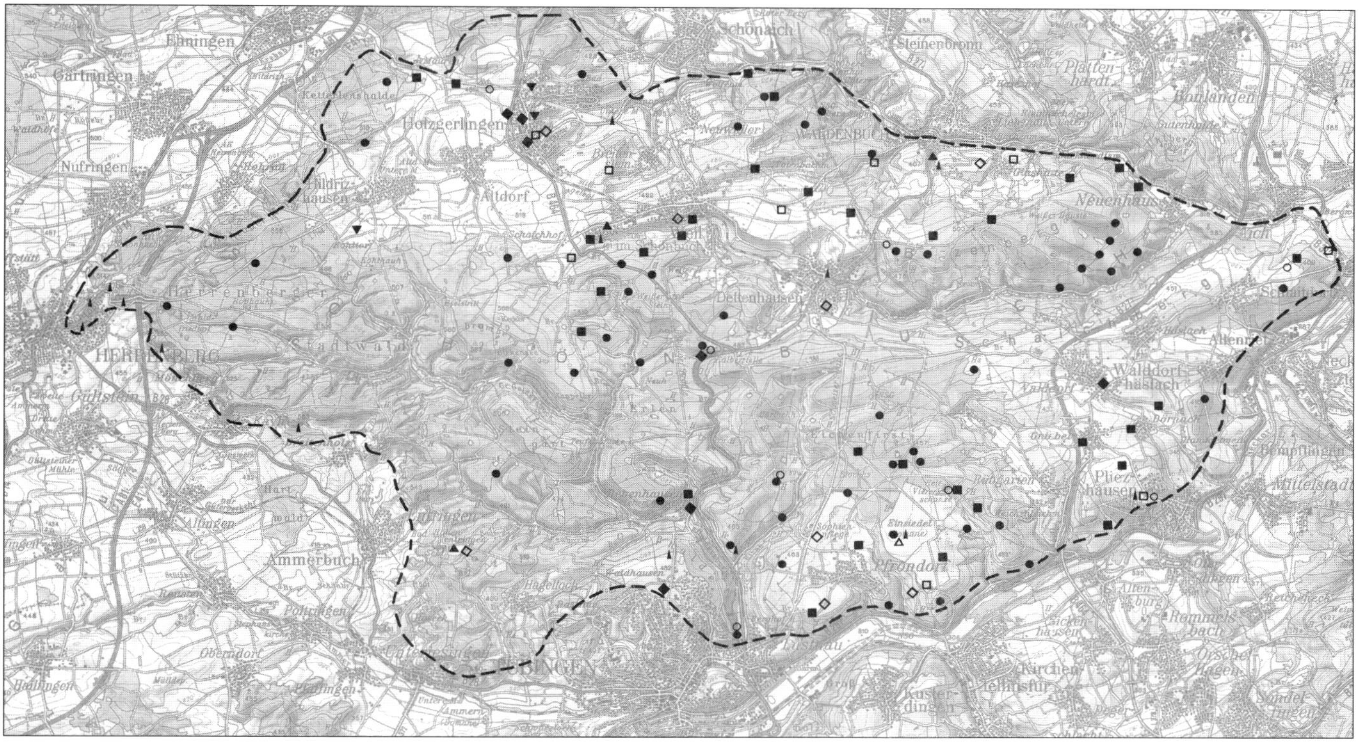

Abb. 10: Vor- und frühgeschichtliche Fundstellen des Schönbuchs, kartiert innerhalb des gestrichelt umfahrenen Bereiches. ▴ Fundstellen aus mesolithischer Zeit (um 8000–5500 v. Chr.); aus neolithischer Zeit (um 5500–2200 v. Chr.): □ Siedlungsplätze und ◇ einzeln gefundene Steinbeile. ▲ Fundstellen der Bronzezeit (2200–1100 v. Chr.), ▼ der Urnenfelderzeit (um 1100 bis 800 v. Chr.), ● der Hallstattzeit/Grabhügel (800–480 v. Chr.), ○ der Latènezeit (470 v. Chr.-1. Jh. n. Chr.), ■ der römischen Zeit (um 100–260 n. Chr.) und ◆ des Frühmittelalters (um 260–750 n. Chr.). Kartengrundlage: Ausschnitt aus der Topographischen Karte 1:100000, hrsg. v. Landesvermessungsamt Baden-Württemberg, Ausgabe C 7518, ergänzt vom Autor. Vervielfältigung genehmigt unter Az.: 5.11/ 1316

sene Gegenstände, längst verfallene Bauten und Siedlungsplätze, aber auch Grabstätten und andere im Boden erhaltene und von ihr archivierte Funde stehen der archäologischen Forschung als Geschichtsquellen zur Verfügung. Schriftlichen wie archäologischen Quellen gemeinsam ist, daß sich erst nach eingehender Kritik, Bewertung und Deutung ihre geschichtliche Aussage erschließen läßt.

Zeugnisse menschlicher Anwesenheit und Tätigkeit in Vor- und Frühgeschichte sind in den Waldungen des Schönbuchs noch mancherorts unmittelbar zu erkennen, nämlich die zahlreichen Grabhügel sowie zwei Viereckschanzen. Moderne Grabungen und aussagekräftige Untersuchungen sind allerdings kaum zu Rate zu ziehen. Die erste – und bislang immer noch einzige – ausführlichere Darstellung vor- und frühgeschichtlicher Fundplätze des Schönbuchs entstammt noch der Feder Eduard v. Paulus d. Ä. Sie erschien schon 1859 in den Schriften des Württembergischen Altertumsvereins (Paulus 1859) mitsamt einer beigelegten archäologischen Karte. Für Notgrabungen gab es glücklicherweise wenig Anlaß und von unsachgemäßer Fundsuche

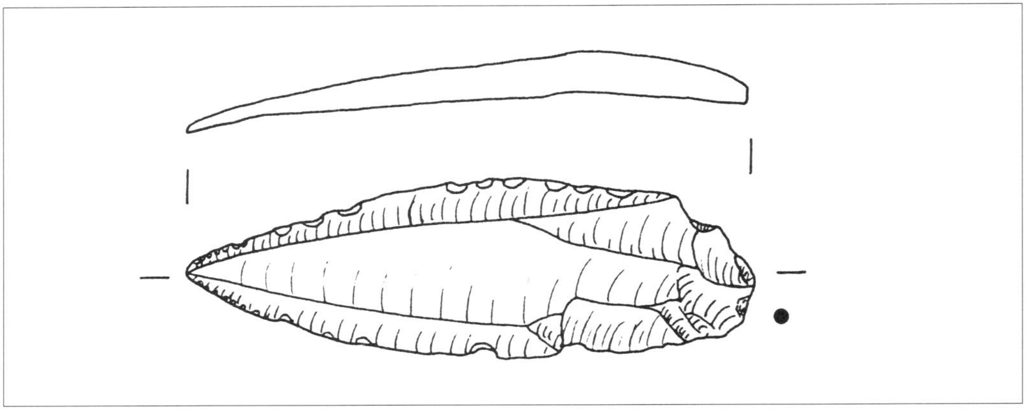

Abb. 11: Klinge aus Jurahornstein, ca. um 10000 v. Chr. gefunden. L. 6,3 cm.

blieb der Schönbuch weitgehend verschont. Bis auf wenige Ausnahmen muß sich die archäologische Forschung hier deshalb auf zufällig entdeckte Funde und einige meist nur notdürftig untersuchte Fundplätze stützen, deren Entdeckung fast durchweg älteren Datums ist.

Moderne Grabungen sowie systematisch betriebene, aussagekräftige Beobachtungen und Untersuchungen stehen kaum zur Verfügung. Dennoch stieg und steigt auch die Zahl der Fundplätze im Schönbuch stet: In der 1969 von Hermann Grees herausgegebenen Publikation zur landeskundlichen Erforschung des Schönbuchs verzeichnet die beigegebene Fundkarte schon mehr als 80 Fundstellen, gegenüber den 41, die gut 100 Jahre zuvor noch Eduard v. Paulus bekannt gewesen waren. Ende 1995 konnte ein Bestand von jetzt schon 181 Fundplätzen erfasst und ausgewertet werden, also nochmals ein Anstieg auf über das Doppelte (Morrissey 1995). Aufgrund der genannten Umstände ist aber der derzeitige Quellenbestand nur unter dem Vorbehalt der nach Fundgattungen zu spezifizierenden Überlieferungsqualität zu sehen, die siedlungsgeschichtliche Wertung unter möglichst weitgehender Eliminierung das Fundbild verfälschender Eigenheiten vorzunehmen. Vielfach müssen von der Forschung andernorts gewonnene Erkenntnisse zur Deutung und Erklärung der Quellen herangezogen werden, ohne daß dies im folgenden auch jeweils gesondert kenntlich gemacht werden kann.

Die Aussagen der Quellen zur Geschichte der Besiedlung

Für das Eiszeitalter – als Epoche der Altsteinzeit bezeichnet –, einer Periode zyklischen Wechsels arktischer Kalt- und längerer Warmzeiten, sind aus dem Schönbuch bislang keine Belege für die Anwesenheit von Menschen bekannt geworden. Erst als es zum Ende der letzten Eiszeit – dem Würm-Glazial – um 11000 v. Chr. allmählich wärmer wurde, könnte dies eine kleine Gruppe durchziehender Sammler und Jäger dazu verleitet haben, im Goldersbachtal, vielleicht zum Fischfang, Station zu machen. Dafür spricht eine bei der Teufelsbrücke, oberhalb von Bebenhausen, gefundene Klinge aus Jurahornstein, die sicher von Menschenhand angefertigt worden ist (Abb. 11). Dieses mutmaßlich älteste Fundstück aus dem Schönbuch ist allerdings nicht zweifelsfrei zu datieren, möglicherweise ist es auch Jahrtausende jünger. Einige weitere, teils altbekannte, teils neu entdeckte Fundplätze aus der Umgebung des Schönbuchs lassen jedoch ein saisonales Aufsuchen größerer und fischreicher Gewässer, aber auch wildreicher und jagdgünstiger Plätze zu dieser Zeit durchaus als möglich erscheinen.

Gesicherte Nachweise menschlicher Präsenz sind für den Schönbuch erst aus der Mittelsteinzeit, dem Zeitraum zwischen 8000 und 5500 v. Chr., namhaft zu machen. Die Fundplätze mit mitunter mehreren Tausend meist kleinstückigen Hornsteinabschlägen und -werkzeugen, vermutlich allesamt aus einem frühen Abschnitt des Mesolithikums, häufen sich in auffälliger Dichte am Schönbuchtrauf über dem Oberen Gäu im Herrenberger Raum (Abb. 10). Die exponierten Traufhöhen bieten weite Sicht und schnell abtrocknende Sandsteinböden. Manche sind sicher immer wieder für vielleicht jeweils mehrere Wochen im Jahr als Lagerplätze aufgesucht worden. Ortsfeste und stabile Behausungen waren damals noch unbekannt, Zelte, Windschirme und andere Vorrichtungen haben zum Schutz der nomadisierenden Menschen vor der Witterung gedient. Aus Untersuchungen andernorts weiß man um die Jagd auf Huftiere, aber auch Raubtiere und Kleinsäuger. Im Verlaufe der beginnenden Klimaerwärmung und der Bewaldung standen vermutlich schon Haselnüsse als pflanzliche Nahrung zur Verfügung, die Nutzung weiterer Wildfrüchte ist vorauszusetzen.

Die gewiss nicht allzu großen Menschengruppen – man rechnet etwa für das frühe 6. Jahrtausend mit insgesamt nur etwa 1000 gleichzeitig lebenden Menschen im Gebiete Baden-Württembergs – nahmen wohl noch keine bleibenden Eingriffe in die Umwelt und den Haushalt der Natur vor. Hinweise auf Tierhaltung und Pflanzenkultivierung dieser wildbeuterischen Ökonomie fehlen bislang ganz.

Für die zweite Hälfte des 6. Jahrtausends v. Chr. läßt sich ein Vorgang fassen, der als Neolithisierung Südwestdeutschlands bezeichnet wird. Gemeint ist damit die Ausbreitung einer agrarisch ausgerichteten Kultur, die schrittweise – teils sicher in räumlichem Nebeneinander zu Gruppen von Jägern und Sammlern – mit Jahrhunderttausend alten Traditionen bricht und zur bäuerlichen Gesellschaft überleitet, die uns zumindest in ihren Grundzügen bis heute noch erhalten ist. Daß der Schönbuch gleich ganz am Beginn der Entstehung der bäuerlichen Kultur, der Seßhaftwerdung des Menschen, um die Mitte des 6. Jahrtausends mit dem Beginn der Jungsteinzeit, erstmals auf Dauer besiedelt wurde, war eigentlich kaum zu erwarten. Die archäologisch nachgewiesene Verbreitung von sogenannten ältestbandkeramischen Siedlungsplätzen aus der Mitte des 6. Jahrtausends v. Chr. (Albert/Schröter 1971) zeigt nämlich durchweg die Bindung an klimatisch und bodenartlich wesentlich günstigere Räume, wie etwa das benachbarte Obere Gäu und die Filder. Andere Landstriche wie etwa die Schwäbische Alb oder das Oberland zeigen erst einige Jahrhunderte später die Ausbreitung neolithischer Kulturerscheinungen in Bodenfunden an. Es ist deshalb bemerkenswert, daß 1983 am südlichen Rande des alten Ortskernes von Holzgerlingen Keramikscherben gefunden worden sind, die auf einen über längere Zeit hinweg kontinuierlich besetzten oder zumindest mehrfach aufgesuchten Siedlungsplatz der sogenannten Bandkeramik schließen lassen, die am Anfang des Neolithikums steht. Auffallend ist die günstige Lage des Platzes in der Nähe einiger Quellen, auf fruchtbarem und teils lößhaltigem Boden. Neben diesem guten Standort hat möglicherweise auch ein hoher Wildbestand der nahegelegenen Wälder zur Jagd gelockt und eine sicher größere Gruppe von Menschen dazu veranlaßt, um die Mitte des 6. Jahrtausends v. Chr. hier die erste ortsfeste Ansiedlung überhaupt im damals möglicherweise menschenleeren Schönbuch zu erbauen. Wie man von anderen Fundorten weiß, wurde im Verlauf der Bandkeramik einfacher Hackbau auf den Flächen rund um die Höfe betrieben, Emmer, Einkorn, Lein und Gerste waren geschätzt. Rind, Schwein, Ziege und Schaf weideten auf den Brachen oder wurden in den Wald getrieben.

Mit Rodungen, erosionsförderndem Ackerbau, Holzeinschlag und Waldverbiß, Pflanzenzucht und Tierdomestikation werden erstmals Vorgänge faßbar, die nach und nach den Umbau der Naturlandschaft zur Kulturlandschft vorantreiben und die sich durch alle vor- und frühgeschichtlichen Epochen hindurch bis in die heutige Zeit verfolgen lassen.

Unter allen bekannt gewordenen Fundstellen der gesamten Jungsteinzeit im Schönbuch (Abb. 10), einem Zeitraum zwischen 5500 und etwa 2000 v. Chr., sind nun sichere Siedlungsplätze aus einem frühen Abschnitt nur bei Holzgerlingen zu verzeichnen (s. oben), aus der Zeit um etwa 4500–4200 bei Pliezhausen Gewann »Baumsatz«, und aus den Jahrhunderten um 4000 v. Chr. von der Südwestecke der Rodungsinsel des Einsiedels. Eine größere Zahl ebenfalls erstmals in der Jungsteinzeit angefertigter geschliffener Steinbeile sowie etliche, jedoch nicht zweifelsfrei datierbare, Silexfunde deuten weitere Siedlungsplätze an, bieten aber keinen sicheren Aufschluß zum Siedlungsgeschehen. Wenn das Fundbild nicht täuscht, werden in der Jungsteinzeit der zentrale Schönbuch – das heutige große Waldgebiet um den Goldersbach zwischen Bebenhausen, Weil und Herrenberg – sowie auch andere, der Landwirtschaft weniger zuträgliche Bereiche, unerschlossen und bewaldet geblieben sein, während die heutigen Siedlungsflächen zumindest schon teilweise besetzt gewesen sind.

Die Jahrtausende zwischen 2200 v. Chr. bis zu Christi Geburt werden als Metallzeiten bezeichnet. Nach und nach löste nämlich dieser neue Werkstoff – zuerst als Kupfer, dann als Bronze und ab dem 9. Jh. v. Chr. auch als Eisen – Stein und andere natürlich vorkommende Materialien in einigen Bereichen ab, vor allem bei Waffen und Schmuck.

Spärlich sind die Spuren der Bronze- und Urnenfelderzeit (2200–800 v. Chr.) im Schönbuch (Abb. 10). Siedlungsplätze fehlen ganz und können nur, sofern überhaupt möglich, aus anderen Funden wie etwa Gräbern oder Einzelfunden erschlossen werden. Der älteste Metallfund aus dem Schönbuch, eine verzierte Armstulpe aus Bronze, kam 1933 in der feuchten Talaue wenig westlich von Weil zutage. Das im frühen 2. Jahrtausend v. Chr. wahrscheinlich in Gewässernähe als Weihefund niedergelegte Stück deutet eine Verbindung des nördlichen Schönbuches zur Frühbronzezeit mit der mittlerweile in zahlreichen Funden zutage tretenden, offensichtlich prosperierenden Besiedlung des Neckartales zwischen Rottenburg und Tübingen an (Reim 1993/94).

Zur Mittelbronzezeit muß auch auf dem Einsiedel – wie schon in der mittleren Jungsteinzeit – eine Siedlung vorausgesetzt werden. Im Jahre 1861 kamen nämlich beim Abtragen mehrerer teils mächtiger Grabhügel auf dem Einsiedler Feld westlich der Brunnenstube einige bronzene Scheibenanhänger zutage. Sie dienten um 1400 v. Chr. zum ansehnlichen Schmuck einer Frau. Die Siedlung dieser Zeit dürfte in der Nähe gelegen haben.

Auffällig ist die Lage der Fundstellen der Urnenfelderzeit (1150–800 v. Chr.) ausschließlich in und um Holzgerlingen (Abb. 10): Im nördlichen Ortsbereich sind zwei kleinere Friedhöfe bekannt geworden, die zu zwei nahegelegenen, zumindest zeitweise wohl auch gleichzeitig belegten Siedlungsplätzen gehört haben müssen. Einiges spricht dafür, daß mit den bis heute bekannt gewordenen Funden der Bronze- und Urnenfelderzeit vermutlich nur ein kleiner Bruchteil des Vorhandenen überliefert ist. Eine siedlungsgeschichtliche Deutung ist deshalb schwierig, zumindest die Bevorzugung landwirtschaftlich brauchbarer Böden und siedlungsgünstiger Lagen läßt sich vage erkennen.

Für manche Teile des Naturparkes Schönbuch wäre auch der Begriff Grabhügelpark nicht aus der Luft gegriffen (Abb. 10). Die annähernd 300 Hügel sind oft zwischen 10 und 15 m im Dm., bei einer Höhe von etwa 1 m; manche jedoch sind auch größer. Die Zahl noch unversehrter, nicht untersuchter Grabhügel – etwa zwei Drittel aller vorhandenen – ist im Schönbuch, verglichen mit anderen Regionen, bemerkenswert hoch. Die Grabungswut vor allem des 19. und frühen 20. Jhs. hat

Abb. 12: Keramik aus Grabhügeln auf dem Olgahain bei Bebenhausen. Um 1930 von Hermann Stoll gefunden, Abb. nach Zürn 1988, Taf. 422.

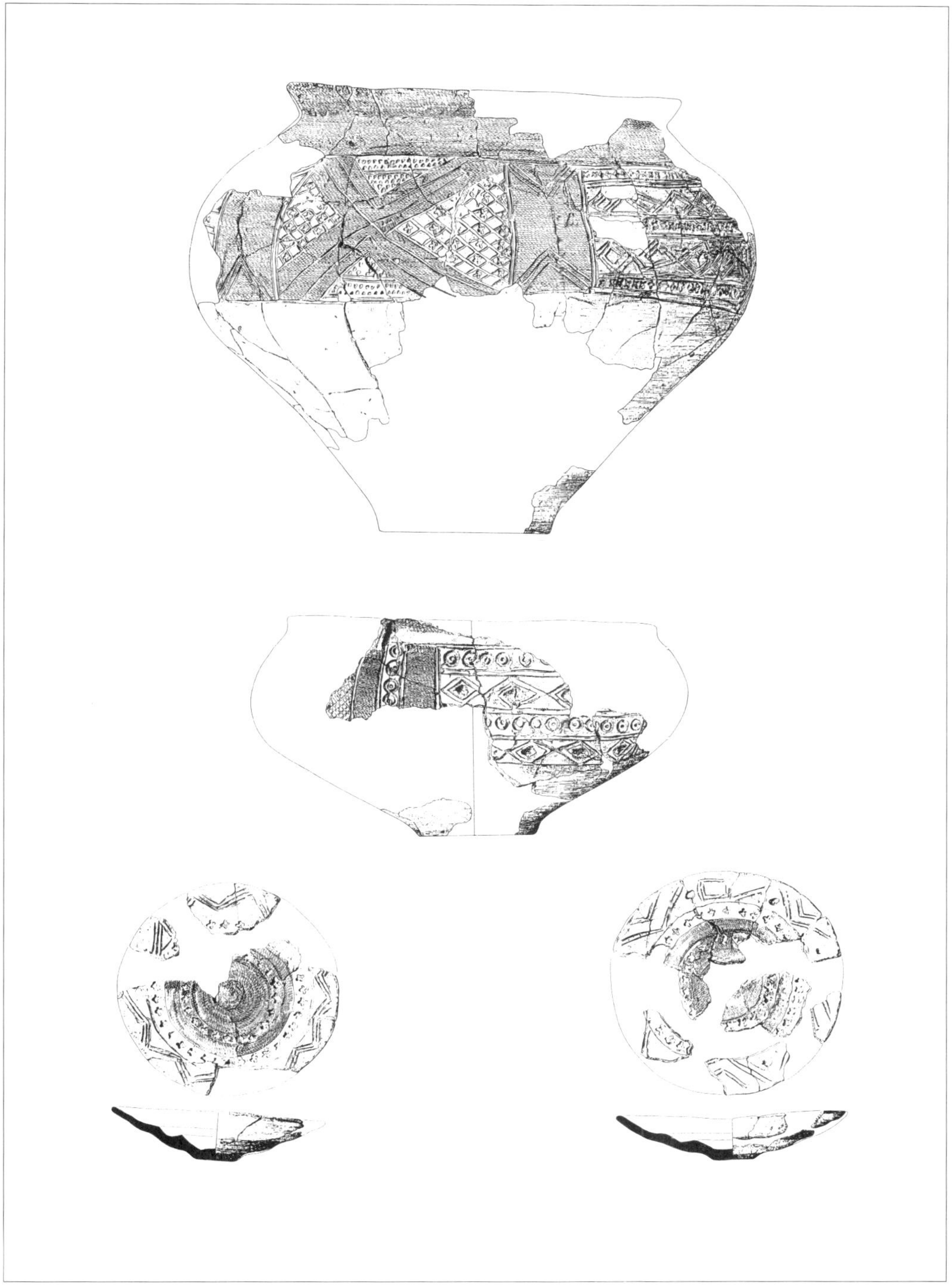

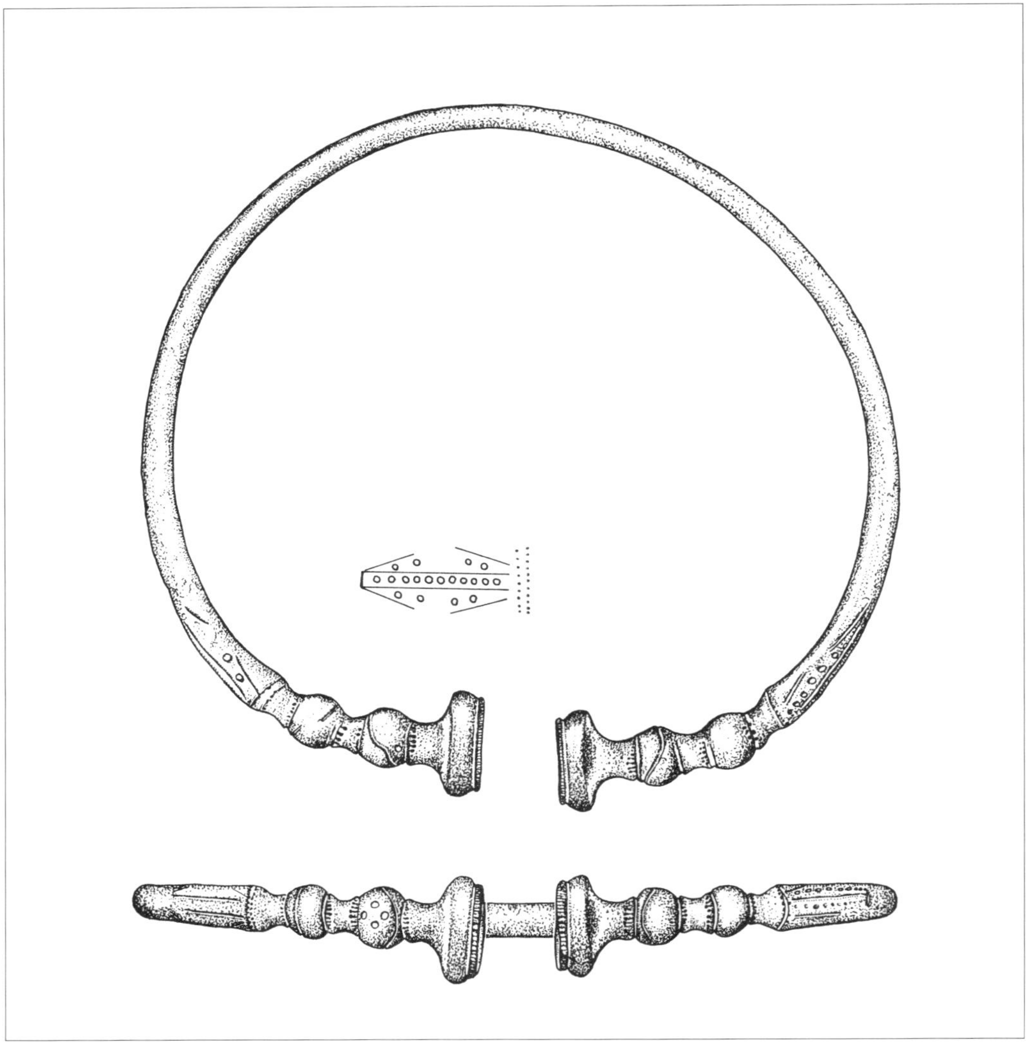

Abb. 13: Bronzener Halsreif aus einem Grab der Frühlatènezeit (um 350 v. Chr.), niedergelegt in einem schon während der Hallstattzeit angelegten Grabhügel bei Bebenhausen »Mauterswiese«.

etwa auf der Schwäbischen Alb vielerorts nur noch Hügelruinen hinterlassen.

Soweit den wenigen Grabungen zu entnehmen ist, sind viele der Hügel im Schönbuch in einem frühen Abschnitt der Hallstattzeit errichtet worden (800- 630 v. Chr.). Zu dieser Zeit war die Brandbestattung die Regel, die Reste des Scheiterhaufens und die Totenasche wurden auf dem anstehenden Boden ausgebracht. Oft kamen reiche Keramikensembles als Ausstattung hinzu, eine abdeckende Steinpackung sollte wohl vor Grabraub schützen (Abb. 12). In den zumeist noch recht kleinen Erdhügel sind dann während der späten Hallstattzeit (630–450 v. Chr.) weitere, jetzt metallreiche und keramikarme Nachbestattungen eingebracht worden. Viele Hügel dürften dabei auch vergrößert und erneut aufgeschüttet worden sein.

Die Tumuli konzentrieren sich an den Rändern der heutigen Waldgebiete, auf, oder nahe an den liasbedeckten Böden des Unteren Juras (Abb. 10). Hingegen sind im inneren Keuperbergland, besonders entlang dem Goldersbach, die wenigen Hügel zumeist recht klein und oftmals auch nicht zweifelsfrei als Grabhügel zu bezeichnen. Das legt den Schluß nahe, die hallstattzeitliche Bevölkerung habe sich in kleinen Hofgruppen an und auf den für Ackerbau günstigen Liasflächen des Schönbuchs niedergelassen: Weite Bereiche des heutigen Waldgebietes besonders im nordwestlichen Teil des Naturparkes müssen gerodet und erschlossen gewesen sein. Die inneren Keuperhöhen aus Stuben- und Rätsandstein des südwestlichen Schönbuchs hingegen blieben offensichtlich unberührt. Daß jedoch die fruchtbaren Feldfluren der heutigen Dörfer, im Gegensatz zu den heute waldbestandenen Liasflächen, fast keine Hügel mehr aufweisen, dürfte – wenn nicht alles täuscht – dem »fleißigen Landmann« zu verdanken sein, der sie im Lauf der Jahrhunderte unbeobachtet einebnete, »teils um sich den Bau des Feldes zu erleichtern, teils um die fruchtbare, zusammengetragene Dammerde, aus welcher besonders die Grabhügel bestehen, zu gewinnen und mit derselben die Feldgüter zu verbessern« (v. Paulus, 1859, S. 3). Von einer frühkeltischen Besiedlung auch der heutigen Dorffluren ist deshalb vorerst genauso auszugehen, wie für diejenigen Gebiete, in denen sich durch den Schutz des Waldes die Grabhügel bis heute erhalten haben.

Die Zeit von etwa 480 v. Chr. bis zum Vordringen der Römer wird als Latènezeit bezeichnet. Überblickt man die Fundstellen dieser der Hallstattzeit folgenden Epoche im Schönbuch (Abb. 10), ist einiges der Erwähnung wert. So kommen die wenigen bekannten Bestattungen der frühen Latènezeit, der Jahre zwischen 480 und 350 v. Chr., ausschließlich aus den schon während der Hallstattzeit angelegten Grabhügeln. Sie knüpfen somit an die hallstattzeitliche Bestattungstradition an (Abb. 13). Ihre geringe Zahl als auch die fehlende Kontinuität – vermutlich waren die Hügel über 100 und mehr Jahre nicht mehr als Bestattungsplatz genutzt worden – vermag aber eine örtliche Siedlungskonstanz von der Hallstattzeit zur Latènezeit nicht zu sichern.

Kaum zu überschätzen ist die orts- und regionalgeschichtliche Bedeutung zweier menschengestaltiger Pfeilerstatuen aus Stubensandstein vom Nordrand des Schönbuchs: Eine überlebensgroße, blockartig gehauene Figur mit Januskopf kam 1848 bei Holzgerlingen zutage, ein ornamental reich verziertes Fragment 1864 östlich von Steinenbronn (Abb. 14). Beide sind letztlich nicht sicher zu datieren, dürften aber ins spätere 5. oder frühe 4. Jh. v. Chr. gehören. Die Steinbildwerke sind schon jedes für sich ein bedeutendes Kunstwerk unter den wenigen bekannten Vergleichsfunden dieser Zeit. Die nahe beieinander gelegenen Fundplätze beider Statuen werfen aber zudem eindringliche Fragen zum antiken Umfeld ihrer Herstellung und Verwendung auf. Ein eigentlicher Siedlungskontext ist derzeit archäologisch noch nicht zu erfassen. Die zeitgenössisch sicher nicht nur im Wortsinne sehr »gewichtigen« und symbolbeladenen Werke können jedoch nur im Umkreis hochgestellter und vermögender Personen entstanden und verwendet worden sein, vermutlich im Bereich des Ahnen- oder Totenkultes.

Während für das 3. und frühe 2. Jh. v. Chr. Funde fehlen, bezeugen für die knapp zwei Jahrhunderte vor der Zeitenwende, der sogenannten Spätlatènezeit, drei sogenannte Viereckschanzen und mehrere Münzfunde – hervorzuheben etwa der Münzschatz von Schönaich mit zwei Gold- und 18 Silbermünzen des späten 2. Jhs. v. Chr. – die Anwesenheit von Menschen im Schönbuch. Können aber die sicher oft verschleppten Münzfunde kaum einmal als lokaler Nachweis einer Siedlung herangezogen werden, so belegt doch die arbeitsintensive Errichtung der Viereckschanzen mit Erdwall und Graben sowie Holzbauten bei Waldenbuch und beim Einsiedel ein überörtlich organisiertes, menschenreiches Gemeinwesen und ein sicher längeres Bestehen der zugehörigen

Abb. 14: Stele von Steinenbronn, 1864 gefunden im Wald »Greuthau«. (Abbildung nach Knorr 1921, Abb. 1.) Höhe der Stele etwa 1,25 m

Siedlungsgemeinschaften (Bittel/Schiek/Müller 1990). Neueren Untersuchungen zufolge dürften die Schanzen Gehöfte oder auch umhegte Bezirke mit vielleicht zentralörtlicher Funktion inmitten des ländlichen Siedlungsgefüges der späten Latènezeit gewesen sein. Wie schon für die Hallstattzeit – einmal ungeachtet der wohl quellenspezifisch verursachten Fundlücke des 3. und frühen 2. Jhs. – ist generell für die gesamte Latènezeit eine Konzentration der Siedlungsplätze im heutigen Waldgebiet auf die liasnahen Randbereiche festzustellen. Die Keuperhöhen des südwestlichen Schönbuchs wurden, wie schon zuvor, offensichtlich gemieden.

Im letzten Viertel des 1. Jhs. n. Chr. markiert die Vorverlegung der Donaukastelle über den »Alb-Limes« an den Neckar die militärische Sicherung des Vorlandes der Schwäbischen Alb und somit auch die Einbeziehung des Schönbuchs in das römische Imperium. An gesicherten Gutshöfen, der wichtigsten Siedlungsform des römischen Reiches nördlich der Alpen, ist aus dem Schönbuch aber gerademal eine einzige Fundstelle bei

Weil, im Gewann Totenbachmühle (beim heutigen Pferdestall), zu nennen. Zahlreiche weitere Fundplätze, die Steindenkmäler, Mauer- und Gebäudereste als auch römische Keramik überliefert haben, werden jedoch vielfach ebenfalls zu solchen Gutshöfen gehört haben. Darüber hinaus sind noch zwei Töpfereien (Pfrondorf »Eichenfirst« und Weil »Schnapseiche«) sowie ein Friedhof mit zahlreichen Steingrabmälern am Betzenberg bei Neuenhaus bekannt geworden.

Die größte Menge an römischer Keramik hat – natürlich neben der Töpferei bei der »Schnapseiche« – erstaunlicherweise die sicher noch in der Spätlatènezeit errichtete Viereckschanze in der »Wolfgartenklinge« beim Einsiedel erbracht. Da das Vorhandensein römischer Funde in Viereckschanzen kein Einzelfall ist, denkt man mit aller Vorsicht doch an ein lokales Weiter- oder zumindest Wiederbenutzen der »Wirtschaftsfläche« einer hier gelegenen latènezeitlichen Siedlung durch römische Besiedlung und Landwirtschaft. Einige Steindenkmäler aus der näheren Umgebung der Schanze – ein Herecura-Relief und der Sockelstein einer Jupiter-Giganten-Säule im Wald »Süßer Wasen« – bestärken den Eindruck, auf dem breiten, liasbedeckten Bergrükken habe ein bisher noch nicht nachgewiesener, römischer Gutshof gestanden.

Verbieten die kärglichen Funde und Befunde aus römischer Zeit im Schönbuch zwar weitergehende Interpretationen, so sind sie dennoch allemal Siedlungsnachweise im weiteren Sinne. Ihre räumliche Verteilung innerhalb des Schönbuchs (Abb. 10) deckt sich mit den Fundstellen der vorhergehenden Hallstatt- und Latènezeit und zeigt ebenfalls eine Konzentration auf oder auch an den waldbestandenen Rändern der großteils waldfreien Liashochflächen. Noch eindeutiger als schon am Verbreitungsbild der Grabhügel zu beobachten, bleibt das zentrale Bergland des Schönbuchs ausgespart und dürfte in römischer Zeit weitgehend bewaldet geblieben sein. Auch die Fluren der heutigen Dörfer fallen im Fundanfall zwar deutlich zurück, hierfür ist jedoch gleichfalls der durch langandauernde Landwirtschaft bedingte Quellenverlust ins Kalkül zu ziehen. Neben den teils ertragreichen Böden auf den Liasplatten wird in römischer Zeit ein weiterer Anreiz zur Aufsiedlung zumindest von Teilen des Schönbuchs in der Quantität und Qualität seiner Rohstoffe bestanden haben. Zu nennen sind die zahlreichen Anstände von guten Werksteinen des Stubensandsteins, geeignete Ton- und Lehmvorkommen zur Herstellung von Keramik und Ziegeln sowie Holz und Wasserreichtum.

Die römischen Fundstellen sind mit Steinbauten, Steinbildwerken, Münzen und charakteristischer Keramik auch unter Wald generell leichter zu erkennen, als Siedlungsplätze des Frühmittelalters, die lediglich aus vergänglichen Holzbauten bestanden und keine derart signifikanten Funde hinterlassen haben. Ungeachtet dieser Unsicherheiten in der Qualität der Überlieferung legen die archäologischen Quellen jedoch für den Schönbuch ein Auflassen weiter Siedlungsflächen nach dem Rückzug römischen Militärs an Rhein, Iller und Donau im späten 3. Jh. n. Chr. nahe (Abb. 10). Lediglich für Walddorf (Baumsargfunde bei der Ortskirche) und für Bebenhausen (Scholkmann 1992) ist eine Gründung noch im späten 7. Jh. gesichert, für Tübingen-Waldhausen deuten wenige Keramikfunde ebensolches an. In Holzgerlingen spiegelt sich – wie schon für das Neolithikum und die Urnenfelderzeit – die offensichtlich naturräumlich bevorzugte Siedlungslage in gleich mehreren frühmittelalterlichen Fundstellen wider. Der am Nordrand des Ortes gelegene und wohl vollständig untersuchte Friedhof mit über 370 Gräbern zeigt in den Beigaben der dort Bestatteten anfänglich rheinfränkischen Einfluß, so daß mit einer Herkunft der vielleicht ersten Siedler in nachrömischer Zeit aus weit nordwestlich gelegenen Gebieten gerechnet werden muß (Veeck 1926; Lorenz/Schmauder 1995, S. 21).

Zumindest an einer Fundstelle des Schönbuchs sind auch frühmittelalterliche Nachbestattungen des 7. Jhs. in vorgeschichtlichen Grabhügeln nachgewiesen (Weil

»Kälberstelle«); weitere sind an anderen Stellen aufgrund der unklaren Grabungsberichte des vergangenen Jahrhunderts nur zu vermuten. Der Gedanke, die Gräber könnten zu einer längst abgegangenen Hofstelle in der heute bewaldeten Umgebung der Hügel gehört haben, liegt anfangs nahe, ist jedoch aus verschiedenen Überlegungen heraus wenig wahrscheinlich. Eher werden es Sonderbestattungen entfernter Siedlungen sein, deren gesellschaftlicher Kontext derzeit nicht zu fassen ist.

Kombiniert man die Ergebnisse archäologischer Forschung mit denen der historisch-geographischen (etwa Namenkunde, Flurforschung, Auswertung schriftlicher Quellen) und stellt diese in Beziehung zur naturräumlichen Gunst der einzelnen Teile des Schönbuchs – bevorteilt hierin sicherlich Holzgerlingen mit den Orten der Würmsenke, aber auch die Orte Walddorf, Schlaitdorf und Pfrondorf – , bestätigt sich in etwa das schon durch Friedrich Huttenlocher (Grees 1969, S. 20ff.) angerissene und durch Sönke Lorenz ausgearbeitete Bild der frühmittelalterlichen Erschließung des Schönbuchs (siehe Beitrag Lorenz in diesem Band). Noch im 9. Jh. dürfte die Aufsiedlung des Schönbuchs weitgehend abgeschlossen gewesen sein, das Siedlungsbild wird dem heutigen geähnelt haben.

Von einer Wiederbewaldung der zumindest schon in römischer Zeit waldnahen Bereiche des Schönbuchs ist in nachrömischer Zeit auszugehen, sukzessive dürften im späten 6.-9. Jh. die Menschen Kulturland »rück«erobert, erschlossen und auch gehalten haben. Sehr bemerkenswert ist aber das Umgehen der jetzt waldbestandenen, liasbedeckten Gebiete, die sich durch Hinterlassenschaften zumindest aus früh- und spätkeltischer sowie römischer Zeit als über mehrere Jahrhunderte hinweg waldfrei und erschlossen auszeichnen (Abb. 10). Die aus dem späten Hochmittelalter überlieferte rechtliche Stellung als Königs- oder Reichsforst wird einer Siedlungserschließung kaum entgegen gestanden haben, seine siedlungsbannende Wirkung scheint erst in karolingischer Zeit zum Tragen gekommen sein. Eher müssen es Gründe der vergleichsweise naturräumlich geringeren Gunst (Bodengüte, Relief) gewesen sein, die im 6. und 7. Jh. eine Siedlungserschließung auf die benachbarten Räume lenkte. Der fränkisch-karolingische Fiskus wird dann im frühen Hochmittelalter dieses Waldgebiet eingezogen und somit weiteren Begehrlichkeiten – quasi bis heute – einen Riegel vorgeschoben haben.

Fazit

Holz war unbestreitbar als Rohstoff und Energieträger ein lebenswichtiges Fundament aller vorindustrieller Gesellschaften. Wo es an Holz mangelte, konnten sich die Menschen nicht wärmen, keine Häuser und Lagerräume bauen, keine Keramik brennen, keine Speisen zubereiten und auch kein Metall schmelzen. Die Germania des Tacitus hat das Bild unermeßlicher Urwälder im wilden Germanien suggeriert, ein im Überfluß vorhandenes Naturprodukt, dessen menschliche Nutzung in Europas Frühzeit bestenfalls kleine Rodungsinseln hinterlassen hätte. Dem widerspricht entschieden mancher Befund aus dem vorgeschichtlichen Europa, worin ein enormer Holzbedarf, ja teils sogar eine regelrecht geplante Holzwirtschaft erkennbar zu werden scheint. Zu denken ist etwa an Feuchtboden- und Pfahlbausiedlungen, die hallstattzeitliche Heuneburg an der Donau, die Bohlen- und Prügelwege in Mooren und Feuchtgebieten vielerorts. Als eindringlichstes Beispiel sei jedoch die Lausitzer Wehrsiedlung aus dem 8. vorchristlichen Jh. von Biskupin, Kreis Znin in Polen genannt, deren innerhalb weniger Jahre eingeschlagener Bedarf an Eichenstämmen ein Zehntel des 1992 erfolgten Jahreseinschlages der Bundesrepublik Deutschland betrug!

Doch zurück zum Schönbuch. Die hier zur Verfügung stehenden archäologischen Quellen geben lediglich indirekte Hinweise auf Waldnutzung und erlauben es kaum, Wesen und Wandel des Gefüges zwischen Natur (Wald) und Mensch in mehr als dürren Strichen nachzuzeichnen. Die wirtschaftliche Nutzung des Schönbuch-Waldes begann wohl frühestens um die Mitte des 6. Jts. v. Chr., als mit dem Beginn der jungsteinzeitlichen Kultur der Wandel von der aneignenden (Jagen und Sammeln) zur produzierenden Wirtschaft (Landwirtschaft und Viehzucht) zu erkennen ist. Neben der seit alters geübten Jagd dürfte schon zu diesem Zeitpunkt das Bau-, Werk- und Brennholz hier geholt worden sein. Waldweide, Eichel- und Buchenmast, Früchte, Pilze und Beeren nährten Mensch und Vieh im Laufe der Jahrtausende. Erstmals wurden größere Siedlungs- und Wirtschaftsflächen dauerhaft gerodet, jedoch dürften größere Waldungen geschlossen erhalten geblieben sein. Im Schönbuch scheint die Würm-Platte bei Holzgerlingen, in späterer Zeit aber auch die Gegend um Walddorf-Pliezhausen und der Einsiedel erschlossen gewesen sein. Benachbarte Landschaftsräume wie das Obere Gäu, die Filder oder auch die Härten werden jedoch in vergleichsweise weit höherem Maße entwaldet gewesen sein.

Art, Intensität und räumliche Verteilung von Rodung und Waldnutzung lassen sich über die folgenden Jahrhunderte und Jahrtausende nur sehr lückenhaft verfolgen. Von Gewicht ist sicher innerhalb der heute waldbestandenen Gebiete die räumliche Abgrenzung eines spätestens im 8. Jh. v. Chr. auf Dauer erschlossenen Siedlungsbereiches von einem unerschlossen gebliebenen. In der Kartierung vergleichbarer und leicht kenntlicher Fundstellen (Abb. 10) bleibt das zertalte Bergland zwischen Bebenhausen und Herrenberg entlang des oberen Goldersbaches stets ausgespart. Es erscheint demnach in allen Quellen – bis auf einige spätmittelalterliche Klausen und Einsiedeleien – durchweg von jeglicher Besiedlung bis heute umgangen worden zu sein.

Ursächlich dafür ist gewiss die vergleichsweise geringe Gunst dieses zertalten Berglandes zumindest für die Landwirtschaft. Hingegen markieren die zahlreichen Fundstellen entlang des Kirnbaches und der Hochfläche des Einsiedels, des Betzenberges und der Höhenrücken südlich von Altdorf und Weil die von Lias bedeckten, heute waldbestandenen Gebiete, die nach erfolgter Aufsiedlung im 8. und 7. Jh. v. Chr. wahrscheinlich kontinuierlich gerodet und landwirtschaftlich genutzt worden sind. Im Umkreis der Siedlungen und Gewerbebereiche – etwa der römischen Töpfereien – wird der verbliebene Wald sicher stark beansprucht und wahrscheinlich auch übernutzt. Am Ende der römischen Epoche im späten 3. Jh. wurden diese Gebiete aufgelassen und von landsuchenden Menschengruppen der früh- bis hochmittelalterlichen Epoche offensichtlich umgangen.

Von den heute gerodeten Bereichen im Umkreis der mittelalterlichen Dörfer könnte die Gegend um Holzgerlingen aufgrund der dort auffallend hohen Funddichte möglicherweise schon seit dem Neolithikum kontinuierlich entwaldet gewesen sein, wenngleich Phasen einer reduzierten Besiedlung und verstärkten Wiederbewaldung keineswegs auszuschließen sind. Auch die Rodungsinsel des Einsiedels war spätestens zu Beginn der Jungsteinzeit im 4. Jt. v. Chr. zumindest schon gelichtet, Siedlungsspuren späterer Epochen sind ebenfalls vorhanden (Bronze- und Hallstattzeit, römische Epoche). Im Frühmittelalter wohl gemieden, ist die leidlich fruchtbare, nach drei Seiten von tief eingegrabenen Tälern umgebene Hochfläche doch schon im Jahr 1280 als Wiese, vermutlich im Umkreis einer Einsiedelei, genannt. Bodenqualität und die Größe der nutzbaren Fläche hätten wohl für die Anlage eines kleinen Weilers gereicht, wenngleich die Staunässe des anstehenden Liasbodens als Erschwernis einträglicher Landwirtschaft nicht zu unterschätzen ist.

Viele der oft schon seit der Jungsteinzeit bekannten Waldnutzungsformen haben sich zumindest in ländlichen Gegenden bis in unser Jahrhundert hinein erhalten. Genannt seien nur Dinge wie Laubfutterwirtschaft und Waldweide, die Entnahme von Bau-, Werk- und

Brennholz, Köhlerei, Eichelmast und Eckerich, das Beerensammeln und Streurechen und vieles andere mehr. Als Ausdruck einer agrarisch ausgerichteten und auf die Nutzung von Naturprodukten angewiesenen Gesellschaft spielen sie jedoch heutzutage generell – bis auf den Holzeinschlag – keine Rolle mehr (Hägele 1992). Ein verlockender Gedanke ist es deshalb, die Lebensbedingungen etwa der ländlichen Bevölkerung des frühen 19. Jhs. einmal mit denjenigen der frühesten bäuerlichen Bevölkerung, die vor über 7000 Jahren die ersten Siedlungen in und am Schönbuch gründete, zu vergleichen. Vermutlich fänden sich über diesen Jahrtausende langen Zeitraum hinweg mehr Gemeinsamkeiten als mit unserer heutigen Zeit, die doch noch keine 200 Jahre davon entfernt ist. Dies erlaubt festzuhalten, daß die Vor- und Frühgeschichte nicht einfach – wie der Name unterstellt – vor der eigentlichen, sozusagen richtigen Geschichte liegt. Vielmehr ist die Geschichte nicht teilbar. Entwicklungsstränge können gerade auch im Bereich des Verhältnisses von Mensch zu Wald/Natur verfolgt werden und lediglich der Wechsel der Quellen von der schriftlichen Überlieferung zu dem von der Archäologie zu entschlüsselnden Bodenarchiv gibt eine Trennung im hohen Mittelalter scheinbar vor.

Zwei tiefgreifende Einschnitte im menschlichen Dasein scheinen mir aber viel deutlicher zu sein: Der Übergang von der mobilen Wildbeutergesellschaft zur bäuerlichen, bodengebundenen Lebensweise in der 2. Hälfte des 6. Jts. v. Chr., und – wenngleich in dieser Schärfe oft übersehen – der mindestens ebenso tiefgreifende und viel rasanter vollzogene Übergang vom vorindustriellen in ein industriell geprägtes Zeitalter der Gesellschaft. Ist der Abschied von einer bäuerlichen Dorfgemeinschaft in unserer Gegend vielfach erst in der zweiten Hälfte des 20. Jahrhunderts vollzogen worden, sind auf der anderen Seite die Zeichen des Niedergangs des Industriezeitalters schon unübersehbar geworden.

Literatur

S. Albert/P. Schröter, Die ersten Belege der ältesten Bandkeramik im Oberen Gäu. Der Sülchgau 15, 1971, S. 63ff.

K. Bittel/S. Schiek/D. Müller, Die keltischen Viereckschanzen. Atlas archäologischer Geländedenkmäler Baden-Württemberg 1/1 (Stuttgart 1990).

R. Gradmann, Das ländliche Siedlungswesen des Königreichs Württemberg (Stuttgart 1913) S. 72f.

H. Grees (Hrsg.), Der Schönbuch. Beiträge zu seiner landeskundlichen Erforschung. Veröff. Alemann. Inst. Freiburg 27 (Bühl/Baden 1969).

U. Hägele, Schönbuch Museum. Stein – Wald – Jagd. Hrsg. Gde. Dettenhausen u. Forstdirektion Tübingen (Tübingen 1992).

R. Knorr, Eine keltische Steinfigur der Latènezeit aus Württemberg und das Kultbild von Holzgerlingen. Germania 5, 1921, S. 11ff.

H. Küster. Geschichte der Landschaft in Mitteleuropa. Von der Eiszeit bis zur Gegenwart (München 1995).

S. Lorenz/A. Schmauder (Hrsg.), Holzgerlingen. Gemeinde im Wandel 2 (Stuttgart 1995).

Chr. Morrissey, Die vor- und frühgeschichtliche Besiedlung des Schönbuchs. Dissertation an der Fakultät für Kulturwissenschaften der Universität Tübingen (1995); in Druckvorbereitung.

S. Nietsch, Wald und Siedlung im vorgeschichtlichen Mitteleuropa. Mannus-Bücherei 64 (Leipzig 1939).

E. v. Paulus, Der Schönbuch mit seinen Alterthümern. Schr. Württ. Alterthums-Ver. Bd. I, H. 5, 1859, S. 3ff.

D. Planck (Hrsg.), Archäologie in Württemberg. Ergebnisse und Perspektiven archäologischer Forschung von der Altsteinzeit bis zur Neuzeit. Festschr. zum 25jähr. Gründungsjub. Ges. Vor- u. Frühgesch. Württemberg u. Hohenzollern (Stuttgart 1988).

H. Reim, Kulturelle Kontakte über die Alpen nach Oberitalien. Tübinger Bl. 80, 1993/94, S. 32ff.

B. Scholkmann, Archäologische Ergebnisse zur vorklosterzeitlichen Besiedlung in Bebenhausen – ein Vorbericht. Der Sülchgau 36, 1992, S. 11ff.

W. Veeck, Der Reihengräberfriedhof von Holzgerlingen. Fundber. Schwaben N.F. 3, 1926, S. 154ff.

K. Weller, Besiedlungsgeschichte Württembergs vom 3.-13. Jahrhundert. Hrsg. Württ. Komm. Landesgesch. (Stuttgart 1938) S. 78.

H. Zürn, Hallstattzeitliche Grabfunde in Württemberg und Hohenzollern. Forsch. u. Ber. Vor- u. Frühgesch. Baden-Württemberg 25 (Stuttgart 1988).

Der Reichswald Schönbuch und die Pfalzgrafen von Tübingen[1]

Sönke Lorenz

»Als Schönbuch wird heute das etwa 120 km^2 große, geschlossene Waldgebiet angesprochen, das sich zwischen dem Ammertal mit Tübingen im Süden und dem Aichtal mit Waldenbuch im Norden, zwischen dem Herrenberger Gäu im Westen und den Fildern im Osten ausbreitet.«[2] (s. Abb. 2) Welcher Raum ursprünglich als Schönbuch bezeichnet wurde, ist nicht leicht zu entscheiden. Die Ackerplatte von Holzgerlingen, auf der Aich und Schaich entspringen, und das Siedlungsgebiet des Aich- und Schaichtals mit Dettenhausen, Waldenbuch, Steinenbronn und Neuenhaus lagen im Wald, Hildrizhausen hieß bis ins 16. Jh. auch Hausen im Schönbuch[3] und noch heute ist von Weil im Schönbuch die Rede. Dieser Nordteil bildete eine zusammengehörige natürliche Einheit, die Huttenlocher als Nördlichen Schönbuch bezeichnet, im Gegensatz zum Waldland des Südlichen Schönbuchs[4]. Neben dem durch Relief und arme Böden siedlungsabweisenden Kerngebieten des Südlichen Schönbuchs wird aber das untere Goldersbachtal von größeren Bezirken mit günstigen Böden begleitet. Hier beginnen die Ausläufer des Lias der Walddorfer Platte, wo zwischen Waldhausen im Westen und Aich am Rande der fruchtbaren Filderebene im Osten frühe Rodungsvorstöße zahlreiche Weiler im Wald entstehen ließen, wie Waldhausen, Pfrondorf, Rübgarten, Gniebel, Dörnach, Walddorf, Häslach, Altenriet und Schlaitdorf.

Nach dem Abzug der Römer in der zweiten Hälfte des 3. Jhs. hat der Wald im Schönbuch anscheinend das offene Land wieder zurückerobert. Da aber über die Siedlungsweise der Alemannen vor dem Einsetzen der Reihengräber um die Mitte des 5. Jahrhunderts nur wenig bekannt ist, bleibt in dieser Frage Zurückhaltung geboten. Möglicherweise lebten große Teile der Alemannen als noch nicht ständig an feste Siedlungen gebundene Viehzüchter und wurden erst nach den Eroberungszügen der Franken um 500 zur Seßhaftigkeit gezwungen[5]. Eine kürzlich angestellte Untersuchung und Auswertung der Grabinventare des Holzgerlinger Reihengräberfriedhofs hat folgendes Bild entworfen: Um die Mitte des 6. Jhs. kam es in Holzgerlingen zu einem totalen Siedlungsneubeginn, getragen von einer völlig ortsfremden Personengruppe, die »aus nordwestlichen Gebieten, etwa dem Mittelrhein oder eher noch dem Niederrhein oder weiter westlich ins nördliche Württemberg zuwanderte«[6].

Aber wie dem auch sei, die frühmittelalterlichen Rodungsvorstöße in den Schönbuch konzentrierten sich auf die Liasplatten mit ihren guten Ackerböden. Im Nördlichen Schönbuch bildete Holzgerlingen den Ausgangspunkt für die Besiedlung, während die Walddorfer Platte im Osten von Pliezhausen, Neckartenzlingen und Neckartailfingen aus besiedelt wurde und im Westen die Rodungsvorstöße von Tübingen und Lustnau aus einsetzten. Die kirchliche Erfassung des Schönbuchs – wie sie im Konstanzer Liber decimationis von 1275 erstmals sichtbar wird – läßt ein relativ präzises Bild von den Rodungsvorstößen entstehen.

Wie sich die herrschaftlichen Verhältnisse Alemanniens in der Merowingerzeit gestalteten, wo ein anfangs noch von den Franken kontrollierter Herzog (*dux*) die Spitze einer durch den König legitimierten Herrschaft bildete, wird nicht oder nur schemenhaft sichtbar[7]. Die fränkische Grafschaftsverfassung dehnte sich erst unter Ludwig dem Frommen auf ganz Alemannien aus[8]. Deutlich wird aber, daß sich das Königtum auch im Bereich des mittleren Neckarraumes festzusetzen verstand. Dies läßt sich anschaulich am Beispiel des Schönbuchs und der Straße von Speyer nach Ulm aufzeigen. Otto I. überließ dem Hochstift Chur 937 nicht nur Besitz zwischen Honau und Pfullingen, also entlang der alten Römerstraße im Bereich des Albaufstiegs, sondern anscheinend auch Großengstingen, wo die Römerstraße die Hochfläche der Alb erreicht[9]. Von Heinrich II. erhielt die Bamberger Kirche im Jahr 1007 Holzgerlingen und Kirchentellinsfurt, beide Komplexe liegen gleichfalls an der Straße von Speyer nach Ulm. Auf Heinrich IV. geht anscheinend der Besitz der Kirche von Speyer in Bebenhausen zurück; der König überließ diesem Hochstift 1057 den mit umfangreichem Besitz im Sülchgau verbundenen Komplex Sülchen; auch diese Schenkung steht mit wenigstens einer wichtigen Römerstraße im Zusammenhang[10].

Als 965 Otto I. von seiner Kaiserkrönung zurückkehrte, da zog er auf einer nicht genannten Strecke über Chur, St. Gallen und Reichenau durch Schwaben. In Heimsheim, an der Stammesgrenze zwischen Schwaben und Franken, erwarteten ihn seine Söhne, Erzbischof Wilhelm von Mainz und König Otto (II.)[11]. Es ist die Vermutung geäußert worden, der Kaiser habe die Straße über die Alb genommen und sei durch das Tal der Echaz, den Neckar überquerend und die Rheinstraße entlang über Bebenhausen und Holzgerlingen in Richtung Heimsheim gezogen[12]. Auf der Reise konnte er auch in dem 937 dem Hochstift Chur übertragenen ehemaligen Königsgut Großengstingen Station machen und auf die Ausstattung und Einkünfte dieses Straßenpostens zurückgreifen. Fügt man zu Ottos vermutlicher Reiseroute durch den Schönbuch noch eine weitere Annahme hinzu, dann könnte der Kaiser auch im Königshof bei Kirchentellinsfurt (St. Martin) oder im Königshof Holzgerlingen (St. Mauritius) Station gemacht haben.

Die ottonischen und salischen Herrscher haben selbstverständlich nicht alles Reichsgut an die Reichskirche vergeben; über ihren Königshof bei Oferdingen/Altenburg am Neckar liegen beispielsweise keine Angaben einer Veräußerung vor[13]. Aber sogar wenn sie ihren gesamten Besitz der Reichskirche überlassen hätten, wären sie gleichwohl nicht mittellos geworden, stand ihnen doch auch das Reichskirchengut zur Verfügung. Wenn also ein Königshof aus dem Reichsgut in das Reichskirchengut wechselte, war er damit noch lange nicht dem Zugriff des Königs entzogen. Im Gegenteil, die als »Reichskirchensystem« bezeichnete Herrschaftsform war möglicherweise sogar besser geeignet, der Entfremdung von Reichsgut durch Herzöge, Grafen und andere Große entgegenzuwirken. So lange der König die Reichskirche kontrollierte, konnte er auch weitgehend das Reichskirchengut für seine Zwecke nutzen.

Wie bekannt, zerbrach das Reichskirchensystem im Investiturstreit, der nicht nur Schwabens Adel spaltete, sondern das Herzogtum Schwaben mit fürchterlichen Kriegsgreueln überzog. In diesen Kämpfen wurde 1078 durch König Heinrich IV. auch die Burg Tübingen belagert. Es ist das erste Mal, daß Tübingen in den schriftlichen Quellen Erwähnung findet – dies gilt auch für die Grafen von Tübingen, die – in Person eines gewissen Grafen Hugo – erstmals 1078 in unseren Gesichtskreis treten. Aus den gegen Ende des 11. Jahrhunderts reichlicher fließenden Schriftquellen ergibt sich, um es in aller Kürze zusammenzufassen, folgendes Bild: Die Grafen von Tübingen verfügten in den achtziger und neunziger Jahren des 11. Jahrhunderts über einen Comitat, eine Grafschaft, der sein Substrat im alten Nagoldgau besessen zu haben scheint. Sie griffen vor 1078 in den Sülchgau aus und benannten sich seit dieser Zeit nach ihrer Burg in Tübingen. Wenn ich die Hinweise in den Quellen richtig deute, dann haben sie sich aber nicht nur in Tübingen etabliert und von hier aus an der Erschließung des Schönbuchs beteiligt, sondern sie haben es anscheinend noch in den achtziger Jahren des 11. Jahrhunderts ebenso verstanden, herrschaftlichen Einfluß auf die Rodungsvorstöße in den Nördlichen Schönbuch und auf die Walddorfer Platte zu nehmen. Die sich nach der Burg Breitenstein bei Weil im Schönbuch und nach Schlaitdorf benennenden Adligen erscheinen jedenfalls um diese Zeit im Gefolge der Grafen von Tübingen. Wer aber waren diese Grafen und was hat es mit ihrem Amt als schwäbische Pfalzgrafen auf sich?

Die Tübinger waren eines der vornehmsten Geschlechter Schwabens, Partner der Welfen, Zähringer und Staufer. Sie stifteten das Benediktiner-Kloster Blaubeuren, das Prämonstratenser-Stift Marchtal und das Zisterzienser-Kloster Bebenhausen. Sicher genealogisch faßbar und in einen Stammbaum einzuordnen sind sie – wie gesagt – erst seit den beiden letzten Jahrzehnten des 11. Jahrhunderts. Während anscheinend die Burg Tübingen 1078 von Graf Hugo (I.) gegen König Heinrich IV. verteidigt wurde, begegnen seit der Mitte der achtziger Jahre dieses Jahrhunderts die gräflichen Brüder Heinrich (I.) und Hugo (II.) von Tübingen[14]. Während Graf Heinrich (I.) kurz nach 1100 anscheinend söhnelos starb, wurde Graf Hugo (II.) von seinem Sohn Hugo (III.) überlebt, der seit 1125 als Graf von Tübingen nachweisbar ist. Es gelang Hugo (III.), bis zu seinem Tod im Jahre 1152 die Herrschaft der Tübinger entscheidend auszubauen. Sein Aufstieg zum schwäbischen Pfalzgrafen erfolgte vor 1146 unter dem Staufer Konrad III.[15] Als Hugos (III.) Söhne begegnen der um 1160 verstorbene Pfalzgraf Friedrich, Pfalzgraf Hugo (IV.), gestorben 1182, und Graf Heinrich (III.) von Tübingen, 1167 vor Rom der Seuche erlegen. Hugo (IV.), mit Elisabeth von Bregenz verheiratet, überstand die sog. Tübinger Fehde[16] mit den Welfen und Zähringern. Mit ihren Söhnen Pfalzgraf Rudolf (gest. 1219)[17] und Graf Hugo I. von Montfort (gest. um 1235)[18] erreichte die Dynastie ihren Zenit, dem im Kernland der Dynastie im 13. Jahrhundert ein stetiger Niedergang und im 14. Jahrhundert der völlige Ausverkauf folgten. Abgesehen von der persönlichen Fähigkeit, den harten Konkurrenzkampf der Territorialherren erfolgreich durchzustehen, war die wohl wichtigste Ursache dafür der Kinderreichtum der Tübinger. Anders als bei dem oft vom Aussterben bedrohten Haus Württemberg brachte es der Tübinger Kindersegen mit sich, daß die Herrschaft stets neu aufgeteilt werden mußte. So entstanden rasch kleine und immer kurzlebigere Herrschaftsgebilde. Da man zudem auch die Töchter auszustatten hatte, gerieten schon früh ganze Herrschaftskomplexe in die Verfügung anderer Dynastien, vor allem der Hohenberger. Spätestens als im Jahre 1342 die Pfalzgrafen von Tübingen ihr namengebendes Herrschaftszentrum, also Burg, Stadt und Umland von Tübingen an die Württemberger veräußern mußten[19], wurde deutlich, wer zu den Siegern und wer zu den Verlierern in jenem historischen Prozeß gehörte, den wir heute mit dem Stichwort Territorialisierung zu kennzeichnen pflegen. In rascher Folge kauften die Württemberger die Tübinger Konkursmasse auf[20]: 1344 erwarben sie Böblingen, das sie 1357 endgültig in Besitz nahmen, 1352 Sindelfingen, 1347 Neuenhaus, Steinenbronn und Teile des Schönbuchs, 1357 weitere Teile des Schönbuchs, 1363 Waldenbuch, Schönaich und Dettenhausen. Mit dem Verkauf von Herrenberg 1382 verschwanden die Tübinger endgültig aus jenem Raum zwischen Schwarzwald, Neckar und Schwäbischer Alb, in dem sie seit dem ausgehenden 11.

Jahrhundert die maßgebliche Rolle gespielt hatten. An ihre Stelle trat das Haus Württemberg.

Um die Frage nach dem Pfalzgrafenamt steht es schwierig. Über seinen Inhalt hat sich die Geschichtswissenschaft bis heute noch kein zufriedenstellendes Bild verschaffen können. Bereits unter den Merowingern als Hofamt nachweisbar, erweitert sich der Aufgabenbereich des Pfalzgrafen unter den Karolingern erheblich. Ihm obliegen einerseits die Leitung der Hofhaltung und die Sorge für die Ordnung des in der Pfalz konzentrierten Hofes, andererseits erscheint er in weltlichen Angelegenheiten als Stellvertreter des Königs, vornehmlich in der Rechtsprechung, die seit der Zeit Karls des Großen im Pfalzgrafengericht zur festen Einrichtung am Hofe wird[21]. In der Zeit Ottos des Großen (936–973) scheint dann das Pfalzgrafenamt einen starken Wandel erfahren zu haben. Seit dieser Zeit gibt es Pfalzgrafen für Lothringen, Sachsen, Schwaben, Bayern und Kärnten. Es wird vermutet, daß das Amt als ein gewisses Gegengewicht gegen das Stammesherzogtum errichtet worden ist und den Zweck hatte, die königlichen Interessen in den Herzogtümern wahrzunehmen. Als die vornehmsten Aufgaben des Pfalzgrafen gelten die Sorge um das im Herzogtum gelegene Königsgut und eine maßgebliche Beteiligung an der Rechtspflege[22].

Das Bild von der herrschaftlichen Durchdringung bzw. Erschließung des Schönbuchs durch die Tübinger gewinnt aus der Sicht der die Gründung und Ausstattung des Klosters Bebenhausen seit 1187 begleitenden schriftlichen Quellen schärfere Konturen, die letztendlich auch geeignet erscheinen, auf die Frage nach der Qualität des Schönbuchs eine wenigstens hinlänglich fundierte Aussage zu treffen. In der zeitlich frühesten dieser Quellen, einer Urkunde von 1187, wird im übrigen der Schönbuch erstmals namentlich genannt[23]. Herzog Friedrich VI. (gestorben 1191)[24] überließ dem Kloster Bebenhausen kraft kaiserlicher Genehmigung seines Vaters Friedrich Barbarossa und kraft eigener *auctoritas et potestas* gewisse Waldnutzungsrechte im Schönbuch: *ut nemore cui nomen est Shaienbuch libere potiantur, in his videlicet que in edificiis, pascuis, lignis cremandis, seu quacunque alia commoditate prefato cenobio sint necessaria*[25]. Dem Kloster war es fortan erlaubt, dem hier als *nemus*[26] bezeichneten Schönbuch Bau- und Brennholz zu entnehmen, sein Vieh im Wald zu weiden und sich bei Bedarf weiterer Nutzungsmöglichkeiten zu bedienen. Die Zeugenreihe der am 1. Juni in Tübingen ausgestellten Urkunde wird angeführt von Pfalzgraf Rudolf I. von Tübingen (gestorben 1219). Rudolf hatte einige Jahre vorher begonnen, in Bebenhausen ein Prämonstratenser-Stift einzurichten[27]. Dabei mußte er auch die Rechte Dritter berücksichtigen und mit dem Bischof von Speyer zu einer Einigung gelangen, der in Bebenhausen über Besitz verfügte. Über diesen Vorgang liegen zwei Urkunden Bischof Ulrichs von Speyer vor, die anscheinend nur verschiedene Stufen des Rechtsgeschäftes aufzeigen. Der Pfalzgraf und der Bischof hatten im Februar oder März 1188, legitimiert durch *litterae* des Kaisers, im Speyerer Dom einen Gütertausch vereinbart[28] und dann das Rechtsgeschäft in Gegenwart von Barbarossa und Heinrich VI. – den Vögten des Hochstifts Speyer – feierlich vollzogen[29]. Im Tausch für die Kirche in Meimsheim im Zabergäu und einigen Mansen erhielt der Pfalzgraf von der Speyerer Kirche dessen gesamten Besitz in Bebenhausen, darunter auch eine *ecclesia*[30]. Im Zuge dieses Tausches hatte sich Rudolf aber auch mit seinem Bruder Hugo[31] auseinanderzusetzen. Eine undatierte Urkunde Pfalzgraf Rudolfs I., vermutlich kurz nach seinem Aufenthalt in Speyer geschrieben, erwähnt den Tausch der Kirche von Meimsheim gegen die *ecclesia* Bebenhausens und regelt die Abfindung Hugos. Die *villa conmunis* Weil im Schönbuch besaßen die Brüder gemeinsam, Rudolf schenkt seinen Teil der Siedlung dem Kloster Bebenhausen und überläßt seinem Bruder für das vertauschte Meimsheimer Kirchenpatronat seinen Anteil am Patronat der Kirche von Weil[32]. Damit hatte Rudolf anscheinend alle Rechte und allen Besitz in Bebenhausen in seiner Hand vereinigt und zur Ausstattung seiner Gründung verwendet.

Eine am 30. Juli 1191 von Pfalzgraf Rudolf in Asperg (Kreis Ludwigsburg), einem weiteren Herrschaftszentrum der Tübinger[33], ausgestellte Urkunde, berichtet nicht allein, daß mittlerweile an Stelle der Prämonstratenser *per auctoritatem domini Heinrici imperatoris* in Bebenhausen sich die Zisterzienser niedergelassen haben, sondern räumt dem neuen Kloster auch Rechte im Schönbuch ein[34]. Der Pfalzgraf überläßt den Mönchen *auctoritate imperiali*[35] ein bestimmtes, näher beschriebenes Gebiet *in silva Schainbvoch* von beträchtlichen Ausmaßen[36]. In diesem Gebiet steht dem Kloster ein unbeschränktes Holznutzungsrecht zu[37]. Sollte es in dem umschriebenen Gebiet nicht genug Bauholz geben, dann sollte es den Zisterziensern erlaubt sein, im gesamten Schönbuch Bäume zu schlagen[38]. Zusätzlich gewährt der Pfalzgraf seiner Stiftung das Weiderecht im gesamten Wald mit Ausnahme der Schafweide[39]. Mit diesen Bestimmungen der Waldnutzungsrechte hatte Rudolf die ebenfalls unter Berufung auf die kaiserliche *auctoritas* dem Kloster zugestandenen Verfügungen Herzog Friedrichs VI. von 1187 aufgegriffen und präzisiert. Daß sich der Pfalzgraf ebenso wie der staufische Herzog tatsächlich auf die kaiserliche Autorität berufen durfte, bezeugt ein Diplom Heinrichs VI., das die Maßnahmen des Pfalzgrafen bestätigt[40]. In weitestgehend wörtlicher Anlehnung aber gleichwohl in eigenem Namen wiederholt der Kaiser die Verfügungen des Petenten bezüglich der Nutzungsrechte im Schönbuch[41].

Rudolf Kieß hat die Bedeutung dieses Diploms erkannt und m. E. nicht unzutreffend geschlossen, »daß der Pfalzgraf nur im Auftrag des Königs handelte, und der Reichswald Schönbuch noch fest in der Hand des Reiches war, wenn er auch zur Verwaltung und Nutzbarmachung an die Pfalzgrafen verliehen war.«[42] Eine solche Leihe hat es dem Begünstigten im hohen Mittelalter aber durchaus erlaubt, sich im Rahmen der Verwaltung und Nutzbarmachung Eigen zu schaffen, zu erwerben und zu veräußern[43]. So hat Pfalzgraf Rudolf (I.) dem Kloster Bebenhausen nicht nur den Besitz seiner Familie am Ort, die von Speyer erworbene Pfarrei und seinen Teil von Weil im Schönbuch sowie – *auctoritate imperiali* – umfangreiche Waldnutzungsrechte und einen bestimmten Bezirk im Schönbuch überlassen, sondern die neue Zisterze auch noch mit anderen Rechten und Liegenschaften ausgestattet. Sie geben sich in einer Bulle Innozenz III. von 1204 und einem um 1200 entstandenen Güterverzeichnis zu erkennen[44]. Laut dem päpstlichen Privileg verfügte das Kloster über etliche Grangien, das sind in eigener Regie geführte Wirtschaftshöfe, darunter – um hier nur den Schönbuch zu berücksichtigen – die Grangien zu Weil, Altdorf und Walddorf[45]. Der Pfalzgraf hatte also neben seinem Teil von Weil im Schönbuch auch noch Besitz in Altdorf[46] und Walddorf[47] verschenkt. Das alles läßt erkennen, daß die Tübinger im Schönbuch nicht nur im Auftrag des Königs die Nutzungsrechte kontrollierten, sondern bereits seit geraumer Zeit auch über Eigen geboten.

Für die Annahme, der Schönbuch sei ein Reichswald gewesen, spricht m. E. auch die Präsenz der Tübinger in allen drei Rodungsvorstößen in den Schönbuch. Sowohl von Tübingen in Richtung Bebenhausen als auch von Breitenstein im Nördlichen Schönbuch und von Schlaitdorf auf der Walddorfer Platte aus ist mit ihrem Einfluß zu rechnen. Da die drei Rodungsbewegungen von unterschiedlichen Gauen (*pagi*) ausgehen und allem Anschein nach – was das 11. Jahrhundert betrifft -mit unterschiedlichen Grafschaften (Comitaten) in Berührung stehen, möchte ich das Ausgreifen der Tübinger auf den ganzen Schönbuch am ehesten noch mit einer aus dem Forstregal hergeleiteten Aufsicht über die Waldnutzungsrechte erklären.

Nun glaubte bereits die ältere Forschung, der Schönbuch sei ursprünglich ein Forst des Königs gewesen und später in die Verfügung der Tübinger gelangt[48]. Dafür schienen ihr besonders die Urkunden des 14. Jahrhunderts zu sprechen, in denen der Schönbuch als ein Lehen des Reiches bezeichnet wird. Beispielsweise belehnte Kaiser Ludwig der Bayer 1324 Pfalzgraf Konrad den Scherer mit dem *nemus dictum Schainboch*, einem Lehen des Reiches[49], und 1334, als der Kaiser erneut eine Lehensurkunde ausstellte, ist von dem *walt* die Rede, *der da heißet Schänbuch vnd gelegen ist zwischen Herrenberg vnd Rütlingen vnd von vns vnd dem Riche darüret ze lehen*[50]. Auch eine Urkunde Karls IV. von 1348 bezeichnet den *Schainbůch den Vorst vnnd den Wald* als Reichslehen[51]. Doch der Verweis auf diese Urkunden ohne ein tieferes Eindringen in die mit dem Forstbegriff verbundenen Gegebenheiten genügt nicht, und so konnte Hans Jänichen mit einigen kritischen Sätzen die Ansichten der älteren Forschung leicht bei Seite schieben[52]. Jänichen wiederum hat die Ergebnisse der Reichsgutforschung weitgehend unbeachtet gelassen und sich – ohne die Begriffsgeschichte von *forestis* verfolgt zu haben – bei der Frage, ob der Schönbuch ein »Reichsforst« gewesen sei oder nicht, zu einseitig auf die Suche nach dem Terminus Forst konzentriert, der jedoch in den Quellen des 12. bis 16. Jahrhunderts oft nicht mehr oder aber anders verwendet wird, als im früheren Mittelalter. Dagegen sind ganz allgemein die Strukturen, die einen herrschaftlichen Forst von privaten oder dörflichen Nutzwäldern unterscheiden, vielfach nicht mit der nötigen Aufmerksamkeit betrachtet worden.

Zur Begriffsgeschichte von *forestis*, einem Terminus technicus, der erstmals um die Mitte des 7. Jahrhunderts in den Diplomen der Merowinger unstrittig faßbar wird, liegen einige grundlegende Untersuchungen vor[53]. Bis heute hat die Sprachwissenschaft keine Einigkeit über seine Etymologie erzielt. Doch überwiegen in der Literatur die Versuche, den germanischen Ursprung von *forestis* aufzuzeigen und seine romanische Herkunft zu verwerfen. Der Rechtshistoriker Heinrich Kaspers hat die heute vorherrschende Auffassung von *forestis* formuliert. Sie sieht in dem Ausdruck eine ganz bestimmte Rechtsvorstellung, die aus einem von der Rechtsgeschichte als »ius eremi« des fränkischen Königs deklarierten Anspruch herrühren und in der königlichen Verfügungsgewalt über herrenloses und unbebautes Land ihre konkrete Gestalt gewonnen haben soll: Mit *forestis* können sowohl der Wald wie bebautes und unbebautes Land, ferner auch Gewässer und zugleich die Nutzungsrechte an allen dreien bezeichnet werden[54].

Während man die Strukturen der merowingischen Forstverwaltung aus Mangel an geeigneten Nachrichten nur unscharf erschließen kann, liegen für die Karolingerzeit erstmals Quellen vor, die ein präziseres Bild entwickeln helfen. Überblickt man die Nachrichten zur Waldnutzung und Aufsicht aus der Zeit Karls des Großen und Ludwigs des Frommen, dann läßt sich folgendes beschreiben: Der Wald des Königs, heiße er nun *forestis*, *silva* oder wie auch immer, war fest in die königliche Grundherrschaft eingebunden. Die Königshöfe, als *fisci*, *curtes* oder *villae* bezeichnet, waren die Aufsichts- und Verwaltungszentren der Forsten[55]. An der Spitze der Verwaltung eines Königshofes stand ein zumeist als *iudex* oder *villicus* bezeichneter Amtmann[56], dem auch die Oberaufsicht über den Forst zukam[57] und der von einer ganzen Reihe als *ministeriales* bezeichneter Spezialisten unterstützt wurde, angefangen mit den Meiern (*maiores nostri*) und Förstern (*forestarii*). Dieses Personal verfügte als Äquivalent für seine Aufgaben und Dienste über eigene Hufen (*mansi*), für deren Besitz sie nur geringe Abgaben zu entrichten hatten[58]. Die sorgfältige Aufsicht der *silvae vel forestes nostrae* gehörte zu den vorangigen Aufgaben der Förster. Im einzelnen wurde verlangt, an geeigneten Stellen Rodungssiedlungen anzulegen, zu denen Königshufen und Fischteiche gehören sollten. Der Amtmann mußte dafür Sorge tragen, daß die Abgaben für die Waldnutzung pünktlich entrichtet wurden. Solche Abgaben – Forstzins genannt[59] – hatten besonders die Einwohner nichtköniglicher Siedlungen zu entrichten, die nicht über genügend Wald verfügten, und für ihren Bedarf an Nutz- und

Bauholz auf die Forsten der Königshöfe angewiesen waren.

Mit Blick auf die von den Bewohnern eines Königshofes für den Eigenbedarf genutzte Waldmast, wurde vom Amtmann und den *maiores* erwartet, daß sie mit gutem Beispiel vorangingen, und als erste den Schweinezehnten entrichteten. Über diese und andere Einnahmen hatte der *iudex* jährlich eine Abrechnung zu erstellen, in der auch die eingezogenen Strafgelder für das in den Forsten ohne Erlaubnis erlegte Wild enthalten sein sollte. Damit wird ein Bereich berührt, der in den Quellen eine zentrale Stellung einnimmt: der Wildstand *intra forestes* unterlag der besonderen Aufmerksamkeit der Förster, seine Hegung gehörte zu ihren vornehmsten Aufgaben. Wilderei und unerlaubter Fischfang sollten streng geahndet werden. Sie galten als Verstöße gegen den Königsbann, der mit einer Buße von 60 *solidi* verbunden war.

Der Begriff *forestis* erfährt im Zeitraum vom 9. zum 11. Jahrhundert entscheidende Veränderungen, die zu dem neuen Ausdruck »Wildbann« führen. Fortan als ein Regal des Königs verstanden, erwies sich der Wildbann angesichts der Entwicklungsmöglichkeiten – insbesonders im Zuge der Binnenkolonisation – als ein wichtiges, vor allem entwicklungsfähiges Herrschaftsrecht, das sich jetzt nicht mehr in grundherrschaftlichen Bahnen bewegte, sondern einen territorialen Charakter annahm. Die Staufer haben es bei ihren Reichslandbildungen zu nutzen verstanden, aber den größten Gewinn brachte es doch dem werdenden Territorialstaat, wie es beispielsweise für Württemberg die Arbeit von Rudolf Kieß aufgezeigt hat. (Farbteil Abb. I)

Für den Schönbuch ist vorbehaltlich einer ausführlichen Untersuchung doch schon als erster Eindruck festzuhalten, daß er die klassische Struktur eines Forstes aus karolingischer Zeit besitzt. So darf man vermuten, daß der Schönbuch bereits zur Zeit der Karolinger in die Verfügung des Königs geraten war und als Reichswald einer organisierten Waldnutzung unterlag, wie sie das fränkische Forstrecht regelte. Die Aufsicht über die Waldnutzung im Schönbuch lag allem Anschein nach bereits zum Ausgang des 11. Jahrhunderts im Einflußbereich der Grafen von Tübingen. In der zweiten Hälfte des 12. Jahrhunderts jedenfalls war es den Tübingern endgültig gelungen den Schönbuch ihrer Herrschaft einzugliedern. An die Stelle einer bloßen Aufsicht in königlichem Auftrag war die Inbesitznahme eines ehedem königlichen Waldes getreten und damit auch die alleinige Verfügung über Rechte und Einnahmen, wie es die Quellen des ausgehenden 13. Jahrhunderts eindeutig belegen. Allein bei den Pfalzgrafen lag das Recht, im Schönbuch zu jagen. Nur ihnen stand es zu, die Anlage von Rodungen zu erlauben[60]. Sie konnten die Waldnutzungsrechte auch Personen und Gemeinden überlassen, die bisher nicht zum Kreis der Nutzungsberechtigten gehört hatten, wie das Beispiel Reutlingen zeigt: 1310 verkaufte der Pfalzgraf der Reichsstadt das Recht, in einem bestimmten Bezirk des Schönbuchs Brenn-und Bauholz zu schlagen[61]. Wer beispielsweise Holz für den Hausbau benötigte, hatte vorab 10 Schilling Heller (= 120 Heller) in die von seinen Förstern verwaltete Kasse des Pfalzgrafen zu entrichten; ein einzelner Baum kostete 5 Heller falls es sich um eine Eiche handelte, und 4 Heller für eine Buche. Diese Gebühren werden als »Miete« bezeichnet. Beim Brennholz war die Gebühr für das ganze Jahr zu entrichten, und zwar am St. Gallus-Tag (16. Oktober). Wer das Brennholz über Jahr mit einem Karren aus dem Wald schaffte, hatte 3 Schilling Heller (= 36 Heller) zu entrichten, wer sich eines Wagens bediente, mußte die Jahresgebühr von 6 Schilling Heller (= 72 Heller) bezahlen. Wer ohne die »Miete« entrichtet zu haben Holz schlug, mußte eine Strafgebühr entrichten, die »Einung«. Die »Einung« – *wie des Waldes Recht von alters steht* – war auch fällig, falls *die Förster iemand unrechtes Haues beschuldigen*[62]. Als *rechter Hau* wurde beispielsweise bezeichnet, daß man beim Brennholzschlagen keine Eichen, Buchen oder Früchte tragende Bäume anging[63].

Ihre Rechte übten die Tübinger in einem umgrenzten Bezirk aus, der den als Wald verstandenen Schönbuch einschloß. Diese Grenzen, die sich erst im 14. Jahrhundert zu erkennen geben, müssen nicht mit denen aus karolingischer Zeit identisch sein. Im Gegenteil, es ist mit nicht geringen Veränderungen im Laufe der Jahrhunderte zu rechnen[64]. So wird es eine Frage zukünftiger Forschungen sein, ob ehedem auch der Glemswald in den Reichswald integriert war und vielleicht nur auf Grund einer anderen herrschaftlichen Durchdringung, vielleicht von Seiten der Calwer oder Welfen, schließlich abgeteilt wurde.

Ein genaueres Bild von den Verhältnissen im Schönbuch zeichnet erst das Schönbuchurbar[65] von 1383, dessen Anlage vermutlich mit dem Abschluß der württembergischen Aufkäufe des Schönbuchs im Jahr 1382 zusammenhängt[66]. Das Schönbuchurbar von 1383 ist ein herrschaftliches Einnahmeverzeichnis, das nur die Rechte und Einkünfte der Herrschaft Württemberg aus dem Schönbuch erfaßt. Die Nutzungsrechte der Schönbuch-Gemeinden sind nicht verzeichnet worden. Der Schönbuch war 1383 in drei Ämter untergliedert, das obere, mittlere und untere Amt. Insgesamt lassen die Quellen folgendes Bild erkennen: Die Nutzungsrechte mit Ausnahme der Jagd sind gegen Entgelt in bar oder in Naturalabgaben an Berechtigte ausgetan, für die Schweinemast wird eine gelegentlich als »Dehmen« bezeichnete Abgabe erhoben[67], die Jagd hat herrschaftlichen Charakter und ist den Inhabern des Schönbuchs vorbehalten, die Aufsicht über die Nutzung liegt bei einem Waldvogt und sechs »Förstern«, an bestimmten »Sedelhöfen« haftet die Verpflichtung, den Förstern Herberge zu gewähren, Frevel und Übertretungen wurden mit der Königsbannbuße in Höhe von drei Pfund (= 60 Schilling) Tübinger geahndet[68], das Gericht bestand aus sieben Personen, dem Waldvogt und den sechs Förstern, es tagte ausschließlich in Tübingen, Weil im Schönbuch und Altenburg[69]. Die Strukturen einer organisierten Waldnutzung analog der fränkischen Forstverwaltung sind also nicht zu übersehen.

Die Frage allerdings, ob sich aus diesen Hinweisen bereits mit Sicherheit ein alter fränkischer Königsforst erschließen läßt, muß verneint werden. Es ist nicht auszuschließen, daß die beobachteten Verhältnisse aus jüngerer Zeit resultieren, also möglicherweise auf die Ottonen oder Salier zurückgehen oder gar von den Tübingern in Nachahmung ihnen bekannter Strukturen durchgesetzt wurden. Der Stand der Forschung erlaubt zur Zeit jedoch noch keine definitive Beurteilung. Erst wenn das Schönbuchurbar von 1383 und die den Schönbuch betreffende Quellenflut des Spätmittelalters und der Frühen Neuzeit eine eingehendere Untersuchung erfahren haben und die Geschichte des benachbarten und vielleicht ursprünglich einmal mit dem Schönbuch verbundenen Glemswaldes gründlich analysiert worden ist und überhaupt die bisher noch recht bescheidene Anzahl von fundierten Untersuchungen über die als Forste reklamierten Waldbezirke in Mitteleuropa vermehrt wird, um den Blick weiter zu schärfen und die nicht unproblematische Methode des Vergleichs zu gestatten, erst dann ergeben sich womöglich auch abschließende Aussagen.

Anmerkungen

1 Grundlage dieses Aufsatzes sind: Sönke Lorenz, Staufer, Tübinger und andere Herrschaftsträger im Schönbuch, in: Von Schwaben bis Jerusalem, Facetten staufischer Geschichte, hrsg. von Sönke Lorenz u. Ulrich Schmidt (Veröffentlichungen des Alemannischen Instituts, Nr. 61), Sigmaringen 1995, S. 285–320; ders., Die Herrschaft Württemberg, in: Holzgerlingen, Von der Schönbuchsiedlung zur Stadt, von Sönke Lorenz, Susanne Gernhäuser u.a. (Gemeinde im Wandel, Bd. 2), Stuttgart 1995, S. 53–70, 287–291.

2 Friedrich Huttenlocher, Geographischer Überblick, Der Schönbuch, in: Der Schönbuch, Beiträge zu seiner landeskundlichen Erforschung, hrsg. von Hermann Grees (Veröffentlichungen des Alemannischen Instituts, Nr. 27), Bühl/Baden 1969, S. 12–30, hier S. 12.

3 Wirtembergisches Urkundenbuch, Bd. 10, S. 435, Nr. 4783 (1296): *[...] villam nostram Hiltrathusen in nemore Schaienbuoch sitam [...]*.

[4] Für das Folgende vgl. Huttenlocher, Schönbuch (wie Anm. 2), S. 15–19; ders., Filder, Glemswald und Schönbuch, Bau der Landschaft (Erdgeschichtliche und landeskundliche Abhandlungen aus Schwaben und Franken, H. 15), Öhringen 1934, passim; ders., Geographischer Führer für Tübingen und Umgebung, Tübingen 1966; S. 138ff. und öfter; Ute Feyer, in: Das Land Baden-Württemberg, Amtliche Beschreibung nach Kreisen und Gemeinden, Bd. 1–8, Stuttgart 1974–1983, hier Bd. 3, S. 60–63.

[5] Vgl. Dieter Geuenich, Zur Landnahme der Alemannen, in Frühmittelalterliche Studien 16 (1982), S. 25–44, hier S. 44; ders., Geschichte der Alemannen (Urban-Taschenbücher 575), Stuttgart 1997, S. 26f.

[6] Ronald Knöchlein, Das frühmittelalterliche Gräberfeld von Holzgerlingen, Magisterarbeit (masch.), München 1987, S. 64f. -unter Berücksichtigung von Funden in den benachbarten Siedlungen Dagersheim und Ehningen erschließt sich ihm ein fränkischer Zuzug im sechsten Jahrhundert.

[7] Statt vieler: Hagen Keller, Fränkische Herrschaft und alemannisches Herzogtum im 6. und 7. Jahrhundert, in: ZGO 124 (1976), S. 1–30; Michael Borgolte, Geschichte der Grafschaften Alemanniens in fränkischer Zeit (Vorträge und Forschungen, Sonderbd. 31), Sigmaringen 1984, S. 245f.

[8] Vgl. Borgolte, Grafschaften (wie Anm. 7), S. 252ff.

[9] Vgl. Rainer Loose, Der Bischof von Chur, Herr von Großengstingen, Zur Geschichte der bischöflichen Exklave in Schwaben, in: Jahrbuch 1991 der historisch-antiquarischen Gesellschaft von Graubünden, Chur 1992, S. 141–167, hier S. 142f.

[10] Vgl. Lorenz, Herrschaftsträger (wie Anm. 1), S. 295f.; Michael Borgolte, Das Königtum am oberen Neckar (8.-11. Jahrhundert), in: Zwischen Schwarzwald und Schwäbischer Alb, Das Land am oberen Neckar, hrsg. von Franz Quarthal (Veröffentlichungen des Alemannischen Instituts, Nr. 52), Sigmaringen 1984, S. 67–110, hier S. 88 u. 110; Franz Quarthal, Zur Wirtschaftsgeschichte der österreichischen Städte am oberen Neckar, in: ebd., S. 393–446, hier S. 395.

[11] Vgl. Thomas Zotz, Grundlagen und Zentren der Königsherrschaft im deutschen Südwesten in karolingischer und ottonischer Zeit, in: Hans Ulrich Nuber u.a. (Hrsgg.), Archäologie und Geschichte des ersten Jahrtausends in Südwestdeutschland (Freiburger Forschungen zum ersten Jahrtausend in Südwestdeutschland 1), Sigmaringen 1990, S. 275–293, hier S. 278f.; Helmut Maurer, Heimsheim, in: Die deutschen Königspfalzen, Repertorium der Pfalzen, Königshöfe und übrigen Aufenthaltsorte der Könige im deutschen Reich des Mittelalters, hrsg. vom Max-Planck-Institut für Geschichte, Redaktion Lutz Fenske u. Thomas Zotz, Bd. 3, Lieferung 2, Göttingen 1993, S. 176–181.

[12] Karl Weller, Die Reichsstraßen des Mittelalters im heutigen Württemberg, in: Württembergische Vierteljahrshefte für Landesgeschichte NF 33 (1927), S. 1–43, hier S. 7 u. 32, Nr. 11; Viktor Ernst, Straßen und Verkehr, in: Beschreibung des Oberamts Leonberg, hrsg. vom Württ. Statistischen Landesamt, 2. Bearbeitung, 1. Bd., Stuttgart 1930, S. 376–383, hier S. 379; zum Straßenverlauf siehe auch Friedrich Hertlein, Alte Wege, in: ebd., S. 240–251, besonders S. 241; es bleibt aber auch eine zweite Reiseroute über Rottweil nach Heimsheim in die Überlegungen einzubeziehen, vgl. Maurer, Heimsheim (wie Anm. 11), S. 176f.; Borgolte, Königtum am oberen Neckar (wie Anm. 10), S. 74 u. 88f.; Hertlein, a.a O., S. 242.

[13] Vgl. Sönke Lorenz, Oferdingen und Altenburg am Neckar (Reutlingen) – ein befestigter Königshof und Aufenthaltsort König Konrads I., in: Aus südwestdeutscher Geschichte, Festschrift für Hans-Martin Maurer, Dem Archivar und Historiker zum 65. Geburtstag, hrsg. von Wolfgang Schmierer u.a., Stuttgart 1994, S. 25–43.

[14] Vgl. Lorenz, Herrschaftsträger (wie Anm. 1), S. 305–311.

[15] In einer zu Beginn des Jahres 1146 von der Kanzlei König Konrads III. zu Aachen ausgestellten Urkunde ist Hugo (III.) von Tübingen erstmals sicher als *comes palatinus*, als Pfalzgraf, bezeugt, MGH DKonrad III 145.

[16] Statt vieler vgl. jetzt: Gerd Althoff, Konfliktverhalten und Rechtsbewußtsein: Die Welfen in der Mitte des 12. Jahrhunderts, in: Frühmittelalterliche Studien 26 (1992), S. 331–352, besonders S. 334–343; Peter Schiffer, Möhringen und die Territorialpolitik der Pfalzgrafen von Tübingen, Zur Ursache der Tübinger Fehde (1164–1166), in: Festschrift Maurer (wie Anm. 13), S. 81–104.

[17] Vgl. Sönke Lorenz, Die Königswart, Tübinger Pfennig und Silberbergbau im Nordschwarzwald zur Zeit der Pfalzgrafen von Tübingen, in: Blätter für deutsche Landesgeschichte 128 (1992), S. 85–115, hier S. 96f.

[18] Vgl. Karl Heinz Burmeister, Die Städtegründungen der Tübinger in Österreich und in der Schweiz, in: Die Pfalzgrafen von Tübingen, Städtepolitik, Pfalzgrafenamt, Adelsherrschaft im Breisgau, hrsg. von Hansmartin Decker-Hauff u.a., Sigmaringen 1981, S. 15–28.

[19] Vgl. Jürgen Sydow, Geschichte der Stadt Tübingen, 1. Teil: Von den Anfängen bis zum Übergang an Württemberg 1342, Tübingen 1974, S. 146–158.

[20] Vgl. Hermann Weisert, Die Städte der Tübinger um den Schönbuch, in: Die Pfalzgrafen von Tübingen (wie Anm. 18), S. 39–56, hier S. 53f.; Lorenz, Holzgerlingen (wie Anm. 1), S. 53.

[21] H.-W. Strätz, Art. Pfalzgraf, in: Handwörterbuch zur deutschen Rechtsgeschichte, Bd. 3, Sp. 1667ff.; Immo Eberl, Art. Pfalzgraf, in: Lexikon des Mittelalters 6, S. 2011ff.

[22] Hans Jänichen, der sich über lange Jahre mit der Geschichte des schwäbischen Pfalzgrafenamtes beschäftigt hat, konnte in einer seiner letzten Arbeiten zeigen, daß den Pfalzgrafen anscheinend gewisse Rechte am Reichsgut (Rottweil, Ulm, Bodman) zukamen und sie in der Rechtspflege des 12. Jahrhunderts eine besonders herausragende Rolle spielten. Auf die zuletzt genannte Funktion weist auch die Deutung der dreilatzigen Fahne als Gerichtsfahne hin, die die Tübinger, sowie die von ihnen gegründeten Städte, als heraldisches Zeichen im Schild führten. Sowohl im Detail als auch im großen Zusammenhang bietet die schwäbische Pfalzgrafschaft dem wissenschaftlichen

Bemühen noch ein reiches Arbeitsfeld. Dabei wird es die zukünftige Forschung nicht leicht haben, wie Jänichen mit Blick auf die Erschließung der Amtslehen bemerkt, die die Pfalzgrafen von Tübingen von Reichs wegen als Äquivalent für ihre Aufgaben übertragen erhielten. Vgl. Hans Jänichen, Die Pfalz Bodmann und die schwäbische Pfalzgrafschaft im Hochmittelalter, in: Herbert Berner (Hrsg.), Bodmann, Dorf-Kaiserpfalz-Adel, Bd. 1, Sigmaringen 1977, S. 309–316, hier S. 314, siehe auch seine abschließenden Bemerkungen auf S. 316; Helmut Maurer, Der Herzog von Schwaben, Grundlagen, Wirkungen und Wesen seiner Herrschaft in ottonischer, salischer und staufischer Zeit, Sigmaringen 1978, S. 240.

[23] Vgl. Rudolf Kieß, Die Rolle der Forsten im Aufbau des württembergischen Territoriums bis ins 16. Jahrhundert (Veröffentlichungen der Kommission für geschichtliche Landeskunde in Baden-Württemberg, Reihe B, Bd. 2), Stuttgart 1958, S. 44; Hans Jänichen, Zur Geschichte des Schönbuchs, in: Der Schönbuch (wie Anm. 2), S. 49–64, hier S. 54f.; Jürgen Sydow, Die Anfänge von Bebenhausen und Marchtal, Zur Gründungsgeschichte von Hausklöstern der Tübinger Pfalzgrafen im 12. Jahrhundert, in: Tübinger Blätter 63 (1976), S. 2–7, hier S. 2ff.

[24] Vgl. Gerhard Baaken, Die Altersfolge der Söhne Friedrich Barbarossas und die Königserhebung Heinrichs VI., in: Deutsches Archiv 24 (1968), S. 46–78, insbes. S. 57ff. und 77ff.

[25] Wirtembergisches Urkundenbuch 2, S. 248f., Nr. 449.

[26] Zum Begriff: Rudolf Kieß, Forst-Namen als Spuren frühmittelalterlicher Geschichte in Württemberg, in: Zeitschrift für württembergische Landesgeschichte 51 (1992), S. 11–116, hier S. 73f.

[27] Sydow, Anfänge (wie Anm. 23), S. 3f.; Jürgen Sydow, Die Zisterzienserabtei Bebenhausen (Germania sacra, NF 16: Die Bistümer der Kirchenprovinz Mainz, Das Bistum Konstanz 2), Berlin, New York 1984, S. 50f.

[28] Wirtembergisches Urkundenbuch 2, S. 252f., Nr. 454.

[29] Wirtembergisches Urkundenbuch 2, S. 254, Nr. 455; MGH D F.I. *1208; J. F. Böhmer, Regesta imperii IV. Ältere Staufer, 3. Abt.: Die Regesten des Kaiserreichs unter Heinrich VI. 1165 (1190)-1197, neubearbeitet von Gerhard Baaken, Köln, Wien 1972, Nr. 66a.

[30] Wirtembergisches Urkundenbuch 2, S. 254, Nr. 455: *[...] pro ecclesia in Bebinhusen et ceteris bonis que Spirensis ecclesia ibidem tenebat, videlicet domiciliis, campis, silvis, pascuis, agris, cultis et incultis, quesitis et non quesitis.*

[31] Hugo wird nicht namentlich genannt, aber an seiner Identifikation besteht kein Zweifel; zur Person statt vieler: Burmeister, Städtegründungen (wie Anm. 18), S. 21ff.

[32] Wirtembergisches Urkundenbuch 2, S. 255f., Nr. 456; vgl. Sydow, Anfänge (wie Anm. 23), S. 3; ders., Bebenhausen (wie Anm. 27), S. 52.

[33] Statt vieler jetzt Irmgard Knoll, Die Grafen von Asperg – ein Zweig der Pfalzgrafen von Tübingen, in: Ludwigsburger Geschichtsblätter 46 (1992), S. 11–35.

[34] Wirtembergisches Urkundenbuch 2, S. 270ff., Nr. 466; vgl. Sydow, Anfänge (wie Anm. 23), S. 3ff.; ders., Bebenhausen (wie Anm. 27), S. 52ff.; Ferdinand Graner, Geschichte der Waldgerechtigkeiten im Schönbuch (Darstellungen aus der Württembergischen Geschichte, 19. Bd.), Stuttgart 1929, S. 7.

[35] Wirtembergisches Urkundenbuch 2, S. 271, Nr. 466: *[...] Divine quoque retributionis intuito eidem cenobio indulsimus auctoritate imperiali in silva Schainbvoch hos terminos [...].*

[36] F. A. Tscherning, Grenze des Klosterwalds von Bebenhausen, in: Tübinger Blätter 5 (1902), S. 11–16.

[37] Wirtembergisches Urkundenbuch 2, S. 271, Nr. 466: *[...] ut in his terminis ligna igni vel aliis usibus suis necessaria incidant.*

[38] Ebd.: *Quod si in prescriptis terminis non reperiuntur ligna ad edificia eorum sufficientia, in tota silva que dicitur Schainbvoch liberam incidendi habeant facultatem.*

[39] Ebd.: *[...] et pascuis tocius silve utantur, exceptis ovibus eorum, quibus ibi depascendi non concedimus libertatem.*

[40] Wirtembergisches Urkundenbuch 2, S. 296f., Nr. 482; ergänzend: ebd. 6, S. 486 (Nachträge); Böhmer-Baaken (wie Anm. 29), Nr. 304; Kieß, Forsten (wie Anm. 23), S. 45.

[41] Lediglich der Anfang der Verfügung ist dem Aussteller angepaßt und lautet bezogen auf Heinrich VI: *Nos quoque divine retributionis intuitu et peticione dilecti nostri R. palatini comitis eidem cenobio indulsimus in silva Schaienbuch hos terminos [...]*, Wirtembergisches Urkundenbuch 2, S. 296, Nr. 482; ebd. 6, S. 486.

[42] Kieß, Forsten (wie Anm. 23), S. 45.

[43] Alfons Schäfer, Staufische Reichslandpolitik und hochadlige Herrschaftsbildung im Uf- und Pfinzgau und im Nordschwarzwald vom 11.-13. Jahrhundert, in: Zeitschrift für die Geschichte des Oberrheins 117 (1969), S. 179–244, hier S. 241.

[44] Vgl. Sydow, Bebenhausen (wie Anm. 27), S. 55.

[45] Wirtembergisches Urkundenbuch 2, S. 346, Nr. 705; vgl. Sydow, Bebenhausen (wie Anm. 27), S. 147; Eugen Neuscheler, Die Klostergrundherrschaft Bebenhausen, in: Württembergische Jahrbücher für Statistik und Landeskunde Jg. 1928, S. 115–185, hier S. 115f. u. 118.

[46] Annales monasterii in Bebenhausen, ed. Karl Pfaff (Württembergische Jahrbücher 1855, 2. H., S. 172–196), S. 175: *[...] multa praedia in Altorff [...] Waltdorff [...]*; Wirtembergisches Urkundenbuch 3, S. 482, Nr. 23 (Nachtrag): *In Alchdorf predium ad quantitatem aratri et dimidii, preter illud quod erat domini palatini, L^a talentis a diversis conduximus*; vgl. Sydow, Bebenhausen (wie Anm. 27), S. 164.

[47] Annales Bebenhausen (wie Anm. 46), S. 175: *Donavit quoque curiam in Waltdorff [...]*; Wirtembergisches Urkundenbuch 8, S. 50, Nr. 2708 (1277 August): *[...] quod curiam in Waltorf sitam, quam avus meus bone memorie R[udolfus] comes palatinus de Tuwingen in remedium anime sue omniumque parentum suorum ecclesie sancte Marie in Bebinhusen [...] contulit[...]*; vgl. Sydow, Bebenhausen (wie Anm. 27), S. 193.

[48] A. Bühler, Beiträge zur Geschichte der größeren Waldgebiete in Württemberg, Der Schönbuch, in: Württembergische Vierteljahrs-

hefte für Landesgeschichte 19 (1910), S. 383–396, hier S. 387f.; Karl Weller, Besiedlungsgeschichte Württembergs vom 3. bis 13. Jahrhundert n. Chr. (Besiedlungsgeschiche Württembergs, Bd. 3), Stuttgart 1938, S. 209; Graner, Waldgerechtigkeiten (wie Anm. 34), S. 2ff.

[49] Hauptstaatsarchiv Stuttgart A 602, U 13095 (Württembergische Regesten 13095); vgl. Ludwig Schmid, Geschichte der Pfalzgrafen von Tübingen, nach meist ungedruckten Quellen, nebst Urkundenbuch, Tübingen 1853, S. 437; Kieß, Forsten (wie Anm. 23), S. 46.

[50] Hauptstaatsarchiv Stuttgart A 602, U 9084 (Württembergische Regesten 9084); Schmid, Pfalzgrafen (wie Anm. 49), Urkundenbuch S. 175f.

[51] Hauptstaatsarchiv Stuttgart A 602, U 13109 (Württembergische Regesten 13109); Schmid, Pfalzgrafen (wie Anm. 49), Urkundenbuch S. 176; vgl. Kieß, Forsten (wie Anm. 23), S. 47.

[52] Jänichen, Schönbuch (wie Anm. 23), S. 54f.; dazu: Lorenz, Herrschaftsträger (wie Anm. 1), S. 317ff.

[53] Vgl. jetzt Sönke Lorenz, Der Königsforst (forestis) in den Quellen der Merowinger- und Karolingerzeit, Prolegomena zu einer Geschichte mittelalterlicher Nutzwälder, in: Mönchtum – Kirche – Herrschaft 750–1000, hrsg. von Dieter R. Bauer, Rudolf Hiestand, Brigitte Kasten, Sönke Lorenz und dem Institut für Geschichtliche Landeskunde und Historische Hilfswissenschaften der Universität Tübingen, Redaktion: Nicola Becker und Eva Hamer, Sigmaringen 1998, S. 261–286; Thomas Zotz, Beobachtungen zu Königtum und Forst im früheren Mittelalter, in: Jagd und höfische Kultur im Mittelalter, hrsg. von Werner Rösener, Göttingen 1997, S. 95–122.

[54] Heinrich Kaspers, Comitatus nemoris, Die Waldgrafschaft zwischen Maas und Rhein, Untersuchungen zur Rechtsgeschichte der Forstgebiete des Aachen-Dürener Landes einschließlich der Bürge und Ville (Beiträge zur Geschichte des Dürener Landes, Bd. 7 = Zeitschrift des Aachener Geschichtsvereins, Beiheft 2), Düren u. Aachen 1957, S. 23ff.

[55] Michael Gockel, Karolingische Königshöfe am Mittelrhein (Veröffentlichungen des Max-Planck-Instituts für Geschichte, Bd. 31), Göttingen 1970, S. 72.

[56] Wolfgang Metz, Das karolingische Reichsgut, Eine verfassungs- und verwaltungsgeschichtliche Untersuchung, Berlin 1960; S. 144; Eugen Ewig, Frühes Mittelalter (Rheinische Geschichte in drei Bänden, hrsg. von Franz Petri u. Georg Droege, Bd. 1,2), Düsseldorf 1980, S. 131f.

[57] Vgl. MGH Capitularia regum Francorum I (ed. Alfred Boretius, 1883), Nr. 32, S. 83–91, hier cap. 11 und 36; Quellen zur Geschichte des deutschen Bauernstandes im Mittelalter, gesammelt u. hrsg. von Günther Franz (Freiherr vom Stein-Gedächtnisausgabe, Bd. 31), Darmstadt 1974, Nr. 22, S. 39–49; Gockel, Königshöfe (wie Anm. 55), S. 72, Anm. 299.

[58] Capitulare de villis (wie Anm. 57), cap. 10; Ewig, Rheinische Geschichte (wie Anm. 56), S. 132.

[59] Capitulare de villis (wie Anm. 57), cap. 36: census.

[60] Vgl. Graner, Waldgerechtigkeiten (wie Anm. 34), S. 8f.

[61] Vgl. Graner, Waldgerechtigkeiten (wie Anm. 34), S. 9ff. u. 127ff.; Paul Schwarz, Die Schönbuchgerechtigkeit der Reichsstadt Reutlingen, in: Der Schönbuch (wie Anm. 2), S. 65–75.

[62] Schwarz, Schönbuchgerechtigkeit (wie Anm. 61), S. 66, Nr. 17.

[63] Ebd., Nr. 6.

[64] Vgl. Graner, Waldgerechtigkeiten (wie Anm. 34), S. 4f.

[65] Altwürttembergische Urbare aus der Zeit Graf Eberhards des Greiners (1344–1392), bearbeitet von Karl Otto Müller (Württembergische Geschichtsquellen, Bd. 23), Stuttgart u. Berlin 1934, S. 281–320.

[66] Vgl. Graner, Waldgerechtigkeiten (wie Anm. 34), S. 14f.; Müller, Lagerbücher (wie Anm. 65), S. 23f.; Kieß, Forsten (wie Anm. 23), S. 47.

[67] Müller, Lagerbücher (wie Anm. 65), S. 291, Z. 17, S. 297, Z. 18; Jänichen, Schönbuch (wie Anm. 23), S. 58.

[68] Müller, Lagerbücher (wie Anm. 65), S. 319, Z. 6 u. 9.

[69] Ebd., S. 319f. Die betreffenden Verfügungen sind auch noch im Schönbuch-Lagerbuch von 1417 enthalten, das in einer Abschrift des 16. Jahrhunderts vorliegt, Hauptstaatsarchiv Stuttgart H 107/18 Nr. 2, fol. 7v und 8r.

Das Kloster Bebenhausen und die Schönbuchgemeinden

Wilfried Setzler

Als 1535 das Kloster Bebenhausen im Zusammenhang mit der Einführung der Reformation durch Herzog Ulrich aufgelöst wurde, galt es – neben dem Sonderfall Zwiefalten – als das reichste und zahlungskräftigste der unter württembergischen Schutz und Schirm stehenden Klöster und leistete die höchsten Abgaben.[1] Zu seinem Herrschaftsbereich zählten im Schönbuch die Dörfer Lustnau, Pfrondorf, Steinbös, Weil, Neuweiler, Hagelloch, Unterjesingen, Altdorf, Breitenstein und Waldhausen, in den übrigen Schönbuchgemeinden verfügte das Kloster über – zum Teil – beträchtlichen Einzelbesitz: Äcker, Höfe, Wiesen, Weinberge, Kirchen, Mühlen, Keltern, Zehnten. Vielfältig, bunt und von Fall zu Fall unterschiedlich war das Beziehungsgeflecht zwischen dem Kloster und den im oder am Rande des Schönbuchs gelegenen Dörfern.

Neben Württemberg war Bebenhausen der bestimmende Faktor für das Wirtschaften, Leben und Handeln der Menschen im Schönbuch.

Wenn wir uns heute nun dem Verhältnis von Bebenhausen zu den Dörfern des Schönbuchs zuwenden, so kann dieses Thema im Rahmen eines Vortrags nur skizzenhaft und mit Einschränkungen behandelt werden. So soll die Geschichte Bebenhausens nach der Reformation unberücksichtigt bleiben, zudem das Verhältnis des Klosters nicht zu allen Schönbuchgemeinden, sondern nur zu den klostereigenen beleuchtet werden.

Nach einem Überblick zu den historischen Quellen und zur Literatur soll auf vier Punkte, vier Fragen eingegangen werden: 1. Welche äußeren (geographischen, politischen, rechtlichen) und welche inneren (geistig-geistlichen) Rahmenbedingungen bestimmten das Verhältnis des Klosters zu seinem Grundbesitz, 2. wie kam Bebenhausen zu seinen Dörfern, 3. welche rechtlichen Beziehungen bestanden zwischen dem Kloster und den Gemeinden und 4. welche Auswirkungen hatte dies für die Dorfbewohner?

Zunächst zu den Quellen und der Literatur: Forschungen zur Geschichte des Klosters Bebenhausen können sich auf ein reichhaltiges Quellenmaterial stützen. Auch wenn ein Teil des Klosterarchivs noch immer verschollen ist, der größte Teil mit 2432 Urkunden, 268 Büscheln und 152 Bänden, darunter 134 Lagerbücher, ist im Hauptstaatsarchiv in Stuttgart in den Beständen A 474 und H 102 zu finden.[2] Nützlich ist auch der Bestand A 474 L, der zwar erst in nachklösterlicher Zeit entstanden ist, aber Abschriften älterer Quellen enthält.

Die Literatur zum Kloster ist zahl- und umfangreich. Wer sich einen Überblick verschaffen möchte, dem ist das Literaturverzeichnis des von Jürgen Sydow 1984 veröffentlichen Bandes über Bebenhausen empfohlen.[3] Ergänzt wird dieses durch das Literaturverzeichnis eines von Franz Quarthal und mir 1995 herausgegebenen Aufsatzbandes.[4] Wer die Bebenhausen-Literatur genauer durchgeht, wird rasch feststellen, daß die große Menge der Aufsätze, Monographien und wissenschaftlichen Abhandlungen aber keineswegs dem Erkenntniswert, dem wissenschaftlichen Ergebnis entspricht. Gut Bescheid wissen wir lediglich über die Bau- und Kunstgeschichte des Klosters.[5] Viele Teile der politischen, der Rechts- und Sozialgeschichte sind unerforscht, zahlreiche Fragen zur Entwicklung des Klosters unbeantwortet. Wer sich mit der Wirtschaftgeschichte des Klosters beschäftigt, muß noch immer auf die 1928, vor beinahe 70 Jahren, erschienene Arbeit von Eugen Neuscheler zurückgreifen.[6] Die Edition der Bebenhauser Urbare, seit langem ein Desiderat der Forschung, dürfte durch Wolfgang Wille demnächst erfolgen, von der Publikation eines Urkundenbuches des Klosters kann man nur träumen.

Von der »fruchtbaren Armut«

Unter diesem Stichwort sollen nur zwei Aspekte, zwei Bedingungen skizziert werden, denen Bebenhausen beim Auf-und Ausbau seines Grundbesitzes unterworfen war: die Ordensstatuten und -regeln sowie das weltliche Umfeld, in das Bebenhausen gewissermaßen hineingeboren wurde.

Die wichtigste Grundlage zisterziensischen Handelns bildet die *Benediktinerregel*[7], waren doch die Zisterzienser gegen Ende des 11. Jhs. durch eine Abspaltung aus dem Benediktinerorden entstanden, der erstmals in seiner langen Geschichte nicht mehr die Kraft entwikkelte, Reformer zu integrieren. Die alte Regel Benedikts erfuhr dabei wieder eine radikale Auslegung und Anwendung. Die Handarbeit, die private Besitzlosigkeit, die »fruchtbare Armut«, der Rückzug aus »weltlichen Dingen« und die Hinwendung zu den »himmlischen Studien« – so heißt es im Exordium Cistercii et Capitula[8] – rückten wieder stärker in den Mittelpunkt des monastischen Lebens. Dies hatte weitgehende Folgen nicht nur für das Alltagsleben der Mönche, für ihre Kleidung und Nahrung, sondern insbesondere auch für den Erwerb von Grundbesitz und den Umgang mit diesem, zumal die maßgeblichen Statuten, die zur Auslegung der Benediktinerregel dienten, die Carta Caritatis, im 15. Kapitel »Woher die Mönche ihren Lebensunterhalt nehmen« bestimmten: »Die Mönche unseres Ordens müssen von ihrer Hände Arbeit, Ackerbau und Viehzucht leben. Daher dürfen wir zum eigenen Gebrauch besitzen: Gewässer, Wälder, Weinberg, Wiesen, Äcker (abseits von Siedlungen der Weltleute), sowie Tiere, ausgenommen solche, die mehr aus Kuriosität und Eitelkeit als des Nutzens wegen gehalten werden, wie Kraniche, Hirsche u. dgl. Zur Bewirtschaftung können wir nahe oder ferner beim Kloster Höfe haben, die von Konversen beaufsichtigt und verwaltet werden.«[9] Und im 23. Kapitel heißt es unter der Überschrift »Welche Einkünfte wir nicht haben«: »Kirchen, Altäre (Beneficien), Begräbnisse, Zehnten aus fremder Arbeit und Nahrung, Dörfer, Hörige, Bezüge von Ländereien, Backhäusern, Mühlen und Ähnliches, was dem lauteren Mönchsberuf (monastice puritati) entgegen ist, verwehrt unser Name und die Verfassung unseres Ordens.«[10] Konsequent zu Ende gedacht wurde daraus ein Grundsatz der Zisterzienser, (den sie zumindest in der Anfangszeit auch strikt beachteten) nämlich den landwirtschaftlichen Besitz mit eigenen Kräften zu bewirtschaften, mit Mönchen und Laienbrüdern, den sogenannten Konversen[11]. Eine Folge davon war der Auf- und Ausbau von Grangien (grangium = Kornspeicher), worunter sehr große eigenbewirtschaftete Gutshöfe (Pfleghöfe?) zu verstehen sind.[12] Weitere Folgen waren die Ablehnung von Leibeigenen, von Vogtei- und Gerichtsrechten.[13]

Nun zum weltlichen Umfeld, in das Bebenhausen hinein gestellt wurde:

Anders als das Mutterkloster Citeaux, das in einer »schrecklichen Einöde«, in »unwirtlicher Gegend«[14] und in Sumpfgebiet gegründet worden war, wurde das Kloster Bebenhausen mitten im Altsiedelland etabliert. Rings herum lagen Dörfer, Dorfmarkungen oder ausgewiesene Bann- und Forstbezirke. Zudem war dieses Gebiet in festen Händen, hatte Eigentümer und zum Teil mächtige Herren. Längst hatten ältere Benediktinerklöster in der Umgebung Besitz: Blaubeuren etwa in Unterjesingen, Zwiefalten in Altenburg, Derendingen und Weilheim, Hirsau in Dettenhausen und Waldhausen.[15] Ja, Bebenhausen traf, da es erst 100 Jahre nach Citeaux als eines der letzten Zisterzienserklöster überhaupt gegründet worden ist, zudem auf die Konkurrenz eines weiteren neuen Ordens, des der Prämonstratenser, die über das Kloster Obermarchtal in Ammern, dem heutigen Ammerhof, Fuß gefaßt hatten.

Festgefügt wie die Besitzverhältnisse schienen auch die politischen Strukturen. Der Schönbuch als Entwicklungsraum lag fest in der Hand der Pfalzgrafen von Tübingen.[16] Ja, die Pfalzgrafen vetraten in der gesamten Region den Kaiser und das Reich, sprachen Recht und vollzogen es.[17] Schließlich ist die Anfangszeit des Klosters Bebenhausen identisch mit einer Blütezeit der Pfalzgrafen von Tübingen, einer Hochadelsfamilie, die damals zu den mächtigsten des Reiches zählte und die Bebenhausen als ihr Kloster, zu ihren Zwecken und Diensten als Familienzentrale, als gemeinsame Grabstätte in unmittelbarer Nähe ihres Herrschaftsmittelpunkts und ihrer namengebenden Burg gegründet haben.

Im übrigen war es ja auch diese Familie gewesen, die in jener Zeit das Dorf Tübingen zur Stadt ausgebaut hatte, was die Zentralfunktion Tübingens stärkte und Auswirkungen auf die gesamte Region hatte, in der nun beispielsweise Tübinger Maße und Gewichte galten, der Tübinger Pfennig die verbindliche Währung war. Bei der Attraktivität der neuen Stadt war zudem eine Landflucht der Bevölkerung nicht auszuschließen, galt doch der Grundsatz »wer ein Jahr und ein Tag hinter der Stadtmauer sitzt, wird frei«.

Mit Blick auf diese Grundbedingtheiten, die das Kloster Bebenhausen bei seiner Gründung antraf, – eingeengt von Ordensregel, bestehenden Besitzstrukturen und pfalzgräflicher Macht – ist es erstaunlich, wie schnell und nachhaltig es sich entfalten, eine riesige Grundherrschaft und schließlich gar ein eigenes Territorium aufbauen konnte.

Vom Grundbesitz zum Klosterterritorium

Kommen wir zum zweiten Themenkomplex, zur Frage, wie – unter diesen Voraussetzungen – das Kloster Bebenhausen zu seinem Grundbesitz und zu seinem Territorium kam (Abb. 15).

Nun, Pfalzgraf Rudolf von Tübingen gab dem Kloster nicht nur eine solide rechtliche und politische Grundlage und sicherte diese beim Kaiser und Papst ab, er stattete das Kloster bei seiner Gründung auch gut aus[18]: So schenkte er außer dem Weiler Bebenhausen Besitz in der Nähe (etwa in Walddorf, Weil im Schönbuch, Altdorf) und in weiter Entfernung (etwa in Vesperweiler, Lombach, Salzstetten), zudem gewährte er größere Nutzungsrechte im Schönbuch. Ja, in seinem großen Gründungsprivileg[19] vom 30. Juli 1191 erlaubte er jedem in seinem Herrschaftsgebiet – er sei Ministeriale, Kaufmann oder Bauer – ins Kloster einzutreten und/oder ihm Besitz zu übertragen. Eine ähnliche Urkunde stellte Kaiser Heinrich VI. 1193 aus.[20]

Wie sehr dies schon im Verlauf eines Jahrzehnts Erfolg hatte, belegt ein um 1200 angelegtes Besitzverzeichnis[21], in dem 36 Orte namentlich aufgeführt werden, in denen Bebenhausen inzwischen begütert ist. In ihm wird zudem festgehalten, von wem und auf welche Weise das Kloster zu diesem Besitz gekommen ist. Dabei steht immer wieder hinter dem Ort und dem Namen des Vorbesitzers der Vermerk, »quem propter deum gratis

Abb. 15: Besitz des Klosters Bebenhausen um 1350. (Quelle: vgl. Anm. 4)

obtulit« (was man etwas frei übersetzen kann mit: was er um seines Seelenheils willen geschenkt hat). Auch einige frühen Urkunden belegen solche Schenkungen.[22]

Das Güterverzeichnis von 1200 führt aber auch eine größere Zahl von käuflich erworbenen Gütern auf, was beweist, daß das Kloster nicht nur auf Geschenke angewiesen war, sondern bereits unmittelbar nach seiner Gründung eine aktive Erwerbspolitik betreiben konnte, es über genügend Mittel verfügte, Güter auch gezielt zu kaufen. Ja, eine Analyse der Besitzerwerbungen im ersten Jahrhundert nach der Gründung »macht deutlich, daß bei ihnen der Anteil der Käufe höher gewesen ist als derjenige der Schenkungen, so daß daraus geschlossen werden kann, daß dem Kloster schon früh erhebliche Geldmittel zur Verfügung gestanden haben müssen.«[23] Und diese Geldmittel hat das Kloster vor allem aus seiner landwirtschaftlichen Produktion, aus der Vermarktung, aus dem Verkauf von Überschüssen erzielt. Der Grundsatz des Zisterzienserordens, selbst Hand anzulegen und den Grundbesitz selbst zu bewirtschaften, hat hier im wahrsten Sinne Früchte getragen.

Begünstigt wird die Entwicklung durch den in der zweiten Hälfte des 13. Jhs. einsetzenden wirtschaftlichen Niedergang der Pfalzgrafen von Tübingen.

Kennzeichen der ersten Phase dieser Besitzvermehrung ist der Aufbau eines Grangiennetzes rund um das Kloster und die Errichtung von Grangien als Mittelpunkte von Streubesitz in weiterer Ferne.[24] So belegen bereits für 1204 und 1229 zwei Papstprivilegien[25], daß das Kloster Besitzkonzentrationen vorgenommen und mehrere selbstbewirtschaftete große Hofgüter, eben Grangien, unter anderem in Walddorf, in Weil im Schönbuch und in Altdorf angelegt hatte.

Für diese erste, gut 100 Jahre währende, Phase steter Besitzmehrung geradezu klassisch ist der Erwerb des Dorfes Waldhausen (Farbteil, Abb. VI u. Abb. VII) und der Umgang mit diesem. Im Februar 1270 gelingt es dem Kloster Bebenhausen erstmals im benachbarten Waldhausen Fuß zu fassen, als der Ritter Friedrich von Gomaringen ihm alle seine dortigen Güter verkauft.[26] Zielstrebig, Stück um Stück, erwirbt das Kloster nun in rascher Folge allen weiteren Grundbesitz auf der Markung. So schon am 2. August desselben Jahres den Besitz des Grafen Rudolf von Tübingen[27] und den des Klosters Hirsau[28]. Ein Jahr später folgten die Besitzungen, die das Kloster Blaubeuren in Waldhausen hatte.[29] 1276 rundet der Gaisbühl, Wald- und Weideland bei Waldhausen, die Käufe ab.[30] Sorgfältig achtete das Kloster bei jedem Vertrag darauf, die Grundstücke von allen Lasten frei »ab omni vexationis gravamine libera«[31] zu erwerben – frei von Gülten, Verpfändungen, Grundschulden – und mit allen Rechten vogteihoheitlicher oder gerichtlicher Natur. Selbst die Zehntabgaben werden miterworben.

Kaum ist das Kloster im Besitz der gesamten etwa 320 Hektar umfassenden Markung[32], wird – möglicherweise schon parallel zu den einzelnen Etappen der Erwerbung –, eine Umstrukturierung des kleinen Dorfes in Angriff genommen, wird das Dorf in ein großes Hofgut, in eine von Mönchen, Konversen und Lohnarbeitern bewirtschaftete Grangie umgewandelt, was in der Regel mit dem Phänomen des sogenannten Bauernlegens verbunden war, d.h. mit einem Auskauf und einer Vertreibung, einer Umsiedlung der ansässigen Bauern. Schon 1283, also nur 13 Jahre nach dem ersten Güterkauf, wird Waldhausen nicht mehr als oppidum (Dorf) sondern als curia (Hof) bezeichnet.[33]

Diese Politik der Umwandlung von Dorfsiedlungen in Klosterhöfe ist typisch für die Anfangsjahrzehnte der Zisterzienser und auch in anderen Bebenhausen gehörenden Dörfern nachzuweisen. In Aglishardt auf der Schwäbischen Alb wurde von Bebenhausen zu Beginn des 13. Jhs. nicht nur dieser Ort in eine Grangie umgewandelt, das Kloster verleibte in den darauf folgenden Jahrzehnten seinem der Schafzucht dienenden Hof auch noch die beiden benachbarten Weiler Zimmerbuch und Ichenhausen ein, die damit von der Landkarte verschwanden.[34] Eine solche radikale Flurbereinigung ist

Bebenhausen im Schönbuch allerdings nur in Waldhausen gelungen, versucht hat dies das Kloster gleichwohl auch in Pfrondorf.

Dieses Dorf, das kirchlich und gerichtlich zu Lustnau gehörte, bestand im 13. Jh. wohl aus einem großen Herrenhof – in der Hand der pfalzgräflichen Ministerialenfamilie von Lustnau – und einigen wenigen weit kleineren Bauernhöfen. Aus dem Papstprivileg von 1204 geht hervor, daß damals schon Bebenhausen in Pfrondorf Äcker und Wiesen besaß. Ab 1293 ist dann ein konsequenter Güterkauf zu erkennen: In diesem Jahr wird von Walter gen. Specht ein Haus mit Hof, 16 Jauchert Äcker, 2 Jauchert Wiesen und ein Wald von 9 Huben Größe erworben.[35] Und als es 1323 schließlich gelang, von den Brüdern Berthold und Johannes von Lustnau deren großen Herrenhof in Pfrondorf zu kaufen,[36] versuchte das Kloster diesen mitten im Ort liegenden Hof, der dann im Eigenbau betrieben wurde, auszubauen. 1356 umfaßt die nun Mönchshof genannte, von Zäunen und Mauern umgebene Grangie, die im übrigen die Pflicht hatte, die herrschaftlichen Förster und Jäger sowie deren Knechte zu verpflegen und die Pferde und Hunde zu füttern, 286 Jauchert Äcker, 51 Mm Wiesen und 40 Morgen Wald.[37] Im Vergleich dazu bebauten die anderen am Ort befindlichen 7 »Gesäße« noch nicht einmal ein Drittel an Land, nämlich zusammen 90 Jauchert Äcker, 9 Wiesen und fünf Gemüsegärten. Hier sind Konzentrationsbestrebungen, der Wille zur Reduzierung der Einzelhöfe zu Gunsten eines großen Hofes erkennbar, doch anders als in Waldhausen blieb Pfrondorf als Dorf (neben der klösterlichen Grangie, die im übrigen erst 1821 in Einzelhöfe zerschlagen wurde) erhalten.

Inzwischen hatten sich die Zeiten, die Wirtschaftsbedingungen, die Klosterpolitik, die klösterliche Wirtschaftsweise geändert. Der große wirtschaftliche Erfolg, die stete Vermehrung der Güter führte zwangsläufig dazu, daß der riesige Besitz schließlich gar nicht mehr selbst bewirtschaftet werden konnte, auch nicht mehr mit Konversen, Laienbrüdern oder Lohnarbeitern. Der Anteil der an Bauern gegen Zinsen, Abgaben und Leistungen ausgegebenen Güter wurde immer größer. Nach dem Urbar von 1356 bewirtschaftet das Kloster gerade noch etwa ein Viertel des Landbesitzes im Eigenbau. Beschleunigt wurde diese Entwicklung durch den Rückgang an Konversen (im 13. Jh. sind es bis zu 130) und vor allem durch den Verfall der Getreidepreise, so daß es bei steigenden Lohnkosten rentabler wurde, Güter an Bauern gegen Anteile an der Ernte auszugeben. Diese Entwicklung, die bereits um 1300 einsetzte, und dann eine immer schnellere Dynamik entfaltete, führte – zumal das Kloster zu Beginn des 14. Jhs. durch politische Ereignisse und kriegerische Auseinandersetzungen in Bedrängnis geriet – auch zu einer deutlichen Änderung der Erwerbspolitik.

Ein Höhe-, aber auch Wendepunkt dieser seit einem Jahrhundert andauernden expansiven Erwerbspolitik bildete der 1301 erfolgte Versuch, die Stadt Tübingen zu erwerben, der schließlich scheiterte.

Etwas generalisierend kann man feststellen, daß von nun an die Äbte ihr Augenmerk auf die unmittelbare Umgebung des Klosters richteten, ihren unrentablen fernen Streubesitz verkauften und sich um den Aufbau eines geschlossenen Klosterterritoriums bemühten.

Wie dies im einzelnen von statten ging, möchte ich nun an zwei Beispielen, an Lustnau und Unterjesingen, aufzeigen (Farbteil, Abb. VIII u. Abb. IX).

Langwierig gestaltete sich der Erwerb von Lustnau. Das Dorf war samt den Nachbardörfern Pfrondorf und Steinböß in den Händen einer pfalzgräflichen Ministerialen-, Dienstmannenfamilie, die sich nach ihrem Hauptsitz Herren von Lustnau nannten und dort bis ins 15. Jh. größere Besitzungen halten konnten. Die Reihe der Bebenhäuser Erwerbungen begann um 1240[38] und zieht sich bis 1446 zwei Jahrhunderte hin. Früh erwarb Bebenhausen – trotz des Verbots der Ordensregel – die Lustnauer Kirche[39], dann bei jeder Erbteilung der Lustnauer Edelleute Grundstück um Grundstück, Höfe,

Äcker, Wiesen, Leibeigene, drei Keltern, die Mühle und dazu jeweils die Gerichts- und Hoheitsrechte. Das Dorf glich zeitweilig einem bunten Fleckenteppich von Hoheiten, Rechten und Zuständigkeiten. Als beispielsweise 1410 der Tübinger Bürger Walter Fraischlin, Ehemann der Agnes von Lustnau, deren Besitz – Güter, Vogteien und Gewaltsame – in Lustnau an Bebenhausen verkaufte, wurde nicht nur ein Haus, ein Hof und eine Hofraitin vom Verkauf ausgenommen, sondern auch vertraglich bestimmt, daß dieses Haus von allen Lasten, Fronen, Gerichtsbarkeiten etc. frei sein solle. Wenn einer etwa innerhalb der Mauern dieses Hofes »unzuht oder frevelhait täte«, so soll er nicht von dem Abt von Bebenhausen als Dorfherr sondern vom Hofeigentümer »gebesret und gebüßt« werden.[40] Erst 1446 konnte das Kloster auch diese letzte Enklave kaufen und besaß danach die Herrschaft über das gesamte Dorf.[41] Eine besondere Rolle spielte der schon um 1250 herum entstandene große Klosterhof (Farbteil, Abb. VI) am Rande des Dorfs, der wohl als Grangie angelegt worden war. In ihm wurde der Eigenbetrieb nie aufgegeben, ja er wurde, vor den Toren des Klosters gelegen, zum zentralen Verwaltungshof.[42]

An die Grenzen seiner Möglichkeit stieß das Kloster in Unterjesingen. Zwar kaufte es sich auch hier zäh und stetig ein: 1289 von Pfalzgraf Eberhard von Tübingen dessen Weinberge und eine Kelter, im gleichen Jahr Güter in Lachen,[43] 1294/95 von den Pfalzgrafen Eberhard und Gottfried einen großen Freihof mit Zubehör neben der Kirche und bei der Kelter,[44] 1295 einen Wald,[45] 1356 werden vier Höfe im Bebenhäuser Besitz genannt,[46] doch die Konkurrenz geistlicher Einrichtungen war zu groß. Und geistliche Einrichtungen aufzukaufen, war unvergleichlich schwerer als weltliche Herrschaften, bei denen es ja von Generation zu Generation zu Erbteilungen kam, die fast immer Kaufmöglichkeiten boten.

Längst vor Bebenhausen hatte das ebenfalls von den Pfalzgrafen gegründete Kloster Blaubeuren beträchtlichen Besitz am Ort: mehrere Höfe, eine eigene Kelter, eine Zehntscheuer. Ja im Himbachtal hatte Blaubeuren schon um 1124, Jahrzehnte vor der Gründung Bebenhausens, eine Propstei errichtet, die später als großer Wirtschaftshof und Verwaltungsmittelpunkt für den Blaubeurer Streubesitz in der Umgebung diente. Eine Kapelle und eine Mühle gehörten dazu. Zudem besaß Blaubeuren das Kirchenpatronat samt dem zur Pfarrkirche gehörenden großen Widumhof (beides verkaufte Blaubeuren 1404 an Württemberg).[47]

Neben Blaubeuren waren mit Grundstücken, Zinsen und sonstigen Einkünften am Ort beteiligt: das Tübinger Spital, das Kloster Obermarchtal gar zudem mit einer Kelter, die Klöster Kreuzlingen, Stetten bei Hechingen, Rohrhalden, Kirchberg, Reuthin, das Tübinger Franziskaner- und das Tübinger Augustinerkloster, die Klausen Ebingen und Ofterdingen, das Reutlinger Spital, das Tübinger Georgenstift, St. Nikolaus im Schwärzloch, das Stift St. Peter im Schönbuch, die Kaplaneien Reusten und Hagelloch.[48]

Die Dorfherrschaft, ursprünglich bei den Pfalzgrafen von Tübingen, übten im 14. Jh. die Herren von Ow als Eigentümer der über Unterjesingen liegenden Burg Roseck aus, weshalb sich die Herren von Ow auch Vögte von Jesingen nannten. Diese Burg und die damit verbundenen Besitztümer und Rechte konnte 1410 schließlich das Kloster Bebenhausen von Burkhart von Höllstein und seiner Ehefrau Anna, Witwe des Werner von Ow, aufkaufen.[49] Dazu gehörte eben neben Roseck, »der Feste mit Mauern und Graben«, auch die Herrschaft über das Dorf Jesingen und seine Bewohner, die Herrschaft mit – wie es in der Urkunde heißt -«Vogtei, Gericht, Schutz, Zwing und Bann«. Zur Dorfherrschaft gehörten im übrigen auch ganz handfeste jährliche Einnahmen. So erhielt von nun an Bebenhausen von jedem Haus, egal wem es auch gehörte, jährlich ein Viertel Vogthaber und ein Vogthuhn.

Die Burg Roseck wurde später von Bebenhausen zur Pflege, zum Pfleghof, zum Wirtschaftszentrum ausgebaut und bildete einer der bedeutendsten Stützpunkte der Klosterherrschaft.[50]

Der skizzierte Erwerb von Waldhausen, Pfrondorf, Lustnau und Unterjesingen zeigte die Interessen des Klosters in den Dörfern der Umgebung, möglichst allen Grundbesitz, möglichst alle grundherrschaftlichen Rechte, möglichst alle Einnahmequellen, Gerichte und Vogteien, Fischrechte, Zehnten und Kirchen zu erwerben, störende Konkurrenten gänzlich auszuschalten.

Getragen wurde diese Entwicklung von Äbten, die aus adligen Familien stammten, untereinander und mit dem Adel des Raumes um Tübingen eng verwandt waren. Auf Werner von Gomaringen, der von etwa 1356 bis 1393 regierte, folgte bis 1412 sein Bruder Peter, diesem von 1412 bis 1432 Heinrich von Hailfingen, diesem 1432 bis 1456 Reinhard von Höfingen.

Doch erwiesen sich in dieser zweiten Entwicklungsphase, die vom Untergang der Pfalzgrafen von Tübingen vor allem bestimmt war, die Grafen von Württemberg als immer stärker werdende Konkurrenten, sie wurden schließlich zu den eigentlichen Erben der Pfalzgrafen von Tübingen. Dies wird etwa deutlich in Dettenhausen, wo das Kloster 1298 die Dorfherrschaft erwerben konnte[51], diese dann aber doch wieder abtreten mußte.[52] Doch dieses Verhältnis zu Württemberg ist ein eigenes Thema, das hier ausgeklammert bleiben muß.

Das rechtliche Verhältnis des Klosters zu seinen Dörfern

Die Herrschaft über seine Dörfer erreichte das Kloster Bebenhausen, wie wir gesehen haben, meist erst im 14. und 15. Jh. Das Kloster tritt also erst spät in die Geschichte der Dörfer ein, die geprägt war vom Zusammenbruch der zentralen pfalzgräflichen Gewalt und der Zersplitterung des Grundbesitzes und der Hoheitsrechte in den Händen mit einander konkurrierender und sich befehdender Ritterfamilien. Pfalzgräflicher Ruin und Splitterung hatten es nicht nur dem Kloster Bebenhausen ermöglicht, sich selbst ein Territorium aufzubauen, sondern hatten auch die Herausbildung einer eigenen kommunalen Körperschaft, der Dorfgemeinde, ermöglicht und gefördert, einer Dorfgemeinde mit eigenen Regeln, Gesetzen, Gewohnheiten. (Förderlich war sicher auch das Aus- und Aufkaufen des Adels durch Bebenhausen, da dadurch die Ritterfamilien ihre Privilegien, Freiheiten in den Dörfern verloren und als politischer Faktor ausfielen). In Altdorf tritt bei einem Rechtsstreit schon 1281 eine sich »universitas rusticorum« nennende Gemeinde auf, im gleichen Jahr wird in Echterdingen »secundum consuetudinem ville« (also nach dem Gewohnheitsrecht des Dorfes) Recht gesprochen.[53] Und in Unterjesingen heißt es 1353 »nach unsres dorffs und gerihts gewonheit und als reht ist«.[54] Deutlich wird diese kommunale Eigenständigkeit auch darin, daß die Gemeinden über die Aufnahme von Fremden ins Bürgerrecht, ja in Einzelfällen gar über deren Zuzug selbst entschieden.[55]

Auch die Organisation der Dorfgemeinde war bei der Übernahme der Dorfherrschaft durch Bebenhausen in der Regel ausgebildet. An der Spitze der Dorfgemeinde stand der vom Ortsherrn – meist auf Lebenszeit – eingesetzte Schultheiß. Ihm zur Seite stand das sog. Gericht, das in den einzelnen Dörfern zahlenmäßig ganz unterschiedlich besetzt war. In Weil im Schönbuch amtierten die Zwölfer, in Lustnau werden stets elf Richter genannt, in Unterjesingen urteilen die Siebener.[56] Da die Dorfbewohner gehalten waren, bei Streitigkeiten, bei Rechtsverletzungen ihr Recht immer zunächst beim Dorfgericht zu suchen, übte unter Vorsitz des Schultheißen das Gericht die grundherrliche Gerichtsbarkeit aus, behandelte Zivil- und niedere Strafrechtsfälle. In den Quellen häufig anzutreffende Themen waren: Mißbrauch der Allmenden, Versetzung von Marksteinen, Unterschlagungen, Beleidigungen, Verleumdungen, Schlägereien, Überfahrtsrechte, Festsetzung von Weidegrenzen.

Kam es im Gericht zu Meinungsverschiedenheiten, zu Minderheitsvoten oder fühlte sich eine Partei unrecht behandelt, wollte gegen den Gerichtsbeschluß Widerspruch einlegen oder ging es gar um Streitigkeiten zwischen zwei Gemeinden, so galt das Tübinger Stadtgericht als übergeordnete Instanz in allen Dörfern des Klosters Bebenhausen. Dies geht nicht nur aus einem Verzeichnis, das dem Tübinger Stadtrecht[57] von 1493 beigegeben ist, hervor – zahlreiche Urkunden, Urteilsbriefe des Tübinger Stadtgerichts bestätigen dies: 1407 wird vor dem Tübinger Gericht das Kloster mit Hagellocher »Bauleuten« in einem Streit verglichen,[58] 1448 entscheiden Tübinger Richter über Streitigkeiten zwischen den Klosterdörfern Hagelloch und Jesingen.[59] Ja, noch 1493 klagte vor dem Tübinger Stadtgericht ein Lustnauer, Leibeigener des Klosters Bebenhausen, gegen das Urteil des Lustnauer Dorfgerichts, auf Grund dessen er in den klösterlichen Turm gesteckt worden war.[60]

Diese in vorklösterlicher Zeit entstandene kommunale Ordnung, diese Organisation und Befugnisse der Dorfgemeinde haben sich in klösterlicher Zeit weitgehend behaupten können, wurden vom Kloster Bebenhausen weitgehend akzeptiert. Allerdings mit zwei ganz gewichtigen Ausnahmen – einmal die Besetzung der Ämter und einmal den Rechtszug nach Tübingen betreffend. So wußte das Kloster ein Mitspracherecht der Dorfgemeinde bei der Besetzung von Ämtern – wie es sich im 15. Jh. in Württemberg durchzusetzen begann – zu verhindern oder – wo dieses Mitspracherecht beim Erwerb der Dorfherrschaft gegeben war – einzuschränken und schließlich aufzuheben. Dies galt für die Schultheißen und Richter, aber auch für weitere wichtige Gemeindeämter, für die Feldschützen, die Hirten und die sog. Untergänger, die für die Grenz- und Güterbeschreibungen zuständig waren.

Vergeblich bitten etwa die Ofterdinger, nach Gewohnheit sechs der zwölf Richter selbst wählen zu dürfen,[61] in Reusten darf die Gemeinde immerhin noch einen »aufzählen«.[62] In Weil im Schönbuch, das den Untergang – also das Amt der Grenz- und Güterbeschreiber – selbständig besetzt und gehandhabt hat, nahm 1419 der Abt von Bebenhausen eine Beleidigung zum Anlaß, dem Dorf dieses Recht zu entziehen.[63] Spätestens 1478 verloren die Hagellocher ihr Untergangsrecht.[64] In Unterjesingen wurde traditionell der Schütze von einem Vertreter der freien und mit eigenen Gütern am Ort ansässigen reichen Bauernfamilie Staimer gewählt, 1483 gelang es schließlich dem Kloster Bebenhausen, in einem Prozeß auch dieses Recht an sich zu ziehen.[65] Mit dem Instrument der Ämterbesetzung konnte Bebenhausen seine Position im Dorfverband erheblich stärken.

Konsequent bekämpfte das Kloster auch – seit dem Beginn des 15. Jhs. nachweisbar – den althergekommenen Instanzenweg und Rechtszug der Schönbuchdörfer nach Tübingen.[66] Dabei bediente es sich mehrerer Mittel. So sprach der Abt zeitweilig sehr großzügig und auffallend häufig Begnadigungen aus und handhabte damit ein Hoheitsrecht, das ihm die Betroffenen natürlich aus Eigeninteressen gerne zubilligten, ein Hoheitsrecht, das aus der Sache heraus aber immer erst in zweiter Instanz Anwendung finden konnte, also eine Instanzenhierarchie aufbaute.[67] Zum anderen ließ sich das Kloster bei Leibeigenschaftsübernahmen, in Urfehdesachen und bei Lehensangelegenheiten – etwa bei der Verleihung eines Bauernhofes – von seinen Bauern schwören, daß sie nur in den dörflichen Gerichten und in Bebenhausen Recht suchen wollen.[68] Gerade diese auf Privatrecht beruhenden, persönlichen Vereinbarungen zeigen, wie schwer es dem Kloster fiel, sich gegen den Rechtszug durchzusetzen. Im Gegensatz zur Frage der Ämterbesetzung, konnte dieser Machtkampf zur Klosterzeit nicht mehr entschieden werden.

In diesem Zusammenhang stellt sich natürlich auch die Frage nach dem Hochgericht, nach den – um in der Sprache jener Zeit zu bleiben – Malefizsachen: Die Quellen enthüllen ein äußerst kompliziertes Beziehungs- und Kompetenzengeflecht.[69]

Eindeutig ist jedoch, daß das Kloster mit der Vogtei- und Gerichtshoheit über die Dörfer die volle, uneingeschränkte Gerichtshoheit erworben, aber auf die Ausübung der Blutgerichtsbarkeit verzichtet hat. Hans Hirsch nannte dies eine »unblutige Hochgerichtsbarkeit«[70]. In der Realität sah dies – etwas vereinfacht dargestellt – so aus: Bei Verbrechen und Taten, für die das Dorfgericht nicht zuständig war, bei Mord, Brandlegung, Vergewaltigung, Aufruhr, Raub, Gotteslästerung wurde der Delinquent – sofern man seiner habhaft wurde – im Gefängnisturm des Lustnauer Klosterhofs eingesperrt. Dann wurde untersucht, ob es sich um eine schwere Malefizsache, die nur mit Blut gesühnt werden konnte, handele oder nicht. Wenn ja, dann wurde der Verbrecher an Württemberg, nach Tübingen, zur Vollstreckung des Urteils, insbesondere des Todesurteils, weitergereicht. Deutlich wird allerdings die Tendenz, alle Vergehen, aus denen Geld zu schlagen war, als bürgerliche Sache zu behandeln (für die allein der Abt zuständig war) und all jene Fälle, die in Strafverfolgung oder -vollzug höhere Kosten – Gefangene müssen beispielsweise verköstigt werden – erwarten ließen, an Württemberg abzutreten.

Das Verhältnis des Klosters zu seinen Untertanen

Dazu sollen kurz nur noch vier Aspekte angeschnitten werden: die Einwohnerzahl, die Fronleistungen, die Verpfründungen und die Bauernkinder im Konvent.

Während die Quellen für die Zeit der Pfalzgrafen von Tübingen uns keine Aussagen über Einwohnerzahlen im Schönbuch oder einzelne Dörfer erlauben, verfügen wir für die Spätzeit des Klosters über mehrere relevanten Aufzeichnungen: Musterungslisten[71]und Steuererfassungen. Am besten eignet sich dazu eine 1496/97 im Kloster für »den gemeinen Pfennig«, eine Reichssteuer, angelegte Liste.[72] In ihr wurden alle Personen, die über 15 Jahre alt waren, namentlich erfaßt. Demnach war Weil im Schönbuch die größte Gemeinde mit 294 Personen (also immer ohne die unter 15jährigen) in 141 Haushaltungen, gefolgt von Lustnau mit 290 Personen in 136 Haushaltungen. In Unterjesingen wurden 202 Personen in 95 Haushaltungen gezählt. Die anderen Gemeinden sind wesentlich kleiner: Hagelloch hat 73 Personen in 41 Haushaltungen, Pfrondorf 53 Personen in 26 Haushaltungen. Insgesamt lebten in den Klosterdörfern 1 544 über 15 Jahre alte Personen, zudem in Bebenhausen als Knechte, Mägde, Pfründner und Handwerker weitere 78 Menschen, zusammen also: 1 622. Etwa zur gleichen Zeit zählt der Konvent mit dem Abt 50 Mönche, 2 Novizen und sechs Konversen. Auf einen Mönch kommen also etwa 32 Untertanen, grob etwa 15 Haushaltungen.

Zu den Fronleistungen: Schlägt man dazu im Heimatbuch der Schönbuchgemeinde Dettenhausen nach, so kann man lesen, für Bebenhausen gelte, wie für die Beziehungen zwischen Klöstern und ihren Untertanen ganz allgemein: »unter dem Krummstab ist gut leben«[73]; in anderen Ortschroniken und Heimatbüchern allerdings stöhnen die Verfasser über die ungerechtfertigten Frondienste, überhöhte Zehntforderungen und die Lasten der Leibeigenschaft . So heißt es im 1987 erschienenen Buch über Weil im Schönbuch: »Die Klosterherrschaft brachte für die Bevölkerung von Weil im Schönbuch eine Zeit der hohen Abgaben, Ausbeutung und Unterdrückung«, »Der gewandte und besitzgierige Bebenhäuser Abt Konrad« und seine Nachfolger sorgten dafür, daß »immer mehr Weiler zu Frondiensten herangezogen« wurden oder »Nicht selten landeten die Weiler im Gefängnis, seit die Bebenhäuser im Dorf das Regiment führten.«[74] Was nun? Unterdrückung oder »gut leben«? Die Wahrheit liegt wie so oft in der Mitte, die Quellen zeichnen ein anschauliches Bild.

Richtig ist: Alle Einwohner der Klosterdörfer mußten Fronen verrichten, d.h. sie mußten auf Weisung der Herrschaft Fuhrdienste und Feldarbeiten leisten. Doch waren diese Pflichten genau umrissen.[75] In der

Regel mußte man zwei Tage im Jahr Holz oder Getreide führen und 8 Tage lang Acker-, Wiesen- und Waldarbeiten übernehmen. So mußten die Bauern von Altdorf und Weil im Schönbuch zweimal im Jahr das Getreide aus den dörflichen Zehntscheuern ins Kloster transportieren, die Unterjesinger im Winter Holz nach Roseck schaffen, die Lustnauer und Pfrondorfer Bauern in der Heu- und in der Öhmdzeit Gras mähen, die Hagellocher den Klostergarten versorgen und jedes Jahr am Pfingstdienstag den Graben zur Klostermühle säubern, die Breitensteiner und Neuweiler hatten den Weg zu ihren Mühlen instand zu halten. Teilweise dienten die Fronen außer der klösterlichen Herrschaft auch zum Vorteil der dörflichen Gemeinde, etwa in Lustnau, wo die Bauern auf Geheiß des Schultheißen den Dorfgraben zu säubern und die Straße in Ordnung zu halten hatten.[76] Fronen mußten also keinesfalls nach Willkür der klösterlichen Herrschaft geleistet werden, sondern im Rahmen genauer Regeln, alter Gewohnheiten. Zudem erhielten die Fröner auch Gegenleistungen: Die Hagellocher durften in Bebenhausen den Bettel genannten Almosen, eine gewisse Form der Sozialfürsorge, entgegennehmen (wozu sie dann den Bettelweg durch den Schönbuch benutzten). Und wer beispielsweise zur Fuhrfron an den Pfleghof nach Tübingen verpflichtet war, dessen Gespann – ob Roß oder Ochsen – erhielt vor der Rückfahrt Futter. Der Fahrer selbst wurde in der Stube mit einer Suppe und Brot, danach mit Brei und Gemüse gespeist, zudem wurden ihm bei der Abfahrt zwei Brote und zwei Becher mit Wein gereicht. Das scheint diesen Fronfuhren gar eine gewisse Attraktivität gegeben zu haben, denn eine klösterlicher Verordnung regelte die Zahl der Begleitpersonen pro Fuhre und beschränkte sie auf zwei.[77]

Nicht häufig, doch wiederholt sind im Verhältnis des Klosters zu seinen Untertanen auch Verpfründungsverträge, Regelungen der Altersversorgung anzutreffen. So schließt das kinderlose Dettenhauser Ehepaar Cunz Bürklin und Elisabeth Bürklin geb. Schöbler mit Bebenhausen 1484 einen bis ins Detail gehenden Verpfründungsvertrag.[78]

Die Bauersleute übereigneten dem Kloster sofort eine Kuh, ein Stierle, 2 Schweine, 5 Ymen Wein, 15 Malter gemischtes Korn, 6 Malter Haber, 12 Wagen Heu und allerlei Hausgeräte. Nach ihrem Tod sollte alles weitere Vermögen, alle Besitztümer, Verschreibungen und Güter im Wert von über 200 Pfund Heller – über die sich das Ehepaar eine lebenslange Nutznießung vorbehält – an das Kloster fallen. Dafür, so wurde bestimmt, wird das Ehepaar im Kloster oder in einem der Klosterhöfe Lustnau, Pfrondorf oder Waldhausen aufgenommen. Solange es dort arbeiten kann, bekommt es außer dem Essen eine Entlohnung: jährlich 3 Pfund Heller, ein Paar Schuhe, einen grauen Rock oder eine Jacke und ein Paar Hosen. Genau geregelt wird das Essen für den Fall, daß das Ehepaar nicht mehr arbeiten kann oder will. So soll es dann täglich zwei weiße und zwei kirnene (als körnige aus Dinkelmahl gebackene) Brote erhalten, zudem »des Tags, wann wir nit Fleisch haben«, jeder 4 Eier und in der Fastenzeit jeder alle Tage einen Hering, ferner täglich ein Maß Wein, alle Woche zusammen ein Pfund Speck und ein Pfund Milchschmalz sowie Küchenspeise entsprechend der Notdurft. Nach dem Tod des einen Eheteils soll der überlebende Partner noch die halbe Pfründe erhalten, »nur die Maß Wein soll der beliben Person« gewissermaßen als Trost ungeteilt »ihr Lebtag gegeben werden«.

Der letzte, gerade noch angedachte Aspekt: Einen gewiß nicht geringen Einfluß auf die Beziehung des Klosters zu seinen Dörfern übte auch aus, die Möglichkeit der bäuerlichen Klosterfamilien Angehörige im Klosterkonvent unterzubringen, sei es als Mönch oder als Konverse. Und tatsächlich finden sich in den Mönchslisten immer wieder Bauernkinder aus Klosterdörfern: 1488 gehören dem 50köpfigen Konvent allein vier Lustnauer an: Matthäus Sibolt, Johannes Balduff, Johannes Gut und Berthold Sibolt.[79] Doch auch aus anderen Klosterdörfern – etwa aus Hagelloch oder aus Weil im Schönbuch – rekrutieren sich Mönche.

Bebenhausen ist es im 14. und 15. Jh. gelungen, ein eigenes, nahezu geschlossenes Klosterterritorium aufzubauen, das etwa ein Dutzend Dörfer umfaßte. Die letzten Jahrzehnte der Klosterherrschaft waren geprägt vom Ausbau der Rechte des Klosters an und in seinen Dörfern, gleichzeitig aber geriet es selbst immer stärker in den Sog der sich ausweitenden württembergischen Landesherrschaft, verlor seine Reichsunmittelbarkeit, wurde gegen Ende des 15. Jhs. landsässig. Dieses führte schließlich mit der Durchsetzung der Reformation in Württemberg 1535 zur Beendigung des klösterlichen, monastischen Lebens. Doch die Dorfbewohner, nun zwar evangelisch und württembergisch geworden, bewirtschafteten ihre Bauernhöfe auch weiterhin zu den gleichen Bedingungen, leisteten Fronen, zahlten Abgaben, da Württemberg die Wirtschafts- und Rechtseinheit »Bebenhausen« weitgehend unangetastet ließ. So blieb das Verhältnis Bebenhausens zu seinen Dörfern noch lange auch in nachklösterlicher Zeit, bis zu den großen Veränderungen im 19. Jh., unverändert.

Manche Spuren dieser Vergangenheit haben sich bis heute nicht nur in Bebenhausen, sondern auch in seinen ehemaligen Dörfern erhalten. Namen wie der Bettelweg in Hagelloch, der Klosterhof in Pfrondorf weisen auf die alten Verhältnisse ebenso hin wie die Kelter in Unterjesingen, der Pfleghof in Lustnau, ja selbst die Umwandlung des Dorfes zur Grangie kann noch heute am Waldhäuser Hof nachvollzogen werden. Alles Spuren eines lange währenden Beziehungsgeflechtes zwischen Bebenhausen und seinen Dörfern, das hier skizzenhaft dargestellt wurde.

Anmerkungen

[1] Der Landkreis Tübingen. Amtliche Kreisbeschreibung. Band 2. Stuttgart 1972, S. 28.

[2] Jürgen Sydow: Die Zisterzienserabtei Bebenhausen. Berlin/New York 1984, S. 1f. und S. 40–44.

[3] Ebd., S. 2–12.

[4] Wilfried Setzler, Franz Quarthal: Das Zisterzienserkloster Bebenhausen. Beiträge zur Archäologie, Geschichte und Architektur. (Beiträge zur Tübinger Geschichte, Band 6). Stuttgart 1995.

[5] Mathias Köhler: Die Bau- und Kunstgeschichte des ehemaligen Zisterzienserklosters Bebenhausen bei Tübingen. Der Klausurbereich. (Veröffentlichungen der Kommission für geschichtliche Landeskunde in Baden-Württemberg, Reihe B, 124. Band). Stuttgart 1995.

[6] Eugen Neuscheler: Die Klostergrundherrschaft Bebenhausen. In: Württ. Jahrbücher für Statistik und Landeskunde 1928, S. 115–185.

[7] Regula Benedicti. Die Benediktusregel lateinisch/deutsch. Hrsg. im Auftrag der Salzburger Äbtekonferenz. Beuron 1992.

[8] Ambrosius Schneider (u.a.): Die Cistercienser. Geschichte, Geist, Kunst. 2. Aufl. Köln 1977, S. 21.

[9] Ebd., S. 27.

[10] Ebd., S. 28.

[11] S. dazu: Maren Kuhn-Rehfus: Konversen und Pfründner in südwestdeutschen Zisterzienserklöstern. In: Setzler/Quarthal (wie Anm. 4), S. 105–130.

[12] Werner Rösener: Grangienwirtschaft und Grundbesitzorganisation südwestdeutscher Zisterzienserklöster vom 12. bis 14. Jh. In: Kaspar Elm (Hrsg.): Die Zisterzienser. Ergänzungsband. Köln/Bonn 1984.

[13] S. dazu auch: Werner Rösener: Grundzüge der Wirtschaftsgeschichte des Zisterzienserklosters Bebenhausen. In: Setzler/Quarthal (wie Anm. 4), S. 80–104.

[14] Schneider (wie Anm. 8), S. 22.

[15] S. dazu die jeweiligen Ortsartikel, in: Der Landkreis Tübingen. Amtliche Kreisbeschreibung. Band 2 und Band 3. Stuttgart 1972 und 1974.

[16] S. dazu den Beitrag von Sönke Lorenz in diesem Band.

[17] Zu den Pfalzgrafen von Tübingen: Ludwig Schmid: Geschichte der Pfalzgrafen von Tübingen nach meist ungedruckten Quellen nebst Urkundenbuch, Tübingen 1853; Hansmartin Decker-Hauff, Franz Quarthal und Wilfried Setzler: Die Pfalzgrafen von Tübingen. Städtepolitik, Pfalzgrafenamt, Adelsherrschaft im Breisgau. Sigmaringen 1981.

[18] Zu diesem: Sydow (wie Anm. 2), S. 50–55.

[19] WUB 2, Nr. 456, S. 270ff.

[20] WUB 2, Nr. 478, S. 290f.

[21] WUB 3, Nachtr. Nr. 23, S. 481ff.

[22] Etwa als um 1240 Ritter Eberhard von Lustnau Güter und Häuser im gleichnamigen Ort, Lehen der Pfalzgrafen von Tübingen, dem Kloster übergibt, WUB 3, Nr. 940, S. 444.
[23] Sydow (wie Anm. 2), S. 143.
[24] Eine Karte zur Lage der Grangien bei: Rösener (wie Anm. 13), S. 81.
[25] WUB 2, Nr. 525, S. 346–349 und WUB 3, Nr. 766, S. 252–256.
[26] WUB 7, Nr. 2119, S. 66.
[27] WUB 7, Nr. 2165, S. 106f.
[28] WUB 7, Nr. 2166, S. 107.
[29] WUB 7, Nr. 2212, S. 139.
[30] WUB 7, Nr. 2614, S. 460f.
[31] WUB 7, Nr. 2119, S. 66.
[32] Neuscheler (wie Anm. 6), S. 129. Bei der Umrechnung wurde pro Jauchert ein Wert von 0,4 Hektar gesetzt.
[33] WUB 8, Nr. 3222, S. 384.
[34] Rösener (wie Anm. 13), S. 86.
[35] WUB 10, Nr. 4432, S. 176f.
[36] HStAS A 474 U 926.
[37] Neuscheler (wie Anm. 6), S. 129.
[38] WUB 3, Nr. 940, S. 444.
[39] 1276 beurkundete Graf Ulrich von Tübingen, daß sein verstorbener Vater dem Kloster Bebenhausen die Lustnauer Kirche geschenkt habe, WUB 7, Nr. 2605, S. 454.
[40] HStAS A 474 U 1260.
[41] HStAS A 474 U 1271.
[42] Sydow (wie Anm. 2), S. 159.
[43] WUB 9, Nr. 3853, S. 276 und Nr. 3854, S. 277.
[44] WUB 10, Nr. 4479, S. 210f., Nr. 4481, S. 212 und Nr. 4561, S. 270ff.
[45] WUB 10, Nr. 4674, S. 347–350.
[46] HStAS H 108/8, Bd. 3.
[47] Der Landkreis Tübingen. (wie Anm. 1). S. 714ff., zur Blaubeurer Propstei im Himbachtal siehe: Germania Benedictina. Band V: Baden-Württemberg. Bearbeitet von Franz Quarthal. Augsburg 1975, S. 280f.
[48] Ebd., S. 715.
[49] HStAS A 474 U 971 und U 983.
[50] Sydow (wie Anm. 2), S. 160f.
[51] WUB 11, Nr. 5121, S. 133f. und Nr. 5122, S. 135f.
[52] Heimatbuch der Schönbuchgemeinde Dettenhausen, bearbeitet von Wilhelm Böhringer, Dettenhausen 1973, S. 15f. und S. 25.
[53] WUB 8, Nr. 3009, S. 252 und Nr. 3059, S. 282.
[54] HStAS A 474 U 669.
[55] Günter Stegmaier: Die Zisterzienserabtei Bebenhausen zwischen Reichsunmittelbarkeit und Landsässigkeit bis zu ihrer Reformatiuon 1535 (1560). Diss. Freiburg 1983, S. 110.
[56] Ebd., S. 111f.
[57] Die Tübinger Stadtrechte von 1388 und 1493. Reinhold Rau, Jürgen Sydow (Hrsg.): Tübingen 1964, S. 40ff.
[58] HStAS A 474 U 842.
[59] HStAS A 474 U 1004.
[60] HStAS A 474 Bl. 151.
[61] Neuscheler (wie Anm. 6), S. 168.
[62] Altwürttembergische Lagerbücher aus der österreichischen Zeit 1520–1534 (Veröffentlichungen der Kommission für geschichtliche Landeskunde in Baden-Württemberg, Reihe A). Band 1. Stuttgart 1985, S. 16.
[63] HStAS A 474 U 1312.
[64] HStAS A 474 U 2139.
[65] HStAS A 474 U 1013.
[66] Stegmaier (wie Anm. 55), S. 148f.
[67] HStAS A 474 U 998, 1260 und Bl. 122, 123, 124, 138, 151, 182.
[68] Zum Beispiel in: HStAS U 1260 (von 1414), U 998 (von 1458), U 1001 (von 1460).
[69] Stegmaier (wie Anm. 55), S. 154–156.
[70] Hans Hirsch: Die hohe Gerichtsbarkeit. 2. Aufl. Darmstadt 1958, S. 169.
[71] Für 1523 etwa liegt eine Musterungsliste für das Kloster und seine Dörfer vor: HStAS A 28 M 59, weitere Auflistungen im selben Bestand.
[72] Ediert von Jürgen Sydow: Einzugslisten des Gemeinen Pfennigs aus den Dörfern des Klosters Bebenhausen. In: Der Sülchgau 13 (1969), S. 35–49.
[73] Heimatbuch der Schönbuchgemeinde Dettenhausen (wie Anm. 52), S. 16.
[74] Norbert Mauch: Weil im Schönbuch. Breitenstein. Neuweiler. Kirchen, Geschichte, Kunst. Schönaich 1987, S. 23, 24 und 26.
[75] Siehe Neuscheler (wie Anm. 6), S. 169 sowie Stegmaier (wie Anm. 55), S. 121 und S. 179.
[76] Stegmaier (wie Anm. 55), S. 121.
[77] Neuscheler (wie Anm. 6), S. 169.
[78] HStAS A 474 U 483.
[79] HStAS J 1, Bd. 106, Bl. 155f.; siehe auch: Sydow (wie Anm. 2), § 26 Katalog der Mönche.

Kloster und Wald: Archäologische Forschungen zum Schönbuch im Mittelalter

Barbara Scholkmann

Mensch und Wald im Mittelalter

Das Verhältnis der Menschen des Mittelalters zum Wald als einem lebenswichtigen und bestimmenden Teil ihrer Umwelt ist, wie der französische Historiker Jacques le Goff in seinem Aufsatz *Die Waldwüste im mittelalterlichen Abendland* einleuchtend dargelegt hat[1], determiniert durch ein vielschichtiges Beziehungsgeflecht. Es kann als eine Interaktion zwischen materiellen und spirituellen Realitäten begriffen werden, in der sich ganz unterschiedliche Aspekte durchdringen, geographische und symbolische, imaginäre und ökonomische, soziale und schließlich auch ideologische, wie dies auch in den überlieferten bildlichen Darstellungen von Mensch und Wald erkennbar wird. Der Wald stellte eine unentbehrliche Ergänzung der landwirtschaftlichen Nutzfläche, ein Reservoir an Ressourcen verschiedenster Art und damit einen Lebensraum für alle dar, die diese Ressourcen erschlossen und nutzten. Er war zum einen Jagdrevier, zum andern aber auch Lebensgrundlage und zumindest temporärer Wohn- oder Aufenthaltsort für die Betreiber der Waldgewerbe wie Holzhauer, Köhler, Harzer und Glasmacher sowie für jene, die Nahrung in ihm suchten wie die Honigsammler und schließlich für die Hirten, denen er als Waldweide für ihr Vieh diente.

Zugleich jedoch erschien er als ein Ort der Einöde, der Wildnis und Bedrohung, als der Aufenthaltsort von wilden Tieren und wilden Menschen, den »Wildleuten« der mittelalterlichen Sagenwelt, von Rechtsbrechern und Rechtlosen, als ein Zufluchtsort auch für heidnisch-abergläubische Kulte. Er war damit für die Menschen ein abstoßender und begehrenswerter Ort zugleich. Der Wald als Einöde, als Wildnis und Wüste, hatte aber auch immer einen religiösen Bedeutungsgehalt, der sich in dem Rückzug frommer Menschen in den Wald spiegelt. Für sie bedeutete er die äußerste Entfernung aus der menschlichen Gemeinschaft in der bewohnten und kultivierten Welt in ein »Universum der Einsamkeit«[2]. Er wurde erlebt als ein Ort der Prüfungen und der Buße, aber zugleich auch der Freiheit, des Heils und so letztlich des Paradieses. Deshalb erscheint er als der bevorzugte Wohnort der Einsiedler und auch der geographische Raum, in dem Klöster errichtet wurden. Die Beschreibung des für die Anlage einer klösterlichen Niederlassung gewählten Standorts als Einöde im dichten Wald findet sich als Topos in der Gründungsüberlieferung vieler Klöster wieder.

Die in den letzten Jahren durchgeführten archäologischen Forschungen an verschiedenen Objekten im Schönbuch (Abb. 16) haben nicht nur wichtige Ergebnisse zu dessen Besiedlung und Nutzung im Mittelal-

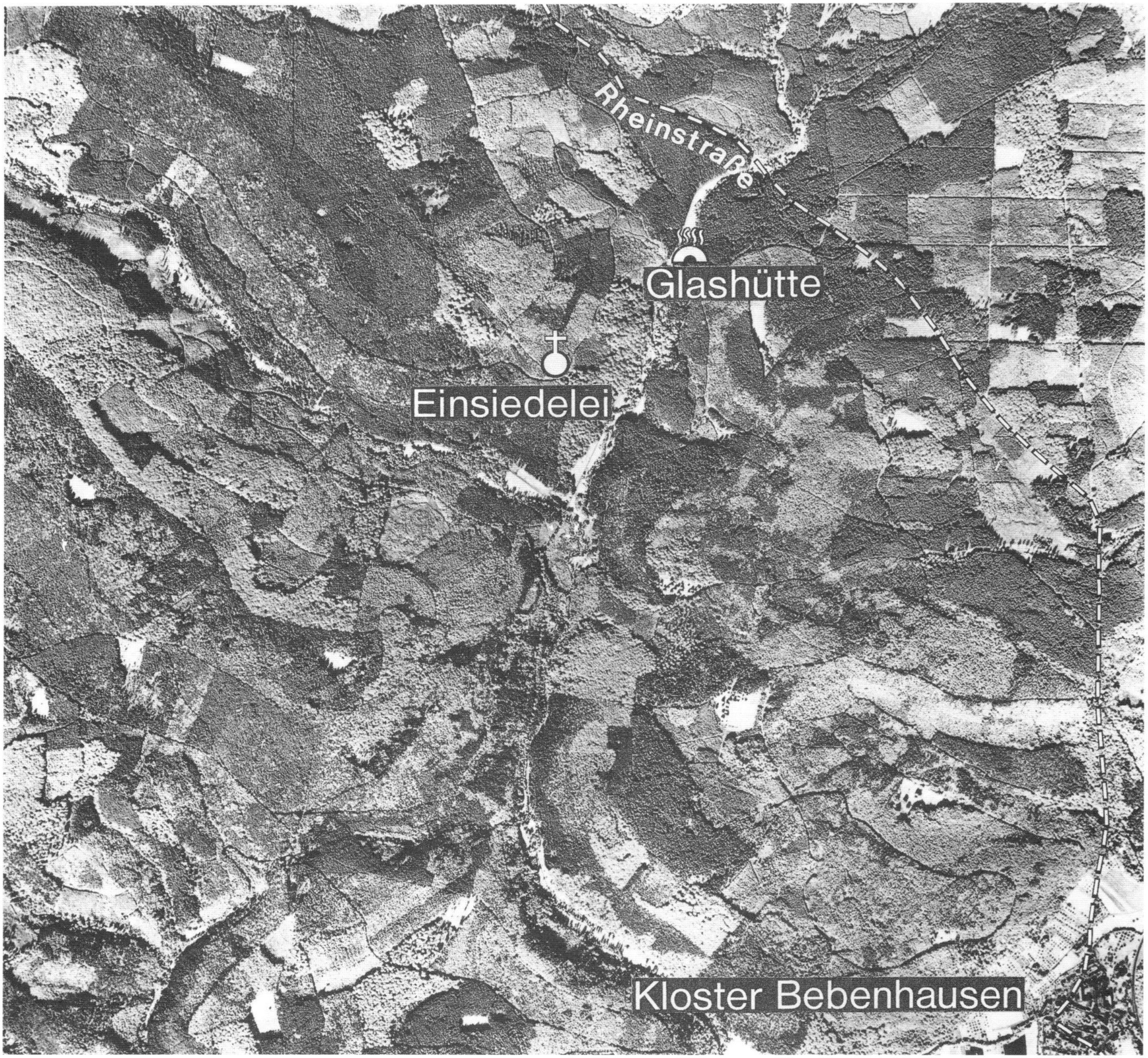

Abb. 16: Der Schönbuch. Luftbildaufnahme mit Lage des Klosters Bebenhausen, der Einsiedelei auf dem Bromberg und der Glashütte im Kleinen Goldersbachtal.

ter erbracht. Sie erhellen darüber hinaus Aspekte dieses Beziehungsgeflechts in paradigmatischer Weise und ermöglichen es, am Fallbeispiel die Interaktion zwischen materiellen und spirituellen Realitäten zu konkretisieren. Dies soll an einigen Beispielen dargestellt werden.

Bebenhausen, ein Kloster in der Einöde des Waldes? Voraussetzungen und Determinanten der Standortwahl

In den Jahren 1986–90 wurden im Zusammenhang von Renovierungsarbeiten und einer umfassenden Neugestaltung von Teilen der Außenanlagen im ehemaligen Zisterzienserkloster Bebenhausen archäologische Untersuchungen durchgeführt,[3] die zu dessen Topographie und der Frage nach den sie bestimmenden Determinanten unerwartete und aufschlußreiche Befunde erbracht haben.[4] Sie verdeutlichen die Rahmenbedingungen, denen die Standortwahl bei der Klostergründung unterlag und sind ein eindrückliches Beispiel für das Spannungsfeld zwischen den spirituellen Interessen der Mönche und den materiellen Interessen der Stifterfamilie der Tübinger Pfalzgrafen.

Das Ideal einer Abgeschiedenheit in der Einsamkeit des Waldes, einer gewollten Absonderung von der menschlichen Gemeinschaft im bebauten und besiedelten Gebiet und damit eine Standortwahl »fernab vom Verkehr der Menschen« wird insbesondere für die Anlage der Niederlassungen der Zisterzienser schon in den ältesten überlieferten Bestimmungen des Generalkapitels festgelegt.[5] Zum Aspekt der Waldeinsamkeit als dem Ort des Heils tritt hier zusätzlich noch die Bedeutung des Waldes für die religiöse Erkenntnis hinzu, wie dies Bernhard von Clairvaux ausdrücklich hervorhebt: »die Wälder werden Dich mehr als die Bücher lehren. Die Bäume und Steine werden Dir Dinge beibringen, welche die Meister der Wissenschaft dir nicht beibringen werden«.[6]

Außer durch die Abgeschiedenheit wird die topographische Situation der Zisterzienserklöster regelhaft durch die Lage in einer Talniederung in enger Beziehung zu einem Wasserlauf bestimmt, um diesen als Grundlage der Wasserversorgung, der Entsorgung und für gewerbliche Zwecke nutzen zu können,[7] wie es in der Beschreibung des Klosters Clairvaux in Burgund im Tal der Aube aus dem Beginn des 13. Jhs. eindrücklich geschildert wird.[8] Zahlreiche Beispiele zisterziensischer Klosteranlagen zeigen, wie sehr man bemüht war, sich bei der Platzwahl an diese Vorschriften zu halten.

Auch die Lage des Zisterzienserklosters Bebenhausen scheint durchaus dieser geforderten topographischen Situation zu entsprechen (Abb. 5). Es entstand 5 km nördlich von Tübingen am Rande des Schönbuchs, einem bis in die Gegenwart erhaltenen, wahrscheinlich bis ins Frühmittelalter zurückreichenden großen, zusammenhängenden Waldgebiet. Zum Jahr 1187 liegen die ersten Belege für die Existenz einer klösterlichen Niederlassung vor, einer Stiftung der hochadligen Familie der Pfalzgrafen von Tübingen, die das Kloster zu ihrer Familiengrablege bestimmte. Die Übernahme durch einen zisterziensischen Gründungskonvent erfolgte 1189/90, nachdem eine beabsichtige Prämonstratensergründung nicht oder nur in Ansätzen hatte realisiert werden können.[9]

Eine genauere Untersuchung der topographischen Rahmenbedingungen des gewählten Standorts zeigt jedoch, daß eine Anlage in der Abgeschiedenheit im Sinn der Entfernung von menschlichen Ansiedlungen zum Zeitpunkt der Gründung nur sehr eingeschränkt gegeben war, denn es wurde unmittelbar angrenzend an seit dem Frühmittelalter dicht besiedeltes Gebiet, in vergleichsweise geringer Entfernung von der aufblühenden Stadt Tübingen mit der namengebenden Burg der Pfalzgrafen errichtet. Der Wald selbst war durch die Anlage von Rodungen auf den fruchtbaren Liasplatten von den

Rändern her schon seit der Merowingerzeit auf jenes Kerngebiet geschrumpft, das heute den Naturpark Schönbuch bildet. Der Name Bebenhausen weist auf eine solche Rodungssiedlung der späten Merowingerzeit am Platz des späteren Klosters selbst hin. Außerdem ist im Zusammenhang der Gründung eine bestehende Kirche mit Pfarrei überliefert, die bei der Anlage des Monasteriums aufgelassen wurde,[10] was auch für die Siedlung anzunehmen ist, wenn sie zu diesem Zeitpunkt noch existiert hat.

Die Lage von Bebenhausen weist jedoch noch weitere Abweichungen von der Idealtopographie einer Zisterzienserniederlassung auf. Zum einen wurde das Kloster nicht in der Talniederung des Goldersbachs, sondern auf einem Spornausläufer des das Tal begrenzenden Höhenrückens errichtet, der sich bis zu 20 m über der Talsohle erhebt und auf dessen äußerster Spornspitze sich das Kloster befindet. Diese topographische Situation einer Spornlage über dem Tal ist durch die Vegetation und die heutige Bebauung des Umfelds nur noch bedingt so nachvollziehbar, wie sie sich ursprünglich dargestellt haben muß, ist jedoch etwa auf der Darstellung des Klosters von Andreas Kieser von 1683 gut zu erkennen (s. Titelbild). Bemerkenswerterweise ergaben sich dadurch erhebliche Probleme bei der Wasserversorgung und Wassernutzung. Das Frischwasser mußte aus Quellen über Leitungen herbeigeführt werden, Brauchwasser stand im Kloster selbst nur sehr eingeschränkt zur Verfügung, Mühlen und Mühlkanal liegen unterhalb des Klosters. Die Grabungen im Inneren der Klosteranlage haben darüber hinaus gezeigt, daß ganz erhebliche Abtragungen an der Hangseite im Norden und Aufschüttungen nach Süden und Westen hin zur Vergrößerung des Spornplateaus notwendig waren, um überhaupt ausreichend große, einigermaßen ebene Flächen insbesondere für die Anlage der Klausur, aber auch der im Süden und Osten angrenzenden Baukomplexe zu schaffen.

Zum anderen, und dies erstaunt in besonderem Maße, liegt das Kloster keineswegs »fernab vom Verkehr der Menschen«, sondern wurde unmittelbar an einer mittelalterlichen Straße angelegt, die Teil einer wichtigen Nord-Südverbindung vom Rheinland über die Schwäbische Alb nach Oberschwaben und von dort über die Alpen nach Italien war (Abb. 16). Sie ist als »via rheni« 1191 belegt, ihr Verlauf durch den Schönbuch über Geländespuren und Wegebezeichnungen gesichert.[11] Im Mittelalter kann sie schon aus topographischen Gründen kaum anders verlaufen sein als in nachmittelalterlicher Zeit, nämlich von Lustnau kommend, durch den Wirtschaftshof des Klosters zwischen innerer und äußerer westlicher und nördlicher Klostermauer, also durch das Klosterareal selbst, und dieses im Nordwesten wieder verlassend. Das Kloster liegt an der Stelle, wo die Straße die Talniederung des Goldersbachs verläßt und zu den Höhenrücken des Schönbuchs ansteigt, um diese zu queren, und wo sie über ein längeres Stück eingesehen werden konnte, d.h. an einem strategisch zur Kontrolle dieser Straße äußerst günstigen Platz (Farbtafel, Abb. X).

Die für ein Zisterzienserkloster atypische Lage, soweit überhaupt registriert, wurde bisher mit der Vorgängergründung durch die Prämonstratenser erklärt.[12] Erstaunlich bliebe in diesem Fall, warum bei der Übernahme durch die Zisterzienser keine Verlegung an eine geeignetere Stelle erfolgte, wie es für andere Gründungen des Ordens häufiger belegt ist, zum Beispiel für Maulbronn, Otterberg in der Pfalz, Altenberg im Rheinland oder Himmerod in der Eifel.[13]

Die archäologischen Ausgrabungen haben nun Ergebnisse erbracht, die erklären, warum es den Mönchen nicht gelang, ihr Kloster an einem Platz anzulegen, der den Vorschriften des Generalkapitels und der gewünschten Idealtopographie besser entsprechen konnte. Im Klosterareal traten Überreste einer Bebauung und Nutzung des Platzes zutage, die zeitlich vor der Errichtung des Klosters einzuordnen sind (Abb. 17). Sie sind durch die Baumaßnahmen der Klosterzeit, die umfangreiche Eingriffe in die ältere Substanz mit sich

Abb. 17: Kloster Bebenhausen. Die ergrabenen Überreste einer vorklosterzeitlichen Bebauung des 11./12. Jhs. (Landesdenkmalamt Baden-Württemberg)

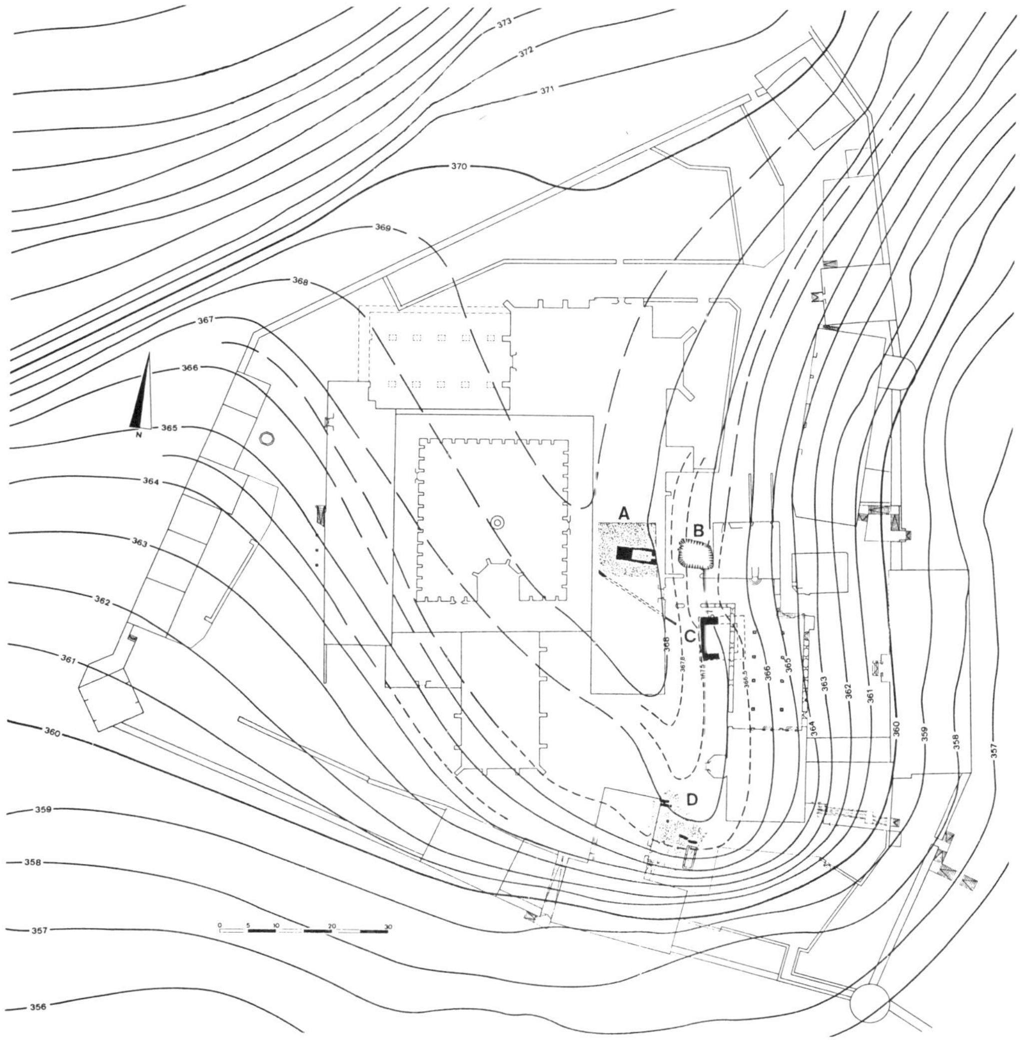

A Steinbau mit Unterbodenheizung   B Grubenhaus / Keller   C Wohnturm   D Friedhof

Abb. 18: Bestattung im vorklosterzeitlichen Friedhof. (Landesdenkmalamt Baden-Württemberg)

brachten, vor allem durch die schon erwähnten Geländeabtragungen auf dem Spornrücken, stark gestört und ihre Erhaltung ist deshalb fragmentarisch. Die ältesten nachweislichen Überreste, wenige Pfostengruben, machen eine erste Bebauung in diesem Areal in der späteren Merowingerzeit wahrscheinlich. Eindeutiger faßbar ist eine jüngere Phase des 11. und 12. Jhs., die insgesamt eine, wie ich meine, eindeutige Interpretation erlauben.

Christlicher Bestattungsplatz und erschließbarer Kirchenbau

Im Süden der Klosteranlage, auf der äußersten Spitze des Sporns, östlich des ehemaligen Abtshauses, wurden Teile eines Friedhofs erfaßt (Abb. 17D). Ergraben wurden fünf beigabenlose, geostete Bestattungen (Abb. 18), zwei weitere waren hier schon 1925 entdeckt worden. Umgesetzte menschliche Skelettreste in jüngeren Befunden weisen auf eine größere Ausdehnung des Bestattungsplatzes nach Süden oder Westen hin, während die Nord- und Ostgrenze durch Negativbefunde in den hier angrenzenden Grabungsschnitten festgelegt erscheint.

Die Orientierung der Bestattungen und das Fehlen von Beigaben weisen ihn als christlichen Friedhof aus. Die Art der Beisetzung mit seitlich körperparalleler Armhaltung, wenige Keramikfunde des 11./12. Jhs. aus der Friedhofschicht und die Störung derselben durch eine dendrochronologisch ins Jahr 1208, also die erste Bauphase des Klosters datierte Holzwasserleitung ermöglichen eine Einordnung in die Vorklosterzeit. Diese zeitliche Einordnung wird gestützt durch die Lage im Klosterareal, zwischen Abtshaus und Krankentrakt, später der Abtsküche, wo zur Klosterzeit die Anlage eines Friedhofs kaum vorstellbar ist. Die anthropologische Bestimmung der Skelettreste, die unter den fünf bestimmbaren Individuen eine Frau und ein Kind ergab,[14] weist auf einen gemischtgeschlechtlich belegten Gemeindefriedhof hin.

Es liegt sehr nahe, ihn mit der überlieferten, im Zusammenhang der Klostergründung aufgelassenen Kirche in Verbindung zu bringen. Die Lage dieser Kirche muß dann in unmittelbarer Nähe angenommen werden. Da keinerlei Überreste davon erfaßt werden konnten, ist ihre Lage im Bereich der nicht untersuchten oder zerstörten Flächen im Osten oder Westen anzunehmen. Daß ein Sakralbau zu diesem Friedhof gehört haben muß, erscheint zwingend.

Überreste einer Bebauung

Im untersuchten Areal konnten die Überreste dreier, im selben Zeitraum bestehender Gebäude nachgewiesen werden. Dazu gehört eine im Bereich zwischen Parlatorium und Novizenbau in den Hang eingetiefte und in der Ostbegrenzung von diesem gestörte Baustruktur mit Außenmaßen von 6,00 x mind. 5,50 m und einer Eintiefung gegenüber dem Außenniveau um ca 0,80 m (Abb. 17B). Es handelt sich entweder um das Untergeschoß eines hier stehenden Gebäudes oder aber um ein eingetieftes Grubenhaus ohne Überbau, in beiden Fällen sicher aus Holz errichtet. Auffällig sind die in die Fußbodenschicht eingelagerten, kleinteiligen Hölzer als Überreste der ursprünglichen Nutzung, die wohl im Zusammenhang der Vorratshaltung zu sehen ist. Der Bau wurde, wie die zuweisbaren wenigen keramischen Funde belegen, etwa von der zweiten Hälfte des 11. bis mindestens zur Mitte des 12. Jhs. benutzt.

Ein Steinbau mit beheizbarem Erdgeschoß konnte in Teilen unter dem Klausurostflügel, im Bereich des Parlatoriums erfaßt werden (Abb. 17A). Von den Fundamenten waren, in die Fundamentierung des Parlatoriums integriert, nur geringe Reste einer untersten Steinlage erhalten, die oberen Bereiche sowie alle Fußbodenhorizonte sind infolge der flächenhaften Abtragungen von ca. 0,70 m Höhe bei Errichtung der Klausur verschwunden. Auffällig ist eine Fluchtabweichung gegenüber den späteren Klausurgebäuden.

Ihm läßt sich eine Unterbodenheißluftheizung zuweisen. Sie wurde bei der Fundamentierung des Parlatoriums zerstört, das als Teil des Klausurostflügels zum ersten Bauabschnitt der Klosterbauten gehört, wie die dendrochronologische Datierung des Dachstuhls auf 1217 belegt, nachdem schon 1191 das Dach über dem südlichen Querhaus der Kirche aufgeschlagen worden war[15].

Die Heizanlage selbst wurde als Untergeschoß unter diesem Bau in eine natürliche Geländesenke eingebaut und diese dabei durch Abgrabung erweitert. Sie weist zwei Bauphasen auf, von denen die erste dem vorklosterzeitlichen Bau zuzuweisen ist. Sie bestand hier aus einem über einen Treppenzugang von Osten her erschlossenen Bedienungsraum. Westlich vorgelagert war ein Ofen mit einem Feuerraum von 1,00 m Breite und 2,00 m Länge und einem intensiv rot verziegeltem Lehmestrich im Innern. Seine Außenwände aus größeren Kalksteinquadern waren ohne Zwischenräume unmittelbar an die Außenwände der Heizkammer gerückt, die im Norden und Süden im unteren Teil aus dem anstehenden geologischen Untergrund gebildet wurden. Nur die oberste erhaltene Lage besteht, wie auch die gesamte Stirnwand, aus in Lehm versetztem Kleinquadermauerwerk. Vom Ofengewölbe ist, ebenso wie von der Überwölbung der Heizkammer und der Abdeckung des Bedienungsraums, nichts erhalten.

Auch wenn die Heizanlage in der beschriebenen, ältesten Bauphase im Ofenbereich nur noch rudimentär erhalten ist, läßt sie sich zweifelsfrei als eine Unterbodenheißluftheizung des durch zahlreiche ergrabene und erhaltene Beispiele bekannten Typs ansprechen.[16] Ihr Funktionsprinzip wird erheblich deutlicher ablesbar an den Überresten der zu Beginn der Klosterbauzeit erfolgten Umbau- und Erneuerungsphase, der sich auch ein auf der Basis des thermoremanenten Magnetis-

Abb. 19.1: Die Unterbodenheißluftheizung unter dem Parlatorium, jüngere Bauphase, von Westen. Im Vordergrund der Ofen mit Brennkammer und Resten des Gewölbes, dahinter der Bedienungsraum und der Vorraum. (Landesdenkmalamt Baden-Württemberg)

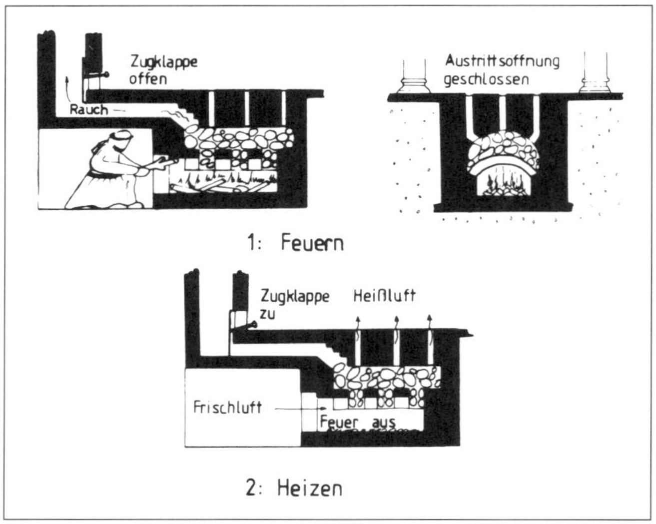

Abb. 19.2: Das Funktionsprinzip einer Unterbodenheißluftheizung. (Landesdenkmalamt Baden-Württemberg)

mus ermitteltes letztes Befeuerungsdatum von 1230 (–90/+50) zuweisen läßt.[17] Dabei wurde der Ofen mit einem Gewölbe aus sekundär vermauerten Dachziegeln versehen, die Brennkammer verkleinert, um Platz für Wärmespeichersteine zwischen ihren Begrenzungswänden und den Außenmauern zu schaffen und der Vorraum durch zwei Mauerzungen abgeteilt, wohl um den Luftzug zu verbessern (Abb. 19.1 und 19.2).[18]

Der zugehörige Bau bestand also bei der Gründung einer Klosteranlage noch und wurde offenbar zur vorläufigen Unterbringung des Konvents solange genutzt, bis sein Abbruch im Zuge des Baufortschritts an den Ostteilen der Klausur unumgänglich war. Zu seiner Gesamtgrundrißgestalt und auch einer etwaigen Mehrgeschossigkeit lassen sich keine Aussage machen. Sicher ist, daß er einen ebenerdigen Raum besessen haben muß, der mittels der Unterbodenheizung erwärmt werden konnte und, nach dem Ausmaß der Heizanlage zu schließen, recht geräumig war. Deren Vorhandensein weist ihm und damit der vor Erichtung des Klosters bestehenden Bebauung darüber hinaus einen gewissen Rang zu, denn derartige Heizsysteme sind bisher nur in Pfalzen, bedeutenden Burgen, Klöstern und, allerdings erst im Spätmittelalter, auch in Rathäusern und vereinzelt in Bürgerhäusern belegt.[19]

Schließlich läßt das gewählte Heizsystem darauf schließen, daß der damit erwärmbare Raum kaum zu Wohnzwecken genutzt worden ist, denn das Heizen des Ofens und die Wärmeabgabe mußten in zwei getrennten Vorgängen erfolgen, eine Dauerbeheizung war nicht möglich.[20] Das bisher belegbare Vorkommen solcher Heizungen konzentriert sich deshalb außerhalb des monastischen Bereichs auf die Versammlungsräume, etwa in Pfalzen oder Rathäusern. Eine entsprechende Nutzung muß also auch für das beheizbare Geschoß des Baus unter dem Klausurostflügel in Bebenhausen angenommen werden, zumal die Unterbodenheißluftheizungen sicher zurecht als das Heizungssystem für »gehobene Ansprüche« bezeichnet werden können.[21]

Verhältnismäßig gut faßbar sind schließlich die Reste eines dritten Gebäudes, das ebenfalls einer Bebauung der Vorklosterzeit angehören muß (Abb. 17C). Von ihm sind, teils noch als Fundament erhalten, teils als Ausbruchgruben faßbar, drei Außenwände nachgewiesen. Die Überreste der Fundamentierung bestehen aus zweischaligem Mauerwerk, das von unterschiedlich großen, nur sehr grob zugehauenen und wohl nicht gebrochenen, sondern aufgesammelten Blöcken gebildet wird und in Lehmbindung versetzt wurde. Die Fundamente waren ca. 1,30 m stark. Auch zu diesem Bau sind keinerlei Nutzungshorizonte erhalten. Sein Ostfundament wurde durch die Errichtung des Gäste- und Krankentrakts der Klosteranlage mit umfänglicher Unterkellerung zerstört. Von den Gesamtausmaßen ist daher nur die Nord-Südausdehnung mit 8,00 m gesamt und 5,30–5,40 m im Lichten erfaßt. Die Fundamentstärke läßt auf einen mehrgeschossigen Aufbau, ganz oder teilweise in Stein schließen. Da die Geländesituation eine Ausdehnung weit nach Osten kaum wahrscheinlich macht, kann die Rekonstruktion eines quadratischen oder rechteckigen, kleinen Wohnturms angenommen werden.

Sowohl die Stratigraphie, wie auch die Lage des Baus zu den angrenzenden klosterzeitlichen Gebäuden belegen, daß er im Zusammenhang mit deren Errichtung niedergelegt wurde. Im Verfüllschutt der Fundamentausbruchgruben und den zugehörigen Abbruchhorizonten war Fundmaterial enthalten, das zusätzliche Aussagen über die Bauausführung und Nutzung des Wohnturms zuläßt. Es handelt sich zum einen um Fragmente sehr großer Hohlziegel als Überreste einer Dachdeckung. Ziegel gleichen Typs sind auch in der Verfüllung des nördlich davon gelegenen Grubenhauses enthalten. Sie unterscheiden sich in charakteristischer Weise von jenen Hohlziegeln, die der ersten Klosterbauphase zugerechnet werden müssen und die für die Konstruktion des Gewölbes über der erneuerten Ofenkammer der Heizanlage Verwendung fanden.

Überreste der Innenausstattung des Baus sind Fragmente von becherförmigen Ofenkacheln, hergestellt in einer auch bei der Gefäßkeramik vorkommenden Warenart, die eine Beheizung mindestens eines Raums mit einem Kachelofen belegen (Abb. 20e). Sie gehören zu den ältesten in unserem Raum nachweisbaren Ofenkacheln überhaupt und treten im 11. Jh. bisher ausschließlich an Plätzen von gehobenem Rang, wie etwa dem Runden Berg bei Urach, der Burg Beutelsbach oder dem Herrensitz unter der Sindelfinger Stiftskirche auf.[22] Das hier nachweisbare, andersartige Heizsystem läßt darauf schließen, daß der zugehörige Raum wohl auch eine andere Funktion gehabt haben dürfte als das Erdgeschoß des Gebäudes, das im Klausurbereich stand, und daß es zu Wohnzwecken genutzt worden ist. Möglicherweise als Versorgungsleitung zu diesem Bau wurde eine Wasserleitung aus durchbohrten Holzstämmen angelegt, die im Parlatorium sowie östlich außerhalb des Klausursüdflügels erfaßt wurde und auf den ergrabenen Wohnturm zuläuft (Abb. 17).[23]

Zu seiner absolutchronologischen Einordnung lassen sich außer den beschriebenen Ofenkacheln weitere Keramikfunde heranziehen (Abb. 20b-d). Seiner Erbauungszeit können Scherben derselben beiden Warengruppen in Vergesellschaftung zugewiesen werden, wie sie auch aus dem eingetieften, nördlich gelegenen Bau geborgen wurden. Soweit zeitlich enger eingrenzbare Formen vorhanden sind, lassen sie sich in das 11. Jh. datieren. Die Verfüllung der Ausbruchgruben, in die keramisches Material der Aufgabezeit gelangt ist, enthält noch dasselbe Warenspektrum, jedoch mit jüngeren Formen des 12. Jhs. Keramische Funde, die gesichert dem 13. Jh. zuzuweisen wären, fehlen. Die Gleichzeitigkeit von Grubenhaus und Wohnturm findet also im Fundmaterial ebenso eine Bestätigung wie deren Aufgabe unmittelbar im Zusammenhang mit ersten klosterzeitlichen Bauaktivitäten noch vor 1200.

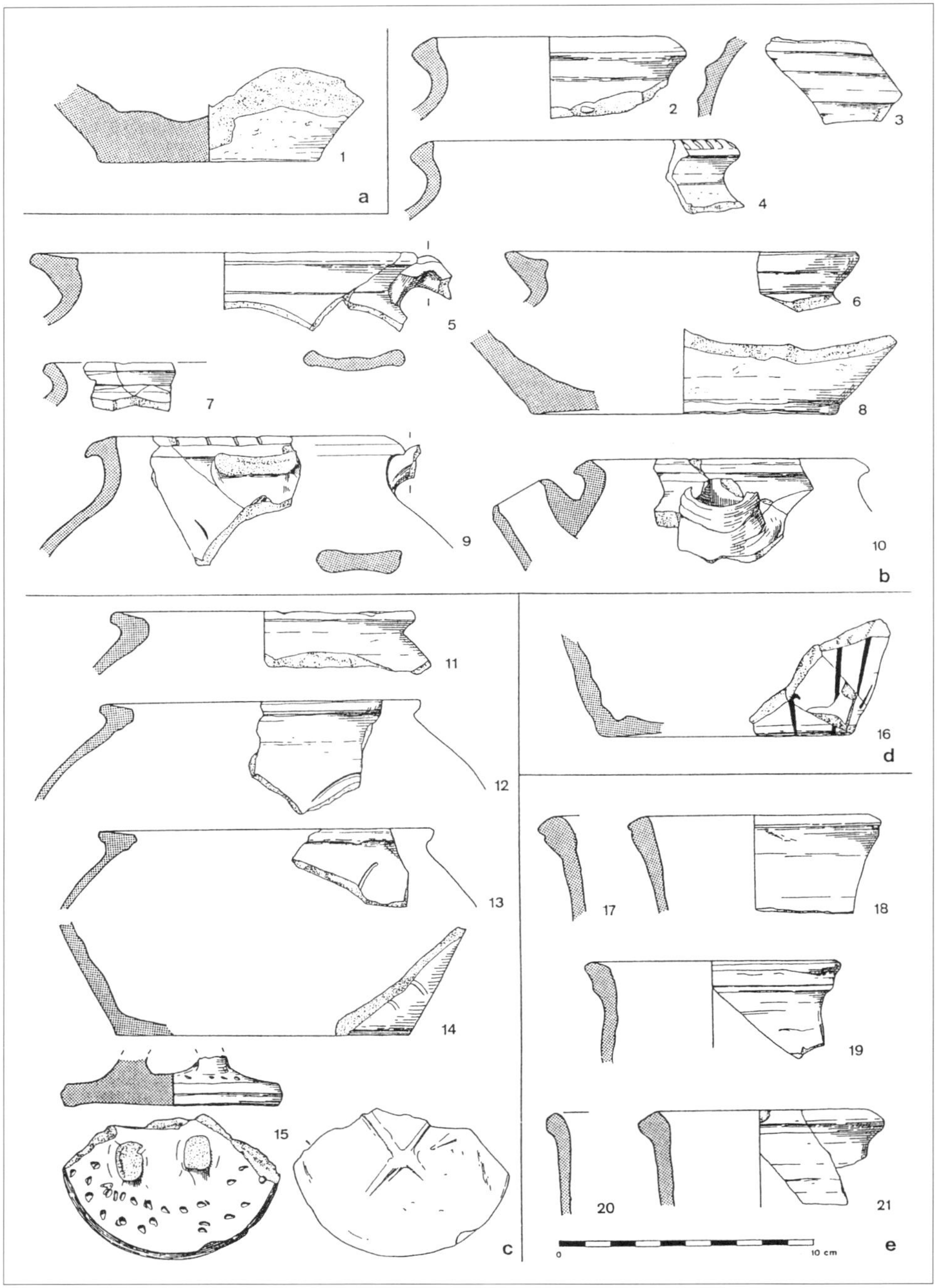

Abb. 20: Bebenhausen, vorklosterzeitliche Keramikfunde.
a-d: Geschirrkeramik, 7.–11./12. Jh.,
e: Ofenkachelfragmente, 11./ 12. Jh.
(Landesdenkmalamt Baden-Württemberg)

Die vorklosterzeitliche, hochmittelalterliche Bebauung: Hinweise auf einen Herrensitz der Tübinger Pfalzgrafen

Zusammengefaßt ergeben die archäologischen Zeugnisse einer vorklosterzeitlichen Besiedlung auf dem schmalen Spornausläufer ca. 20m über der Talsohle zweier Bachläufe am Fuß des sich ca. 100m darüber erhebenden Bergrückens das Bild einer Ansiedlung, zu der Spuren einer nicht näher differenzierbaren Bebauung seit der ausgehenden Merowingerzeit sowie ein christlicher Friedhof und damit indirekt belegt ein Sakralbau gehören. Ihre Lage ist durch die unmittelbare Beziehung zu einer bedeutenden Fernverbindungsstraße gekennzeichnet, die mit sehr hoher Wahrscheinlichkeit diese Ansiedlung räumlich direkt berührt.

Seit etwa der Mitte des 11. Jhs. erfährt sie einen bedeutsamen Ausbau. Es entsteht ein kleines, steinernes und sehr wahrscheinlich mehrgeschossiges Gebäude, das nach Osten, an die Hangkante gerückt, errichtet wird. Es ist mit Ziegeln gedeckt und enthält mit einer Kachelofenheizung ausgestattete, sicher zu Wohnzwekken genutzte Räumlichkeiten. Eine Funktion als Wohnturm erscheint gesichert.

Nordwestlich davon wird auf dem Plateau des Sporns ein weiterer Bau, ebenfalls aus Stein, errichtet. Er weist einen ebenerdigen Raum auf, der mit einem aufwendigen Beheizungssystem ausgestattet wird und als Saalgeschoß gedeutet werden kann. Hinzu kommt ein Nebengebäude untergeordneter Funktion, das als eingetiefte Baustruktur mangels sonstiger Spuren am wahrscheinlichsten der Vorratshaltung zuweisbar ist. Über das Vorhandensein weiterer zugehöriger Bauten lassen sich keine Aussagen machen. Das Fortbestehen von Friedhof und Kirche ist ebenfalls gesichert, denn sie existieren bei der Gründung des Klosters noch.

Insbesondere die beiden Steinbauten weisen die Anlage in dieser Ausbauphase als sicher nicht ländliche Siedlung aus, wie dies für die Anfänge noch denkbar wäre. Sie hat vielmehr spätestens jetzt den Charakter eines Herrensitzes, wobei allerdings Reste einer Befestigung bisher nicht nachgewiesen, innerhalb der archäologisch untersuchten Bereiche allerdings auch nicht zu erwarten sind. Eine Umwehrung wäre an den Hangkanten des Sporns zu vermuten, die durch die spätere Bebauung durchgreifend verändert sind, ein Abschnittsgraben mit zugehöriger Befestigung dürfte im Bereich der Kirche bzw. des heutigen Friedhofs gelegen haben. Die Verknüpfung von Herrschaftssitz und Kirche fügt sich dagegen gut in das bisher bekannte Bild einer häufig nachzuweisenden und engen beiderseitigen Beziehung ein, wobei die Grabung leider keine Hinweise dazu erbracht hat, ob und in welcher Weise Friedhof und Kirche mit den dem Herrensitz zuweisbaren Bauten verbunden waren.

Die Anlage des festen Sitzes an dieser Stelle dürfte in einem ursächlichen Zusammenhang mit der hier vorbeiführenden Fernstraße stehen. Schutz und Kontrolle dieser Straße können als wesentlicher Grund für seine Entstehung angenommen werden. Die Lage bot einen ausgezeichneten Überblick über ihren Verlauf nach Süden hin über mehrere Kilometer bis zur Furt über den zu querenden Neckarfluß.

Offen ist, ob die Pfalzgrafen von Tübingen als die Erbauer betrachtet werden können, bzw. wann und von wem sie die Anlage übernahmen. In jedem Fall aber verfügten sie vor Errichtung einer klösterlichen Niederlassung über den Platz, der die Zugriffsmöglichkeit auf eine bedeutende Fernstraßenverbindung sicherte und dadurch eine wichtige Ergänzung zur nahegelegenen, namengebenden Burg und Marktsiedlung Tübingen darstellte. Seine Bedeutung erscheint ablesbar daran, daß man ihn als den Ort auswählte, an dem das Hauskloster mit dem Erbbegräbnis der Familie angelegt wurde. Daß die Pfalzgrafen ein erhebliches Interesse daran hatten, diesen wichtigen Platz auch weiterhin indirekt unter ihrer Kontrolle zu behalten, erscheint offensichtlich. Aus diesem Grund mußte das Kloster an dieser Stelle errichtet werden. Die Platzwahl erscheint so vorgegeben durch die materiellen Interessen der Klostergründer, deren Position gegenüber dem neuen Kloster so stark war, daß die Mönche ihre spirituellen Bedürfnisse dagegen nicht durchsetzen konnten. Möglicherweise erklärt sich hieraus die erstaunliche Tatsache, daß in der schriftlichen Überlieferung zur Gründung und Frühgeschichte des Klosters die durch die Ausgrabung nachgewiesene Vorgängeranlage eines Herrensitzes nirgends faßbar wird. Um die Dominanz der materiellen Ansprüche der Stifterfamilie gegenüber den durch die Ordensvorschriften vorgeschriebenen geistlichen Vorgaben bei der Standortwahl nicht deutlich werden zu lassen, könnte sie in der klostereigenen Tradition verschwiegen worden sein.

Kloster und Waldnutzung: Die Glashütte im kleinen Goldersbachtal

Daß für das Kloster selbst schon seit seiner Gründung der Wald jedoch nicht nur unter dem Aspekt des Spirituellen von Bedeutung war, sondern daß er als Wirtschaftsraum mit bedeutenden Ressourcen angesehen wurde, belegt eindrücklich schon die erste im Zusammenhang der Gründung erhaltene Urkunde von 1187, in der durch Herzog Friedrich von Schwaben mit der Übertragung ausgedehnter Holznutzungsrechte im Schönbuch an das Kloster für die Mönche ein Zugriff auf diese Ressourcen sichergestellt wurde.[24] Durch eine weitere, in den letzen Jahren durchgeführte Ausgrabung konnte nachgewiesen werden, daß das Kloster im ausgehenden Mittelalter den Wald für die Produktion von Glas genutzt hat.

Schon seit langem war bekannt, daß Flur- und Ortsnamen im Schönbuch indirekte Hinweise auf eine Glasproduktion im Mittelalter geben.[25] Die Namen »Glashau« und Glaswasen« sind nördlich des Klosters schon in der Forstkarte von Gadner von 1596 sowie im Forstkartenwerk von Andreas Kieser von 1683 verzeichnet; es fehlen aber zeichnerische Hinweise, die den Standort und die bauliche Struktur einer Glashütte erkennen lassen. Daß auch das Kloster Bebenhausen selbst unter dem letzten Abt Johann von Fridingen eine Glashütte betrieben hat, hatte der an der Geschichte des Klosters und des Schönbuchs interessierte Forstrat von Tscherning schon im letzten Jahrhundert ermittelt. In einem Brief, den Ottilia, die Schwester des Abts, im Jahr 1490 an ihn richtet, wird die zu diesem Zeitpunkt nicht mehr arbeitende Glashütte erwähnt.[26] Da die Aufzeichnungen Tschernings nicht publiziert wurden, waren seine Erkenntnisse wieder verlorengegangen. Nicht mehr bekannt war auch, daß er eine Glashütte entdeckt und im Jahr 1867 darin gegraben hatte, wobei »die Fundamente der alten Glashütten« und »unter denselben Bruchstükke von alten Glashäfen von grauem Ton, zahlreiche Glasschlacken und Scherben grünen Glases, ...Thongeschirr, Eisenteile etc., dabei aber Stücke eines altwürttembergischen Pfennigs« gefunden wurden.[27]

Der Standort dieser Glashütte war nicht mehr bekannt, sie konnte vor einigen Jahren aufgrund von Lesefunden im Bach und auf einer kleinen Wiese wieder lokalisiert werden. Die Hütte liegt ca 5 km nördlich von Bebenhausen im Kleinen Goldersbachtal, auf einer Wiese von 60 x 70m Fläche, ca 1,50m über der Talsohle (Abb. 16 und Abb. 21). Bisher wurde sie in zwei Grabungskampagnen in Teilen untersucht, wobei wichtige Erkenntnisse zur Technologie der Glasherstellung im Spätmittelalter, aber auch zum Betrieb der Hütte gewonnen wurden.[28]

Über die technischen Vorgänge der Glasproduktion und das Aussehen der Öfen sind wir durch Schrift- und Bildquellen recht gut unterrichtet (Farbteil, Abb. XI).[29] Die Lage der Glashütten war standortgebunden. Sie wurden dort erbaut, wo Quarzsand und ev. Kalk als Rohmaterial, vor allem aber Holz zur Befeuerung und zur Gewinnung der Pottasche als Flußmittel vorhanden

Abb. 21: Glashütte im Schönbuch. Gesamtüberblick über die ergrabenen Überreste, von Osten. (Foto: Tilmann Marstaller.)

waren. Im Schmelzofen wurde die Glasmasse bei einer Temperatur von mindestens 1100 Grad erschmolzen, dann von den Glasbläsern mit ihren Pfeifen aus dem Ofen entnommen und verarbeitet. Die fertigen Glasprodukte mußten im sogenannten Kühlofen langsam heruntergetempert werden, damit sie nicht zersprangen. Meist gab es sogenannte Nebenöfen zum Brennen der Tiegel oder zum Vorschmelzen der Glasmasse als sogenannter Fritte.

Bei der Grabung im Schönbuch konnte der Unterbau eines großen Glasschmelzofen mit 5 x 3,50m Außenmaßen vollständig ergraben werden (Abb. 22). Die zerstörte Ofenkuppel war, wie große Mengen von Schuttmaterial zeigen, aus Lehm und Sandsteinen unter Verwendung von zahlreichen Tiegelbruchstücken aufgebaut. Der in der Mitte liegende Schürkanal wird beidseitig von den Ofenbänken begrenzt, auf denen die Tiegel mit der Glasmasse standen (Abb. 22a). Hier waren die Ofenbänke mit dicken Schichten von heruntergelaufenem und verbranntem Glas überzogen. Die Befeuerung erfolgte von Osten, hier lag das Schürloch mit einer Pflastervorlage (Abb. 22c) zum Sammeln der Asche aus dem Ofen, um sie zu Pottasche weiterverarbeiten zu können. Beidseits befinden sich Kästen aus Sandsteinplatten, (Abb. 22d und 22e), im Norden nach den Rückständen im Inneren zu schließen ein Behälter für den Sand oder das Kalk-Sandgemisch, das als Rohmaterial diente. Die Funktion des auf der anderen Längsseite des Ofens liegenden Kastens ist noch nicht geklärt. Weitere Eintiefungen (Abb. 22f) waren vermutlich Wasserbehälter. Zugehörig ist ein mit Abwärme aus dem Hauptofen beheizter Annexofen (Abb. 22), bei dem es sich sicher um den Kühlofen gehandelt hat. Auf der Hangseite wird der Ofen kreisförmig von einer Drainage umgeben, die zur Ableitung des Hangwassers und Trockenlegung des Platzes diente. Zugehörig waren mindestens zwei Nebenöfen, wahrscheinlich zum Brennen der Schmelztiegel. Mächtige Pfostengruben gehören zu ei-

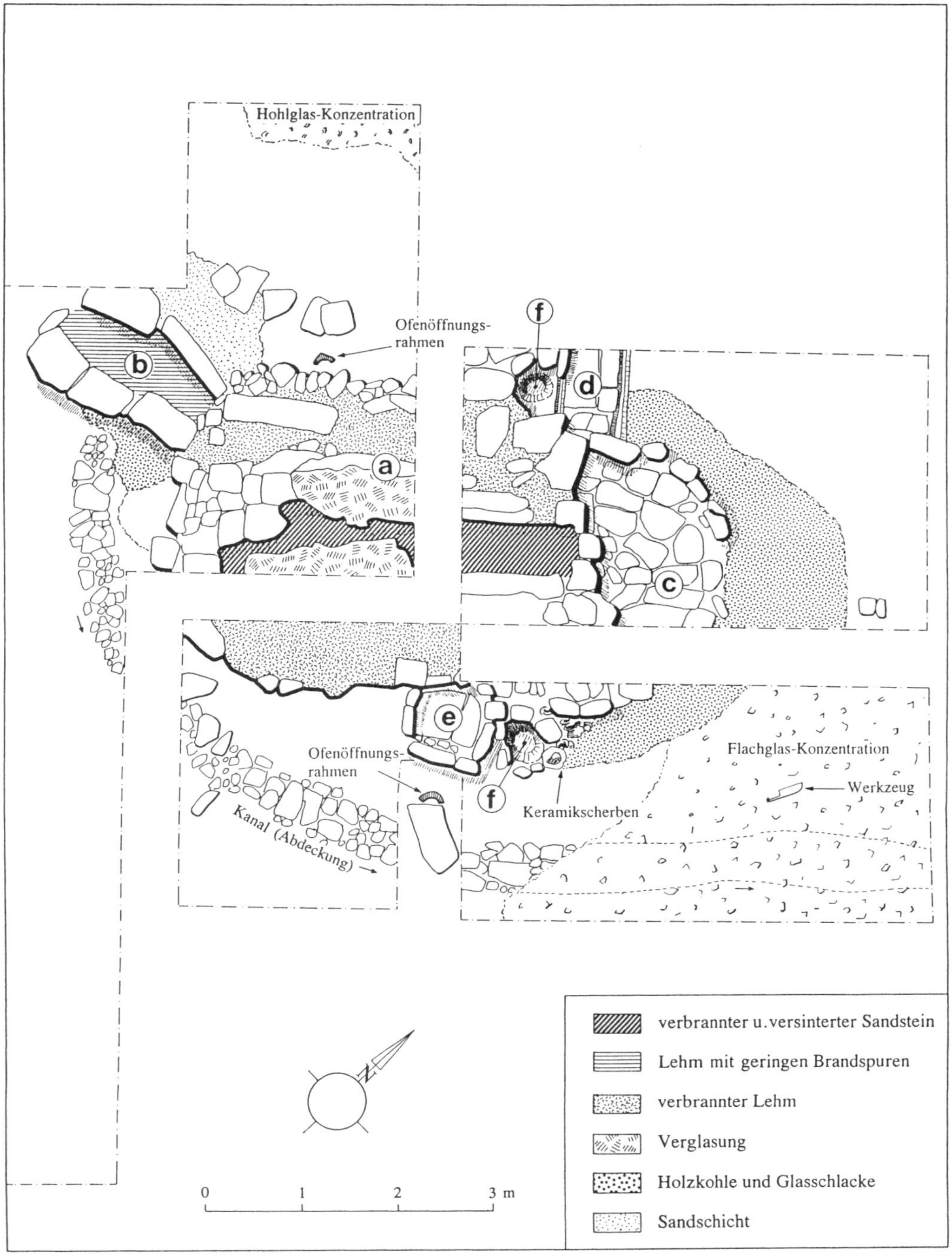

Abb. 22: Glashütte im Schönbuch. Der Glasschmelzofen. (Landesdenkmalamt Baden-Württemberg)

Abb. 23: Glashütte im Schönbuch. Bruchstück eines Models zur Herstellung von Kreuzrippenbechern. (Foto: H. Jenssen)

ner Überdachung der Hütte, wie sie auch in den bildlichen Überlieferungen von Glashütten zu sehen ist.

Es handelt sich um eine im Vergleich zu anderen ergrabenen Glashütten technisch ausgereift erscheinende Anlage, die zudem offenbar einen bereits arbeitsteilig organisierten Produktionsablauf und die Herstellung großer Mengen von Gläsern in rationeller Arbeitsweise ermöglichte. So wurden auf der einen Seite des Schmelzofens die Hohlgläser, an der gegenüberliegenden Seite Flachglas für Fensterverglasungen produziert, wie sich an den entsprechenden Fundkonzentrationen von Abfallglas zeigt.

Zahlreiche Funde erlauben weitere Aussagen zum Produktionsablauf und zur Produktpalette. Zu ersterem gehören Pfeifenbruchstücke und Abschläge, Glasabfälle wie Glasfäden und Glastropfen in großen Mengen, Teile von Tiegeln mit einem Durchmesser bis zu 60 cm, und ein Bruchstück eines Models zur Herstellung optisch geblasener Becher (Abb. 23). Zu den Überresten, die Auskunft über die Produktpalette geben, gehören Teile von Trinkgläsern und Flaschen (Abb. 24.1), die sich in die 2. Hälfte des 15. bis zum beginnenden 16. Jh. einordnen lassen. Damit ist der Zeitraum festgelegt, in dem die Hütte produziert hat. In sehr großen Mengen wurde Flachglas hergestellt, das durch Blasen von Zylindern entstand, die man nach Entfernung von Boden und Oberteil aufschnitt und zu Scheiben auswalzte (Abb. 24.2). Überreste aus dem Alltagsleben der Menschen, die hier arbeiteten, sind Keramikbruchstücke von Küchengeschirr. Daß sie auch hier wohnten, bezeugen Funde von Kacheln, die zu einfach konstruierten Öfen gehörten, die Überreste der Gebäude, in denen diese aufgebaut waren und die den Glasmachern als Wohnung dienten, konnten bisher nicht lokalisiert werden. Die Glasmacher gehörten also zu den Menschen, für die der Schönbuch ein zumindest temporärer Wohnort war.

Es ergibt sich aus dem Grabungsbefund zwingend, daß die für eine Massenproduktion eingerichtete Glashütte nicht nur für den Eigenbedarf des Klosters, sondern vor allem für den Verkauf produziert haben muß. Die Ressource Wald wurde also vom Kloster gezielt als Geldeinnahmequelle genutzt, wie dies auch für andere Klöster bezeugt ist, z.B. für Adelberg, das Glashütten im Nassachtal bei Uhingen betrieb,[30] oder das Zisterzienserkloster Pastzo in Ungarn.[31] Unter finanziellem Aspekt war die Glasherstellung deshalb besonders ergiebig, weil zur Feuerung alles Holz verwendet und so auch ein schon weitgehend devastierter Niederwald gewinnbringend vermarktet werden konnte.

Ein weiterer wichtiger Faktor mußte jedoch gewährleistet sein, wenn diese Vermarktung gelingen sollte, nämlich die Anbindung an einen Verkehrsweg, über den die Produkte der Glashütte zu den Absatzmärkten und zum Verbraucher gelangen konnten.[32] Unter diesem Aspekt erscheint der Standort der Glashütte keineswegs zufällig gewählt, denn sie liegt in unmittelbarer Nähe der im Zusammenhang mit der Topographie des Klosters bereits erwähnten »Rheinstraße« (Abb. 16) und war damit direkt an ein Fernverkehrsnetz angeschlossen, über das der Handel mit den Erzeugnissen abgewickelt werden konnte.

Abb. 24, 1. + 2.: Glashütte im Schönbuch. Bruchstücke von der Produktion: Trinkgläser und Flaschen (links) und Flachglas (rechts). (Fotos: H. Jenssen)

Das »Universum der Einsamkeit«[33]? Die Einsiedelei auf dem Bromberg

Eine letzte hier zu erwähnende Ausgrabung stellt wiederum eine Verbindung zum Wald in seiner spirituellen Bedeutung dar. Insbesondere im späten Mittelalter war der Schönbuch offenbar der Lebensraum nicht weniger Menschen, die als Waldbrüder und Waldschwestern allein oder in kleinen Gemeinschaften hier ihre Vorstellung von einem Leben in der Einsamkeit als einen Ort des geistlichen Heils zu verwirklichen suchten. Eines dieser Waldbruderhäuser, die sicher alle spätestens mit der Reformation ihr Ende fanden, ist auf der Karte von Gadner von 1596 bei Entringen noch verzeichnet. Der schon erwähnte Forstrat von Tscherning konnte weitere als Überreste im Wald oder auch in den Schriftquellen ermitteln, z.B. bei Holzgerlingen, am Bezenberg, bei Herrenberg oder bei Walddorf.[34] In dem erwähnten Waldbruderhaus bei Entringen veranlaßte er eine Grabung, bei der »der gesamte Gips-Cement Boden der Kapelle mit der deutlich sichtbaren Stelle des Altars und weitere Bruchstücke von Thonbildern, der Cementboden eines anstoßenden Gebäudes mit dem Stein, in welchem die Thür eingelassen war, darin eine kleine eiserne Pfanne für den Thürpfosten aufgedeckt, glasierte Dachziegel, dsgl. Ofenkacheln, eine viereckige Schüßel mit grüner Glasur, glassierte Tonröhren der Wasserleitung, Glasscherben von Fenstern gefunden«.[35] In den Schriftquellen sind bisher insgesamt zehn entsprechende Einrichtungen im Schönbuch bekannt,[36] so daß dieser im späten Mittelalter von frommen Männern und Frauen geradezu bevölkert gewesen sein muß.

Über eine dieser Anlagen verfügen wir über nähere Informationen dank einer archäologischen Untersuchung, die 1974 von Dr. Adolf Rieth, dem ehemaligen Leiter des Staatl. Amts für Denkmalpflege Tübingen, auf Anregung des damaligen Leiters des Forstamts Bebenhausen, Dr. Hugo Baumann, und mit Unterstützung der Forstbehörden durchgeführt wurde.[37] Sie liegt in etwa 500m Höhe auf dem Bromberg über dem großen Goldersbachtal, unmittelbar oberhalb einer kleinen Quelle.

Ergraben wurden zwei Gebäude: ein kleiner Sakralbau und das Wohnhaus des Klausners (Abb. 25). Von der Kapelle waren die aus Lesesteinen des anstehenden Rhätsandsteins trocken aufgesetzten und fast 1m star-

Abb. 25: Einsiedelei auf dem Bromberg, ergrabene Überreste. Im Vordergrund das Wohnhaus des Einsiedlers, dahinter die Kapelle. (Landesdenkmalamt Baden-Württemberg)

ken Mauern noch bis zu 1,50m hoch erhalten. Der im Lichten knapp 6 mal 4m große Bau war mit einem Fußboden aus Steinplatten ausgestattet. Im Westen lag der Eingang, an der östlichen Stirnseite befand sich der aus Lesesteinen aufgeschichtete und mit einer großen Rhätsandsteinplatte als Stipes versehene Altar. Hangaufwärts in ganz geringer Entfernung lag ein zweites, in derselben Bautechnik errichtetes kleines Gebäude mit dem Eingang nach Süden. Es war mit einem Lehmestrichfußboden ausgestattet und bei Außenmaßen zwischen 5,50 und 4,80m im Inneren nur etwa 2 x 2m groß, entsprach also etwa einer Mönchszelle. Darin stand ein Kachelofen, der einen großen Teil des Raums ausgefüllt haben muß. Von ihm waren der aus Steinen gefügte, verstürzte Feuerkasten, die Ofenbank, Reste der aus Lehm erbauten und mit Ofenkacheln versehenen Kuppel und die steinerne Ofentüre erhalten.

Wie am Wohnplatz eines Einsiedlers kaum anders zu erwarten, fanden sich nur spärliche Überreste von Hausrat (Abb. 26.1 und Abb. 26.2), darunter ein großer eiserner Schlüssel, der darauf schließen läßt, daß der Bewohner der Klause offenbar genötigt war, Vorsorge gegen unerwünschte Eindringlinge zu treffen.

Da die archäologisch untersuchte Einsiedelei bisher nicht mit einer Überlieferung in den Schriftquellen verknüpft werden kann, ermöglichen nur die wenigen Funde von Keramikscherben und Ofenkacheln die Eingrenzung des Zeitraums, in dem sie bewohnt war. Es finden sich dabei Stücke, die noch ins 13. Jh. gehören können, aber auch solche, die erheblich jünger sind und ihre nächsten Vergleichsstücke im keramischen Fundmaterial der Glashütte haben dürften. Zwar wird erst die Gesamtbearbeitung der Funde aus der Glashütte eine endgültige zeitliche Einordnung dieser Keramik-

Abb. 26.1: Einsiedelei auf dem Bromberg, Funde aus dem Wohnhaus des Einsiedlers. Ofenkacheln (Landesdenkmalamt Baden-Württemberg)

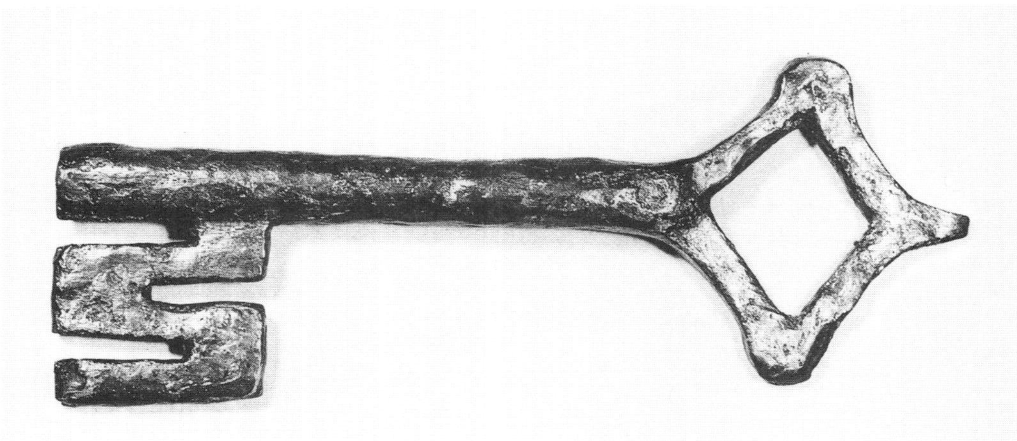

Abb. 26.2: Eiserner Schlüssel (Landesdenkmalamt Baden-Württemberg)

scherben ermöglichen, es erscheint jedoch sehr wahrscheinlich, daß, anders als der Ausgräber angenommen hat, die Einsiedelei auch im 15. Jh. noch oder wieder bewohnt war.

Damit aber läßt sich an diesem Platz, mitten im mittelalterlichen Schönbuch, die Interaktion zwischen materieller und spiritueller Realität in der Beziehung zwischen Mensch und Wald in besonderer Weise konkretisieren. Denn die Glashütte, die seit der Mitte des 15. Jhs. produzierte, lag in unmittelbarer Nachbarschaft zur Einsiedelei, in der Luftlinie weniger als 1 km von ihr entfernt (Abb. 16). Der Betrieb dort mit dem Rauch der Öfen, die Lebensäußerungen der Menschen und wohl auch der Tiere, die sich hier aufhielten, der Lärm und die

Unruhe, die mit dem Herbeischaffen des Sandes, des Holzes zum Feuern und dem Abtransport der Produkte verbunden waren, machten die Abgeschiedenheit, in welcher der Einsiedler den Ort seiner Buße und seines Heils suchte und in der sich der Platz der Einsiedelei auch heute darstellt, wohl nur noch mit großen Einschränkungen erlebbar. Es scheint, als hätten einerseits diejenigen, die den Wald als Grundlage ihrer materiellen Existenz ausbeuteten, die Nähe derer gesucht, für die er der Platz ihrer spirituellen Einsamkeit war. Andererseits erscheint deren Leben im Wald dadurch, wie wiederum Jaques le Goff feststellt, nicht als eine Existenz »außerhalb der Reichweite der Menschen«, sondern als ein Leben »am Rande der menschlichen Aktivität«,[38] zu deren Aktionsradius der Wald in der vielfältigsten Weise gehörte.

Anmerkungen

[1] Diese Untersuchung ist 1985 mit dem Titel »L'imaginaire médiévale« erschienen und liegt seit 1990 auch in deutscher Übersetzung vor:, *J. Le Goff,* Phantasie und Realität des Mittelalters, Stuttgart 1985, 81–97.

[2] *Le Goff,* wie Anm. 1, 96.

[3] Überblick über die Grabungsergebnisse mit Hinweisen auf weitere Literatur: *B. Scholkmann,* Archäologische Forschungen im ehemaligen Zisterzienserkloster Bebenhausen. In: *W. Setzler u. F. Quarthal,* Das Zisterzienserkloster Bebenhausen. Beiträge zur Archäologie, Geschichte und Architektur (Beiträge zur Tübinger Geschichte Band 6), Tübingen 1995, 42–79.

[4] Zu den Überresten einer vorklosterzeitlichen Besiedlung: *B. Scholkmann,* Archäologische Ergebnisse zur vorklosterzeitlichen Besiedlung in Bebenhausen – ein Vorbericht. In: Sülchgau 36, 1992, 11–35. – *dies.,* Ein neu entdeckter Sitz der Pfalzgrafen von Tübingen. Ergebnisse zur vorklosterzeitlichen Besiedlung am Platz des ehemaligen Zisterzienserklosters Bebenhausen. Ein Vorbericht. In: Château Gaillard XV, 1992, 295–317.

[5] Dazu: *W. Braunfels,* Abendländische Klosterbaukunst, Köln 1969, 300.

[6] *Le Goff,* wie Anm. 1, 91.

[7] Vgl. dazu: *G. Binding u. M. Untermann,* Kleine Kunstgeschichte der mittelalterlichen Ordensbaukunst in Deutschland, Darmstadt 1993, 193. – *T. N. Kinder,* L. Abbaye cistercienne. In: Saint Bernard et le Monde Cistercien. Ausstellungskatalog Paris 1990, 77–94, hier 77. – *W. Schich,* Die Wirtschaftstätigkeit der Zisterzienser im Mittelalter: Handel und Gewerbe. In: Die Zisterzienser. Ordensleben zwischen Ideal und Wirklichkeit. Ausstellungskatalog Köln 1980, 217–236, hier 218f.

[8] *Braunfels* , wie Anm. 5, 304–307.

[9] *J. Sydow,* Die Zisterzienserabtei Bebenhausen (Germania Sacra, N.F. 16, Bd. 2), Berlin-New York 1984, 50–55. - *M. Köhler,* Die Bau- und Kunstgeschichte des ehemaligen Zisterzienserklosters Bebenhausen bei Tübingen. Der Klausurbereich, Stuttgart 1994.

[10] *Sydow,* wie Anm. 9, 48–50.

[11] Dazu *Sydow,* wie Anm. 9, 49 mit Literatur. – *H. Jänichen,* Zur Geschichte des Schönbuchs. In: *H. Grees (Hrsg.),* Der Schönbuch, Beiträge zu seiner landeskundlichen Erforschung. (Veröffentlichungen des Alemannischen Instituts Freiburg, Arbeitsgruppe Tübingen 27), Bühl 1969, 49–64 und Karte 5. – Historischer Atlas von Baden-Württemberg, Karte X,1: Geleitstraßen um 1550 im Raum Worms-Würzburg-Straßburg-Ulm. Beiwort von *M. Schaab.*

[12] So *Sydow,* wie Anm. 49.

[13] Dazu *Binding/Untermann,* wie Anm. 7, 189. – *U. Schröder,* Architektur der Zisterzienser. In: Die Zisterzienser, wie Anm. 7, 311–344, hier 314.

[14] Die vorläufigen Alters- und Geschlechtsbestimmungen verdanke ich Dr. J. Wahl, Landesdenkmalamt Baden-Württemberg.

[15] Dendrochronologische Daten zu den Bauabschnitten: *K. Scholkmann,* Rekonstruktionsversuch der Klosteranlage Bebenhausen um 1534. In: *W. Setzler u. F. Quarthal,* wie Anm. 3, 214ff, hier 235.

[16] Zu diesem Heizungstyp zuletzt: *D. Meyer,* Warmluftheizungen des Mittelalters. Befunde aus Lübeck im europäischen Vergleich. In: Lübecker Schriften zur Archäologie und Kulturgeschichte 16, 1989, 209–232 mit Zusammenstellung der Literatur.

[17] Datierung durch Dr. Ian Hedley, Universität Genf, Département de Minéralogie.

[18] *B. Scholkmann,* Die Heizanlage unter dem Parlatorium im Kloster Bebenhausen. In: Denkmalpflege in Baden-Württemberg 17, 1988, H. 4, 164–168.

[19] Vgl. die allerdings nicht ganz vollständige Zusammenstellung bei *D. Meyer,* wie Anm. 16, 221.

[20] Dazu *D. Meyer,* wie Anm. 16, 217. – A. Zettler sieht deshalb einen Zusammenhang zwischen dem Entstehen dieses Typs mittelalterlicher Heizanlagen und den asketischen Tendenzen der Klosterreformen des 10. und 11. Jhs., die nur noch ein zeitweiliges Beheizen der Calefactorien gestatteten. Vgl. *A Zettler,* Die frühen Klosterbauten der Reichenau (Archäologie und Geschichte, Bd. 3), Sigmaringen 1988, 196–249, hier 221f.

[21] *A. Zettler,* wie Anm. 20, 220.

[22] Vgl. die Zusammenstellung bei *U. Gross,* Mittelalterliche Keramikentwicklung zwischen Neckarmündung und Schwäbischer Alb (Forschungen und Berichte der Archäologie des Mittelalters in Baden-Württemberg 12), Stuttgart 1991, 140–143.

[23] Erhalten war in dem unmittelbar unter der heutigen Oberfläche

erfaßten schmalen Gräbchen nur noch eine Metallmuffe als Verbindungsstück zweier hölzerner Rohrteile. Die Leitung wurde bei Errichtung der Fundamente das Parlatoriums überbaut, blieb also offensichtlich auch nach Errichtung des Klosters in Betrieb.

[24] Vgl. *Sydow,* wie Anm. 9, 51.

[25] Vgl. *K. Greiner,* Die Glashütten in Württemberg, Wiesbaden 1971, 1.

[26] *F.A. v. Tscherning,* Collectaneen zur Geschichte des Schönbuchs (geschrieben in den Jahren 1858–92), Bd. IV, Universitätsbibliothek Tübingen (Mh 889/4), 191. Für den Hinweis auf diesen Schriftquellenbeleg danke ich Frau Dr. U. Schwitalla, Bebenhausen.

[27] *F.A. v. Tscherning,* wie Anm. 26. – Bei der Münze, die verlorengegangen, aber aufgrund eines Durchriebs in den Aufzeichnungen Tscherings bestimmbar ist, handelt es sich nach freundl. Auskunft von Dr. Ulrich Klein, Münzkabinett des Württ. Landesmuseums, um einen Württembergischen Heller, ab 1431.

[28] Siehe dazu die Grabungsberichte: *B. Scholkmann u. S. Gai,* Eine Glashütte des Klosters Bebenhausen im Schönbuch. In: Archäologische Ausgrabungen in Baden-Württemberg 1992, Stuttgart 1993, 387–393. – *B. Scholkmann,* Spätmittelalterliche Glasproduktion: Ofentechnologie und Herstellungsprozesse in der Hütte im Schönbuch bei Bebenhausen, Kreis Tübingen. In: Archäologische Ausgrabungen in Baden-Württemberg 1994, Stuttgart 1995, 349–355.

[29] Vgl. dazu: *S. Strobl,* Glastechnik des Mittelalters, Stuttgart 1990.- *H. Horat,* Der Glasschmelzofen des Theophilus Presbyter, interpretiert aufgrund einer Glasofentypologie mit Katalog der ausgegrabenen Glasproduktionsplätze des Mittelalters.- *D. Foy u. G. Sennequier,* A travers le verre – du moyen âge à la renaissance, Ausstellungskatalog Nancy 1989.

[30] *W. Ziegler,* Glashütten im Nassachtal. In: *Walter Lang (Hrsg.),* Kolloquium zur Glasherstellung im Mittelalter, Göppingen 1992. Zu den Ausgrabungen: *W. Lang,* Spätmittelalterliche Glasproduktion im Nassachtal, Gemeinde Uhingen, Kreis Göppingen. In: Archäologische Ausgrabungen in Baden-Württemberg 1984, Stuttgart 1985, 259–262. *Ders.,* Spätmittelalterliche Glashütte im Nassachtal, Gemeinde Uhingen, Kreis Göppingen. In: Archäologische Ausgrabungen in Baden-Württemberg 1985, Stuttgart 1986, 264–267.

[31] *Ilona Valter,* Quelques établissements proto-industriels en Hongrie. In: *Comité des travaux historiques et scientifiques (hrsg.),* L'espace cistercien, Paris 1984,393–398.

[32] *Stephan Krimm,* Beobachtungen zur Standorttypologie vorindustrieller Glashütten im Spessart. In: Journal of Glas Studies 28, 1986, 82–97.

[33] *Le Goff,* wie Anm. 1, 96.

[34] *F.A. v. Tscherning,* Collectaneen zur Geschichte des Schönbuchs, Bd. I, Universitätsbibliothek Tübingen (Mh 889/1), 22b, 39 -54b, 64a.

[35] *Tscherning,* wie Anm. 34, 22b.

[36] Diese Zahl wurde mir freundlicherweise von Prof. Sönke Lorenz als Ergebnis seiner noch unpublizierten Forschungen zu den Waldbruder- und Waldschwesternhäusern im Schönbuch mitgeteilt.

[37] Vgl. dazu den Grabungsbericht: *A. Rieth,* Die Einsiedelei auf dem Bromberg (Markung Altdorf, Kreis Böblingen). Schwäbische Heimat, Jg. 27, H.4, 1976, 265 -269. Ich danke darüber hinaus Dr. Hartmut Schäfer, LDA Baden-Württemberg, Referat Archäologie des Mittelalters für die Möglichkeit, Einsicht in die Originalgrabungsdokumentation zu nehmen. Das keramische Fundmaterial wurde bereits 1976 begutachtet.

[38] *Le Goff,* wie Anm. 1, 94.

St. Peter zum Einsiedel im Schönbuch. Eine Stiftung des Grafen Eberhard im Bart

Wilfried Schöntag

Am 29. Mai 1498 suchte Kaiser Maximilian I. das Stift St. Peter im Einsiedel auf[1], um in der Stiftskirche an dem Grabe des 1496 verstorbenen Herzogs Eberhard I. von Württemberg des Menschen zu gedenken, mit dem er in der Reichspolitik erfolgreich zusammengearbeitet und den er zum Herzog von Württemberg erhoben hatte. Maximilian und sein Gefolge standen in der Kirche der Kanoniker vom gemeinsamen Leben vor einer eindrucksvoll gestalteten Grabplatte und einem Epitaph aus Holz[2] (Abb. 27) . Die gesamte Höhe des Epitaphs füllte eine Palme mit der Devise »Attempto«, ich wag's, aus, darauf war das württembergische Wappen mit den beiden Helmzierden aufgelegt. Es entsprach dem offiziellen, anläßlich der Herzogserhebung gebesserten Wappen[3], nur daß die Wappenkette des Ordens vom goldenen Vließ fehlte. Links unten war sehr bescheiden das Wappen seiner Frau Barbara Gonzaga dargestellt. Die lateinische Umschrift lautete in Übersetzung: Im Jahre des Herrn 1496, am 24. Februar, starb der vornehme Eberhard, der erste Herzog von Württemberg und Teck, Graf von Mömpelgard, Gründer dieses Chorherrenstifts, dessen Seele in Frieden ruhe. Vor diesem schlichten Grabstein, der keinen Bezug auf das vergängliche Bild Eberhards aufwies, hielt Maximilian inne und soll dort die ehrenden Worte gesprochen haben: »Hier liegt ein Fürst, welchem ich in dem ganzen Römischen Reich an Verstand und Tugend keinen zu vergleichen weiß!«[4] Nach einer anderen Version soll er unter Tränen bekannt haben, der Verstorbene sei »... mit fürstlichen Tugenden und fürtrefflicher hoher weisheit also gezieret und begaben gewest, dergleichen dazumal kainer im reich gewest«[5]. Auch wenn diese Worte nicht als authentisch betrachtet werden können[6], so muß dennoch der Besuch Kaiser Maximilians im Stift St. Peter als ein auf Breitenwirkung angelegtes Zeichen interpretiert werden, erfolgte er doch in einer politisch bewegten Zeit.

Was war der Anlaß gewesen, daß der damals vielbeschäftigte Kaiser Maximilian I. in das Herzogtum Württemberg gekommen war? Nachdem Herzog Eberhard im Bart ohne männlichen Erben verstorben war, trat sein Vetter Eberhard II. von Württemberg, ein Sohn des Grafen Ulrichs des Vielgeliebten, die Nachfolge an. Wegen seiner verminderten Zurechnungsfähigkeit hatte Eberhard im Bart im Esslinger Vertrag von 1492 dafür gesorgt, daß dieser, wenn er doch an die Regierung käme, teilweise unter die Vormundschaft eines ständischen Regimentsrats gestellt würde. Nachdem der Vetter die Regierung übernommen hatte, trat nun ein, was Eberhard im Bart befürchtet hatte. Herzog Eberhard II. war unfähig und auch gar nicht willens, eine geordnete Regierung zu führen. Seine Mißwirtschaft führte dazu,

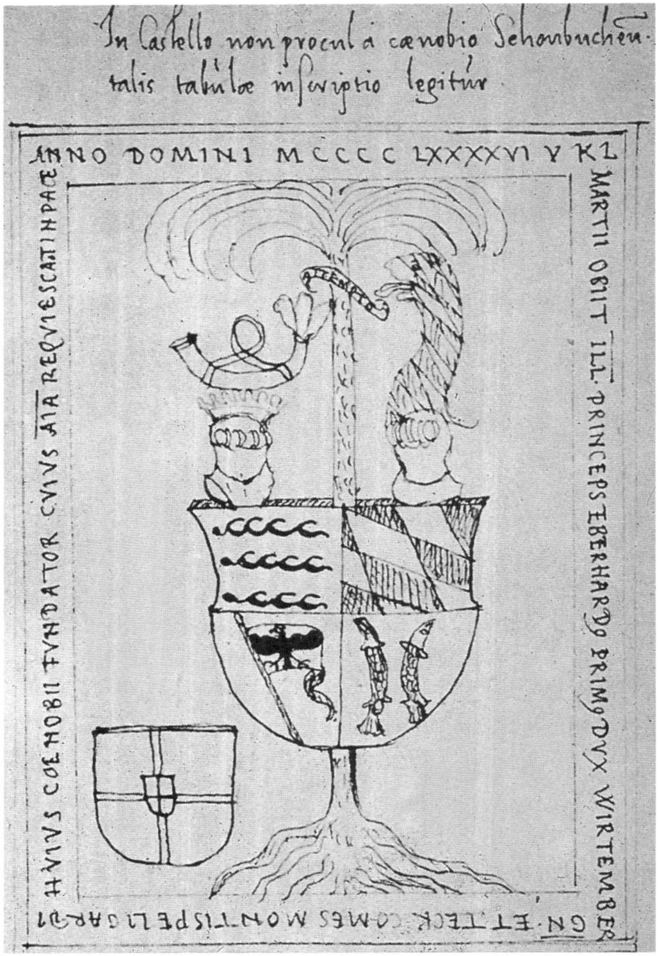

Abb. 27: Grabplatte Eberhards. Nachzeichnung A. Rüttel d. J., (WLB, Cod. Hist. Q 58 Bl. 11)

daß die im März 1496 einberufene würtembergische Landschaft und die herzoglichen Räte gegen den Willen des Herzogs einen landständischen Regimentsrat einsetzten und diesem förmlich die Regierungsgewalt übertrugen.[7] Die drei Stände Württembergs, der Adel, die Prälaten und die Vertreter der Städte, hatten im Zusammenspiel mit den herzoglichen Räten den Landesherrn abgesetzt. Der unter Berufung auf den Esslinger Vertrag und die sog. Zweite Regimentsordnung entmachtete Herzog Eberhard II. wie auch der Regimentsrat riefen Kaiser Maximilian als Schiedsrichter an. Obwohl Maximilian mit den Vorbereitungen für einen Feldzug gegen Frankreich beschäftigt war, machte er dennoch auf der Reise von Ulm nach Freiburg i. Br. vom 23. bis 25. Mai in Urach halt, um die württembergischen Angelegenheiten zu regeln. Nachdem Maximilian zunächst vergeblich zu vermitteln versucht hatte, setzte er am 28. Mai in Reutlingen Herzog Eberhard II. förmlich ab und verlieh dem minderjährigen Grafen Ulrich von Württemberg bzw. dessen Lehnsträgern das Herzogtum Württemberg und übertrug letzteren und dem ständischen Regimentsrat die Regierung in Württemberg. Nach diesem für die württembergische Geschichte einschneidenden Ereignis reiste der Kaiser am nächsten Tag in den Schönbuch. Der Einkehr Kaiser Maximilians im Stift St. Peter und dem Besuch des Grabes Eberhards im Bart kommen in dieser Zeit des Zerfalls der Regierungsgewalt und der politischen Instabilität tiefe symbolische Bedeutung zu.

Vielleicht hatte auch das Interesse Kaiser Maximilians eine Rolle gespielt, die außergewöhnliche Stiftsgründung des Grafen von Württemberg kennen zu lernen, in der ein Propst und 12 Kleriker vom gemeinsamen Leben, ein Meister und 12 Adelige und 12 Bürger des Landes unter einer vom Geiste der Devotio moderna geprägten Regel zusammenleben sollten. Dieses Stift hatte Eberhard zu seiner Grablege erkoren und hier war er auf eigenen Wunsch hin in einer einfachen Zeremonie in der blauen Kutte der Kappenherren, wie die Kanoniker vom gemeinsamen Leben in Württemberg auch bezeichnet wurden, begraben worden. Im Tode hatte Eberhard alle fürstlichen Vorrechte aufgegeben.

Die in den Statuten von St. Peter festgelegte Zusammensetzung des Konvents von St. Peter entsprach Eberhards Vorstellungen eines ständisch gegliederten Landes. Die kirchenrechtlich wie ständisch differenzierten Statuten waren jedoch mehr als »ein geistliches Abbild des Landes ...« wie es Dieter Mertens ausdrückte.[8] Die Stiftsverfassung enthielt eine politische Utopie, die aus den Ereignissen der Jahre nach 1490 erklärt werden kann. Das Stift St. Peter im Einsiedel nahm in den geistlich-spirituellen wie auch politischen Vorstellung Eberhards im Bart eine zentrale Rolle ein. Es gibt keine Lebensbeschreibung und keine historische Würdigung Eberhards, die nicht auf seine Verbindungen zu den Kanonikern vom gemeinsamen Leben und nicht auf die Gründung von St. Peter im Einsiedel eingehen. Einem kleinen Gebiet innerhalb des Schönbuchs kam daher für wenige Jahre am Ende des 15. Jhs. eine bedeutende Rolle in der württembergischen Geschichte zu, genauer gesagt, in der Herrschaftsvorstellung des Grafen Eberhard. Im folgenden wird uns daher eine Rodungsinsel im Schönbuch beschäftigen, die es als locus amoenus Eberhard im Bart angetan hatte, auf der er seine Utopie in konkreter Form verwirklichen wollte.

Die Errichtung des Stifts St. Peter im Schönbuch als Landeseinrichtung

Graf Eberhard im Bart errichtete gemeinsam mit seiner Frau Barbara Gonzaga von Mantua das Stift St. Peter auf deren Wittum. Beide hatten die Stiftung langfristig vorbereitet. Der Ablauf der Ereignisse deutet darauf, daß die ersten Pläne schon 1491 oder sogar früher entwickelt worden waren. Da der Platz, auf dem das neue Stift errichtet werden sollte, zum Pfarrsprengel der dem Kloster Bebenhausen inkorporierten Pfarrei Weil im Schönbuch gehörte, waren Verhandlungen mit dem Kloster erforderlich geworden. Das Stift und die dazugehörigen Ländereien sollten aus der bestehenden Pfarrorganisation herausgelöst und zu einem eigenen Pfarrbezirk erhoben werden. Abt Bernhard von Bebenhausen, sein Konvent und der Pfarrer von Weil stimmten in einer Urkunde vom 20. Januar 1492 der Abgrenzung des genau beschriebenen neue Pfarrsprengels von St. Peter zu.[9] Bei einem Haus genannt zum Einsiedel sollte eine Kirche St. Peter errichtet werden, die der Jungfrau Maria, dem hl. Petrus und Allen Heiligen geweiht werden sollte. Auch wenn als Heilige die Jungfrau Maria, Petrus und Alle Heiligen gewählt wurden, so zeigt die Namengebung, daß Eberhard im Bart, der Petrus zu seinem persönlichen Heiligen erwählt hatte, seine Verehrung für den Apostel Petrus kundtat und das Stift nach ihm benannte, während die Jungfrau Maria, die bevorzugte Heilige der Kanoniker vom gemeinsamen Leben, in den Hintergrund treten mußte.

Der Aufbau des Stifts im Schönbuch und die Verhandlungen über die rechtliche Absicherung sind dann parallel geführt worden. Als Kaiser Friedrich III. in einer Urkunde vom 5. Mai 1492 die von Eberhard verliehenen Freiheiten bestätigte und St. Peter in den Schutz des Reiches aufnahm, erwähnte er dort lebenden Personen.[10] Es hatten sich also schon die ersten Kanoniker vom gemeinsamen Leben im Schönbuch eingefunden.

Zur gleichen Zeit müssen Eberhards Vertreter in Rom mit dem Papst über dessen Genehmigung verhandelt haben. Es ist davon auszugehen, daß der Kurie als Verhandlungsgrundlage eine Ordnung des neuen Stifts vorgelegt worden ist. Die in die von Papst Innozenz VIII. am 2. Juni 1492 ausgestellte Bulle aufgenommenen Bestimmungen übernahm Graf Eberhard im Bart dann in die abschließend redigierten Statuten des Stifts (vgl. Kap. 29), die in 30 Kapiteln die innere und äußere Ordnung des Stifts beschreiben. Die päpstliche Bulle bezog sich auf die früheren Stiftsgründungen der Kanoniker vom gemeinsamen Leben in Württemberg und inkorporierte St. Peter dem Oberdeutschen Generalkapitel. Das gleichberechtigte Zusammenleben von Kanonikern und Klerikern des gemeinsamen Lebens mit Laien aus dem Adel und Bürgertum wurde gebilligt. Die Laien erhielten den Status von Fratres bzw. Konversen und sollten unter dem Namen »Brüder von St. Peter« eine Bruderschaft bilden. Die Lebensweise der Laien wurde in allen Einzelheiten geregelt. Dies reichte von dem bei der

Aufnahme in den Konvent abzulegenden Gelübde bis hin zu der Kleidung, zu der ein blauer Mantel gehörte, auf dessen linker Brust das Zeichen St. Peters, die gekreuzten Schlüsseln, und darüber die päpstliche Inful angebracht waren. Der Papst bestätigte die materielle Ausstattung und regelte die kirchenrechtliche Stellung als weltliches Kollegiatstift. Er löste St. Peter aus dem Pfarrsprengel der Pfarrei Weil, übertrug St. Peter die Pfarrechte und inkorporierte das Stift dem Oberdeutschen Generalkapitel der Kanoniker vom gemeinsamen Leben. Er nahm das Stift in den päpstlichen Schutz auf, ohne jedoch das Recht der Exemption zu verleihen. Schließlich drohte der Papst all denen die Exkommunikation an, die den Status des Stifts verändern wollten.

Mit der päpstlichen Genehmigung dieser neuen Lebensform hatte Eberhard im wesentlichen sein Ziel erreicht, war doch das gleichberechtigte Zusammenleben von Weltkanonikern und -klerikern mit Laien in einem Konvent ungewöhnlich und kam einem Experiment gleich.

Eberhard und Barbara stellten die materielle Ausstattung für St. Peter bereit, die vor allem aus dem gräflichen Jagdschloß im Einsiedel, dem benachbarten Stuthaus mit allen Pferden und anderen Tieren und einem umschriebenen Bezirk im Schönbuch bestand, der größer als die heutige landwirtschaftlich genutzte Fläche war. Hinzu kamen 18000 Gulden für den Kauf von Gülten oder Liegenschaften. Darüber hinaus hatte der Graf die Kosten für den Bau der Stiftskirche und der Konventsgebäude übernommen. In den Statuten, deren endgültiger Text Anfang September 1492 veröffentlicht wurde, stellt Eberhard im Bart fest, daß er auf seine Kosten einen Bauplan habe anfertigen lassen und daß er mit dem Bau von Kirche und Konventsgebäuden bereits begonnen habe.[11] Auch hatte er alle Rechte des Pfarrers von Weil mit beträchtlichen Geldsummen abgelöst. Der übertragene Bezirk war steuer- und abgabenfrei.

Die Gründung von St. Peter muß für den Grafen einen hohen Stellenwert gehabt haben, da er in einer für eine Stiftsgründung ungewöhnlich kurzen Zeitspanne alle Genehmigungen eingeholt hatte. Sicherlich war Gabriel Biel, der die Organisation der Kanoniker vom gemeinsamen Leben in Württemberg aufgebaut hatte und als führende Persönlichkeit im Oberdeutschen Generalkapitel angesehen werden muß, an den Planungen beteiligt worden. Die treibende Kraft war jedoch Eberhard im Bart gewesen. Der Inhalt der neuen Stiftsordnung war maßgeblich von dem Grafen beeinflußt worden und trägt seine Handschrift. Ganz außergewöhnlich ist, daß die Ordnung des Stifts von Eberhard im Bart in Form einer Urkunde erlassen worden und im Wir-Stil gehalten ist. Nicht das Oberdeutsche Generalkapitel oder das Kapitel des Stifts St. Peter publizierte die Statuten, sondern Graf Eberhard im Bart selbst. »Wir setzen ordnen und wellen auch ernstlich ...« (Kap. 2) oder »Gentzlich ist unser Will und wellen ...« (Kap. 3), an anderer Stelle heißt es »Weiter wellen wür ...« (Kap. 5), »Und wellen Wür und behalten Uns vor ... (Kap. 30). Hier muß jedoch einschränkend darauf hingewiesen werden, daß die von Eberhard erlassene Ordnung sich vor allem auf das Leben der Laien bezog. Die Priester und Kleriker lebten nach den vom Oberdeutschen Generalkapitel beschlossenen Statuten, auf die immer wieder Bezug genommen wird, die als bekannt vorausgesetzt und nicht im Einzelnen aufgeführt werden. Geistliche und Laienbrüder lebten streng getrennt in verschiedenen Gebäudeteilen. Nur in der Kirche und im Refektorium kamen sie zusammen. Die Mitglieder der »Bruderschaft des hl. St. Peters« legten ein Gelübde ab, sich an die Statuten des oberdeutschen Generalkapitels zu halten. Dies unterschied die Laien von den Priestern. Die Kanoniker vom gemeinsamen Leben kannten nämlich keine Gelübde und keine Profeß. Diese lebten in freiwilliger Gebundenheit zusammen und legten nur ein Versprechen ab. Eberhard hatte in die Statuten von St. Peter Elemente der Bruderschaftsverfassung und weltlicher religiöser Vereinigungen aufgenommen.

Für die adeligen und bürgerlichen Stiftsangehörigen regelte Eberhard wie ein besorgter Hausvater das Leben in allen Einzelheiten. Dies ging soweit, daß er die Sitzordnung für die gemeinsamen Mahlzeiten der Priester und Laien im Refektorium festlegte (Kap. 16), daß er die Essenfolge für bestimmte Tagen vorschrieb oder wie die Speisen serviert werden sollten. Da die Ordnung alles und jedes regelt, finden sich viele Details zu den damaligen Lebensgewohnheiten, so z.B. wann und wo die Adeligen auf die Jagd gehen und wieviele Knechte sich die Adeligen oder Bürger halten durften, wie sie gekleidet sein sollten (Kap. 27) oder daß die Laien alle vierzehn Tage baden sollten, die Kleriker aber nur alle vier Wochen (Kap. 24).

Daß diese Ordnung vor allem dem Willen Eberhards entsprach[12], zeigen die Sicherungen, die er gegenüber Eingriffen des Oberdeutschen Generalkapitels vorgesehen hatte, die er sich auch von Papst Innozenz VIII. hatte bestätigen lassen. Grundlage für das Leben im Stift St. Peter waren die Statuten der Kanoniker vom gemeinsamen Leben in Oberdeutschland erweitert um die für die Laien erlassene Ordnung. Dem Generalkapitel war nur eine eingeschränkte Änderungsbefugnis eingeräumt worden. Es konnte die Statuten für die Priester und Kleriker korrigieren, jedoch nur soweit, als keine die Laien betreffenden zentralen Artikel verändert oder deren Leben mit neuen Auflagen beschwert würden.[13] Auch der Propst von St. Peter hatte nur begrenzte Macht, Änderungen vorzunehmen. Darüber hinaus hatte sich Eberhard zu Lebzeiten vorbehalten, bei jeder Änderung gefragt zu werden. Vor allem letztere Formulierung zeigt, wie sehr sich Eberhard im Bart mit den Statuten identifizierte. Sie sind als sein Vermächtnis zu betrachten und müssen in Zusammenhang mit seinem Testament gesehen werden.

Die herausragende Bedeutung der Statuten von St. Peter für die Politik Eberhards unterstreicht, daß der erste Propst Gabriel Biel die Stiftsordnung mit einigen Bestätigungsurkunden am 2. März 1493 in Ulm drucken ließ.[14] Als einer der ersten deutschen Fürsten nutzte Eberhard den Buchdruck für die Verbreitung seiner Ideen.[15] Das damals modernste Informationsmittel, der Buchdruck, wurde eingesetzt, um die mit der Stiftung verbundenen Beweggründe sehr schnell und möglichst breiten Kreisen zu vermitteln. Sicherlich spielte auch der Gesichtspunkt der Erinnerung mit. Der Vorgang sollte im Gedächtnis der Menschen erhalten bleiben und zum Nachruhm des Stifters beitragen.[16]

In den im Zusammenhang mit der Gründung entstandenen Texten erscheinen immer wieder ähnliche Kernaussagen. Der Titel der Veröffentlichung von 1493, der sicherlich von Gabriel Biel formuliert worden ist, lautet: » Ain Buochlin inhaltend die Stifftung des Stiffts Sannt Peters zum Ainsidel im Schainbuch für priester, Edeln und Burger des landes zuo Wirttemberg unnd Swaben ...«. Graf Eberhard der Jüngere stellte in seiner Bestätigungsurkunde von 1492 fest: »... dieweil Wir nun erkhennen, das diese Stifftung ... zu mehrung Göttlichs dinsts auch zu hayl unnd seeligkhait der gantzen Herrschafft Würtemberg iren zugewanten unnd allen glaubigen Seelen geschehen ist ...«.[17] Der Bezug auf die drei Stände in Württemberg und in Schwaben und auf die heilbringende Wirkung für alle Seelen in der Herrschaft Württemberg wird in der Stiftungsurkunde Eberhards weiter erläutert. Schon in der Einleitung kommt die Sorge für das Seelenheil[18] zum Ausdruck. Eberhard im Bart stellt fest, daß in seiner Herrschaft drei Stände leben, Geistliche, Adel und Ritterschaft, Bürger in den Städten und gemeines Volk. Im Stift St. Peter sollen Vertreter dieser Gruppen stellvertretend für alle Untertanen das Gotteslob Tag und Nacht mit der Meßfeier, Liturgie, Schriftlesung und Beten feiern. Die neue Ordnung sollte es ausgewählten Vertretern der Bevölkerung des Landes ermöglichen, ein Leben in Abgeschiedenheit zu führen. Die Ordnung sei so abgefaßt, daß auch die Personen, denen die Regeln der anderen Orden zu streng und zu beschwerlich erschienen, in St. Peter Gott getreulich dienen »... und ihre selen seeligkhait leichtlich mit grosser Sicherhait erlangen ...« könnten. Die im Chor der Stiftskirche zum gemeinsamen Gotteslob vereinten Priester, Kleriker und Laienbrüder sollten gemeinsam für die gräfliche Familie aber auch für »... unnser Herrschafft von Württemberg Seelen ...« beten. Es wird nicht nur die Fürsorge für das Seelenheil der Vorfahren und seiner Familie artikuliert, sondern auch die Sorge um das Seelheil aller Bewohner des Herzogtums Württemberg und darüber hinaus in ganz Schwaben. Eberhard machte sich Gedanken über die Zukunft der Grafschaft Württemberg, da er keinen legitimen Erben hatte. Zweimal, am Ende der Einleitung und im ersten Kapitel über die Stiftung, äußert er sich schuldbeladen, daß er den rechten Erben nicht kenne und daß er nach seinem Tode ein Land ohne gesicherte Nachfolge hinterlasse.

Auf einen weiteren Aspekt der damaligen politischen Auseinandersetzung weist die häufig auftretende Verbindung, wenn nicht sogar Gleichsetzung von Württemberg und Schwaben.[19] Die Adeligen sollten aus Württemberg oder Schwaben kommen, wie auch die Stiftung von St. Peter zum Nutzen »... des lannds zuo Swaben ...« erfolgte. In der zweiten Hälfte des 15. Jhs. gab es verschiedene Bestrebungen, das Herzogtum Schwaben wieder aufzurichten. Indem Eberhard im Bart über den württembergischen Adel hinaus den gesamten schwäbischen ansprach, versuchte er, diesen an sich zu binden. Man sollte jedoch nicht soweit gehen und St. Peter als »Landesstiftung des schwäbischen Adels« bezeichnen.[20] Die Statuten sahen vor, daß nur in dem Falle, in dem nicht genug Adelige aus der Grafschaft Württemberg eintreten wollten, auch solche aus Schwaben in Frage kämen. Der Begriff »Schwaben« ist vielschichtig. Mit Schwaben könnte auch eine Kurzform für den Schwäbischen Kreis gemeint sein, in dessen Schutz Graf Eberhard das Stift stellte (Kap. 30). Im übrigen sollte ein ausgewogenes Verhältnis von Priestern, Adeligen und Bürgern bestehen, so daß nicht von einem adeligen Stift gesprochen werden kann.

Zusammenfassend ist festzuhalten, daß der Konvent nicht nur die ständische Struktur des Landes widerspiegeln sollte. Der Auftrag an die Vertreter der Stände bestand vor allem darin, gemeinsam für das Seelenheil des Stifters und seiner Familie und auch für das aller Bewohner des Landes zu beten, auf das Eberhard infolge seiner Erbenlosigkeit eine schwierige Nachfolgeregelung zukommen sah. Die Formulierung dieses Auftrags ermöglicht einen Einblick in die Mentalität Eberhards im Bart. Der politisch erfahrene Eberhard konnte die Nachfolgeregelung nicht erzwingen. Daher stellte er die Sache Gott anheim und suchte Zuversicht im Glauben.

Wie stark Graf Eberhard im Bart die Gründung und der Ausbau des Stifts St. Peter in diesem Jahr bewegten, belegt sein in Urach am 26. Dezember 1492 errichtetes Testament.[21] Nachdem er seine Seele Gott empfohlen hatte, regelte er sein Begräbnis. »Item wir erwöllent unnser begröbte in der kirchen sant Peters von unns gestift in dem Schainbüch in mit der edelen layenprüder chor, aldahin man uber unns ain glaten grabstain, wie die zu Stutgarten in dem chor ligent, mit unserm wappen und libery legen soll und wir ordnen und begern unnsern lybe zu der erden zimlich und ordenlich bestattet und begraben zu werden, besonnder nach gewonheit solches huses mit singen, lesen und allen gebetten, wie dieselben ainen irn mitbruder pflegent zu begraben«.[22] Diese Bestimmungen über das Begräbnis im Laienchor der Stiftskirche im Schönbuch brachen mit der Familientradition des Begräbnisses in der Stiftskirche in Stuttgart oder in der Karthause Güterstein und untersagten allen Pomp bei der Beerdigung.

Seine Sorge um den Ausbau des Stifts St. Peter drükken auch die an seine Nachfolger gerichteten Worte aus, seinen letzten Willen und alle anderen schon zu Lebzeiten von ihm ergangenen Anordnungen auch nach seinem Tode zu erfüllen. Namentlich führt er die Vollendung des Stifts St. Peter an. Was bisher noch nicht gebaut oder aufgrund der Stiftsordnung umgesetzt worden sei, das sollten seine Nachfolger vollenden.[23] Seine

Abb. I: Georg Gadner: »Tibinger Vorst Schambuech« 1592 (HStAS N 3 Nr. 1, Blatt 16)

Abb. II: Amt Tübingen aus dem Ämteratlas von Schweickher 1575 (WLB, Cod. Hist. Q 102)

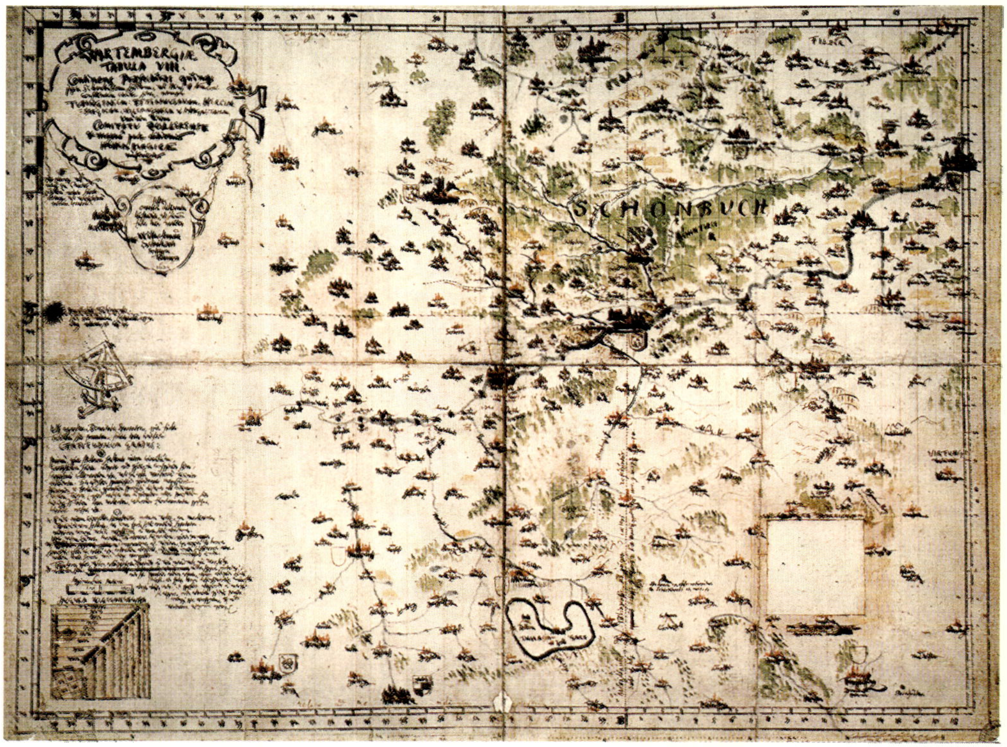

Abb. III: Wilhelm Schickard: »Wirtembergiae Tabula VIII«, 1634 (HStAS N 1 Nr. 11)

Abb. IV: Andreas Kieser: Tübinger Forst samt dem Schönbuch, 1683 (Forstdirektion Tübingen)

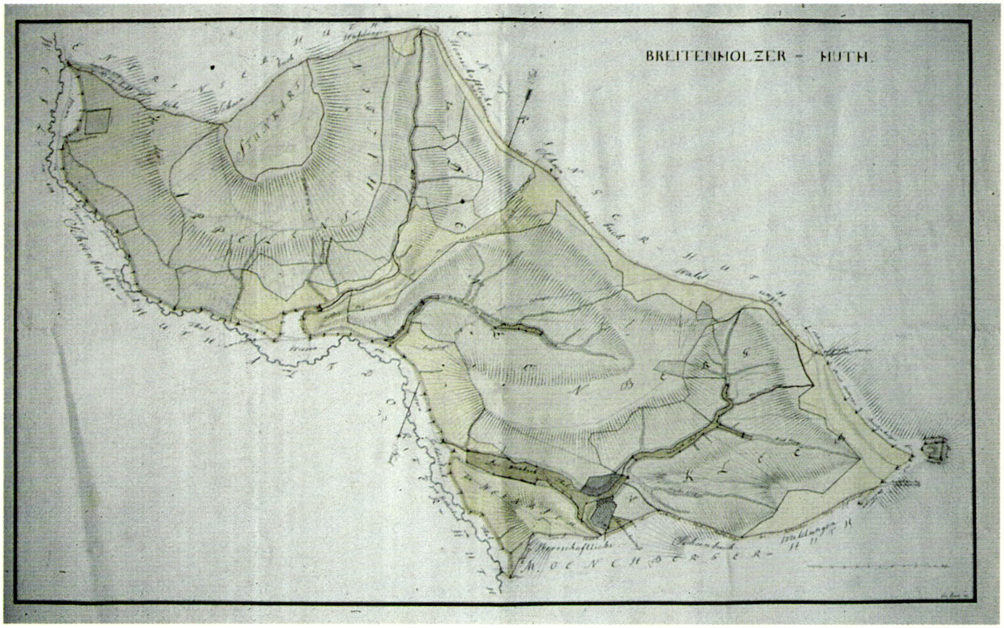

Abb. V: Pickel: »Breitenholzer Huth« , 1797 (Forstdirektion Tübingen)

Abb. VI: Andreas Kieser: Ortsansicht Bebenhäuser Hof (HStAS 107/18, Nr. 52)

Abb. VII: Andreas Kieser:
Ortsansicht Waldhausen
(HStAS 107/18, Nr. 52)

Abb. VIII: Andreas Kieser:
Ortsansicht Lustnau
(HStAS 107/18, Nr. 52)

Abb. IX: Andreas Kieser: Ortsansicht Unterjesingen (HStAS 1107/18, Nr. 52)

Abb. X: Blick auf Bebenhausen. (Foto: Klaus Scholkmann)

Abb. XII: Stift St. Peter (WLB HB XV 2)

Abb. XI: Glashütte. Miniatur aus der Reisebeschreibung des Jean de Mandelville, um 1420

Abb. XIII: Ausschnitt aus der Seekarte des Jakob Ramminger, Gebäude von Schloß und Stift (WLB Cod. Hist. Fol. 261, Blatt 3 V oben)

Abb. XIV: Glashütte Walkersbach (HStAS 107/15 Nr. 7), liegt im Schorndorfer Wald.

Abb. XV: Reichshalde (HStAS, N 3, Karte 19)

nachgelassenen goldenen und seidenen Gewänder sollten dem Konvent übergeben werden. Auch an der Stelle, an der er sich mit den Finanzen des Landes befaßte, schob er eine Passage über die Sicherstellung der noch nicht geregelten Finanzierung des Ausbaus von St. Peter ein. Als ersten Zeugen des in Urach erstellten Testaments hatte Eberhard im Bart »den geistlichen wolgelerten und unsser liebgetrüwen meister Gabryel Bihel, probst des nüwen stifts des heilligen sants Peters im Schünbuch« berufen.

Der schon mehrfach erwähnte Gabriel Biel[24] war der führende Kopf der Kanoniker vom gemeinsamen Leben, den Eberhard 1477 nach Württemberg gerufen hatte. Auch nach der Gründung des Stifts St. Amandus in Urach blieb Biel zunächst noch Propst des Stifts in Butzbach und kam erst 1479 mit der Übernahme der Funktion eines Propstes des Uracher Stifts endgültig nach Württemberg. 1484 nahm er in hohem Alter seine Lehrtätigkeit an der Universität Tübingen auf. Er versah bis 1492 einen theologischen Lehrstuhl, dann ließ er sich zum Propst des neuen Stifts St. Peter im Schönbuch wählen.

Das kirchliche Reformkonzept Eberhards im Bart war von der Devotio moderna geprägt. Zur Umsetzung dieser vor allem auf die Reform des Weltklerus wie auch der Klöster und Stifte ausgerichteten Politik benötigte er Wissenschaftler, die hohes wissenschaftliches Niveau mit praktischer Tätigkeit zu verbinden wußten.[25]

Bei den Kanonikern vom gemeinsamen Leben handelte es sich nicht um Mönche sondern um Weltkleriker, die sich zu einem gemeinsamen Leben in Armut zusammengeschlossen hatten, um einen mittleren Weg zwischen Orden und Welt zu leben.[26] Die lateinische Bezeichnung lautet daher »canonici et clerici seculares in communi viventium«. Die Priester und Kleriker leisteten keine Gelübde. Sie verzichteten bei Eintritt in die Stifte, die kirchenrechtlich als weltliche Kollegiatstifte bezeichnet werden müssen[27], auf ihr Eigentum. Aus der gemeinsamen Kasse des Stifte oder Häuser wurde der Bedarf bestritten. Das gemeinsame Dormitorium und der gemeinsame Chordienst verband die Priester und Kleriker, die den Konvent bildeten. Da Eberhard im Bart auf seine Patronatsrechte über die ihnen übertragenen Kirchen und Pfründen und auf alle weltlichen Steuern, Abgaben und sonstigen Leistungen verzichtet hatte, waren die Stifte und Häuser vor möglichen Eingriffen des Landesherrn oder der Städte geschützt und konnten ein unabhängiges Leben führen. Eberhard hatte die Stifte ausreichend dotiert und den Konventen beträchtliche Einkünfte zugewiesen. Zentrale Aufgaben neben der Seelsorge waren das gemeinsame Gebet, das Studium und das Abschreiben von Büchern.

Die Tätigkeit der Kappenherren und damit auch ihr Erfolg wurden von Eberhard hoch geschätzt. Auf diesem Hintergrund ist es nicht verwunderlich, daß zwischen Eberhard und den führenden Kappenherren wie Biel und den beiden Steinbachs eine intensive persönliche Beziehung bestand. Eberhard selbst soll, so stellt es Wimpfeling in seinem 1495 verfaßten Carmen heroicum dar, und so berichtet es Johannes Naukler in seiner um 1504 verfaßten Weltchronik, als seine drei größten Leistungen die Gründung der Universität Tübingen, die Ansiedlung der Kanoniker vom gemeinsamen Leben in seinem Landesteil und die Wiedervereinigung Württembergs genannt haben[28], und zwar in dieser Reihenfolge.

Mit der Ordnung für das Stift St. Peter wurden die bisherigen in den Statuten des Oberdeutschen Generalkapitels niedergelegten Grundsätze gesprengt, die das Gotteslob im Chor mit dem Wirken in der Welt, mit der Seelsorge für das Volk und mit der Wissenschaft verbanden. So, wie Biel den Gründungen in Urach, Herrenberg, Dettingen, Tachenhausen und Tübingen eine bestimmte Funktion zugewiesen hatte, die sie im Rahmen der Kirchenpolitik Eberhards und im Zusammenhang mit der Universitätsgründung in Tübingen wahrnehmen sollten, so erhielt auch das Stift St. Peter einen »Auftrag«, den diesmal jedoch Eberhard im Bart festgelegt hatte. Hatte sich Biel mit der Gründung der württembergischen Stifte und Häuser und deren Einbindung in die Politik Eberhards im Bart schon von dem in Nord- und Mitteldeutschland vorherrschenden Selbstverständnis und auch von der organisatorischen Ausprägung der Brüder vom gemeinsamen Leben entfernt[29], so ging Eberhard nun noch einen Schritt weiter.

Der Konvent von St. Peter sollte in keinem Falle der Versorgung verarmter Landeskinder dienen. Dagegen wandten sich die Statuten entschieden. St. Peter war nicht als eine Versorgungseinrichtung für nachgeborene Söhne des Adels oder der Bürger gedacht, sondern sollte Stätte des Gottesdienstes sein. Die Bruderschaft der Laien repräsentierte im Petersstift die Landstände, denen im Esslinger Vertrag vom 2. September 1492 eine Mitregierung nach Eberhards Tode durch ein zwölfköpfiges landständisches Gremium, den Regimentsrat unter der Leitung des Landhofmeisters, eingeräumt worden war.[30] So wie auf der Regierungsebene die Landstände aufgewertet und ihnen ein Regiment durch den zwölfköpfigen ständischen Ausschuß eingeräumt worden war, so wurde gleichzeitig im geistlichen Bereich eine Neuerung geschaffen, ein vom Papst kirchenrechtlich legitimierter Konvent, der gleichberechtigt aus Priestern und Klerikern des gemeinsamen Lebens, Edlen und Rittermäßigen und Bürgern, die Laien blieben, bestand. So wie Eberhard die Vertreter von Adel und Landschaft als Garanten für die Einheit des Landes eingesetzt und ihnen im Falle des Fehlens eines Regenten auch die Regierung anvertraut hatte, so berief er auch deren Vertreter in das Kapitel von St. Peter, um für das Seelenheil der Bewohner des Landes und für das Land insgesamt zu beten. Die Parallellen im Vorgehen Eberhards im weltlichen wie im kirchlichen Bereich reichen bis zum Wahlmodus. Hatte sich Eberhard die Berufung der Mitglieder des Regimentsrats vorbehalten, so hatte er sich auch die Auswahl der 13 Edlen zu Lebzeiten ausbedungen.[31] Erst nach seinem Tode erhielten Propst und Meister das Recht, neue adelige Laienbrüder aufzunehmen.

Diese Beobachtungen zeigen, daß das Gedankengut der Statuten von St. Peter sehr eng mit den übrigen politischen Planungen Eberhards im Bart und seiner Berater verbunden ist. Sicherlich ist die neue Lebensform des Zusammenlebens der drei Stände auf dem Hintergrund der Ständelehre des 1429 verstorbenen Pariser Theologen Johannes Gersons zu sehen[32], der im Bildprogramm der Kanzel des Stifts St. Amandus in Urach neben den Propheten und Kirchenlehrern dargestellt und als einziger durch eine Inschrift gekennzeichnet ist. In diesen Jahren standen für Eberhard die Absicherung der Landeseinheit, eine verläßliche Nachfolgeregelung und die Frage nach dem Verhältnis der württembergischen Herrschaft zum Schwäbischen Kreis bzw. zu einem zu erneuernden Herzogtum Schwaben im Zentrum der Überlegungen, und bei allen Punkten spielten die württembergischen Landstände eine Rolle. Dem Konvent von St. Peter war nicht nur die Aufgabe anvertraut worden, das Totengedächtnis für Eberhard und seiner Familie zu halten.[33] Eberhard gründete ein in vielfältigen Beziehungen auf das ganze Land bezogenes Stift, dessen Lebensform auch der Festigung des württembergischen Staatsgedankens dienen sollte[34], dessen neue Statuten seinen »Staatsgedanken manifest« machten.[35] Diese neue Form war so ungewöhnlich, daß die Zeitgenossen die Statuten als die Grundlage für einen neuen Orden, den Orden St. Petri, betrachteten[36]. Eberhard veränderte die Lebensform der Kappenherren und unterwarf sie seinen Intentionen. Er machte sich von den kirchlichen Autoritäten unabhängig und berief sich beim Erlaß der Statuten für St. Peter auf die Inspiration durch den Heiligen Geist.[37] Eberhard hatte sich von seinen Beratern gelöst und handelte auch im kirchlichen Bereich als Landesherr, der weltliche und geistliche Verantwortung trägt.[38] Dieter Mertens hat diesen Vorgang des Auswählens und Umformens bei Eberhard im Bart treffend beschrieben: »Die für Süddeutschland ungewöhnliche und intensive Heranziehung der Brüder vom gemeinsamen Leben und die Art, wie Eberhard sie einsetzte und ihre Lebensform veränderte, ist ein Beweis dafür [d.h. für die Eigenständigkeit Eberhards]. Der gemeinsame Grund für Eberhards Verhältnis zu den Brüder und ihrer Frömmigkeit und für sein Verhältnis zu den Humanisten und ihrem Bildungsgut ist wohl die Suche nach gangbaren neuen Wegen in einer Zeit, die sich, von raschem Wandel und »geschwinden läuften« bedrängt, unter dem allgegenwärtigen Schlagwort der »reformatio« nach Haltepunkten umsieht, ist das originelle Kombinieren eigenwillig ergriffener alter und neuer Elemente einschließlich der Wissenschaften und des Humanismus«.[39]

Wenn wir diese Interpretation für richtig halten, dann können wir auch den Hintergrund für den Besuch Kaiser Maximilians im Stift St. Peter tiefer ausloten. Maximilian suchte nicht allein das Grabmal von Eberhard im Bart auf, mit dem er nach dem Wormser Reichstag, dh. nach der Erhebung zum Herzog von Württemberg, zeitweilig beträchtliche Spannungen gehabt haben muß.[40] Der Kaiser machte auch dem Stift St. Peter und dessen Konvent seine Aufwartungen, die als ein Symbol für die Landeseinheit Württembergs und für die ständische Teilhabe an der Regierung zu betrachten sind, der Maximilian gerade zur Anerkennung verholfen hatte. In Erinnerung ist zu rufen, daß auch er die Regierungsfähigkeit der württembergischen Landschaft im Herzogsbrief von 1495 anerkannt hatte.[41] Er hatte die Gültigkeit des Esslinger Vertrags vom 2. September 1492 bestätigt und darüber hinaus auch den Fortbestand des von Eberhard im Bart vorgesehenen landständischen Regiments für den Fall anerkannt, daß nach einem Aussterben des württembergischen Hauses im Mannesstamme das Herzogtum an das Reich fallen sollte und der König nicht selbst in Schwaben Hof halte.[42]

Doch zurück zum Stift St. Peter im Schönbuch, zur Geschichte der Einrichtung. Was ist aus der Utopie Eberhards im Barte geworden?

Der Flurname »Einsiedel« deutet darauf, daß seit dem Ende des 13. Jahrhunderts Waldbrüder oder Eremiten an diesem Platz gelebt hatten.[43] Um 1460 hatte Graf Eberhard im Bart auf einer Rodungsinsel im Schönbuch ein Gestüt errichten lassen. Daß der Ort gut ausgewählt war, ist daran abzulesen, daß dieses Gestüt bis um 1810 Bestand hatte. In der Nähe des Gestüts baute sich der Graf 1482 ein Jagdschloß, teilweise im italienischen Stil.

Wenige Meter östlich vom Schloß entstand 1492 das Stift St. Peter. Nachdem die Gründungsurkunde am 3. September 1492 publiziert worden war, nahm Bischof Thomas von Konstanz am folgenden Tag die Grundsteinlegung für Kirche und Gebäude vor und erhob St. Peter zur selbständigen Pfarrei. Daß damals schon Bauarbeiten im Gange gewesen sein müssen, wurde oben schon festgestellt. Über die vierflügelige Anlage sind wir durch Abbildungen des 16. Jahrhunderts informiert[44] (Farbteil, Abb. XII und XIII). Der Bau muß zügig fertiggestellt worden sein, da er auf dem Ochsenbachschen Bild einen einheitlichen Charakter aufweist. Im Süden grenzte ein Flügel unmittelbar an einen der vier damals bestehenden Weiher an. Da ein außen angesetzter Abortturm bis zum Dach reichte, handelte es sich bei diesem Gebäudeteil wohl um einen Wohn- bzw. Schlaftrakt, in dessen Erdgeschoß die Küche eingerichtet worden war. Der mächtige Giebel auf dem westlichen Flügel deutet darauf, daß sich im Oberteil die Schüttböden für die Feldfrucht befanden. Die Kirche schloß im Norden den quadratischen Innenhof ab. Die Westfassade war bis zum Giebel gemauert, während bei den übrigen Gebäuden nur das erste Geschoß gemauert und die anderen Ebenen in Fachwerk ausgeführt waren. Die Zugänge zur Kirche wie zum Stift lagen im Westen. Die Gebäude machen keinen großen oder repräsentativen Eindruck. Da nach dem Tode Eberhards auch sein Schlößchen von den Kanonikern und Laien genutzt werden konnte, stand in beiden Komplexen wahrscheinlich genügend Räume zur Verfügung.

Die Gebäude wurden 1580 durch einen Brand zerstört. Nachdem die Einkünfte des Stifts St. Peter früher schon dem Collegium Illustre in Tübingen überwiesen worden waren, wurden 1588 Teile der Steine ausgebrochen und zum Neubau, dem heutigen Wilhelmstift, verwendet. Die Abbildung Rammingers aus dem Jahr 1596 zeigt noch hoch anstehendes Mauerwerk, so daß die Nachrichten, auch nach 1648 habe man Steine für die Ausbesserungen des Schlosses Hohentübingen geholt, glaubhaft sind.

Die Geschichte der Kappenherren ist schnell erzählt. Gabriel Biel wurde zum ersten Propst von St. Peter gewählt. Nach seinem Tode am 29. November 1495 wurde er in der Stiftskirche beerdigt. Wendelin Steinbach, Professor der Theologie an der Universität Tübingen, ein Schüler Gabriel Biels und Beichtvater und Seelenführer von Eberhard im Bart, trat die Nachfolge in der Leitung des Stifts an. Neben Biel hatte der ebenfalls aus Butzbach gekommene Wendelin Steinbach[45] eine herausragende Stellung in der Bewegung der Kanoniker vom gemeinsamen Leben in Württemberg und vor allem an der Universität Tübingen eingenommen. Er behielt die Propstwürde jedoch nur wenige Jahre, als Nachfolger erscheint 1498 Peter Brun aus Kirchheim a. Neckar. Steinbach, der am 14. Januar 1519 in Tübingen gestorben ist, wurde ebenfalls in St. Peter beerdigt.

In den Verhandlungen des württembergischen Landtags im Jahr 1514 war neben der Aufhebung der Stifte und Häuser in Urach, Herrenberg, Dettingen, Tübingen und Tachenhausen zunächst auch die von St. Peter gefordert worden. Der Hintergrund für das Verlangen der Landstände war folgender. Die Stifte und Häuser der Kappenherren genossen eine Steuer- und Abgabenfreiheit und konnten daher nicht zur Tilgung der drükkenden Landesschulden herangezogen werden. Nach einer Aufhebung und Umwandlung in weltliche Stifte unterlagen die 39 Pfründen wieder dem herzoglichen Patronat und hätten auch wieder mit Landeskindern besetzt werden können[46]. Neben der Unterwerfung der Kappenherren unter die Steuerpflicht versuchten die Landstände, das Indigenat durchzusetzen. Im Nebenabschied des Tübinger Vertrags vom 8. Juli 1514 wurden die Stifte und Häuser der Kanoniker aufgehoben, jedoch St. Peter im Schönbuch ausdrücklich ausgenommen, weil »darin herzog Eberhart als seiner stiftung ruwet«.[47] St. Peter wurde jedoch nicht allein aus Ehrfurcht vor dem dort begrabenen Stifter von der Aufhebung und Umwandlung ausgenommen. Es waren vor allem die Unterstellung unter den päpstlichen und königlichen Schutz und die Veränderungsverbote in der päpstlichen Bulle und in der kaiserlichen Bestätigungskurkunde von 1492 und in den Statuten, die weder die württembergischen Landstände noch Herzog Ulrich noch die damals vermittelnden Reichsstände negieren konnten. Das Stift St. Peter und der Konvent blieben bestehen. Es liegen Anzeichen dafür vor, daß die Lebensform der Kappenherren im Schönbuch weitergeführt werden konnte, auch nachdem St. Peter verwaltungsmäßig dem Obervogt bzw. Vogt in Tübingen unterstellt worden war.

Für St. Peter läßt sich nachweisen, daß der Konvent entgegen der Vorwürfe der württembergischen Landschaft sicherlich nicht mit Fremden, dh. mit Nichtwürttembergern, überbesetzt war. Von den um 1530 genannten Insassen kamen der Propst aus Kirchheim unter Teck, zwei Konventualen aus Waldorf, je einer aus Tübingen und Metzingen.

Propst Konrad Brun stellte nach 1526 in einem Schreiben an die österreichische Regierung fest, daß bis dahin in St. Peter nur Kleriker gelebt hätten, da sich die drei Stände nicht hätten vertragen können. Auch seien die Einkünfte für eine größere Anzahl von Konventualen nicht ausreichend gewesen.[48] Aus dieser Bemerkung ist zu schließen, daß wahrscheinlich nur eine kurze Zeit lang Vertreter der drei Stände zusammen gelebt haben. Einen entsprechend der Statuten aus den drei Ständen zusammengesetzten Konvent hatte es über längere Zeit hinweg also nicht gegeben. Das Experiment des Zusammenlebens der verschiedenen Stände war gescheitert. Die Utopie Eberhards im Barte hatte sich nicht realisieren lassen.

Neben dieser am Rande geäußerten Bemerkung Bruns ist das Schreiben in andere Hinsicht von Interesse. Die Österreichische Regierung hatte damals versucht, den verarmten und blinden Dr. Matthias Ort als Versorgungsfall im Stift St. Peter unterzubringen. Propst Konrad Brun wandte sich energisch gegen diese Pläne. Mit einem Hinweis auf die Statuten (Kap. 6) stellte er fest, daß zu versorgende Arme oder Kranke in die Spitäler gehörten, nicht aber nach St. Peter, wo der Gottesdienst im Mittelpunkt stehe. Im übrigen verfüge das Stift über kein Spital oder Siechenhaus. Die Argumentation des Propstes belegt, daß der kleine Konvent noch nach den von Eberhard im Bart erlassenen Statuten lebte, auch wenn sich das Umfeld stark verändert hatte.

Als Herzog Ulrich 1534 in sein Land zurückgekehrt war, baten ihn Propst und Konvent, die Aufnahme junger Konventualen zu genehmigen. Die fünf inzwischen alt gewordenen Priestern erklärten, daß sie nur unter großen Mühen den von Eberhard im Bart vorgeschriebenen liturgischen Verpflichtungen nachkommen könnten, »... alls das uns die arbait des Chors und der Kirchen gantz beschwerlich ...«. Bis um 1534 hatten sich die Kanoniker also an die Regel gehalten. Die herzogliche Kanzlei genehmigte die Aufnahme von Novizen, wozu es wahrscheinlich nicht mehr gekommen ist.

Damals lebten im Stift St. Peter neben dem Propst nur noch vier Kanoniker, die alle Priester waren. Die Kanoniker betrieben Ackerbau in Form der Eigenwirtschaft auf 171 Morgen Land. Sie hatten einen eigenen Weinberg von 6 Morgen Größe, mehrere Fischwasser und Weiher, die jedoch nicht genutzt wurden, und etwa 150 Mannsmahd Wiesen, aber nur zwei Pferde und drei Ochsen, um die Landwirtschaft zu betreiben.[49] Der Ertrag der Landwirtschaft, jährlich etwa 600 Malter Veesen und Hafer, wurden zum großen Teil verkauft.

Herzog Ulrich hob das Stift 1537 auf und fand den Propst Konrad Brun und zwei Konventualen mit Geldrenten ab. Konrad Brun starb 1552 in Bebenhausen und wurde dort im Kreuzgang begraben. Seine Grabplatte, die heute noch in der Nähe der Gruft an der Wand steht, zeigt ihn in den Mantel der Brüder gehüllt, auf dem Kopf die Kappe, in den Händen ein Buch, die Bibel.[50]

Nun war es auch erforderlich geworden, sich um das Grabmal von Eberhard im Bart zu kümmern. Herzog Ulrich ließ 1537 die Gebeine Eberhards feierlich in den Chor der Tübinger Stiftskirche, nun eine evangelische Kirche, überführen. Der hölzerne Epitaph wurde ins benachbarte Schlößchen gebracht und ist durch eine flüchtige Zeichnung wohl des jüngeren Andreas Rüttel überliefert.[51] Mit der Aufhebung des Stifts St. Peter war eine wesentliche Schöpfung von Eberhard im Bart beseitigt worden, die zwar klein war, aber gleichsam einen Brennpunkt seiner Gedanken und Vorstellungen darstellte. Joachim Camerarius hielt im Chor der Tübinger Stiftskirche eine Leichenpredigt, in der er den ersten württembergischen Herzog würdigte.[52]

Nach der Säkularisation von St. Peter wurden die Liegenschaften dem Kirchengut zugewiesen und der Geistlichen Verwaltung in Tübingen unterstellt. Der von der Geistlichen Verwaltung angestellte Hofmeister war gleichzeitig Forstknecht in einem der Forstbezirke des Schönbuchs, der Einsiedler Hut. Das Gestüt und die Landwirtschaft wurden verpachtet. Das benachbarte Jagdschloß wurde weiterhin von den Herzögen genutzt. Abschließend ist noch festzuhalten, daß das Hofgut Einsiedeln 1823 in das Privateigentum des württembergischen Königs überging und noch heute als Domäne im Besitz des Herzogs von Württemberg ist. Die Markung Einsiedel wurde erst 1829 Bestandteil der Gemeinde Kirchentellinsfurt.

Zusammenfassung

Das Stift St. Peter im Einsiedel nahm in der Gedankenwelt seines Gründers Eberhards im Bart eine herausragende Stellung ein. St. Peter war eine eminent politische Gründung, sofern man in diesen Jahrzehnten überhaupt von einer Trennung von kirchlichen Angelegenheiten und Politik sprechen kann.

Die Wahl des Apostels Petrus zum Patron entsprach der Frömmigkeit Eberhards, der den heiligen Petrus zu seinem persönlichen Heiligen erwählt hatte. Nachdem die nachreformatorischen Geschichtsschreiber das Bild Eberhards, soweit es seine Kirchenreform betraf, verkürzt hatten[53], wurde die Bedeutung der Zusammenarbeit von Eberhard mit Gabriel Biel, Wendelin Steinbach und den anderen Kanonikern für die Kirchen-, Universitäts-, und Theologiegeschichte in den letzten Jahrzehnten immer genauer herausgearbeitet und deren hoher Stellenwert betont. Eberhard im Bart faßte in den Statuten von St. Peter seine politischen Vorstellungen zusammen. In einer Vision verband er geistliche und weltliche Momente, persönliche Aspekte wie seine Grablege mit Landesinteressen wie dem Totengedächtnis für das gesamte Land. Die Bezüge auf die württembergischen Stände und die Regimentsverwaltung zeigen die Dimensionen, in denen Eberhard dachte, und weisen auf die Nöte, die Eberhard beschäftigten und für die er keine Lösungen fand. Die Statuten und die neue Lebensordnung im Stift St. Peter waren für die Zeitgenossen revolutionär, daher bezeichneten sie die Gemeinschaft als einen neuen Orden, als den Orden St. Petri. Die Gestaltungsmöglichkeiten Eberhards und der Kappenherren waren damit jedoch erschöpft. Die Statuten konnten nicht mehr mit Leben erfüllt werden. Das ständische Modell ließ sich in der Form eines Kollegiatstifts nicht realisieren. Auch in der politischen Wirklichkeit trug die ständische Idee nicht das, was sich Eberhard von ihr versprochen hatte. Nur kurze Zeit nach dem Tode des ersten Herzogs waren die Stände Garant für die Integrität Württembergs. Seit 1514/5 verweigerte sich der Adel als Landstand, 1519 wies er sogar zurück, jemals ein Landstand gewesen zu sein. Das Modell St. Peter hatte die politische Entwicklung nicht beeinflussen können. St. Peter im Einsiedel war ein auf die Statuten der Kanoniker vom gemeinsamen Leben aufgepfropftes Reis, das dürr blieb. Die Beurteilung der Wirkung der Kanoniker vom gemeinsamen Leben in Württemberg insgesamt darf deswegen jedoch nicht geschmälert werden. Die Kanoniker der anderen Stifte und Häuser arbeiteten erfolgreich in der Seelsorge und an der Universität Tübingen.

Daß das Stift St. Peter in der Einsamkeit des Schönbuchs errichtet wurde, entsprach nicht den Vorstellungen der Kappenherren, deren Leben auf öffentliches Wirken ausgerichtet war. Dieser Rückzug in die Beschaulichkeit des Schönbuchs war eine eindeutige Vorgabe Eberhards im Bart, der für diesen Platz eine große Zuneigung entwickelt hatte. Im Hof seines Jagdschlosses hatte er z.B. den aus dem Heiligen Land mitgebrachten Weißdorn gepflanzt, der über Jahrhunderte gepflegt wurde. Nur hier konnten sich die Laien neben dem Gottesdienst und Gebet ihrem standesgemäßen Zeitvertreib wie Jagd und Landwirtschaft widmen. Im Gegensatz zu den modernen Auffassungen der Kappenherren brachte Eberhard einen rückwärtsgewandten Aspekt der Flucht aus dem Leben ein, der keinen Bestand hatte.

Die Rodungsinsel in Schönbuch wurde in den letzten Lebensjahren von Eberhard im Bart zu einem aus heutiger Sicht interessanten Brennpunkt, in dem sich das religiöse und politische Leben am Ende des 15. Jahrhundert facettenartig bricht. Das Modell »St. Peter« verfiel jedoch nicht der Vergessenheit. Die Erinnerung an die Bewohner des Stifts, die blaue Mäntel mit den gekreuzten Schlüsseln und der päpstlichen Tiara auf der Brust trugen, lebte noch lange nach. Das Jagdschloß wurde noch 1622 »der Einsiedel oder Blaumönch« genannt.[54] Bis heute halten die im Schönbuch stehenden aus der Stiftszeit stammenden großen Grenzsteine[55] mit den gekreuzten Schlüsseln des hl. Petrus die Erinnerung an die nur wenige Jahrzehnte dort lebenden Kappenherren wach.

Anmerkungen

[1] Herbert Natale, Einsiedel St. Peter im Schönbuch (1492–1538), in: Monasticon Fratrum Vitae Communis, hrsg. v. Wolfgang Leesch, Ernest Persoons und Anton. G. Weiler (Archives et Bibliothèques de Belgique Numéro spécial 19) Brüssel 1979: Teil 2: Deutschland S. 55–62, hier S. 60.

[2] Inschrift: ANNO DOMINI MCCCC LXXXXVI V K(a)L(endas) MARTII OBIIT ILL(ustris) PRINCEPS EBERHARDVS PRIMVS DVX WIRTEMBERG(e)N(sis) ET TECK COMES MONTISPELIGARDI HVIVS COENOBII FVNDATOR CVIVS A(n)I(m)A REQVIESCAT IN PACE, Skizze des heute verlorenen Epitaphs von Andreas Rüttel d.J. vgl. Reinhold Rau, Über eine Sammlung von Inschriften des 16. Jahrhunderts, in: Zeitschrift für württembergische Landesgeschichte 23, 1965, S. 418–438, Text und Bild S. 425; Abbildung bei Siegwalt Schiek, Der Einsiedel bei Tübingen. Seine Geschichte und seine Bauten. Hrsg. v.d. Gemeinde Kirchentellinsfurt, Sigmaringen 1982. S. 77, Beschreibung S. 31; Harald Schukraft, Die Grablegen des Hauses Württemberg, Stuttgart 1989. S. 30f. Abb. 16 S. 31. Inschrift auch Hauptstaatsarchiv Stuttgart A 522, St.Peter im Einsiedel, Bü 1.

[3] Petra Schön, Wappen – Siegel – Territorium: Die Entwicklung des württembergischen Wappens bis 1495, in: 1495: Württemberg wird Herzogtum. Dokumente aus dem Hauptstaatsarchiv Stuttgart zu einem epochalen Ereignis, bearb. v. Stephan Molitor, mit Beitr. v. Klaus Graf und Petra Schön, Stuttgart 1995. S. 45–52, bes. S. 47f., Abb. des Wappens auf dem Titelblatt.

[4] Schiek (wie Anm. 2) S. 14; Dieter Stievermann, Herzog Eberhard im Bart (1459–1496), in: 900 Jahre Haus Württemberg, hrsg. v. Robert Uhland, Stuttgart 1984. S. 82 -109, hier S. 109.

[5] Klaus Graf, Eberhard im Bart und die Herzogserhebung 1495, in: 1495:Württemberg wird Herzogtum (wie Anm. 3) S. 9–43, hier S. 9 mit Lit. in Anm. 9.

[6] Graf, Eberhard (wie Anm. 5) S. 19.

[7] Walter Grube, Der Stuttgarter Landtag 1457–1957. Von den Landständen zum demokratischen Parlament, Stuttgart 1957, S. 60ff.; Dieter Mertens, Württemberg, in: Handbuch der baden-württembergischen Geschichte. Bd. 2 Die Territorien im Alten Reich, Stuttgart 1995. S. 66f.

[8] Mertens (wie Anm. 7) S. 92.

[9] HStA Stuttgart A 522 Urk. 3.

[10] HStA Stuttgart A 522 , inseriert in Urk. 7 »... auch dieselben Persohnen unnd gueter so jetzo daselbst sein oder künfftiglich dahin khommen ...«.

[11] Statuten Kap. 2, zitiert nach Johann Jakob Moser, Sammlung allerley das hochfürstliche Haus und Herzogthum Würtemberg betreffende Urkunden, Tübingen 1732. Teil 1 S. 103–182, hier S. 112.

[12] Dies wird in der Literatur bisher kontrovers beurteilt. Irene Crusius, Gabriel Biel und die oberdeutschen Stifte der devotio moderna, in: Studien zum weltlichen Kollegiatstift in Deutschland, hrsg. v. Irene Crusius (Veröffentlichungen des Max-Planck-Instituts für Geschichte 114, Studien zur Germania Sacra 18), Göttingen 1995, S. 298–322, hier S. 320 »Wie soll man diese Sätze der Statuten – sicherlich aus der Feder Gabriel Biels – verstehen ...«. Klaus Graf, Geschichtssschreibung und Landesdiskurs im Umkreis Graf Eberhards im Bart von Württemberg (1459–1496), in: Blätter für deutsche Landesgeschichte 129, 1993, S. 165–193, hier S. 188 »Ein Blick in die sicher von Eberhard selbst konzipierten Statuten seines 1492 gegründeten »Grabstifts« St. Peter ...«.

[13] Statuten Kap. 29, Moser S. 159.

[14] Nachweis der Drucke bei Natale (wie Anm. 1) S. 55f. Nr. 2.2; zum Exemplar des Tübinger Schloßhauptmanns Nikolaus Ochsenbach, heute Württ. Landesbibliothek Stuttgart, das eine Abbildung Eberhards enthält vgl. Württemberg im Spätmittelalter. Katalog zur Ausstellung des Hauptstaatsarchivs Stuttgart und der Würtembergischen Landesbibliothek bearb. von Joachim Fischer, Peter Amelung und Wolfgang Irtenkauf, Stuttgart 1985, S. 185f. Nr. 188.

[15] Peter Amelung, Die Anfänge des Buchdrucks, in: Württemberg im Spätmittelalter (wie Anm. 14) S. 176f.; Dieter Mertens, Eberhard im Bart und der Humanismus, in: Eberhard und Mechthild. Untersuchungen zur Politik und Kultur des ausgehenden Mittelalters, hrsg. v. Hans-Martin Maurer (Lebendige Vergangenheit. Zeugnisse und Erinnerungen 17), Stuttgart 1994. S. 35–81, hier S. 67.

[16] Zu »Erinnerung« und »Gedächtnis« vgl. Graf, Eberhard (wie Anm. 5) S. 13.

[17] Gf. Eberhard d. J. 1492 Sept. 11, Urach, Druck: Moser, Sammlung (wie Anm. 11) S. 181.

[18] Zur spätmittelalterlichen Heilsangst vgl. Joachim Fischer, Das Testament der Erzherzogin Mechthild von Österreich vom 1. Okt. 1481, in: Eberhard und Mechthild (wie Anm. 15) S. 111–163, hier S. 113f. mit Lit.

[19] Hierauf macht Graf, Eberhard (wie Anm. 5) S. 24 aufmerksam.

[20] Ebenda S. 24.

[21] Neueste kritische Edition des Testaments mit Protokoll über die Eröffnung (1492 Dez. 26, Urach, bzw. 1496 März 22) in: 1495 Württemberg wird Herzogtum (wie Anm. 3) S. 61f. Nr. 4.

[22] Testament (wie Anm. 21) S. 61f.

[23] Testament S. 62/63.

[24] Ulrich Bubenheimer, Biel, Gabriel, in: Verfasserlexikon 2. Aufl. Bd. 2, 1978, Sp. 853–858; zuletzt Bernhard Neidiger, Das Dominikanerkloster Stuttgart, die Kanoniker vom gemeinsamen Leben in Urach und die Gründung der Universität Tübingen. Konkurrierende Reformansätze in der württembergischen Kirchenpolitik am Ausgang des Mittelalters (Veröffentlichungen des Archivs der Stadt Stuttgart 58), Stuttgart 1993. S. 41f., 45ff.; Crusius, Gabriel Biel (wie Anm. 12) S. 299f.

[25] Neidiger (wie Anm. 24) S. 92ff; Mertens, Humanismus (wie Anm. 15) S. 49.

[26] Neidiger (wie Anm. 24) S. 43.

[27] Crusius, Gabriel Biel (wie Anm. 12) S. 310f.; Neidiger (wie Anm. 24) S. 9, 42f.

[28] Mertens, Humanismus (wie Anm. 15) S. 51f., Zitate in Anm. 78, 79, S. 71; Graf, Eberhard (wie Anm. 5) S. 10.

[29] Mertens, Humanismus (wie Anm. 15) S. 52f. mit der älteren Literatur.

[30] HStA 602 Urk. 360; Druck: August L. Reyscher, Vollständige, historische und kritisch bearbeitete Sammlung der würtembergischen Gesetze, Stuttgart 1828. Bd. 1 S. 513–520; Grube, Landtag (wie Anm. 7) S. 55f.; Graf, Eberhard (wie Anm. 5) S. 16. f.

[31] Statuten Kap. 6; Moser S. 119.

[32] Crusius, Gabriel Biel (wie Anm. 12) S. 315; Neidiger (wie Anm. 24) S. 67.

[33] So Mertens, Humanismus (wie Anm. 15) S. 71.

[34] Crusius, Gabriel Biel (wie Anm. 12) S. 320; Graf, Geschichtsschreibung (wie Anm. 12) S. 189.

[35] Neidiger (wie Anm. 24) S. 125.

[36] So Wimpfeling und Trithemius. Neidiger (wie Anm. 24) S. 119f.; Mertens, Humanismus (wie Anm. 15) S. 71 Anm. 160.

[37] Statuten, Einleitung; Moser S. 104.

[38] Dieter Stievermann, Die württembergische Klosterreform des 15. Jahrhunderts, in: Zeitschrift für württembergische Landesgeschichte 44, 1985, S. 65–103, hier S. 96.

[39] Mertens, Humanismus (wie Anm. 15) S. 68/9.

[40] Graf, Eberhard (wie Anm. 5) S. 19f.

[41] K. Maximilian I. erhebt Gf. Eberhard V. zum Herzog zu Württemberg, Worms 1495 Juli 21. Neuester Druck mit Faksimile in: 1495: Württemberg wird Herzogtum (wie Anm. 3) Nr. 11 S. 82–85, hier S. 83, 84.

[42] Dazu Graf, Eberhard (wie Anm. 5) S. 17.

[43] Der Landkreis Tübingen. Amtliche Kreisbeschreibung. Bd. 2, 1972, S. 383; Schiek (wie Anm. 2) S. 11f.

[44] Jakob Ramminger, Seekarte »Schlößlin im Schönbuch ...« 1596, Stuttgart, Landesbibliothek Cod. hist. fol. 261, Farbtafel bei Schiek (wie Anm. 2) S. 47. Die Forstkarte von Georg Gadner, Der Tübinger Forst, 1592 (Farbabb. I in diesem Band), zeigt nur sehr detailgetreu das Schlößchen, nicht aber die Stiftsanlage (Historischer Atlas von Baden-Württemberg. Hrsg. Kommission für geschichtliche Landeskunde in Baden-Württemberg. Stuttgart 1973. Karte I,2). Die Aquarelle von Nikolaus Ochsenbach aus den Jahren um 1580 bei Schiek S. 49, 73.

[45] Zur Person Helmut Feld, Martin Luthers und Wendelin Steinbachs Vorlesungen über den Hebräerbrief. Wiesbaden 1971. S. 10f.

[46] Wilfried Schöntag, Die Aufhebung der Stifte und Häuser der Brüder vom gemeinsamen Leben in Württemberg. Ein Vorbote der Reformation?, in: Zeitschrift für württembergischer Landesgeschichte 38, 1979, S. 82–96, hier S. 85f.; zuletzt dazu Neidiger (wie Anm. 24) S. 130f.

[47] Württembergische Landtagsakten 1498–1515. Bearb. von W. Ohr, E. Kober (Württembergische Landtagsakten I. Reihe 1. Band). Stuttgart 1913. S. 238.

[48] Zitiert bei Natale (wie Anm. 1) S. 60.

[49] HStA Stuttgart A 522 Bü 1, Inventar vom 13. 12. 1534; Der Landkreis Tübingen. Amtliche Kreisbeschreibung. Bd. 2, 1972, S. 383–385; Schiek (wie Anm. 2) S. 16f., Natale (wie Anm. 1) S. 61f.

[50] Schiek (wie Anm. 2) S. 14, Abb. 21 S. 78f..

[51] Schiek (wie Anm. 2) S. 30f., Abb. 20 S. 76f.; Schukraft (wie Anm. 2) S. 30f., 34f.

[52] Mertens, Humanismus (wie Anm. 15) S. 36. Joachim Camerarius, Oratio funebris ... de illustrissimo Principe Eberhardo Duce ... Tübingen 1537.

[53] Dies hat Dieter Mertens, Humanismus (wie Anm. 15) S. 71ff. sehr überzeugend herausgearbeitet.

[54] Schiek (wie Anm. 2) S. 21.

[55] Schiek (wie Anm. 2) Abb. 22 S. 80f.

Der Wald als Lebensgrundlage. Waldbesitz und Waldnutzung vom 14. bis ins 18. Jahrhundert

Rudolf Kieß

Der Wald als Lebensgrundlage... Vielen mag dieser Titel aus heutiger Sicht etwas hochgegriffen erscheinen, leben wir doch nicht vom Wald, auch wenn er uns manches bietet und liefert. Allerdings hat die lebhafte öffentliche Diskussion der letzten Jahre und Jahrzehnte über den Wald, insbesondere über das Thema Waldsterben, die Aufmerksamkeit auf grundlegende Funktionen unserer Wälder gelenkt. Der Begriff Lebensgrundlage rückt damit näher. Nun geht es hier nicht um die gegenwärtige Funktion des Waldes und, da wir annehmen dürfen, daß im späten Mittelalter und in der frühen Neuzeit die Anwohner des Schönbuchs nicht über die aus dem Westen oder aus den Holzöfen der Städte Herrenberg und Tübingen herangewehte verschmutzte Luft diskutierten, müssen wir im Blick auf das Spätmittelalter und die frühe Neuzeit sicher eine andere Rechtfertigung für das Thema suchen.

Jeder, der sich mit der Geschichte des Schönbuchs befaßt, stützt sich, um nur einige Namen zu nennen, dankbar auf die Untersuchungen von Graner[1] und Zeyher[2], auf den von Grees herausgegebenen Sammelband[3] und neuerdings auf die wichtigen Forschungsergebnisse von Lorenz.

Das verfügbare Quellenmaterial ist riesig. Neben der Literatur dienen vor allem die Lagerbücher, auch Urbare genannt, als Quelle, die von 1383 an als Zinsbücher, später auch als Besitz- und Rechtsaufzeichnungen eine Fülle von Material liefern, freilich auch nicht alle Fragen beantworten können, da sie keine Geschichtsbücher sein wollen. Nur der durch seine etwas andersartigen Forstbeschreibungen und die darin enthaltenen fast noch heute gültigen Ortsansichten (Farbteil, Abb. VII, VIII und IX) bekannt gewordene Kriegsrat Andreas Kieser läßt uns 1683 in der Einleitung wissen,

»daß der Schonbuch vor alters ein weitberümbter und nutzbahrer Waldt allß ein Lehen deß Röm. Reichs in Anno 1348 und allso vor 386 (sic!) *Jahrs mit Consens deß dahmaligen Römischen Königs Caroli VI. von Eberharden undt Ulrichen Beeder Graffen zue Württemberg Graff Conrads dem Schörer in Herrenberg mit dem Wildtbahn, Dörffern, Weylern, Leuth undt Güetter umb 9600 Pfd. gutter Heller aberkaufft worden...«.*[4]

Der Schönbuch ist also nicht nur ein Wald, sondern ein komplexes Besitztum.

Den besonderen Charakter des Schönbuchs zeigen uns die nach 1550 geschaffenen Lagerbücher sehr anschaulich. Von 1556 stammt die Beschreibung des Tübinger Forsts, also eines der württembergischen landesherrlichen Forsten, die seit dem 15. Jahrhundert faßbar werden, aber sicher älter sind. Dem innerhalb des Tü-

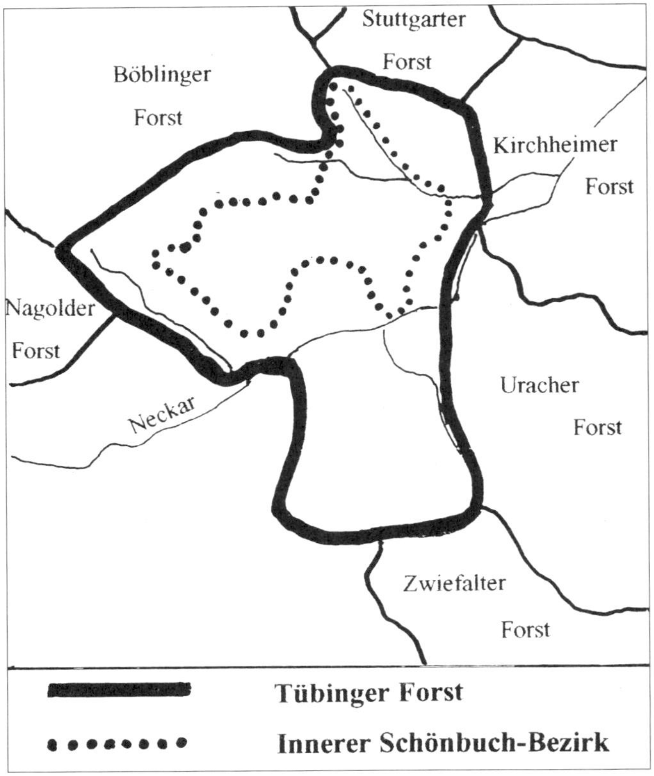

Abb. 28: Grenzverlauf Tübinger Forst mit Schönbuchgrenzen (Zeichnung R. Kieß)

binger Forsts gelegenen Schönbuch sind drei Lagerbücher aus den Jahren 1552/53 gewidmet. Schönbuch und Tübinger Forst haben jeweils ihre eigene Geschichte (Abb. 28). Der Schönbuch ist ein Reichswald, in welchem die Lehensinhaber das Jagdrecht innehaben, während der Tübinger Forst letztlich zu dem auch fremde Territorien umfassenden Typ des Wildbannforsts gehört.

Es geht erstens kurz um Waldbesitz, zweitens ausführlicher um Waldnutzung und drittens um die sich aus den einschlägigen Quellen ergebenden Folgerungen für die frühere Geschichte des Schönbuchs, auch im Vergleich mit anderen großen Wäldern.

Waldbesitz

Die Frage nach dem Waldbesitz, vielleicht besser Waldeigentum, ist am leichtesten zu beantworten. Wenn wir 1552 lesen: Christoph *Als Hertzog zu Wirtemperg unnd Regierender Landtzfürst Ist Rechter ainiger Aigenthumbs Herr des ganntzen Schonbuchs zu Holtz unnd zu veld...*[5], scheint alles klar zu sein. Wem sonst als dem Landesherrn sollte damals der Wald gehören. Nun, der Satz gilt nur für den Schönbuch im engeren Sinne, während sonst das Waldeigentum genauso wie heute aufgegliedert war. Denn das Lagerbuch des Tübinger Forsts zählt 1556 auf *Aigne Höltzer unserm genedigen fursten und herrn zughörig*, zum Beispiel den *Steffler Berg* zwischen Pfullingen und Gönningen mit 150 Morgen, dann *Gemeine Hölzter der Landschafft Stetten Flecken und Höffen auch privat personen zugehörig*. So besitzt zum Beispiel *Tüwingen die gemeine(n) stat.. ein vich stellin* von 37 Morgen, oder ein *Christof Sachs* - also eine Privatperson - *am linken* d.h. nördlichen – *Esterberg* einen Morgen Wald[6]. Auch viele Reutlinger Wälder sind erfaßt. Daneben gab es auch schon eine Genossenschaft, die vom 15. Jh. bis heute bestehende Laubach-Genossenschaft in Schönaich[7], übrigens neben einem herrschaftlichen Laubach-Wald.

Ganz wichtig ist es zu beachten, daß die Frage des Waldeigentums bei weitem nicht so wichtig war wie heutzutage, worauf vor allem Karl Siegfried Bader nachdrücklich hingewiesen hat. Er sagt: »Wenn man danach forscht, wem die Sache ›gehört‹, lautet die Frage: ›Wer hat die Sache zu nutzen?‹ Nutzung aber ist teilbar«.[8] Dieser Sachverhalt ist für den Schönbuch von grundlegender Bedeutung.

Waldnutzung

Unter dem Aspekt Lebensgrundlagen wird das Thema Waldnutzung den größten Raum einnehmen, weil es hier wirklich um Lebensgrundlagen geht. Neben der jedem geläufigen Holznutzung spielte die Waldweide eine große Rolle, doch soll auch die Rodung und die Jagd bei den Nutzungen eingereiht werden. Erholungswald und Luftreinhaltung waren damals keine Themen, es ging nicht um Ökologie, sondern um Ökonomie. Das Stichwort Waldsterben, Waldverwüstung hatte, wie wir sehen werden, eine andere Dimension als heute.

Es erregt möglicherweise Anstoß, wenn die *Jagd* unter der banalen Rubrik Nutzung eingeordnet wird, hat die Jagd sich doch als Attribut des Waldes gerade im Schönbuch dem Bewußtsein besonders stark eingeprägt, angefangen von den Exzessen in der Zeit des Absolutismus über die zwar auch als eher schädlich eingestufte Hofjagd des letzten württembergischen Königs[9] bis hin zu der heute im Staatswald überwiegend pachtweise betriebenen Jagd. Es muß auch kurz erwähnt werden, daß die Jagd eng mit den Begriffen Forst und Forsthoheit verknüpft war. Jedes Forstlagerbuch beginnt mit der Feststellung, daß dem Grafen bzw. Herzog von Württemberg *alle hohe unnd vörstliche oberkeit Inn disem Vorst allein ungeirrt meniglichs in Ruewiger poßeßion und Inhaben zugebietten und Zuverbietten denselbigen zubejagen und zuhagenn ouch dar innen zuverrichten was vörstlicher oberkeit zuesteet.*[10] Dazu kommt, daß die Forsten, insbesondere die landesherrlichen Forsten – auch in Württemberg – von Laien meist als Jagdbezirke verstanden wurden, was nicht zuletzt von der alternativen Bezeichnung »Wildbänne« herrührt, obwohl sich der Begriff Wildbann ursprünglich nicht auf Jagdwild bezieht, sondern auf das »wilde, öde« Land, auf das zunächst der König Anspruch erhob,[11] was auch für die territoriale Entwicklung der Grafschaft Württemberg von Bedeutung war.[12] Der Ausdruck »die Wildbahn« (mit h) hat den Begriff vollends verdunkelt. Selbstverständlich war die Jagd wichtig als ein Symbol der Herrschaft und nicht zuletzt als eine Art Kriegsspiel der Herren. Die Jagd hatte auch eine ökonomische Komponente: Fleisch, Häute und Horn waren nützliche Produkte. Der Wildschaden und die sehr belastenden Jagddienste der Untertanen sollen nur am Rande erwähnt werden: Die Aufzucht von Jagdhunden in den Dörfern und Mühlen sowie die Stellung von »Mannschaften«; im Tübinger Forst waren es 1769 3785 Männer und 5371 Zugtiere.[13] Zu den materiellen Lebensgrundlagen wird man die Jagd nur bedingt zählen können. Im ganzen darf man dem Jagdrecht in der Hand der Landesherren neben dem Jagdvergnügen besonders im Mittelalter eine hohe herrschaftssymbolische Bedeutung beimessen.

Wenn die *Rodung* zu den Nutzungen gezählt wird, mag dies manchem ebenfalls als ungewöhnlich erscheinen, doch hat die Erweiterung des Siedlungsraumes sehr viel mit Lebensgrundlagen zu tun. Für die Herren, sei es der König, sei es ein Landesherr, bedeutete Rodung die Erschließung bisher kaum ertragsfähiger Räume, mindestens dort, wo die Holzversorgung noch gesichert war. Man hat erkannt, daß die Einrichtung von Forsten und Wildbännen aufgrund des Forstregals mit dem Zugriff auf Waldland neben der Jagd und anderen Inhalten, etwa Bergbau, nicht zuletzt auf die Gewinnung von neuem Siedlungsland zielte. Die Bevölkerung sah die Chance, die landwirtschaftliche Nutzfläche zu erweitern und neue Bauernstellen zu gewinnen, also Lebensraum als Lebensgrundlage. Dies konnte zu einer verbesserten sozialen und politischen Stellung, zu einer Art von Freiheit führen. »Waldluft macht frei« lautet der Titel einer neueren Abhandlung.[14] Im Lagerbuch von 1383 klingt dies an in der Formulierung *von des Schainbuchs rehten und fryheiten,* wobei der Begriff Freiheit im Mittelalter sehr relativ zu verstehen ist.[15]

Im Schönbuch können wir die Rodung als lang andauernden Prozeß in verschiedenen Stadien beobachten. Die frühen Siedlungsgruppen etwa um Holzgerlingen, Waldenbuch und Walddorf sind uns schon geläufig. Ein Beleg für Rodungsvorgänge am Schönbuchrand in späterer Zeit sind zahlreiche Ortsnamen, ganz unmittelbar etwa Breitenholz, dann Ortsnamen mit dem Be-

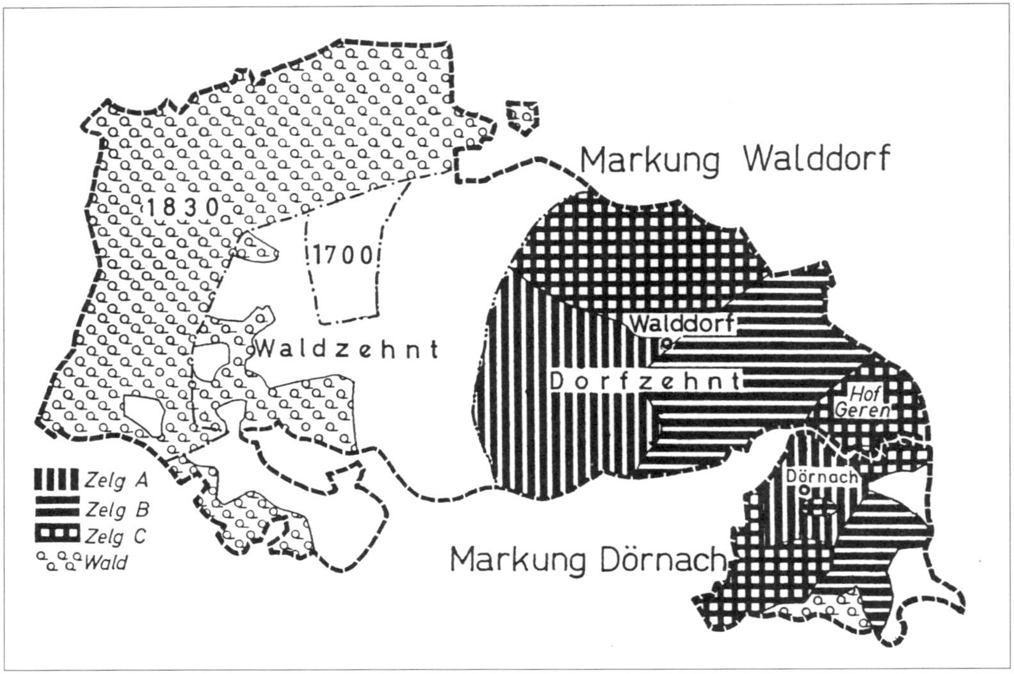

Abb. 29: Das Wachsen der Gemeinde Walddorf (nach Jänichen, vgl. Anm. 16) (Kommission für Geschichtliche Landeskunde in Baden-Württemberg)

standteil ›loch=Wald‹ in Hagelloch und Schwärzloch, ›dorn‹ in Dörnach, ›Hasel‹ in Häslach, etwas versteckt, aber eindrücklich im Namen Kayh = ›Gehai‹. Auch der Siedlungsname Glashütte bei Waldenbuch hängt indirekt mit dem Wald zusammen. Die Vorgänge im einzelnen kennen wir in der Regel nicht. Dagegen kann man sehr genau verfolgen, wie in der historisch gut belegten Zeit einzelne Siedlungen am Rande des Schönbuchs durch Rodung profitierten.

Hans Jänichen, der sich über den Schönbuch viel Gedanken machte, hat in seinen Untersuchungen über die Gemeindemarkungen ein eindrucksvolles Beispiel geliefert,[16] das als Ausgangspunkt der folgenden Betrachtung dienen soll. Die Gemeinde Walddorf, heute Teil von Walddorfhäslach, konnte zunächst aus der Aufteilung der Markung eines abgegangenen Hofes zusammen mit Dörnach im Spätmittelalter ihre Markung etwas erweitern (Abb. 29). Wesentlich umfangreicher ist das auf der Karte mit ›Waldzehnt‹ bezeichnete Areal, das im Spätmittelalter und in der frühen Neuzeit hinzukam und »nicht nach dem Dreifeldersystem, sondern als Stock- und Reutfelder umgetrieben« wurde. Ein kleines Stück kam laut Jänichen erst um 1700 dazu. Während im Dorf der übliche Kirchenzehnt eingezogen wurde, ging der Waldzehnt, auch Neubruchzehnt genannt, an den Landesherrn als Gebühr für die Nutzung der Neugereute im Schönbuch, war also keine kirchliche Abgabe. Schließlich erhielt die Gemeinde 1830 als Ablösung für die Schönbuchnutzungen eine erhebliche Waldfläche, so daß die Gemeinde, die 1556 überhaupt keinen Wald besessen hatte,[17] vor der Gemeindereform 1973 über einen Gemeindewald von 113ha verfügte neben 276ha Staatswald und 53ha Privatwald auf der Markung.[18] Die Dorfmarkung im ganzen hatte sich also im Laufe der überschaubaren Geschichte verdreifacht, nebenbei ein Paradebeispiel dafür, daß unsere Dorfmarkungen keine

Urmarkungen sind und nicht aus der Landnahmezeit stammen.

Rodung ist also eine legitime Form der Nutzung des Waldes, solange der jeweilige Wald dabei nicht zu sehr beschnitten wird oder gar völlig verschwindet, wie wir es in den fruchtbaren Gäulandschaften, auch auf den Fildern beobachten können. Häufig leben gerodete Wälder in Flurnamen weiter, so westlich von Walddorf die Fluren »Nonnenhäule« und »Neue Äcker« (Abb. 30). Das Fehlen örtlichen Waldes führte dazu, daß der Bedarf in einem weiter entfernten Wald gedeckt werden mußte. Manche schönbuchberechtigten Dörfer und Höfe liegen in mehr oder weniger großer Entfernung vom Schönbuch. Waldferne bzw. waldlose Gemeinden sind Bernhausen und Sielmingen, Gültstein und Reusten, Degerschlacht und Rommelsbach. Es gab auch waldnahe Gegenbeispiele, so Hildrizhausen, das im westlichen Schönbuch einen 891 Morgen großen Wald, die Hildrizhauser Mark, besaß.[19] Trotzdem waren sie schönbuchberechtigt.

Die *Waldweide*, also eine landwirtschaftliche Nutzung, war bis zum Ende des 18. Jahrhunderts mindestens ebenso wichtig. Es gab noch weitere nutzbare Produkte wie Holzkohle, Eichenrinde für die Gerber, wilde Bienenschwärme, Erntwiden, d.h. Bindematerial für die Ernte. Über die Schönbuchnutzungen ist in den Lagerbüchern eine gewaltige Menge von Daten enthalten, die noch keineswegs vollständig ausgewertet sind, aber von Graner und Zeyher ausführlich benutzt wurden. Einen winzigen Ausschnitt lernen wir kennen, indem wir das Beispiel Walddorf fortspinnen und einen Eindruck von den Lagerbucheinträgen aus den Jahren 1383, 1417 und 1552/53 zu gewinnen suchen.

Im ersten Schönbuch-Lagerbuch von 1383 heißt es: *Man sol wissen, das* (das was) *ze Waltdorf usser dem dorf gat, das an den Schainbuch gehört.*[20] Hier sind also nur die Abgaben verzeichnet, die an die Waldvogtei Tübingen gingen, andere gingen an das Amt Tübingen, beides württembergische Obrigkeiten, aber sozusagen getrennte Systeme, nicht die einzigen, denn in Walddorf gingen Abgaben mindestens noch an die Grangie des Klosters Bebenhausen.

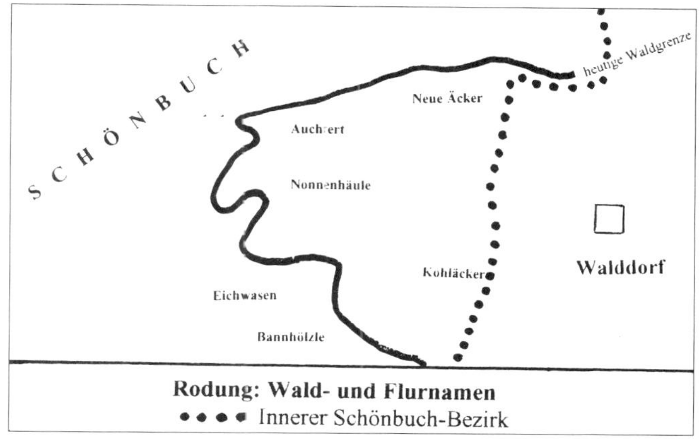

Abb. 30: Wald- und Flurnamen bei Walddorf (Zeichnung: R. Kieß)

Nun zu den einzelnen Posten: Jedes Haus gibt jährlich zwei Simri Haber, zwei Hühner, 1ßh, 1 Weidkäs, »ein hallenwert ayer«, also Eier im Wert von 1 Heller. 1417 erscheinen dieselben Abgaben[21], auch 1553[22], nur werden sie präziser als Feuerschilling, Feuerhaber und Feuerhühner bezeichnet, d.h. die Abgaben beziehen sich auf die Feuerstelle, auch Rauch genannt, also auf den Bedarf des jeweiligen Haushalts. In Walddorf sind es 94 Häuser.

Grundlage für die Brennholznutzung der Schönbuchgenossen war der sogenannte »rechte Hau«. Ausgenommen waren Eichen und Buchen und fruchttragende Bäume, soweit sie nicht dürr oder »windfällig« waren. Übrig blieb zum Beispiel die Hainbuche – 1996 der Baum des Jahres – ein Baum, der immer wieder ausschlug und fast ununterbrochen genutzt werden konnte.[23]

Hinsichtlich der Waldweide heißt es 1553: Jeder Untertan und Einsäß zu Walddorf, »*der rinderhafftig vieh hat, das im Schonbuch uf die wayd geet*« gibt 1 Käs und 3 1/2 Eier.

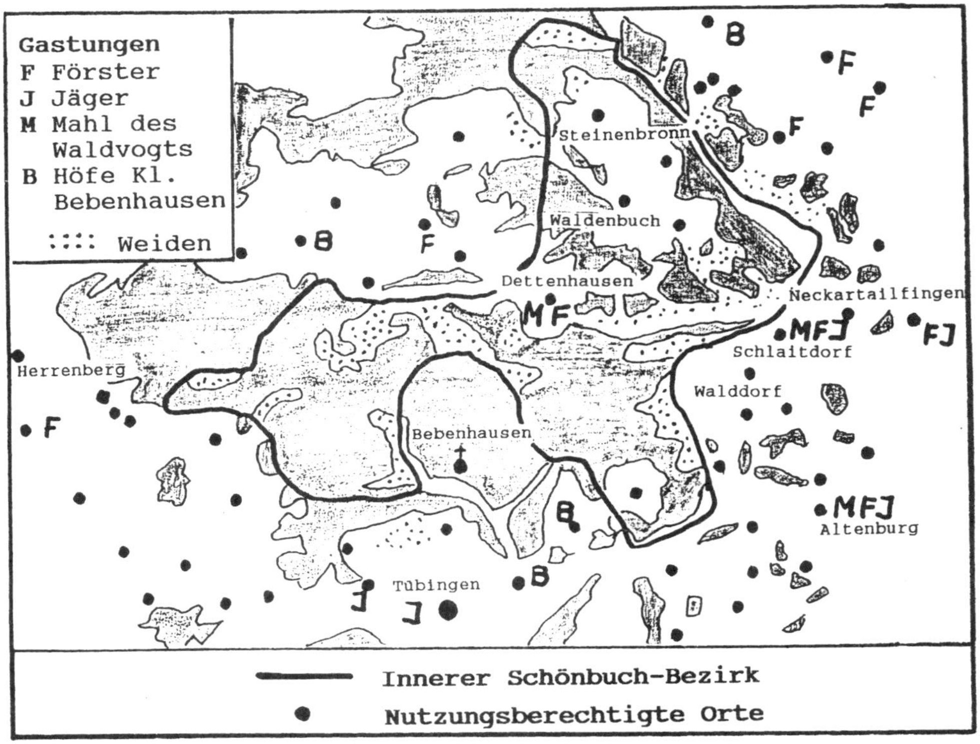

Abb. 31: Gastungsrechte im Schönbuch. Übersicht. (Zeichnung: R. Kieß)

Damit sind die Abgaben für Brennholz und Waldweide umschrieben, die unter dem Begriff Miete laufen.[24] Diejenigen, die Brennholz vom »Rechten Hau« verkaufen und »um Lohn führen«, bezahlen als Schönbuch-Miete vom 4-rädrigen Wagen 6ßh und vom 2-rädrigen Karren 3ßh und dazu je 6h »Mietmaßen«.

Für die *Bauholzgerechtigkeit* ist die Zimmermiete zu entrichten und zwar 3ßh für einen Wagen Eichenholz, 2ßh für einen Wagen Buchenholz und dazu jeweils 6h »Mietmaßen«.

Schon Graner rätselte, warum bei diesen »Mietmaßen«, die auch für Wagen- und Karrenfahrten mit Brennholz erhoben wurden, im Oberen und Mittleren Amt 6 Heller, im Unteren Amt 1ßh eingezogen wurden.[25] Vermutlich hängt dies damit zusammen, daß vom nördlich gelegenen Unteren Amt durchaus legitim viel Brennholz nach Stuttgart exportiert wurde – für die Hauptstadt eine notwendige Fernversorgung, für die Schönbuchgenossen ein Geschäft, für den Wald eher abträglich.

Für die Handwerker: Wagner, Pflugmacher, Egg(d)enmacher, Binder oder Küfer, Schmiede und Häckler (stellen Schaufeln, Gabeln etc. her) gelten besondere Bestimmungen.[26]

Jeder Hafner zu Walddorf, der zu seinem Handwerk *»erden oder leimen im Schonbuch grebt»* gibt jährlich 100 Eier; damals waren es drei Hafner. Hier geht es sozusagen um die bescheidenen Bodenschätze im Schönbuch. An manchen Orten sind es die »Steingruben«, d.h. die Steinbrüche. Solche Steinbrüche wurden in großem Stil bis 1975 in Dettenhausen betrieben[27], jetzt immer noch bei Pliezhausen und Pfrondorf, neuerdings ergänzt durch Erddeponien, die ebenfalls Einkünfte für den Waldeigentümer abwerfen.

Zu den aufgezählten und beschriebenen festen Abgaben, wie sie in allen Schönbuch-Orten in unterschiedlichem Umfang und mit nicht immer gleichen Bedingungen aufgezeichnet sind, fließen an die Waldvogtei noch Einkünfte aus den Rodungsgütern, die für Walddorf auf der Karte von Jänichen zu sehen sind. In den Lagerbüchern können wir die Entwicklung verfolgen. Weil für 1383 keine Maßangaben vorliegen, werden Stückzahlen genannt:[28]

1383: ca. 70 Äcker bzw. Wiesen,

1417: 15 Äcker mit 39 Morgen, 75 Wiesen mit 139 Morgen,

1553: 227 Äcker mit 239 1/2 Morgen, 200 Wiesen mit 441 3/4 Morgen.

Die Vermehrung der Zahlen dürfte auf fortschreitende Rodung, in kleinerem Umfang auf Teilungen zurückzuführen sein.[29]

Neben den Geld- und Sachleistungen von allen schönbuchberechtigten Gemeinden und Höfen standen weitere Verpflichtungen, die für den Historiker besonders interessant sind, nämlich die *Gastungsrechte* der Herrschaft für ihr Aufsichtspersonal.

So erhalten 1383 in Neckartailfingen im Hof *auf dem Berg*[30] die Förster des Mittleren Amts Essen für sich und Futter für die Pferde, ebenso die herrschaftliche Jagdgesellschaft *(Und so min herre da umb jaget über land und wer),*[31] wenn sie verlorene Hunde suchen.

Solche Gastungsrechte, häufig in Klosterhöfen, sind außerdem bezeugt für Gültstein, Breitenstein, Dettenhausen, Bernhausen, Sielmingen, Plattenhardt, Schlaitdorf, Pliezhausen, Altenburg, Reutlingen, Tübingen und dem abgegangenen Himbach, dazuhin ausdrücklich in Höfen des Klosters Bebenhausen in Echterdingen, Pfrondorf, Lustnau, Waldhausen und Altdorf (Abb.31).[32]

Eine opulentere Version von Gastung finden wir in einem Hof in Schlaitdorf : *Darin hat man das reht, das des jares einest ein vogt und sin kneht dahin komen sol und sehs förster und sehs ir knecht. Und sullen die kneht ieglicher einen rüden füren. Und sol man in ein gut mal geben in allen und und ouch den, wer ob ieman ungeverlich zu in kom. Und sol in ane ein win des besten wins gnug geben, der ze Rütlingen oder ze Gretzingen veil ist. Und sol iren pferden futers genug geben und zu iedem pferid eine new gentlin* (Gelte, Gefäß) *und ein newe seil. Und morgens sol man in aber ze essen und ze trinken geben. Und so si dannan ritent, so sol man in mit in geben ze füren ein haselbrun gans gebraten und 16 brot in einen sak und 4 sümri habern.*[33] Diese Kuriositäten werden zitiert als Hinweise auf das hohe Alter der Bräuche. Für den Aufwand bei Gastungsrechten wird in der Regel freier Brenn- und Bauholzbezug gewährt. Ein solches Mahl des Waldvogts ist außerdem für Dettenhausen und Altenburg belegt.

Gastungsrechte in Klosterhöfen kommen auch in anderen württembergischen Forsten vor. Hier darf man wohl die landesherrliche Version der Gewohnheit der deutschen Könige sehen, sich in Pfalzen und Klöstern sowie Bischofsresidenzen versorgen zu lassen, kein unwichtiges Indiz für die älteste, dunkle Geschichte des Schönbuchs. Lorenz hat vor kurzem in Altenburg mit großer Wahrscheinlichkeit einen Königshof erschlossen, wo dieselben Gastungsrechte wie in Schlaitdorf vorkommen.[34] In der Nähe liegt wie in Neckartailfingen auch eine Flur »Berg«.

Die Freunde der Jagd können aufgrund der zitierten Texte jetzt sagen: Also steht im Schönbuch doch die Jagd im Vordergrund, und ihr dient die ganze Organisation. Nun, beim Mahl des Waldvogts in Dettenhausen wird betont, daß dieses Mahl beansprucht wird in einem Jahr *wenne ein ecker is*, d.h. wenn die für den Waldherrn sehr einträgliche Nutzung der Eichel- und Buchelnmast ansteht, also wenn es um die Beaufsichtigung eines sehr lukrativen Dienstgeschäfts ging, um den Einzug des Schweinezehnts, des Dehem oder Dechmen, ein Wort, abgeleitet von der decima porcorum, die schon von den merowingischen Königen erhoben wurde. Aufsicht bedeutete auch Einzug von Strafen, die nicht nur gegen Wilderer, sondern vor allem gegen Holzdiebe verhängt wurden. Es war sicher nicht leicht, den erwähnten »rechten Hau« zu überwachen. 1383 war der sogenannte Schönbuch-Frevel mit 3 Pfd. Tübinger Währung angesetzt.[35] Der Betrag von 3 Pfund = 60 Schilling erinnert an die 60-Schilling-Buße in karolingischer Zeit.

Dem Waldvogt, der seit 1490 ständig seinen Sitz in Waldenbuch hatte,[36] standen in den sogenannten Huten, also Revieren, sechs Förster oder Forstknechte zur Seite, die 1556 in Kayh und Holzgerlingen, in Kirchen=Kirchentellinsfurt und Walddorf sowie in Waldenbuch und Plattenhardt saßen.[37] Die Forstknechte, unter denen noch Unterknechte standen, waren keineswegs Knechte im heutigen Sinn, sondern durchaus »Herren«, die in herausgehobenen Häusern wohnten.[38] (Abb. 32)

Die skizzierten Abgabenverhältnisse waren in den 112[39] berechtigten Städten, Dörfer, Höfen, Schlössern und Mühlen ähnlich, doch gibt es große Unterschiede im Umfang und in den einzelnen Bedingungen.[40] Eine genauere Auswertung könnte vielleicht weitere Fingerzeige für die herrschaftliche Herkunft der einzelnen Orte liefern.

Interesse verdienen auch die berechtigten großen Städte Reutlingen und Tübingen. Reutlingen wurde erst 1310 offiziell durch Vertrag in den Kreis der Berechtigten aufgenommen und und mußte deshalb wohl höhere Mieten bezahlen.[41] Beide Städte müssen zusätzlich die Förster und Jäger sowie ihre Knechte mit den Hunden im Spital beherbergen und verpflegen.[42]

Bau-und Brennholzrechte von Adligen – *waz edellüt gefürst sint in Schainbuch* – gelten als Gegenleistung für Herrendienst: *Darumb sullen si warten minen herren von Wirtemberg mit ainem grozzen roß oder mit ainem erbern hengst oder ze fuzz, ob er nit anders mag.*[43]

Der kurze Blick auf die konkreten Nutzungen zeigt, daß der Wald Schönbuch lebensnotwendige Güter be-

Abb. 32: Ehemalige Forsthäuser in Walddorf (Kreisbildstelle Tübingen)

reitstellte: Brenn-, Bau- und Handwerkerholz, Viehweide sowie zusätzliches Acker- und Wiesenland – Voraussetzungen für das Überleben und für die Vermehrung der Bevölkerung, die im Laufe des 15. Jahrhunderts die Rückschläge der vorangegangenen Wüstungsperiode wieder aufgeholt hatte.

Der Einfluß von überlokalen Entwicklungen und Ereignissen darf nicht unterschätzt werden. So gewährten die Verheerungen des Dreißigjährigen Krieges dem Wald eine lange Erholungspause,[44] bis Mitte des 18. Jahrhunderts die Bevölkerung und damit der Versorgungsbedarf wieder den alten Stand erreicht hatten. Der Abschuß des Wildbestandes während der Achtundvierziger Revolution erleichterte den Wiederaufbau des Waldes auch im Schönbuch. So spiegelt der Waldzustand die allgemeine Geschichte wider.[45]

Die vielfältigen Nutzungen werfen die Frage auf, inwieweit der Schönbuch im Laufe der Jahrhunderte bis zum Ende des 18. Jahrhunderts tatsächlich die Bedürfnisse der auf ihn angewiesenen Bevölkerung befriedigen konnte und welche Maßnahmen ergriffen wurden, den Wald als Lebensgrundlage zu erhalten. Es geht um *Waldschutz* und um *Waldpflege.*

Im Vertrag mit Reutlingen 1310 und dann im Lagerbuch von 1383 sind bereits Strafbestimmungen enthalten. Dazu kommt die zunächst etwas dunkle Bemerkung, *daz kain vorholtz minen herren kain schad sol sin in der miet.*[46] Mit Vorholz sind wohl die Waldteile gemeint, die am Rande des eigentlichen, inneren Schönbuchs, also außerhalb der vermarkten inneren Schönbuchgrenze liegen, wo, wie wir am Beispiel Walddorf gesehen haben, einiges in Bewegung war. Die Grenze zwischen Wald und Feldmark dürfen wir uns nicht so scharf heute vorstellen. Wir müssen von einer locker bestockten Übergangszone ausgehen.[47] Bei der Bemerkung zu den Vorhölzern ging es wohl in erster Linie um die Einnahmen aus der Miete. Doch dürfte auch schon der Schutz des Waldes eine Rolle gespielt haben. Denn zu Beginn des 15. Jahrhunderts, wahrscheinlich um 1417, trägt eine erste Grenzbeschreibung der württembergischen Forsten, die damals noch Wildbänne genannt wurden, die Überschrift: *Als den wistnern* (also: den Verwüstern) *diser nachgeschriben wiltban empfohlen ist zu warten...* Dort wird auch der Tübinger Forst mit dem Schönbuch und dem Waldvogt Voltz erwähnt. Ihm ist empfohlen der ganze Bezirk *unnd den Schuonbuoch mitainander, dazu hat er sechst reuttender Knecht und er selbst.*[48] Der Ausdruck »Verwüster« bezieht sich wohl auch auf Übernutzung und nicht nur auf Jagdfrevel.

Spätestens am Ende des 15. Jahrhunderts konkretisieren sich herrschaftliche Bemühungen, über Strafmaßnahmen hinaus die Holznutzung im Sinne der Waldpflege zu regeln.[49] Dorothea Hauff hat auf einen Vertrag zwischen der Stadt Tübingen und dem Kloster Bebenhausen zwischen 1490 und 1494 hingewiesen, wonach »die Holznutzung nach Schlägen zu erfolgen hat, die jährlich eingeteilt werden und nach der Räumung von allem Weidevieh freizuhalten sind, ›*damit die höw widerumb mit holtz erwachsen mögen*‹.[50] Allgemeingültig waren dann die Bestimmungen in der ersten württembergischen Landesordnung Herzog Eberhards im Bart von 1495 ein, wo »zum erstenmal eine bewußte, gesetzlich fundierte Einflußnahme des Landesherrn auf die Waldbehandlung in seinem Territorium«[51] im Abschnitt *Prenn und bawholtz* in allgemeingültiger Form dokumentiert ist.[52]

Im Abschnitt *Prenn- und bawholtz* wird zunächst festgestellt, daß im Fürstentum großer Mangel an Brenn- und Bauholz herrsche. Die abgeholzten Flächen, die sogenannten Schläge, sollen eingezäunt werden, *damit das holtz gleich meg erwachsen*. Die Waldnachbarn, die nicht Untertanen sind, sollen gebeten werden, gleich zu verfahren.[53]

Diese neue Forstpolitik, die offensichtlich Wirkung zeigte und auch auf Wälder zielte, die zwar unter württembergischer Forsthoheit standen, aber nicht Eigentum des Landesherrn waren, führte zu mancherlei Beschwerden, die sich vor allem anläßlich des Aufstandes des Armen Konrad entluden. Sie betrafen auch den Schönbuch und konkretisierten sich 1514 zum Beispiel in besonderen Verträgen mit Waldenbuch[54] und Schlaitdorf.[55]

Unter der österreichischen Zwischenregierung führte dann ein nicht veröffentlichter »Ratschlag einer Ordnung uber die weld und beholtzung im Furstenthumb Wirtemberg...«, den Dorothea Hauff »ein forstwirtschaftliches Programm« nennt, 1532 zur ersten nicht erhaltenen Württembergischen Forstordnung. Die Reaktion der Untertanen richtete sich vor allem gegen die Eingriffe in die eigenen Wälder. Die Waldenbucher versteigen sich zu der letztlich leeren Drohung, sie *möchten auch nit by ainander im Stettlin blyben*, also lieber auswandern, was ihnen ja laut Tübinger Vertrag von 1514 erlaubt war. Andere betonten, so die Böblinger, sie hätten eine eigene Waldordnung, *dan wir unnsers achtens bißher nit so ybel gehausent des wir auns pflegers bedürfften, unns unnd unsern nachkommen ist die sach etwas neher angelegen dan andern, dan der Wald ist unnser schatz.*[56] Die Aussagen sprechen für sich selbst; sie drücken aus die Sorge um Lebensgrundlagen, natürlich ebenso das fehlende Verständnis für die höhere Einsicht der Obrigkeit, die mit ihren Maßnahmen die drohende Holznot abwenden und die Erträge verbessern wollte.

In den Schönbuch-Lagerbüchern von 1552/53 finden wir dann gleich im ersten Band eine Aufzählung von sogenannten *Bannwelden*, die nicht mit dem inneren Schönbuch-Bezirk gleichgesetzt werden dürfen.[57] Karten der einzelnen Teile des Schönbuchs vom Ende des 16. Jahrhunderts[58] zeigen, daß es sich teilweise um relativ kleine Waldteile im Schönbuch handelte, die häufig am Rande lagen, also in denjenigen Teilen, die von den Umwohnern zuerst aufgesucht wurden. Im Lagerbuch von 1552/53 sind sie, sozusagen als Programm, systematisch aufgelistet.

Wenden wir uns wieder Walddorf zu, so finden wir folgende Wälder: *ain holtz genannt der Onangstsacker oder Reichenbacher Bannwald, ain Banholtz genannt der Ostertag, die Stockwiß und der Aychinfürst.*[59] Diese Wälder sind grundsätzlich für Holznutzung und Viehweide gesperrt. Es fällt jedoch auf, daß es bei den Bannwäldern viele Ausnahmen gab.

Im Kieserschen Lagerbuch über 100 Jahre später fehlt die systematische Auflistung, doch gewinnt man den Eindruck, daß das System der Bannung von Wäldern im Prinzip funktionierte, allerdings nur im Prinzip, wie wir sehen werden. Kieser stellt jeweils einen früheren Zustand und den von ihm angetroffenen Zustand gegenüber. Wieder ein Beispiel aus Walddorf:[60]

Früherer Zustand: *Reichenbacher Bannholtz: uf die 50 Morgen, ist ein erwachsen Buchen-, Stangenholz, kan nach und nach den Wagnern darauß würckholtz* (Werkholz) *gegeben werden.*

Neuester Stand: *Ist nun 1/2 dermahlen hewig* (haubar), *daß andere Theil, weil erst bey 12 15 Jahren abgehawen worden, last* (=läßt) *sich, daß es ein feiner Waldt künfftig werden dörffte, wohl an.* Soweit forstpolitisch eine Erfolgsmeldung.

Das zweite Beispiel ist ein Gegenbeispiel, der Nonnenhau, auch bei Walddorf und noch heute auf der Karte im freien Feld als Nonnenhäule verzeichnet.

Früherer Zustand: *Etwa 40 morgen, hat vorneher zimblich viel angehende junge aychin, die mit der zeit Bawholtz geben, daß übrig ist mit Erlen erwachsen und bald an zue greifen.*

Neuester Stand: *Die Aichen seind zimlicher maßen heraußerschlagen worden, und ist kein Hoffnung da, daß etwaß an jungem holtz hernach wachsen dörfte.* Das heutige Kartenbild bestätigt die Prognose.

Kieser kommt deshalb an anderer Stelle zu sehr pessimistischen Aussagen, wenn er feststellt, daß im Schönbuch nur noch ein Viertel oder gar ein Drittel *rechter Wald* sei, und wenn die jungen Häue nicht verschont würden, *andernfalls der ganze Schönbuch in wenig Jahren ausgehawen, äckherich sambt wildtfuhr gäntzlich in abgang und die liebe Posterität umb Bauw- und Brennholtz augenscheinlich gebracht würdt, daß man auß mangel derselben den ackher und feldtbaw mehrertheils würdt darnider ligen undt viel Haußhaltung verlaßen mueßen.*[61] Kieser greift in diesem Zusammenhang einen älteren Vorschlag[62] auf, die Schönbuchsverwandten im Ammertal, *die sonst di schädlichsten holtzwürm sein und sich keiner ordnung accomodiren wöllen, uff daß floßholtz zue Nagelt zue weißen,*[63] also für einen Teil der Schönbuchsgenossenschaft eine Fernversorgung aus dem Schwarzwald ins Auge zu fassen, während andererseits noch lange Holz nach Stuttgart exportiert wurde.

Die einzelnen Kartenblätter enthalten auch Flächenberechnungen über den Bestand an Wiesen, Äckern und Wald innerhalb des Schönbuchs. Obwohl der Wald noch die größte Fläche einnimmt, wird er unter der Rubrik »Rest« aufgeführt.

So unterstreicht das Kiesersche Werk die Sorge um den Bestand des Waldes. Dorothea Hauff zitiert eine Aussage, daß »der Armann (d.h. der Untertan) in Stadt und Amt mehr Angst und Sorge ums Brennholz hatte als ums tägliche Brot für sein Weib und seine Kinder«.[64] Dies mag für den Schönbuch angesichts der Fülle von Berechtigungen durchaus gelten, sicher nicht für sämtliche Wälder des Landes. So scheint die Versorgung der holzfressenden Saline in Schwäbisch Hall durch die Zufuhr aus den Wäldern der Herrschaft Limpurg durchaus gedeckt gewesen zu sein, während die Holzvorräte im Schwarzwald erst durch die Flößerei zunächst überhaupt erschlossen werden konnten und dann später im 18. Jahrhundert allerdings ruiniert wurden.[65] Es ist beachtlich, daß bis jetzt nicht viele Glashütten im Schönbuch entdeckt wurden, weil der Schönbuch eben kein Überschußgebiet war (Farbteil, Abb. XIV).

Neuerdings wurde in der Forschung die Holznot als Anlaß für sozusagen fürsorgliche Eingriffe der Herrschaft in die Waldnutzung in Frage gestellt und als Vorstufe absolutistischer Bevormundung interpretiert, allerdings am Beispiel des Pfälzerwaldes, der wesentlich größer und kompakter war und ist als der Schönbuch.[66]

Es ist freilich einzuräumen, daß die widerstreitenden Interessen von Obrigkeit und Untertanen bzw. Berechtigten zu einer Konfrontation führten, die letztlich bis ins 20. Jahrhundert dauerte und erst aufhörte, als die Armut auf dem Land überwunden war, so daß man im 19. Jahrhundert sogar von einem Kriegszustand sprach, als die Forstbehörde mit einer militärisch organisierten Forstwache den Übergriffen zu steuern versuchte.

Die Ursache dafür lag im Schönbuch in den schwindenden Holzvorräten und in der nicht gelungenen, auch schwerfälligen Handhabung der Forstordnungen[67] und der speziellen Schönbuch-Ordnungen, die seit 1553 in Abständen die Bestimmungen der Lagerbücher ergänzten.[68] Ein Grundübel war, daß angesichts der starken Betonung des Herkommens, des Alten Rechts, nur zögernd eine gewisse Einschränkung der Rechte durchgesetzt wurde. Dazu kam, daß auf der einen Seite angesichts des Mangels die Holzpreise anstiegen und auf der anderen Seite die Strafen gleich blieben. Die Schere öffnete sich so weit, daß es sich schließlich lohnte, die Rugung, d.h. die Strafe, zu bezahlen und dann das Holz gewinnbringend weiterzuverkaufen. Man sprach von *wagenden Holzfreveln.* Da üblicherweise die Förster mit einem Drittel an den Rugungen beteiligt waren, ergab sich daraus eine unheilige Allianz zwischen Holzdieben und Forstaufsicht. Als man diesem sogenannten Rugungshau, der im wahrsten Sinne des Wortes kein »rechter Hau« mehr war, dadurch begegnen wollte, daß das Holz nicht mehr von den Berechtigten, sondern von beauftragten Holzhauern gehauen werden sollte, verlangten die Förster prompt eine Gehaltserhöhung, was schon 1628 vom Waldvogt und später von Kieser als notwendig bezeichnet wurde.[69] Trotz aller Bemühungen sind im 18. Jahrhundert immer größere Defizite belegt, bis dann Goethe auf seiner Reise in die Schweiz am 7. September 1797 auf der Fahrt von Waldenbuch nach Tübingen notierte: «Trift, einzelne Eichbäume«.[70] Er sah also eher eine Parklandschaft mit Weideflächen. Der Weg von dieser Waldwüste – forstwirtschaftlich gesehen – zum Schönbuch, wie wir ihn heute kennen, ist nicht mehr Gegenstand dieser Ausführungen.

Historische Perspektiven

Gerade von den Nutzungen her erscheint der Schönbuch als ein merkwürdiges, kompliziertes und interessantes Gebilde, dessen Entstehung unsere Neugier herausfordert. Deshalb fällt der Blick nochmals auf die ältere Geschichte. Mindestens drei historische Schichten sind erkennbar: der Einfluß Württembergs, der Pfalzgrafschaft und des Reichs, wobei noch eine Differenzierung in staufisch-hochmittelalterliche und fränkische Aktivitäten möglich ist. Eindeutig in die Frühzeit weisen die 60ß-Buße, die ursprünglichen Waldgerichte, mindestens in Altenburg und Weil im Schönbuch, die bezeichnenderweise in württembergischer Zeit in Vergessenheit gerieten und später durch Thädingsgerichte des Waldvogts in Tübingen, Entringen und Walddorf ersetzt wurden.[71] Auch die Gastungen, besonders das Mahl des Waldvogts, wurden obsolet und waren Mitte des 16. Jahrhunderts durch Geldzahlungen abgelöst.[72]

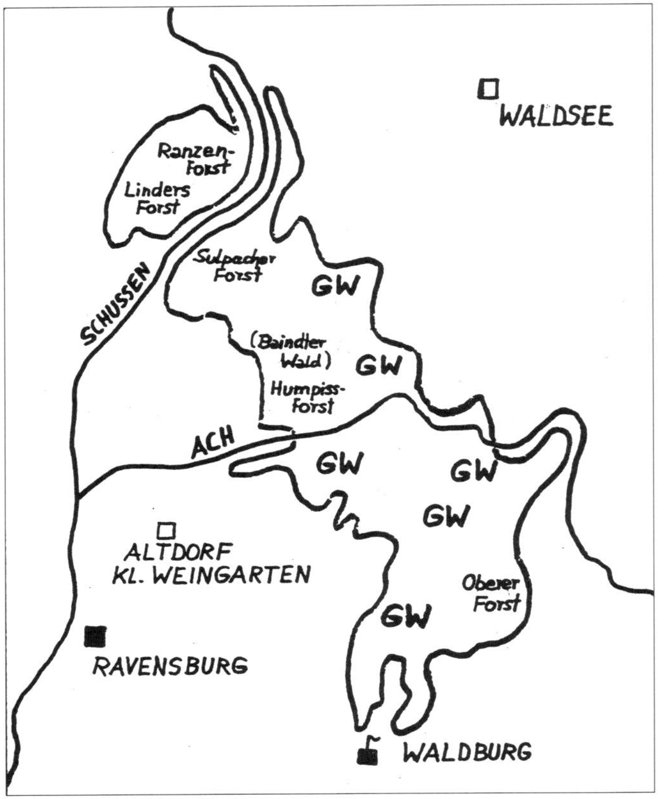

Abb. 33: Der »Altdorfer Wald«. Ravensburger Sonderforsten. (GW= Gemeinde Wälder, ehemalige truchsessische Sonderforsten)

Die Frage der Entstehung der Grenzen des inneren Schönbuch-Bezirks gibt Rätsel auf. Im westlichen Teil kann man an eine Grenze zur Sicherung des Waldbestandes denken. Die Aussparung des mit 2577 Morgen sehr großen Herrenberger Stadtwalds[73] spricht für die Existenz zur Zeit der Pfalzgrafen, die Ausbuchtung des Bebenhäuser Klosterwalds für eine frühere Zeit. Im nordöstlichen Teil schließt der Bezirk die große Rodungsinsel um Waldenbuch und Steinenbronn ein, also keinen inneren Waldbezirk. Ob die Vorrechte von Waldenbuch, Steinenbronn und Rübgarten/Wildenau mit der Forsthube, die erst als Früchte des Widerstandes von 1514 bezeugt sind, auf eine frühere herrschaftliche Gruppierung zurückgehen, etwa, was Waldenbuch angeht, auf der Basis der Ausführungen von Ernst Benz,[74] muß offenbleiben. Für Steinenbronn und Wildenau/Rübgarten sind adlige Sitze belegt. Somit könnte der Bezirk sehr alt sein.

Die innere Grenze des Schönbuchs gibt manche Rätsel auf. Nach den Lagerbüchern handelt es sich um den Nutzungsbezirk, in welchem die Schönbuchgenossen ihre Nutzungsrechte ausüben. Ein Blick auf die Karte zeigt, daß der ganze Bezirk unterschiedlich strukturiert ist (s. Abb. 31). Im westlichen bzw. südlichen Teil, den Klosterwald hier einbezogen, sehen wir ein relativ geschlossenes Waldgebiet, zu dem ursprünglich wohl der große Herrenberger Wald gehört hatte. Der nordöstliche Teil dagegen schließt die Rodungsinsel um Steinenbronn und Waldenbuch, mit Dettenhausen auch ein Stück der Schönbuchlichtung ein. Es ist bezeichnend, daß Kieser aus diesem Gebiet darin liegende Communwälder aufzählen muß.[75] Um den ganzen östlichen Teil herum, im Innern auch in Dettenhausen, finden wir mehr als im Westen Belege für die wohl sehr alte Waldorganisation, obwohl gerade Waldenbuch, Steinenbronn und Rübgarten mit ihren späteren Sonderrechten, dazu Dettenhausen erst im 14. Jahrhundert in die Hände der Tübinger und Württemberger gelangen.[76] Allerdings weist schon eine Urkunde von 1238, also in der späten Stauferzeit, auf Aktivitäten der Herren von Bernhausen im Auftrag der Pfalzgrafen am Filderrand hin. Die dabei erwähnten Abgaben lassen eher auf Gerichtsrechte schließen, aber ein nicht durchsetzbares Gastungsrecht in einem Salemer Hof in Stetten könnte sich auf eine Waldorganisation beziehen.[77] Eine Datierung der Entstehung und der Veränderungen des Schönbuch-Bezirks ist kaum möglich.

Mindestens die Amtsbezeichnung Waldvogt dürfte von den Pfalzgrafen stammen, weil der Leiter des Nagolder Forsts im ursprünglichen Herrschaftsbereich der Pfalzgrafen ebenfalls Waldvogt genannt wird, ein Titel, der auch sonst im Schwarzwald bezeugt ist.[78]

Eine württembergische Schöpfung scheint am ehesten die Einteilung in ein von Stuttgart aus gesehen Oberes, Mittleres und Unteres Amt zu sein,[79] zumal keine Übereinstimmung mit den Gerichtsorten besteht. Offen ist, ob der Tübinger Forst als Bezirk aus württembergischer Zeit stammt, am ehesten noch die genaue Abgrenzung vom Böblinger, Stuttgarter und Uracher bzw. Zwiefalter Forst. Das erste Schönbuch-Lagerbuch dürfte eher der Tradition in Württemberg folgen, wo um 1350 die ersten Lagerbücher entstanden,[80] was pfalzgräfliche frühere Aufzeichnungen nicht ausschließt.

Die Forsthube der Volen von Wildenau mit ihrer heute im Wald versteckten Burg, andere Adlige im Gefolge der Pfalzgrafen sowie die Burgen und Burgstellen um den Schönbuch herum könnten sicher zur weiteren Erhellung der älteren Organisation des Schönbuchs beitragen, wie es Lorenz jüngst getan hat.[81]

War die Nutzungsorganisation Schönbuch eine Markgenossenschaft? Hans Jänichen hat sie als »riesengroße Markgenossenschaft« charakterisiert.[82] Es braucht nicht mehr betont zu werden, daß der Schönbuch eine von der Herrschaft bestimmte Organisation aufweist, die vermutlich über die pfalzgräfliche Zeit zurückreicht. Der spektakuläre Eintritt der Reichsstadt Reutlingen, verbunden mit dem Bau einer besonderen Brücke bei Pliezhausen für die Fahrten in den Schönbuch, zeigt im Vertrag von 1310 schon in aller Breite das spätere Profil einer differenzierten Nutzungsorganisation. Reutlingen dürfte schon vorher den Wald genutzt haben und hatte wohl sogar die Absicht gehabt, ähnlich wie Esslingen, den Wald den Pfalzgrafen abzukaufen.[83]

Das Verhältnis zu Reutlingen lädt zu einem kurzen Vergleich mit der etwas kleineren Reichsstadt Ravensburg[84] ein, der es gelang, in Konkurrenz zu den Truchsessen von Waldburg den Altdorfer Wald zusammen mit dem Oberforstamt weitgehend an sich zu ziehen (Abb. 33).[85] Der Vergleich ist auch insofern aufschlußreich, als der Altdorfer Wald ebenso wie der Schönbuch überwiegend als Wald und nicht als Forst bezeichnet wird, also auch ein Reichswald war, ebenfalls ein Stück Lebensgrundlage vor allem für die Siedlungen und Klöster im Schussental. Der Altdorfer Wald enthielt nun als Unterabteilungen verliehene Forsten, was wir im Schönbuch mindestens nicht greifen können. Die Suche nach »Kleinen Forsten« – abgesehen von der Forsthube Wildenau – blieb ohne Erfolg. Der Hohenentringer *Vorsthaldenwalt* erscheint unsicher.[86] Neben dem Oberforstmeister gab es im Altdorfer Wald auch Förster so wie im Schönbuch. Wir stellen wieder fest: Förster und Reichswald sind keine Gegensätze. Wir finden sie im Mittelalter auch in dem noch heute bestehenden Reichswald bei Kaiserslautern, heute nicht nur als Name, sondern in Form der Reichswaldgenossenschaft, die den Häuslesbauern in Kaiserslautern beachtliche Geldbeträge ausbezahlt.[87] Ein Reichswald brauchte als Ganzes nicht eingeforstet zu sein. Auch der Schurwald im württembergischen Forst Schorndorf mit seinen Forstknechten an herrschaftlich bedeutsamen Punkten deutet auf einen Reichswald und auf Reichsgut hin.[88]

Das Beispiel Reutlingen liefert auch das Stichwort *Fernallmende*, das aufgegriffen wird, weil normalerweise ein Dorf, abgesehen von der Einfuhr von Salz, Eisen und gfs. Wein, praktisch autark war. Viele, nicht alle im Schönbuch berechtigten Siedlungen waren jedoch auf Fernversorgung jenseits ihrer Markung angewiesen.

Dafür gibt es Parallelen:

Die Stadt Marbach und benachbarte Gemeinden beholzten sich – vorbei an dem Wald näher gelegenen Gemeinden – in der Hart bei Steinheim an der Murr.[89]

Das Altensteiger Kirchspiel mit aufeinanderfolgenden Markungen nutzte einen Wald weiter hinten im Schwarzwald.[90]

Ähnlich war die Struktur der sogenannten Haingeraiden am Ostrand des Pfälzer Waldes, welche die waldarmen oder waldlosen Dörfer der Ebene versorgten.[91]

Für manche dieser Fernallmenden typisch ist eine Schutzsage, meist ein sagenhaftes waldschenkendes

Fräulein oder bei den Haingeraiden der berühmte König Dagobert. Für den Schönbuch ist eine derartige Sage für den Gesamtbereich nicht bezeugt. Es gibt nur Einzelbelege, zum Beispiel in Steinenbronn, aber ohne Bezug zum Wald, allenfalls als Hinweis auf Adelsherrschaft.[92] In Waldenbuch wird, ganz unhistorisch, der Gemahlin Eberhards im Bart eine Waldgerechtigkeit zugeschrieben.[93] In der schönbuchberechtigten Gemeinde Altingen ist man einem Fräulein von der Burg Müneck für einen lokalen Wald außerhalb des Schönbuchs dankbar.[94] Im ganzen Schönbuch war nur der »Ranzenpuffer«, der Leute bei Nacht belästigte, bekannt, besonders in der Gegend des Einsiedel.[95] Das Fehlen übergreifender Schenkungssagen stützt den Eindruck, daß in der »riesengroßen Markgenossenschaft« kein von unten kommender organisierter Zusammenhalt bestand. Es gab kein gemeinsames Gericht wie das Hartgericht, das in Murr an der Murr unter der Linde tagte.[96]

Eines steht fest: Nur eine starke Macht – das Reich, der König – konnte in der Frühzeit ein so umfangreiches Gebilde wie den Schönbuch beherrschen und organisieren und damit die Lebensgrundlage für eine große Zahl von Siedlungen gewährleisten und zugleich Einkünfte für die königliche Kammer sichern. Auf den Schönbuch und die Rheinstraße bezogene Sagen, die Schenkung Heinrichs II. 1007 in Holzgerlingen oder die Stiftung eines Markts in Mauren durch Otto I. betreffend, sind eher als gelehrte Kunstprodukte zu sehen.[97] Fraglich, aber vielleicht doch brauchbar als Spur von Reichsgut ist der Flurname »Reichshalde« bei Dettenhausen auf einer Schönbuch-Karte Ende des 17. Jahrhundert (Farbteil, Abb. XV).[98] Immerhin wurde aus diesem Wald das Waldenbucher Schloßgut beholzt.[99]

Ergebnis

Zum Schluß müssen wir fragen, wie der Schönbuch als Wald im Sinne von Lebensgrundlage bis heute überhaupt überleben konnte, nachdem wir gesehen haben, daß seine Existenz vielfach in Frage stand.

Eine gängige Erklärung ist die, daß die Landesherren in erster Linie an der Erhaltung ihres Jagdreviers interessiert waren. Eine Bemerkung von Kieser, daß die Wildfuhr gefährdet war, unterstützt dieses Argument. Die Jagd war sicher ein wesentlicher Faktor. Doch wenn die Jagd so einseitig im Vordergrund gestanden hätte, könnte man nicht verstehen, daß die sicherlich störenden Nutzungsrechte bis zuletzt, bis zur Ablösung, in dem beschriebenen Umfang respektiert wurden.

Deshalb ist daran zu erinnern, daß der Wald Schönbuch für sich und als Teil des Tübinger Forsts wie alle anderen württembergischen Forsten ein Staatsgut war, das Erträge abwarf. Ebenso ist zu beachten, daß die Forsthoheit, das ursprüngliche Forstregal, eben nicht ausschließlich auf Jagd zu beziehen ist, sondern den Zugriff auf mannigfache Rechte und Nutzungen einschloß: Rodung, Landesausbau, Bergbau, Holz- und Weidenutzung. Deshalb lag es nicht nur im Interesse der Berechtigten, sondern auch im Interesse des Landesherrn, gegebenenfalls durch restriktive Maßnahmen die Nutzung des Schönbuchs als Holzquelle und landwirtschaftlichen Ergänzungsraum zu sichern. Ob dies auf die Dauer gelungen wäre, kann man angesichts der zunehmenden Verwüstung des Waldes bezweifeln.

Die tatsächliche, wenn auch notdürftige Rettung des Schönbuchs als Wald ist deshalb weniger verwaltungsinternen Maßnahmen zu verdanken als vielmehr tiefgreifenden Veränderungen in der Landwirtschaft. Die immer problematischer werdende Schweinemast im Wald wurde infolge der Einführung des Kartoffelanbaus, die Waldweide des »rinderhaftigen Viehs« durch die Umstellung auf die Stallfütterung allmählich überflüssig. Daraufhin konnten die nicht mehr einseitig auf die Jagd orientierten und fachlich seit Ende des 18. Jahrhunderts besser ausgerüsteten Forstbeamten sich auf das heute wichtigste Produkt des Waldes, nämlich auf das Holz, konzentrieren. Wie die Schönbuch-Anrainer mit diesen Umstellungen, die ihre Lebensgrundlagen berührten, fertigwurden, ist ein eigenes Thema.

Wir Zeitgenossen haben eine andere, fast private, individuelle Beziehung zum Schönbuch, zum Wald, doch hat uns die Krise des Waldes in den vergangenen Jahren die Stichworte Wald und Lebensgrundlage, nicht zuletzt am Beispiel des Schönbuchs wieder stärker ins Bewußtsein gerückt.

Anmerkungen

1 Ferdinand *Graner*, Geschichte der Waldgerechtigkeiten im Schönbuch, Stuttgart 1929. Graner war Jurist (Landgerichtspräsident a.D.).

2 Max *Zeyher*, Der Schönbuch,Stuttgart 1938, ND 1957. Zeyher ist Forstmann.

3 Der Schönbuch. Beiträge zu seiner landeskundlichen Erforschung. Hrsg. von Hermann *Grees,* Bühl 1969.

4 HStAS (=Hauptstaatsarchiv Stuttgart) H 107/18 Bd. 51 fol. 21.

5 HStAS H 107/18 Bd. 3 fol. 3r.

6 HStAS H 107/18 Bd. 11 fol. 73r, 82r, 82v.

7 Ebda. Band 52 (Kieser), Schönaicher Laubach 204 Morgen (fol. 190v), Herrschaftlicher Laubach 14 Morgen (fol. 183r-184r); Karte HStAS N 3 Nr. 19; dazu Stuttgarter Zeitung 10. 10. 1981 S. 29. – Fritz *Heimberger*, Schönaich, Ludwigsburg 1976, S. 134–137.

8 Karl Siegfried *Bader*, Dorfgenossenschaft und Dorfgemeinde, Weimar 1962, S. 11.

9 Paul *Kirschfeld,* 150 Jahre Waldaufbau im Schönbuch, in: *Grees*, Schönbuch (wie Anm. 3) S. 99.

10 HStAS H 107/18 Bd. 11 fol. 8r.

11 Heinrich *Kaspers*, Comitatus nemoris. Die Waldgrafschaft zwischen Maas und Rhein, Düren und Aachen 1957, S. 50–54, 232f.

12 Rudolf *Kieß*, Die Rolle der Forsten im Aufbau des württembergischen Territoriums, Stuttgart 1958.

13 Rudolf von *Wagner-Frommenhausen*, Das Jagdwesen in Württemberg unter den Herzogen, Tübingen 1876, S. 125.

14 Rudolf *Hiestand*, in: Josef *Semler* (Hrsg.), Der Wald in Mittelalter und Renaissance, Düsseldorf 1991, S. 45–68.

15 Altwürttembergische Urbare aus der Zeit Graf Eberhards des Greiners (1344–1392), bearb. von Karl Otto Müller (Stuttgart 1934) S. 318. Im Lagerbuch 1417: *..beschryben und ernewern alle fryheit unnd Recht, die denn hat der schonbuch usser disen nachgeschriben Stedten und Dörffern wylern unnd hof..* HStAS H 107/18 Bd. 2 fol. 4r.

16 Hans *Jänichen*, Markung und Allmende und die mittelalterlichen Wüstungsvorgänge im nördlichen Schwaben, in: Beiträge zur Wirtschaftsgeschichte des schwäbischen Dorfes (Veröffentlichungen der Kommission für geschichtliche Landeskunde Baden-Württemberg Reihe B: Forschungen 60. Band), Stuttgart 1970, S. 189–192 (Abbildung S. 151).

17 Laut Lagerbuch H 107/18 Bd. 11 (1556).

18 Der Landkreis Tübingen II, Stuttgart 1972, S. 742.

19 H 107/18 Bd. 52 fol. 474v;

20 1383: Altwürtt. Urbare (wie Anm. 14) S. 297ff.

21 1417: HStAS H 107 Bd. 2 fol. 159r.

22 1553: HStAS H 107 Bd. 7 fol. 167r.

23 *Graner*, Waldgerechtigkeiten (wie Anm. 1) S. 12f.

24 Der Jurist Graner definiert die Jahresmiete als Pachtzins, die Zimmermiete als Kaufgeld, *ebda.* S. 24.

25 *Ebda,* S. 40f.

26 1553 fol. 311r.

27 Ulrich *Hägele*, Schönbuch Museum. Stein – Wald – Jagd, Tübingen 1992, S. 23.

28 1383: Altwürtt. Urbare, wie Anm. 14, S. 297ff.; 1417: H 107/18 Bd. 2 fol. 159r ; 1553: ebda. Bd. 4 fol. 159vff.

29 Im Lagerbuch von 1417 sind von späterer Hand zwei Einträge, die besagen, daß der Flecken 1618 *ihren alten auchte(r)t* (=Nachtweide) , *das Herrnmad genant,* umbrechen durften und dazu *ainen newen auchter...zwischen der Tübinger Straß und der Nonnenwisen* bekamen. H 107/18 Bd. 2 fol. 178.

30 »Der Hof auf dem Berg« erinnert an die Bedeutung des »Bergs« bei Grafenberg. Vgl. Sönke *Lorenz*, Die Ersterwähnung Grafenbergs im Jahr 1246 – Das Papsttum im Ringen mit den Staufern, in: Grafenberg. Archäologie, Geschichte und und Gegenwart. Grafenberg 1996 S. 71.

31 Altwürtt. Urbare (wie Anm. 14) S. 293; »wer« Synonym für »Land«, Fischer, Schwäb. Wörterbuch VI/1 Sp. 683.

32 Altwürtt. Urbare (wie Anm. 14) S. 318.

33 Ebda. S. 297.

34 Sönke *Lorenz*, Oferdingen und Altenburg am Neckar (Reutlingen) – ein befestigter Königshof und Aufenthaltsort König Konrads I., in: Aus südwestdeutscher Geschichte. Festschrift für Hans-Martin Maurer (Stuttgart 1994) S. 25–43.

Die Gewohnheit der Gastung weist in eine sehr frühe Zeit zurück, wie angelsächsische Quellen aus der Zeit vor der Einrichtung der Forsten in England beweisen. Schon 844 wird ein Hof von solchen Diensten befreit: *a pastu principum a difficultate illa quot nos Saxonice dicimus festigmen nec homines illuc mittant qui osceptros vel falcones portant aut canes aut cabellos ducunt* (Cartularium Saxonicum II,1887, hg. Walter *de Gray Birch*, S. 20). »Festingmen« werden definiert als *servants of the king entrusted to the keeping of the monaste-*

ries while going from place to place (*Bosworth-Toller*, An Anglo-Saxon Dictionary, 1898, S. 284).

[35] Altwürtt. Urbare (wie Anm. 14) S. 319.

[36] *Kieß*, Forsten (wie Anm. 12) S. 49.

[37] Später (1683) gab es dann 12 »Haupthuten«, H 107/18 Bd. 52 fol. 36.

[38] Wilhelm *Böhringer*, Von einstigen Walddorfer Forsthäusern, in: Heimatkundliche Blätter für den Kreis Tübingen NF 21 (1966) S. 1f. – Zur sozialen Stellung von Forstknechtsfamilien im Uracher Forst vgl. Rudolf *Kieß*, Mundingen. Ein altwürttembergischer Grenzort (Mundingen 1983) S. 104f.

[39] Kieser: H 107/18 Bd. 51 fol. 23r.

[40] Eine auf eine Gemeinde bezogene informative Zusammenfassung der Beziehungen zum Schönbuch bei Sönke *Lorenz* u.a. Holzgerlingen. Von der Schönbuchsiedlung zur Stadt (Stuttgart 1995) S. 65–70.

[41] Paul *Schwarz*, Die Schönbuchgerechtigkeiten der Reichsstadt Reutlingen, in: Der Schönbuch (wie Anm. 3) S. 65–75.

[42] Altwürtt. Urbare (wie Anm. 14) S. 305; Jürgen *Sydow*, Die Tübinger Schönbuchgerechtigkeiten nach der Beschreibung von 1586, in: Der Schönbuch (wie Anm. 3) S. 76–90, hier S. 79.

[43] Altwürtt. Urbare (wie Anm. 14) S. 320.

[44] 1619 seien zwei Drittel des Schönbuchs nahezu ohne Holz gewesen, *Graner,* Waldgerechtigkeiten (wie Anm. 1) S. 63.

[45] Dazu *Zeyher*, Schönbuch (wie Anm. 2) S. 69f.

[46] Altwürtt. Urbare (wie Anm. 14) S. 318.

[47] Hansjörg *Küster*, Geschichte der Landschaft in Mitteleuropa. Von der Eiszeit bis zur Gegenwart (München 1995) S. 319.

[48] HStAS H 107 Bd. 2 fol. 6v. Darin ist auch enthalten der Bezirk des Tübinger Forsts unter dem Waldvogt Voltz : zuerst die Grenzpunkte .. *unnd den Schuonbuoch mitainander, darzu hat er sechst reuttender Knecht und er selbst*.

[49] *Kieß*, Forsten (wie Anm. 12) S. 112–114.

[50] Dorothea *Hauff*, Zur Geschichte der Forstgesetzgebung und Forstorganisation des Herzogtums Württemberg im 16. Jahrhundert, in: Schriftenreihe der Landesforstverwaltung Baden-Württemberg Band 47 (1977) S. 13 nach HStA A 474 Bü 244.

[51] *Ebda.* S. 15; nach August Ludwig *Reyscher,* Sammlung der württembergischen Gesetze Band XII (1841) S. 9.

[52] Neuer Druck in: 1495: Württemberg wird Herzogtum. Dokumente aus dem Hauptstaatsarchiv Stuttgart zu einem epochalen Ereignis. Bearbeitet von Stephan *Molitor*. Mit Beiträgen von Klaus *Graf* und Petra *Schön* (Stuttgart 1995) S. 111.

[53] Eine weitere Einzelentscheidung 1489 in einem Streit zwischen dem Propst von Nellingen und der Gemeinde Reichenbach: *ob ain her und probst zu Nällingen oder sin nachkomen etlich holtz in iren walden verkeuffte uber kurtz oder lang so sol man in solich höw haien wie dan minem gnädigen hern sine wald so an die stossen durch den vorstmaister gehaien werden,* HStAS WR 11196.

[54] Waldenbucher Vertrag: HStAS H 107/18 Bd. 5 fol. 127 ff.

[55] Schlaitdorfer Vertrag: HStAS A 409 Bü. 56.

[56] *Hauff* , Forstgesetzgebung (wie Anm. 50) S. 26f. – Waldenbuch 9. 2. 1533, Böblingen 22. 3. 1533, weitere Beispiele HStAS A 59 Bü. 3b.

[57] 1556: HStAS H 107/18 Bd. 11 fol. 71v, *..die namen der furnemesten weld und ban höltzer des Schainbuochs, aber weitleufigkeit und gröss halb nit antzuschlagen oder mit anstößen zubeschreibenn.*

[58] HStAS N 3 Nr. 19; sie stammen laut Mitt. von Prof. Grees von Kieser als Beilagen für das Schönbuch-Lagerbuch.

[59] HStAS H 107/18 Bd. 3 fol. 13v und 14r.

[60] Ebda. fol. 40r und 41r.

[61] Ebda. fol. 52r.

[62] Nach *Graner*, Waldgerechtigkeiten (wie Anm. 1) S. 69f. hatte der Waldvogt dies schon 1628 vorgeschlagen.

[63] Ebda. fol. 53r.

[64] *Hauff*, Forstgesetzgebung (wie Anm. 50) S. 131.

[65] Rudolf *Kieß*, Bemerkungen zur Holzversorgung von Städten, in: Städtische Versorgung und Entsorgung im Wandel der Geschichte, hg. Jürgen *Sydow,* in: Stadt in der Geschichte 8 (Sigmaringen 1981) S. 88–92. – Zur Schwarzwaldflößerei die Bücher von Max *Scheifele*, zuletzt: Als die Wälder auf Reisen gingen. Wald – Holz – Flößerei in der Wirtschaftsgeschichte des Enz-Nagoldgebiets, Karlsruhe 1996.

[66] Joachim *Allmann*, Der Wald in der frühen Neuzeit. Eine mentalitäts- und sozialgeschichtliche Untersuchung am Beispiel des Pfälzer Raumes 1500 – 1800, Berlin 1989.

[67] Forstordnungen: 1532 (*Hauff*, Forstgesetzgebung, wie Anm. 50, S. 28ff.), 1540 (S. 37ff.), 1552 (S. 45ff.), 1567 (S. 51ff.) und 1614 (S. 55ff.).

[68] Schönbuchordnungen von 1553, HStAS H 107/18 Bd. 3 fol. 18.

[69] 1628: *Graner*, Waldgerechtigkeiten (wie Anm. 1) S. 69; HStAS H 107/18 Bd. 3 fol. 53r.

[70] dtv-Gesamtausgabe Bd. 28 (1962) Schweizer Reisen S. 139.

[71] *Graner*, Waldgerechtigkeiten (wie Anm. 1) S. 26, 54, 75f.; H 107/18 Bd. 51 fol. 114.

[72] z.B. 1533 in Dettenhausen: *abgelöst durch Malgelt der Jaren so ain äcker im Sch. würdet*, HStAS H 107 Bd. 5 fol. 71r. – Vgl. Anm. 34.

[73] Zu diesem Wald *Erlinberg* kommt noch der 192 Morgen umfassende Spitalwald, HStAS H 107/18 Bd. 52 fol. 463–465. Anzumerken ist, daß im Lagerbuch die beiden Wälder nur mit 1500 bzw. 150 Morgen angeschlagen waren. Zur wesentlich genaueren Vermessung durch Kieser vgl. Hans-Martin *Maurer* und Siegwalt *Schiek*, Andreas Kieser und sein Werk Bd. 1 (Stuttgart 1985) S. 102ff. und 130ff.

[74] Ernst *Benz*, Ueber den Ursprung der Stadt Waldenbuch, in: Aus Schönbuch und Gäu (1963). S. 17–20.

[75] HStAS H 107/18 Bd. 51 fol. 7r ff.

[76] Dettenhausen und Waldenbuch 1363 von den Herzögen von Urslingen, Steinenbronn und Neuenhaus 1347, Rübgarten 1342.

[77] WUB Nr. 923 S. 425.

[78] *Graner*, Waldgerechtigkeiten (wie Anm. 1) S. 6, denkt an eine Einrichtung durch Württemberg wohl, weil die Waldvogtei im Reutlinger Vertrag noch nicht erwähnt wird.

[79] HStAS H 107/18 Bd. 51 fol. 21r.

[80] Altwürtt. Urbare (wie Anm. 14) S. 7ff.

[81] Sönke *Lorenz*, Staufer, Tübinger und andere Herrschaftsträger im Schönbuch, in: Von Schwaben bis Jerusalem. Facetten staufischer Geschichte. Hg. Sönke *Lorenz* und Ulrich *Schmidt* (Sigmaringen 1995) S. 285–320.

[82] Hans *Jänichen*, Zur Geschichte des Schönbuchs, in: Schönbuch (wie Anm. 3) S. 49–64, hier S. 56.

[83] *Schwarz*, Reutlingen (wie Anm. 34) S. 68.

[84] Württembergisches Städtebuch, hg. Erich *Keyser* (Stuttgart 1962) S. 405 und 411.

[85] Rudolf *Kieß*, Forsten in Oberschwaben während des Mittelalters, in: Ulm und Oberschwaben 40/41 (1973) S. 69–122, hier S. 93ff.

[86] H 107/18 Bd. 52 (1685) fol. 210

[87] Hans-Dieter *Bäcker*, Reichswald und Reichswaldgenossenschaft, Mainzer Diss. (Kaiserslautern 1978), dazu auch Erich *Bauer* und Volker *Christmann*, Der Stadtwald Kaiserslautern (Kaiserslautern 1978). – In Waldenbuch existieren noch Reste von Rechten auf Bauholz innerhalb Etters und von Handwerkerholz für den ältesten Wagner. Freundliche Auskunft des Forstamts Weil im Schönbuch.

[88] Rudolf *Kieß*, Der Schorndorfer Forst. Ein altwürttembergischer Amtsbezirk im späten Mittelalter und zu Beginn der Neuzeit, In: Heimatblätter. Jahrbuch für Schorndorf und Umgebung 5 (1985) S. 49–85, hier S. 50f.; *ders.*, Wildbänne der Herren von Weinsberg. Folgerungen für die Stauferzeit, in: ZWLG 45 (1986) S. 137–165, hier S. 150–155.

[89] Rudolf *Kieß*, Zur Geschichte der Hart bei Steinheim an der Murr, in: Ludwigsburger Geschichtsblätter 20 (1968) S. 112–134.

[90] Hans-Joachim *Kern*, Das Kirchspiel Altensteig (Stuttgart 1966).

[91] Die historischen Wälder der Pfalz, bearbeitet von Walter *Frenzel*, in: Pfalzatlas, Karte 21(Speyer 1967).

[92] Steinenbronn. Vergangenheit und Gegenwart einer Schönbuchgemeinde, hg. Friedrich *Kühbauch* (1979) S. 571f.

[93] Otto *Springer*, Geschichte der altwürttembergischen Landstadt Waldenbuch (Stuttgart 1912) S. 17 und 19.

[94] Eberhard *Benz*, Der Häseltrog. Sagen und Geschichten aus Schönbuch und Gäu (1950) S. 79.

[95] *Ebda.* S. 131–134. – Friedrich August *Tscherning*, Volkssagen vom Schönbuch, in: Reutlinger Geschichtsblätter 8(1897) S. 20–25.

[96] *Kieß*, Geschichte der Hart (wie Anm. 75) S. 113f. – Auch *Graner*, Waldgerechtigkeiten (wie Anm. 1) S. 46 Anm. 46, verneint die Existenz einer organisierten Genossenschaft. Gelegentliche Interventionen der Landstände gehören in einen anderen Zusammenhang (*Graner* S. 30, 70f., 83, 90–93).

[97] *Benz*, Sagen (wie Anm. 94) S. 14, 21–24.

[98] HStAS N 3 Karte Nr. 19 . Es gibt auf der Karte auch eine Reichshaldenwiese und einen Reichshaldenbach, notiert bei *Fischer*, Schwäbisches Wörterbuch V Sp. 250, und Walther *Keinath*, Orts- und Flurnamen in Württemberg (Stuttgart 1951) S. 176. – Für freundliche Beratung danke ich Herrn Dr. Reichardt. – Den Hinweis auf die Karte verdanke ich Herrn Prof. Grees.

[99] HStAS H 107/18 Bd. 51 fol. 33v.

Die Forstwirtschaft im Schönbuch seit 1800. Umstrukturierung zum Neuen Wald

Peter Stoll

Es ist ein wenig vermessen, in einem kurzen Beitrag über die Geschichte des Waldaufbaus, die forstwirtschaftliche Nutzung und die veränderte Einstellung von Regierung, Verwaltung und Bevölkerung zum Wald und schließlich über die heutigen waldbaulichen Ziele der Forstverwaltung und die Vorstellungen über deren Umsetzung im Schönbuch erschöpfend zu berichten. Besonders bemerkbar machen sich diese Veränderungen bei der Bedeutung des Waldes als unentbehrlichem Lieferanten vielfältiger Güter für Landwirtschaft, Gewerbe und zum Lebensunterhalt der Bevölkerung.

Die zum Teil für landwirtschaftliche Nutzung ungünstige Geologie und Topographie, aber auch die jagdlichen Interessen der Landesherren haben letztendlich dazu beigetragen, daß der Schönbuch als heute fast geschlossenes Waldgebiet im sonst hochindustrialisierten und dicht bevölkerten Mittleren Neckarraum erhalten blieb. Landwirtschaft, forstlicher Raubbau und Jagd führten aber auch zu großflächigen Devastationen, die durch frühzeitig einsetzende landesherrrliche Regelungen, wie die Forst- und Schönbuchordnung von 1553, nicht verhindert werden konnten, auch wenn wegen der Jagd 1600 ha als Bannwälder ausgeschieden wurden, in denen die Waldweide verboten war und nur dürres und gebrochenes Holz genutzt werden durfte. In der übrigen Fläche hatten aber 5 Städte, 43 Dörfer, 14 Weiler, 7 Schlösser und Burgen, 31 Höfe, 39 Mühlen, 24 Keltern und ein Schäfer als Schönbuchgenossen Rechte auf Beholzung, Waldweide und Äckerich in unterschiedlichem Umfang. Außerdem war die Gewinnung von Steinen, Sand und Ton von großer Bedeutung. Es sei noch einmal betont, daß 1714 15.046 Stück Weidevieh angegeben wurden, die in den Schönbuch getrieben wurden. Dementsprechend war der Waldzustand. Außerdem führte der Mangel an Holz für die Holznutzungsrechte, dem sogenannten rechten Hau, zu so starkem Holzdiebstahl, daß dies als einer der Hauptursachen für die Verwüstung des Schönbuchwaldes angesehen wurde.

Der Schönbuch war nicht zuletzt wegen seiner Nähe zur Residenz und wegen des verhältnismäßig geringen Feldanteils und des hohen Bestands an Rot- und Schwarzwild ein besonders beliebtes Jagdgebiet für die Hofjagd. Welche Auswüchse die Jagd genommen hatte, zeigt als Beispiel das große Festinjagen zum Dianenfest (Farbteil, Abb. XVI) bei Bebenhausen im Jahr 1812 unter König Friedrich, bei dem 823 Stück Wild erlegt wurden und ein Kostenaufwand von rund 1 Mio Mark entstand. Stützpunkte der Jagd waren die Jagdschlößchen Einsiedel, Waldenbuch, Bebenhausen und das Spital zu Tübingen. Die Jagd war ein Hauptübel für große Teile der Landbevölkerung.

So hatten die Waldverwüstungen insgesamt gegen Ende des 18. Jhs. einen Höhepunkt erreicht. Auf den Ebenen des Schönbuchs erstreckten sich weite Weideflächen mit vereinzelten Eiche, Birken, Erlen, Aspen und viel Gestrüpp. Auf den sonnenseitigen Hängen standen verlichtete Krüppelbestände, soweit sie nicht ganz holzlos waren, und auf den besseren Schatthängen stockte ein lückiger Buchenwald. Erste Versuche zur Wiederaufforstung der Kahlflächen schlugen weitgehend fehl und die Zunahme der Bevölkerung und damit der holzverarbeitenden Handwerker führte zu einer ausgesprochenen Holznot. Es fehlte vor allem an Eichen als Bauholz.

Beginn der geregelten Forstwirtschaft

Durch den Aufbau einer leistungsfähigen Forstverwaltung konnte zu Beginn des 19. Jhs. mit der Aufforstung des devastierten Waldes begonnen werden. Nach den Notjahren im Gefolge der napoleonischen Kriege begannen sich die Lebensverhältnisse im Land allmählich wieder zu verbessern und mit dem Tod von König Friedrich und der Übernahme der Regierung durch König Wilhelm I. wurde durch Reformen der Jahre 1818 und 1822 eine Forstverwaltung moderner Prägung ähnlich der anderer deutscher Länder aufgebaut, die wissenschaftlich fundiert und rationell ausgerichtet war. Ein Belobigungsdekret für den Förster Bechtner aus Weil im Schönbuch von 1824, das er für die Aufforstung von 1200 Morgen mit Nadel- und Laubholz erhielt, mag Beweis dafür sein, wie tatkräftig man die Dinge anging. In dieser Zeit wurde auch versucht, die Waldverhältnisse mit einer Taxation genauer zu erfassen und eine Nutzungsregelung durchzuführen. Voraussetzung für das Gelingen dieser Maßnahmen waren aber die Regulierung der jagdlichen Verhältnisse und die Ablösung der Schönbuchgerechtigkeiten.

Das schon erwähnte Festinjagen um 1812 war sozusagen das letzte Aufbäumen der barock-landesherrlicher Jagdveranstaltungen.

König Friedrich ordnete 1815 den weitgehenden Abschuß des Rotwildes und die Ausrottung des Schwarzwildes an, » um dem Volk den Beweis zu geben, wie gerne wir ohne Rücksicht auf unser eigenes Vergnügen jeder gegründeten Beschwerde durchgreifend und nie mit halben und täuschenden Maßnahmen begegnen«. Wirkungsvoll war ganz sicher, daß befohlen wurde, daß Wildschäden auf den Feldern ab 1816 zur Hälfte durch die Oberforstmeister und zur Hälfte durch die Förster zu bezahlen waren. Für den ganzen Schönbuch wurde der Rotwildbestand daraufhin 1819 noch mit 10 Hirschen und 15 Stück Kahlwild angegeben, während vorher Zahlen zwischen 1500 und 3000 Stück angenommen wurden. Er blieb bis 1886, als Kronprinz Wilhelm die Kronjagd im Schönbuch übernahm, so nieder. Erst dann stieg er wieder an, auch begünstigt durch die waldbaulichen Verhältnisse. Immer noch blieben die Strecken aber auch bei Gesellschaftsjagden, z.B. mit Kaiser Wilhelm II. gegen Ende des Jhs., gering, was auf einen relativ niederen Wildstand schließen ließ.

Viel schwieriger war das Unterfangen, die Rechte der Schönbuchgenossen abzulösen. Begünstigt wurde dies dadurch, daß das Äckerich und die Waldweide durch Einführen der Kartoffel und den Übergang zur Stallfütterung mit der Zeit an Bedeutung verlor. Trotz vieler Schwierigkeiten gelang es, die meisten Rechte in den Jahren 1821 – 23 durch Entschädigung mit Waldabtretungen von Staatswald an die Gemeinden abzulösen, deren Einwohner zu Holznutzung, Waldweide und Äckerich berechtigt waren. In den Oberämtern Böblingen und Herrenberg verlief dies relativ rasch und überwiegend erfolgreich, während es sich im Oberamt Tübingen wesentlich schwieriger gestaltete, weil einigen Gemeinden der bevorzugte Holzbezug wichtiger war als eine Flächenentschädigung mit heruntergewirtschaftetem, wenig ertragreichem Wald. Als letzte Gemeinde wurde Dettenhausen erst 1878 gegen Geld abgefunden. Daß die

Bevölkerung damit aber nicht zufrieden war, zeigt, daß sie weiterhin forstfrevelnd versuchte, sich mit dem notwendigen Material aus dem Wald zu versorgen. So wurden allein im Tübinger Oberforst 1829 noch jährlich 10- bis 12.000 Straffälle verzeichnet. Zu sehr war der illegale Bezug zur gewohnten Übung geworden. Erst der Einsatz der militärisch organisierten Forstwache im Jahr 1852 brachte dann eine Besserung dieser Zustände. Im übrigen bestanden in einigen Orten, so in Waldenbuch, Weil und Dettenhausen bis in die heutigen Tage bei bestimmten Häusern Bauholzgerechtigkeiten.

Die Waldfläche der Gemeinden nahm durch die Ablösung um rund 2700 ha zu und es entstand damals die heutige Besitzstruktur mit Gemeindewaldungen mehr an den Rändern des Schönbuchs und dem Staatswald im Kern.

Durch Übergang zur Stallfütterung nahm der Bedarf an Streu erheblich zu, die die kargen Äcker – es gab ja noch keine Kunstdünger – nicht hergaben. Diese forstlich überaus schädliche Streunutzung war außerordentlich umfangreich, wobei Streu nicht nur aus Laub- und Nadelstreu bestand, sondern auch aus Feinreisig, Heidelbeere und Moos, so daß die Humusbildung auf den sowieso ausgepowerten Böden völlig unterblieb und die Verarmung der Böden weiter rasant zunahm. Die Folgen der Streunutzung sind bis heute zu erkennen, wenn sich auch die Standortverhältnisse durch die nachschaffende Kraft der Böden und durch den Stickstoffeintrag aus der Luft inzwischen wesentlich verbessert haben. Auch wenn forstlicherseits erkannt wurde, daß die Streunutzung außerordentlich negative Auswirkungen hat, so konnte sie doch erst im Lauf der Jahrzehnte eingedämmt werden, in wesentlichem Umfang erst, nachdem der Kunstdünger in der Landwirtschaft eingeführt wurde und mehr Stroh zur Verfügung stand. In Notjahren aber übte man sie doch immer wieder aus, in größerem Umfang nach dem I. Weltkrieg, und sogar noch bis zum II. Weltkrieg und auch die Grasnutzung, das Seegras für Matratzen, das Pfeifengras als Bindemittel für den Weinbau und die Gewinnung von Ernteweiden hielt bis vor wenigen Jahrzehnten an. Ein Sonderfall war auch der Wald-Feldbau. Dabei pflanzte man, auch zur Erleichterung der späteren Kultivierung mit Waldbäumen, ein Jahr Kartoffeln und anschließend ein bis zwei Jahre Körnerfrucht. Trotzdem hörte aber nach 1800 die starke landwirtschaftliche Komponente der Waldnutzung praktisch auf. Man begann, die Bewirtschaftung der Wälder ganz auf den Holzertrag auszurichten.

Ab diesem Zeitpunkt wurde als Hauptfunktion des Waldes die Holzerzeugung festgelegt. Die Grundlage der planmäßigen und nachhaltigen Bewirtschaftung des Waldes bildeten Wirtschaftspläne, die in aller Regel alle 10 Jahre aufgestellt wurden. Dies galt sowohl für den Staats- wie für den Gemeindewald. Die ersten Jahrzehnte des 19. Jhs. waren gekennzeichnet durch Aufforstung der Kahlflächen und die Überführung des Nieder- und Mittelwaldes in Hochwald. Niederwald ist Stockausschlagbetrieb mit Abhieb in relativ kurzen Zeiträumen von 20 bis 40 Jahren und Mittelwaldbetrieb ist gekennzeichnet dadurch, daß in dem Niederwald einzelne Bäume, in aller Regel Eichen, als Kernwüchse stehen blieben, um alt zu werden und Stammholz zu liefern. Immerhin wurden bei der Taxation von 1822 noch 22 Prozent der Flächen für die Nieder-und Mittelwaldwirtschaft vorgesehen.

Bei der Aufforstung der Kahlflächen und der Verjüngung verlichteter Wälder versuchte man zuerst, entsprechend der Naturwaldgesellschaft, einen Buchen-Eichenwald zu begründen. Der Schönbuch war, bevor der Mensch Einfluß nahm, ein reines Laubwaldgebiet, die Naturwaldgesellschaft war ein Buchen-Eichenwald. Die Buche war in der feuchteren und kühleren Nachwärmezeit gegenüber der Eiche mit ihren Begleitern Hainbuche und Linde begünstigt, vor allem auf Schatthängen und Lias-Flächen. Die Eiche spielte aber auf den schweren Tonstandorten im Keuper eine größere Rolle und war im lichten Weidewald gegenüber der Buche als Lichtbaumart begünstigt. Außerdem lieferte sie wertvolles Nutzholz und stand vor allem wegen der Früchte, dem sogenannten Äckerich, die für die Waldweide von entscheidender Bedeutung waren, unter besonderem Schutz. Es mag sein, daß die Tanne ab und zu aus dem Gäu heraus einzelne Ansiedlungsversuche im Schönbuch machte und auch die Forche vermutlich an den trockenen Südhängen gegen das Ammertal auch spärlich vorkam. In den Urkunden des Mittelalters über den Schönbuch wurden aber Nadelbäume nicht erwähnt. Die damaligen Versuche, sich diesem ursprünglichen Waldbild wieder zu nähern, schlugen meist fehl. Auf den sandigeren Standorten lag dies an der Nährstoffarmut und Verhagerung, auf den Ton- und Lias-Standorten an der Vergrasung. Man ging deswegen mehr und mehr dazu über, Nadelhölzer einzubringen, nicht zuletzt natürlich auch deswegen, weil man sich von ihnen einen schnelleren Ertrag erhoffte. Immer wieder vertrat man aber die Meinung, daß das Nadelholz als Vorwald später wieder in Laubholz umgebaut werden könnte. Zwar gab es bei Eiche und Buche ab und zu Vollmasten, die zum Teil Jungwuchs aufkommen ließen, aber insgesamt führte dies nicht zum erwarteten Erfolg. Auf einer großen Fläche ging man deshalb dazu über, Forche in Mischung mit Fichte und Lärche zu säen und zu pflanzen. Lediglich auf besseren Standorten hielt man die Zielsetzung, Laubholz zu pflanzen, bei. Richtungsweisend für den Waldaufbau war vor allem Oberforstrat Friedrich August von Tscherning, der als Wissenschaftler und Professor in Hohenheim ab 1855 Forstamtsvorstand des Forstamts Tübingen in Bebenhausen wurde und dieses fast vier Jahrzehnte leitete. Er war ein Mann vielseitigster Aktivitäten, dessen forstliche Zielsetzung aber dahin ging, die Wälder geringen Holzvorrats und Zuwachses im Schönbuch zu höherer Massenleistung zu bringen. Deshalb verzichtete er weitgehend auf Laubholz. Man spricht bis heute von den sogenannten Tscherning'schen Mischsaaten aus Forche und Fichte. Das Ziel, ca. 50 Prozent der Bestockung dem Nadelholz zuzuweisen, wurde bald erreicht.

Durch den Bau der Eisenbahn und die Einführung der Steinkohle als Brennstoff sank in der 2. Jahrhunderthälfte der Brennholzbedarf und die Nachfrage nach Nutzholz stieg. Auch dies war ein Grund, mehr Nadelholz anzubauen. Mit dem höheren Anteil des Nadelholzes nahm aber auch die Anfälligkeit des Waldes gegen Kalamitäten zu. Nachdem schon 1868 beträchtlicher Schaden durch Schnee entstanden war, kam es 1886 zur großflächigen Vernichtung vieler junger Forchen- und Fichtenbestände. Der Anfall an Holz war auf dem Markt kaum abzusetzen. Allein im Staatswald mußten 1420 ha neu angebaut werden und es dauerte rund 14 Jahre, bis die geschädigten Flächen wieder bestockt waren. Gleichzeitig übernahm 1886 Kronprinz Wilhelm die Jagd im Schönbuch. Die nach dem Schneedruck undurchdringlichen Dickungen hatten dem Rotwild gute Einstände geboten, wobei erhebliche Schäden durch Verbiß und Schälen entstanden. Immer wieder versuchten aber auch weitsichtige Forstleute, dem Laubholz einen Anteil zu sichern. So gab es 1888 ein Buchensamenjahr, in dem mehr Buchenbestände als geplant entstanden. Verdienstvolle Forstleute des Schönbuchs, wie Münst in Entringen und Tübingen und Volz in Herrenberg, bemühten sich um die Nachzucht der Eiche durch Einmischung in Buche mittels Stecksaat- und Heisterpflanzung. Ihnen sind eine Reihe von heute schönen Beständen zu verdanken. Trotzdem bestand die Zielsetzung weiterhin bis in die 30er Jahre dieses Jhs., Forche-, Fichte-, Laubholz-Mischbestände als die ideale Bestokkung auf den meisten Standorten des Schönbuchs zu begründen, nicht zuletzt auch deswegen, weil man meinte, auf diese Weise den Konflikt zwischen Waldbau und meist zu hohem Rotwildbestand am besten lösen zu können.

Zur Zeit der Autarkiebestrebungen des III. Reichs, während des II. Weltkriegs und in der Aufbauphase nach dem Krieg standen Gesichtspunke der hohen Produktion von Nutzholz im Vordergrund. Immer wieder gab es schwere Rückschläge bei der Nadelholzwirtschaft, in den Jahren 1913 und 1920 durch starke Sturmschäden, 1936 durch empfindliche Schneebruchschäden. Dem versuchte man in gewissem Umfang durch Beimischung von Laubholz entgegenzuwirken. Es blieb aber beim Versuch, nicht zuletzt wegen des Rotwildes, das in den Zeiten des Reichsjägermeisters Hermann Göring im Schönbuch eine große Rolle spielte. Trotzdem muß man bei allem kritischen Unterton feststellen, daß in den letzten 100 Jahren unter ganz anderen Voraussetzungen als heute und bei ganz anderen Zielsetzungen Wälder entstanden sind, die auch heute noch in unserer Industriegesellschaft mit hohem Freizeitanteil allen Anforderungen gerecht werden. Insofern muß man die Aufbauleistung mit großer Hochachtung würdigen.

Ich bin so ausführlich auf die Vergangenheit eingegangen, weil in ihr die Ausgangssituation für unsere heutige Waldwirtschaft geschaffen wurde und weil es notwendig ist, die Umstände zu erkennen, die zu dem geführt haben, was heute ist. Es ist zu einfach, nur vom labilen Wald, vom Wald als Holzfabrik oder von der wirtschaftlichen Brille der Fortleute zu sprechen. Unsere Vorgänger haben aus ihrer Zeit heraus nach bestem Wissen versucht, die Dinge zu gestalten. Vielleicht mit einer Ausnahme: der Verniedlichung der Wildschäden, die man einfach nicht erkennen wollte und die doch einen ganz erheblichen Einfluß auf die Waldwirtschaft hatten und bis zu einem gewissen Grad auch heute noch haben.

Der Neue Wald

Ergebnisse sind im Wald oft erst nach längerer Zeit zu bemerken, denn forstliches Handeln ist langfristig. Wohl in keiner anderen Region Baden-Württembergs prallen die Anforderungen an den Wald so heftig aufeinander wie im Schönbuch. Der Wald ist bei allen forstlichen Veränderungen immer noch die naturnächste Landbewirtschaftungsform und hat eine hohe ökologische Bedeutung im Mittleren Neckarraum. Durch die dicht besiedelte Umgebung ist der Schönbuch ein wichtiges Nah- und Wochenenderholungsgebiet für die Bevölkerung und die Bedeutung der Erholungsfunktion hat auch dazu geführt, daß er 1972 zum ersten Naturpark Baden-Württembergs erklärt wurde. Die forstlichen Maßnahmen haben dies in besonderer Weise zu berücksichtigen. Die Nutzung von Holz und die Belieferung des Marktes tritt zwar gegenüber der Schutz- und Erholungsfunktion zurück. Sie ist aber nach wie vor von Bedeutung für die Versorgung der heimischen Industrie mit dem Rohstoff Holz und nicht zuletzt wird aus ihren Erträgen die Waldwirtschaft finanziert, was besonders für den Privatwald, der im Schönbuch zwar keine große Rolle spielt, und für den Gemeindewald von Bedeutung ist.

Nach wie vor ist der Schönbuch Heimstätte für das Wild, nicht zuletzt aus historischen Gründen. Dies gilt natürlich insbesondere für das 4000 ha große Kerngebiet des Forstamts Bebenhausen, in dem das Rotwild noch heimisch ist.

Viele Hilfsmittel für die Umsetzung der Zielsetzungen sind in den vergangenen Jahrzehnten erarbeitet worden. Hier ist in erster Linie die forstliche Standorterkundung zu erwähnen, die die Grundlage für alle waldbaulichen Entscheidungen ist und in der klimatische, bodenkundliche, vegetationskundliche und waldgeschichtliche Faktoren zusammengeführt sind. Zum zweiten ist es das Wissen um die Naturwaldgesellschaft, an die wir uns bei allem forstlichen Handeln wieder möglichst nahe anlehnen. Der Schönbuch bestand ohne menschlichen Einfluß aus einem Buchen-Eichenwald, in dem die Buche die Hauptbaumart war und auf bestimmten Standorten auch die Eiche eine erhebliche Rolle spielte, und zwar beide Eichenarten, die Stiel- und die Taubeneiche, von denen allerdings in den letzten Jahren immer mehr angenommen wird, daß es sich um Rassen einer Art handelt. Dazu kommt das breite Spektrum der sonstigen Laubbaumarten von Esche, Bergahorn, Erle im frischeren Bereich, von Linde, Spitzahorn, Wildobst usw. im trockeneren Bereich. Die Nadelbaumarten sind nur als Gastbaumarten zu betrachten. Die Standortkartierung gibt aber Auskunft, wo ihr Anbau ohne Risiko möglich ist. Wir müssen vom kalamitätsgetriebenen Waldbau wegkommen und dies bedeutet im Schönbuch, daß der Laubholzanteil zu- und der Nadelanteil drastisch abnehmen muß.

Die Zielsetzungen der naturnahen Waldwirtschaft gelten in besonderer Weise für den Schönbuch. Das sind wie schon erwähnt hohe Stabilität, große natürliche Vielfalt, möglichst keine Reinbestände, Naturverjüngung wo irgend möglich. Kahlflächen, wie sie nach dem Sturm Wiebke und in der Folge durch Borkenkäfer entstanden, sind in Laubholzbestände umzuwandeln oder der natürlichen Sukzession zu überlassen. Die Umwandlung labiler Fichtenbestände in stabile Mischwälder durch Vorbau von Buche unter dem Schutz des Altholzes ist besonders wichtig. So ergibt sich für die Zukunft ein deutliches Übergewicht an Eichen-Buchen-Mischbeständen und Buchen-Laubholzbeständen mit einzeln eingemischten Nadelbäumen, während die Fichten- und Kiefernbestände dagegen weit zurücktreten und nur noch in der Mischung mit Buche vorgesehen sind. Ein völliger Verzicht auf das Nadelholz ist nicht beabsichtigt und kann aus forstlichen Gründen auch kaum vertreten werden. Die Standortkunde gibt aber Gewähr für eine richtige Auswahl.

Immer wieder wird auch über die Problematik der Gastbaumarten aus dem Ausland gesprochen. Eine Rolle spielen eigentlich nur Roteiche und Douglasie, wobei die Roteiche im Schönbuch vor allem wegen des Rotwildes früher vermehrt angebaut wurde, aber ohne große Bedeutung bleibt und die Douglasie als Mischbaumart auf sandigen Standorten in geringem Umfang möglich ist.

Die waldbaulichen Zielsetzungen dürfen durch den Wildbestand nicht in Frage gestellt werden. Ein ausgewogenes Verhältnis Wald/Wild ist die Grundlage für jede erfolgreiche Forstwirtschaft. Dieses gilt für das Rehwild im ganzen Schönbuch und für das Rotwild im Gatter des Forstamts Bebenhausen insbesondere. Das Rotwild war ja bis Ende der 50er Jahre im ganzen Schönbuch heimisch. Wegen der Schäden in der Landwirtschaft und in den Gemeindewaldungen wurde nach langer Diskussion, ob Totalabschuß oder nicht, damals dann festgelegt, daß es auf alle Fälle im Zentrum des Schönbuchs zu erhalten ist. So kam es zum Gatter auf 4000 ha und zum Totalabschuß auf den übrigen Flächen. Erst durch die Reduktion auch im Gatter auf etwa 150 Stück Gesamtbestand in Anlehnung an ein Gutachten der Wildbiologischen Gesellschaft München ist man in den letzten Jahren so weit gekommen, daß auch im Gatter das Rotwild keine einschneidenden Waldschäden mehr verursacht, also erhalten bleibt und dabei sogar für die Waldbesucher wieder sichtbar ist. Als Konsequenz mußte auf rund 500 ha ein Weggebot ausgesprochen werden und bei der Verjüngung der Eiche auf das von Münst im letzten Jahrhundert entwickelte und von den Herren Dr. Baumann und Ebert weitergeführte Verfahren von Eichenheister-Kulturen zurückgegriffen werden.

Im Naturpark sind die Belange des Naturschutzes besonders wichtig. Sie werden unter anderem auch durch Ausweisung von Waldschutzgebieten berücksichtigt. Das sind Bann- und Schonwälder. Bannwälder sind Waldbestände, die sich ganz selbst überlassen bleiben. Schonwälder stehen zwar in forstlicher Bewirtschaftung, aber unter besonderer Zielsetzung. Als Beispiel sei der Bannwald »Eisenbachhain« erwähnt und der 20 ha große Bannwald »Silbersandgrube«, der Teil eines interdisziplinären Forschungsprojektes ist. Als Beispiel von Schonwäldern nenne ich den »Diebsteig« im Forstbezirk Bebenhausen und den »Eselstrittwald« im Forstbezirk Herrenberg, das »Mähdertal« und den »Maierwald« im Forstbezirk Weil im Schönbuch. Aber auch in der großen Zahl von Waldbiotopen, die in der Waldbiotopkartierung erfaßt wurden, wird dem Naturschutz Vorrang bei der Waldbewirtschaftung eingeräumt. Generell dient aber der ganze naturnah aufgebaute Wald mit seiner großen ökologischen Vielfalt der Natur.

Schließlich ist in einem Naturpark auch die Berücksichtigung der Waldästhetik sehr wichtig. Sämtliche Eingriffe haben darauf Rücksicht zu nehmen.

Zusammenfassend gilt, daß der Neue Wald im Schönbuch keine Zukunftsvision ist. Er baut auf dem auf, was wir von unseren Vorfahren ererbt haben. Durch behutsames Vorgehen versuchen wir, unsere Zielsetzungen sukzessiv umzusetzen und so auf Dauer einen stabilen, gesunden und ökologisch intakten Wald heranzupflegen. Als Damoklesschwert hängt allerdings über der Waldwirtschaft das Problem der neuartigen Walderkrankung und der Klimaveränderung, die Folgen von mangelndem Verantwortungsbewußtsein im Umgang mit der Natur sind. Sie sind weitgehend dem forstlichen Einfluß entzogen. Was Forstleute tun können ist, zu versuchen, einen möglichst gesunden, vitalen Wald durch Waldpflege zu erhalten, der mit den negativen Einflüssen der Umwelt besser fertig wird. Allerdings müssen alle Verantwortlichen auf die bedrohliche Situation der Luftverschmutzung aufmerksam gemacht werden.

Es wäre ein Irrtum zu meinen, Wald ohne forstliche Pflege wäre auf Dauer der schönste und beste. Er würde zusammenwachsen, weitgehend einschichtig werden, so lange bis es zur sogenannten Zerfallsphase käme. Das Ziel sind aber vielmehr strukturreiche Wälder mit einem hohen Anteil reifer alter Bäume. Die Forstwirtschaft ist sich ihrer Verpflichtung gegenüber der Gesellschaft bewußt und versucht, ihr durch die geschilderten Maßnahmen gerecht zu werden.

Die Auswirkungen der »Wilden Wiebke«. Das Sturmwurfflächen-Projekt

Angelika Honold, Karl-Heinz Rexer
und Franz Oberwinkler

Die Stürme des Frühjahrs 1990 verursachten immense Schäden in unseren Wäldern. Insbesondere »Wiebke« wütete in ganz Mitteleuropa. Allein in Baden-Württemberg fielen 15 Millionen m^3 Schadholz an (Umweltdaten 92/93), wobei in erster Linie Fichten betroffen waren.

Die moderne Waldwirtschaft hat sich Wälder zum Ziel gesetzt, die sich im ökologischen Gleichgewicht befinden und einem natürlichen Wald möglichst nahe kommen, ohne daß auf die regelmäßige Lieferung von Wertholz verzichtet werden muß. Nicht Holznutzung um jeden Preis ist die Devise des naturnahen Waldbaus, sondern Holznutzung möglichst preiswert und ohne die biologischen Abläufe zu stören. Ein schwerwiegendes Problem stellt die Tatsache dar, daß unsere Kenntnisse über den Verlauf biologischer Prozesse in einem natürlichen Waldökosystem lückenhaft sind. Alle Wälder in Mitteleuropa wurden vom Menschen geschaffen und werden von ihm genutzt. In Mitteleuropa wird man nach einem »Urwald« vergeblich suchen.

Auf Anregung der Forstdirektion Tübingen hin, wurden drei Sturmwurfflächen (Schönbuch, Langenau und Bad Waldsee) mit insgesamt 53,6 ha als Bannwälder ausgewiesen. Es handelt sich um Naturwaldreservate, in denen keinerlei Eingriffe durch den Menschen zugelassen werden. Diese Bannwälder sollen der Erforschung der natürlicherweise ablaufenden Prozesse der Walderneuerung dienen. Die Erkenntnisse aus dieser Forschung sollen die Weiterentwicklung naturnaher Waldbauverfahren unterstützen.

Nicht nur in Baden-Württemberg, sondern auch in der Schweiz wurde die Chance für die Forschung erkannt. Durch die Stürme des Frühjahrs 1990 waren Gebirgswälder, denen eine wichtige Schutzfunktion (Erosion, Steinschlag, Lawinen) zukommt, großflächig zerstört worden. Auch hier wurden geeignete Versuchsflächen ausgewiesen und Forschungsprojekte gestartet (Schönenberger *et al.*, 1995).

Sukzessionsforschung auf Sturmwurfflächen in Baden-Württemberg

Für das Sturmwurfflächen-Projekt konnten eine ganze Reihe von Instituten und Institutionen gewonnen werden (Abb. 34), die sich mit »Sukzessionen und Walderneuerung auf Sturmschadensflächen in Baden-Württemberg« auseinandersetzen. Finanziert wurde das Projekt vom Ministerium für Ländlichen Raum und der Landesanstalt für Umweltschutz Baden-Württemberg im Rahmen des Projektes »Angewandte Ökologie«

Forschungsinstitut	Arbeitsgebiet	Förderung
Universität Tübingen Prof. Pfeffer	Bodenkunde	LfU
Universität Tübingen Prof. Oberwinkler	Pilzkunde	MLR
Universität Freiburg Prof. Reif	Vegetationskunde	LfU
Universität Freiburg Prof. Huss	Waldbau	LfU
Universität Freiburg Prof. Wilmanns	Populationsbiologie	LfU
Universität Ulm Prof. Funke	Insekten und Vögel	LfU
Forstliche Versuchsanstalt Freiburg Dr. Bücking u.a.	Botanik, Standortskunde, Waldschutz	(MLR)
Universität Freiburg Prof. Oesten	Luftbildauswertung	LfU
LfU Karlsruhe	Koordination, Kolloquien, Publikationen	
Forstdirektion Tübingen	Organisation, Vermessungen	(MLR)

Abb. 34: Am Sturmwurfflächen-Projekt beteiligte Institute und Institutionen. LfU = Landesanstalt für Umweltschutz Baden-Württemberg im Rahmen des Projekts »Angewandte Ökologie« MLR = Ministerium Ländlicher Raum

(PAÖ). Bei jährlichen Statuskolloquien wurden die Ergebnisse vorgetragen, diskutiert und anschließend publiziert.

Die Flächen wurden zunächst vermessen. Eine Luftbildauswertung ermöglichte es, die Lage einzelner Stämme exakt festzulegen, so daß auch nach mehreren Jahrzehnten eine genaue Zuordnung möglich sein wird.

In Absprache mit den Arbeitsgruppen wurden auf ausgewählten Arealen die Bodenprofile ermittelt. Die Analyse von Bodenproben im Labor ergab Aufschluß über chemische Parameter, wie pH-Werte, C-, N- und Nährstoffgehalt der Böden.

Vegetationsaufnahmen wurden auf den gesamten Bannwaldflächen durchgeführt (Beck, 1994). An den exakt eingemessenen Rasterpunkten der forstlichen Grundaufnahme (Entfernung 50 x 50 m im Gauss-Krüger-Koordinatensystem) wurden 10 x 10 m große Probenflächen markiert. Es wurden, neben der Erfassung der Arten, die Deckung der Baum-, Strauch-, Kraut- und Moosschicht geschätzt, sowie zusätzlich die Deckung von Stamm- und Astholz und offenem Mineralboden.

Von den Entomologen wurden Insektengesellschaften untersucht. Im Mittelpunkt standen vor allem räuberische Insekten der Bodenoberfläche und Insekten, die auf und in Totholz leben. Dabei wurde stets ein lebender Fichtenbestand in der Nachbarschaft mit in die Untersuchungen einbezogen, um Vergleiche anstellen zu können. Ein besonderes Augenmerk galt natürlich der Entwicklung der Borkenkäferpopulationen. Ziel der Mykologen war es, den Einfluß der Pilze auf die einsetzende Sukzession zu analysieren.

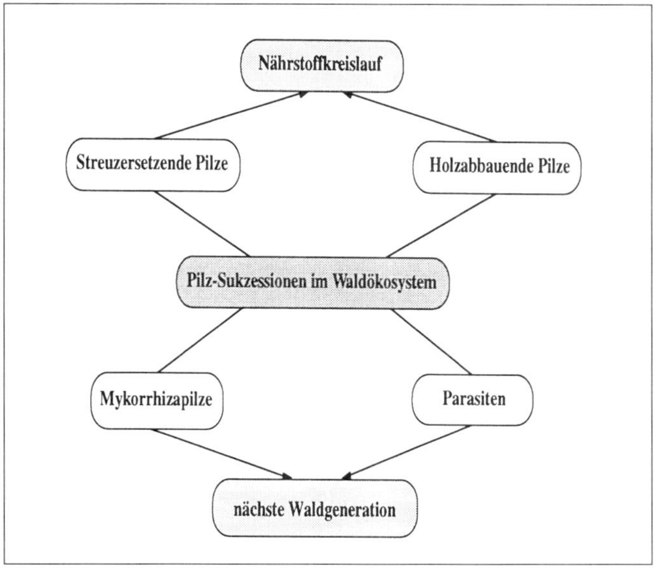

Abb. 35: An den Sukzessionsprozessen beteiligte Pilzgruppen.

Pilz-Baum-Interaktionen im Waldökosystem

Pilze erfüllen vielfältige Aufgaben im Waldökosystem. Auf die Walderneuerung nehmen sie direkten Einfluß. Der Steinpilz (*Boletus edulis*) z.B. ist nicht nur ein schmackhafter Speisepilz. Im Waldökosystem erfüllt er eine wichtige Aufgabe. Es handelt sich um einen sogenannten Mykorrhizapilz (griech. mykes, -etos = Pilz; rhiza = Wurzel), der mit Baumwurzeln eine Symbiose eingeht. Diese Symbiose bringt beiden Partnern Vorteile. Mit seinen feinen Hyphen dringt der Pilz im Boden bis in kleinste Kapillarräume vor, die die Wurzel auch mit ihren Wurzelhaaren niemals erreichen könnte. Vom Pilz werden auf diese Weise Nährstoffe zur Verfügung gestellt, die für den Baum ansonsten nicht zugänglich wären. Der Pilz umgibt die Wurzel mit seinem Hyphengeflecht, das einen hervorragenden Schutz vor Pathogenen bietet. Als Gegenleistung erhält der Pilz vom Baum Zucker. Der Jungwuchs einer Sturmwurffläche ist auf solche Mykorrhizapilze angewiesen. Ohne diese Pilze kann er nicht überleben. Auf diesem Weg nehmen Pilze Einfluß auf die nächste Waldgeneration.

Die anfallende Streu aus Nadeln, Blättern und Zweigen wird von Pilzen aufgearbeitet. Eine nicht zu unterschätzende Aufgabe dieser Pilze ist es, die frei werden Nährstoffe im Boden festzuhalten. Mit dem Regenwasser würden die wertvollen Nährstoffe ansonsten ausgewaschen und den Pflanzen nicht mehr zur Verfügung stehen.

Für den Abbau der riesigen Mengen von Totholz sind ebenfalls zunächst Pilze verantwortlich. Ihre Aufgabe ist es, die komplexen Moleküle der Holzbausteine zu

Arbeitsgebiete	Mitarbeiter
Streuzersetzende Pilze und fruktifizierende Mykorrhizapilze	Dr. K.-H. Rexer
Endophytische und parasitische Pilze in lebenden Bäumen	Dr. A. Honold, Dr. E.Weber
Sukzession holzabbauender Pilze	Dr. A. Honold, Dr. K.-H. Rexer, Dr. E. Weber
Mykorrhizierung von Sämlingen und Jungbäumen	U. Eberhardt, L. Walter, Dr. I. Kottke
Mikropilze der Böden und Bodenqualität	G. Biegert

Abb. 36: Die Mitarbeiter des Sturmwurfflächen-Projektes: Lehrstuhl Spezielle Botanik/Mykologie der Universität Tübingen, Ltg.: Prof. Dr. Franz Oberwinkler

knacken und letztendlich den Pflanzen zugänglich zu machen.

Neben den Mykorrhizapilzen, den streu- und holzabbauenden Pilzen gibt es noch eine Gruppe von Pilzen, die im naturnahen Ökosystem die Aufgabe haben, die Populationsdynamik zu steuern: die Parasiten. Diese Gruppe von Pilzen verursacht in unseren Forsten beträchtliche wirtschaftliche Einbußen. Aus diesem Grund galt diesen Arten die besondere Aufmerksamkeit.

Die Untersuchungsgebiete

Für die mykologischen Untersuchungen wurden in den drei Untersuchungsgebieten (s. Abb. 37) (Schönbuch, Langenau, Bad Waldsee) insgesamt 11 Dauerbeobachtungsflächen mit jeweils 1000 m² (40 m x 25 m) eingerichtet und zusammen mit den Mitarbeitern der Forstdirektion Bebenhausen eingemessen und verpflockt. Es handelte sich um Sturmwurfflächen von 1990 (Farbteil, Abb. XVII, XVIII, XIX) und um Nachbarbestände auf gleichem Untergrund. Bei Bad Waldsee wurden zwei ältere Sturmwurfflächen von 1985 und 1988 mit in die Untersuchungen einbezogen. Im Gegensatz zu den Sturmwurfflächen von 1990 waren diese Sturmwurfflächen geräumt worden. Bei allen Flächen handelte es sich um ehemalige Fichtenforste. Der geologische Untergrund erwies sich als recht unterschiedlich (Pfeffer, 1993). Einen Vergleich bietet Abbildung 37. Allen drei Gebieten ist eine Lößlehmauflage gemeinsam, die zur Entstehung von Parabraunerden führte. Die Böden, auf denen die Fichten stockten, sind damit in allen drei Untersuchungsgebieten bis auf eine Ausnahme vergleichbar. Die Sturmwurffläche von 1990 bei Bad Waldsee liegt in einer Senke über wasserstauenden Bodenschichten. Dies führte zu einer Vernässung des Bodens. Es ist

	Schönbuch	**Langenau**	**Bad Waldsee**
Sturmwurffläche 1990	3 ha	6 ha	ca. 11 ha, Einzelwürfe und Nester
zusätzliche Käferschäden	8 ha	3 ha	nicht flächig
Bannwaldfläche	20,3 ha	16,2 ha	18,1 ha
Anzahl und Typ der Probeflächen (je 40 x 25 m)	2 belassene Sturmwurfflächen 2 Nachbarbestände	2 belassene Sturmwurfflächen 1 Nachbarbestand	1 belassene Sturmwurffläche 1 Nachbarbestand 2 geräumte Sturmwurfflächen von 1985 und 1988
Wuchsgebiet	Neckarland	Schwäbische Alb	SW-deutsches Alpenvorland
Hauptbaumart	Fichte	Fichte	Fichte
Nebenbaumarten	Kiefer, Lärche	keine	Kiefer, Lärche, Erle, Buche, Birke
geologischer Untergrund	Keuper mit Rätsandstein, überdeckt mit Lößlehm	Jura-Kalke überdeckt von Paläoböden mit Bohnerzen, darüber eine Lößlehmauflage	Moränenschotter überdeckt mit Lößlehm, teilweise auch Sande
Bodentyp	Parabraunerde	Parabraunerde	Parabraunerde, Pseudogley bis Anmoor

Abb. 37: Die Untersuchungsgebiete.

an dieser Stelle ein Übergang von einer Parabraunerde bis hin zu einem Anmoor mit dickem Humushorizont bzw. Torfbildung zu beobachten (Schneider, 1993).

Die Erfassung von Pilzarten unterschiedlichster ökologischer Zugehörigkeit auf einer Fläche von 11 000 m^2 über 5 Jahre (1991 – 1995) war nicht von einer Person zu leisten. Deshalb sind in Abbildung 36 die beteiligten Mitarbeiter aufgeführt.

Artendiversität und Naturschutz

Bei den von Fichten dominierten Wirtschaftswäldern handelt es sich um artenarme Monokulturen. Die genetische Vielfalt ist jedoch die Wurzel des Lebens. Sie ist eine zufällig entstandene, nicht erneuerbare Ressource. Die wichtigste Aufgabe des Naturschutzes ist es, die Artenvielfalt und die Vielfalt an Lebensräumen zu erhalten – auch in unseren Wäldern.

Es ist zu erwarten, daß auf den Sturmwurfflächen, ohne direkte Beeinflussung durch den Menschen, eine naturnahe Vegetation entstehen wird, die durch ein neues, kleinräumiges Verteilungsmuster vielen Arten eine

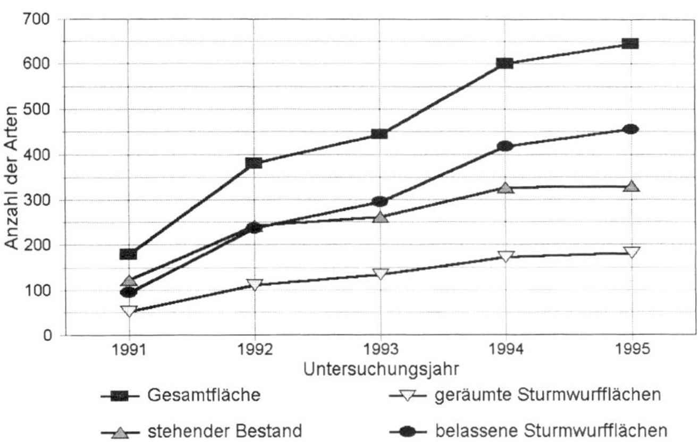

Abb. 38: Die Entwicklung der Artenzahlen der auf den Dauerbeobachtungsflächen aller drei Untersuchungsgebiete (Schönbuch, Langenau, Bad Waldsee) in den Jahren 1991 - 1995 nachgewiesenen Pilze.

Chance bietet. Mit dem Angebot an vielfältigen Lebensräumen wird die Artendiversität steigen. Eine große Rolle spielt in diesem Zusammenhang das Totholz. Arten, die auf Starkholz (Stämme, dicke Äste) angewiesen sind und auf Stubben oder Reisig keinen ausreichenden Lebensraum finden, sind in unseren Wirtschaftswäldern kaum vertreten. Insbesondere für diese Arten stellen die Sturmwurfflächen wertvolle Rückzugsräume dar.

Die Entwicklung der Artenzahlen der Sturmwurfflächen im Vergleich zu den lebenden Nachbarbeständen (Abb. 38) bestätigt diese Prognose bereits in den ersten 5 Jahren der Sukzession. Im Untersuchungszeitraum von 1991 – 1995 wurden auf den 11 Dauerbeobachtungsflächen 645 Pilzarten nachgewiesen. Summiert man die Artenzahlen über alle Dauerbeobachtungsflächen, so steigt die Zahl der nachweisbaren Arten Jahr für Jahr kontinuierlich an. Eine leichte Depression im Jahre 1993 ist auf ein ausgesprochen schlechtes Pilzjahr zurückzuführen. Die Zahl der Arten, die in den Nachbarbeständen gefunden wurden, steigt dagegen nicht weiter an. Es kann davon ausgegangen werden, daß in den 5 Untersuchungsjahren alle Arten dieser Flächen dokumentiert werden konnten. Auch auf den geräumten Sturmwurfflächen bei Bad Waldsee ist der jährliche Zuwachs an neuen Arten gering. Dagegen sind auf den belassenen Sturmwurfflächen mit fortschreitender Sukzession jedes Jahr neue Arten hinzugekommen. Das Totholz, das auf den belassenen Sturmwurfflächen zur Verfügung steht, ist offensichtlich für den Artenreichtum dieser Flächen verantwortlich. Es bietet zahlreichen Spezialisten einen Lebensraum, der auf den geräumten Sturmwurfflächen fehlt. Totholz ist ein wichtiger Bestandteil unserer Wälder. Bereits 1988 beschäftigte sich das Ministerkomitee des Europarates mit diesem Thema und verabschiedete eine »Empfehlung zum Schutz rinden- und holzbewohnender Organismen und ihrer Biotope« (Schmitt, 1992).

Unter den nachgewiesenen Arten waren 25, die als selten oder gefährdet gelten. In Abbildung 39 sind die in der Roten Liste von Baden-Württemberg bzw. von Deutschland als gefährdet geltenden Arten der Dauerbeobachtungsflächen aufgeführt. Die belassenen Sturmwurfflächen schneiden auch hier am besten ab. 15 Arten dieser Flächen, d.h. 3,3% des Arteninventars, sind als gefährdet einzustufen. Auf den geräumten Sturmwurfflächen bei Bad Waldsee waren es nur 5 Arten (2,8% des Arteninventars). Die Nachbarbestände wiesen 9 Rote-Liste-Arten auf. Bezogen auf das Arteninventar dieser Flächen handelte es sich um 2,7%.

Als Beispiel sei hier nur eine Art erläutert. Der Blaublättrige Zwergknäueling (*Panellus violaceofulvus*) wurde auf einer belassenen Sturmwurffläche im Schönbuch in den Jahren 1991 bis 1993 auf Fichtentotholz gefunden (Farbteil, Abb. XX). Er gilt laut der Roten Liste für Deutschland als stark gefährdet. Es handelt sich um

Art	Variante	Rote Liste Deutschland	Rote Liste Baden-Württemberg
Agrocybe firma	k		potentiell gefährdet (4)
Botryobasidium danicum	k	Rarität (r)	
Ceriporiopsis resinascens	b	gefährdet (3)	gefährdet (3)
Cortinarius alnetorum	b		gefährdet (3)
Cortinarius bibulus	b	gefährdet (3)	
Entoloma cuspidiferum	b	stark gefährdet (2)	
Gymnopilus picreus	b	Rarität (r)	potentiell gefährdet (4)
Hygrophorus camarophyllus	b	stark gefährdet (2)	
Hymenochaete fuliginosa	k	gefährdet (3)	
Hypholoma subericaceum	b	gefährdet (3)	
Leccinum duriusculum	r	gefährdet (3)	stark gefährdet (2)
Lentinellus omphalodes	r	gefährdet (3)	
Marasmius limosus	r, b		stark gefährdet (2)
Mycena albidolilacea	k	Rarität (r)	
Naucoria alnetorum	b	gefährdet (3)	
Omphaliaster asterosporus	k	gefährdet (3)	
Panellus violaceofulvus	b	stark gefährdet (2)	gefährdet (3)
Phaeocollybia jennyae	k, b	gefährdet (3)	
Phaeocollybia cidaris	k	gefährdet (3)	
Phaeogalera medullosa	b	Rarität (r)	
Podostroma alutaceum	k	Rarität (r)	
Resinomycena saccharifera	r	gefährdet (3)	
Rhodocybe caelata	k, b, r	gefährdet (3)	gefährdet (3)
Russula pumila	b		gefährdet (3)
Tephrocybe mephitica	k, b	gefährdet (3)	

k = Kontrollflächen (stehender Nachbarbestand), b = belassene Sturmwurfflächen, r = geräumte Sturmwurfflächen

Abb. 39: Seltene oder gefährdete Pilzarten der Dauerbeobachtungsflächen.

einen Blätterpilz, dessen Verbreitungsschwerpunkt eher auf Tannen montaner Regionen zu finden ist. Auf dem Totholz im Schönbuch war diese Art in einer frühen Phase des Holzabbaus nachzuweisen.

Die belassenen Sturmwurfflächen wiesen somit nicht nur die höchsten Artenzahlen auf, sondern boten zahlreichen seltenen und gefährdeten Arten einen Lebensraum. Totholzreiche Waldökosysteme könnten zur Rettung gefährdeter Arten beitragen. Dies gilt nicht nur für Pilze, sondern auch für Insekten (Schmitt, 1992). Ein kompliziertes Wechselspiel zwischen Pilzen und Insekten sorgt für den Abbau des Totholzes. Gänge holzbohrender Insekten ermöglichen es den Pilzen rasch in das Holz vorzudringen. Die Insekten wiederum ernähren sich vom Hyphengeflecht der Pilze.

Leider führt Totholz im Wirtschaftswald zu Problemen. Da wäre die schlechte Zugänglichkeit und die Unfallgefahr bei Waldarbeiten zu nennen. Viele Erholungssuchende empfinden herumliegendes Totholz als störend. Der Wald sieht nicht mehr gepflegt und sauber aus. Von Seiten des Forstes wird außerdem befürchtet, daß das Totholz eine Brutstätte für Schadinsekten und parasitische Pilze darstellt. Wie im letzten Abschnitt gezeigt wird, muß dieses Problem für jede Art separat geklärt werden.

Streuzersetzende Pilze

Auf den Sturmwurfflächen ist die auftreffende Niederschlagsmenge größer, als im geschlossenen Bestand. Dies führt dazu, daß über dichtem Untergrund die Grund- und Stauwasserspiegel steigen und Vernässungsphasen sich verlängern. Die Freistellung der Flächen führt ferner zu höheren Bodentemperaturen. So wurden auf einer Sturmwurffläche bei Langenau von der Arbeitsgruppe von Herrn Prof. Funke im August 1992 44°C gemessen, während am gleichen Tag im Nachbarbestand nur 31°C erreicht wurden. Die veränderten abiotischen Bedingungen auf den Sturmwurfflächen führen zu einem raschen Abbau der ursprünglichen Nadelstreu.

Die in der Streu enthaltenen Nährstoffe werden von Pilzen und Bakterien mineralisiert und damit den Pflanzen wieder verfügbar gemacht. Diese Prozesse spielen eine Schlüsselrolle im Nährstoffkreislauf des Waldökosystems und steuern das Waldwachstum. Die am Abbau der Nadelstreu beteiligten Pilze eignen sich, wie die Untersuchungen im Rahmen des Sturmwurfprojektes zeigte, als Bioindikatoren für den Status des Streuabbaus. Es handelt sich um Spezialisten, die an das Nährstoffangebot der einzelnen Abbauphasen angepaßt sind.

Auf den Dauerbeobachtungsflächen wurden alle auftretenden Pilzfruchtkörper erfaßt. Die Dokumentation der auftretenden Arten wurde ergänzt durch die Quantifizierung und Schätzung der Verteilung der Fruchtkörperfunde. Es wurde eine kombinierte Abundanz- und Verteilungsskala von 1 bis 5 verwendet. Abbildung 40 zeigt typische Beispiele streuabbauender Pilze der Untersuchungsflächen bei Langenau. Es wurde das Auftreten dieser Arten im lebenden Nachbarbestand mit dem Auftreten auf den Sturmwurfflächen in den Jahren 1992 und 1994 verglichen.

Die wichtigsten Arten, die auf den Abbau von Nadelstreu spezialisiert sind, sind in den Blätterpilzgattungen *Clitocybe* (Trichterling), *Collybia* (Rübling), *Mycena* (Helmling) und *Marasmius* (Schwindling) zu finden. *Mycena sanguinolenta*, der Blutende Helmling, war auf allen Flächen regelmäßig anzutreffen. Diese Art ist sehr flexibel und kann sich den sich verändernden Gegebenheiten gut anpassen. Sie ist in der Streu von Laub- und Nadelwäldern der unterschiedlichsten Ausprägungen häufig anzutreffen und ist eine weit verbreitete Art. In den lebenden Beständen und auf den Sturmwurfflächen war sie mit konstanter Häufigkeit anzutreffen. Die fortschreitende Mineralisierung der Nadelstreu führt zu einem erhöhten Nährstoffangebot, das nicht von allen Pilzen vertragen wird. *Clitocybe clavipes*, der Keulenfüßige Trichterling, ist an das erhöhte Nährstoffangebot angepaßt und ist damit auf den Sturmwurfflächen sehr konkurrenzfähig. Der Keulenfüßige Trichterling war zwar auch im Nachbarbestand zu finden, tritt in den Jahren 1992 bis 1994 auf den Sturmwurfflächen jedoch mit wachsender Abundanz auf. Einen gegenläufigen Trend zeigen *Clitocybe vibecina*, der Geriefte Trichterling, und *Strobilurus esculentus*, der Fichtenzapfenrübling. Beide Arten nehmen auf den Sturmwurfflächen im Laufe der Sukzession in ihrer Abundanz ab, wobei sie in den Nachbarbeständen regelmäßig zu finden sind. Diese Arten signalisieren den Abbau der Nadelstreu sehr deutlich. Der Geriefte Trichterling fruktifiziert auf dikken Nadelpolstern. Mit dem Abbau der Nadelstreu verschwindet diese Art von den Sturmwurfflächen. Der Fichtenzapfenrübling (Farbteil, Abb. XXI) ist ein Spezialist für Fichtenzapfen. Nur wenige Arten sind in der Lage dieses Substrat abzubauen. Ist diese Art, die jedes Jahr im Frühjahr und im Spätherbst ihre Fruchtkörper produziert, auf den Sturmwurfflächen nicht mehr anzutreffen, darf mit Sicherheit davon ausgegangen werden, daß auch die letzten Reste der Nadelstreu abgebaut wurden. Auf den Sturmwurfflächen bei Langenau (Abb. 40) trat diese Art im benachbarten Fichtenbestand mit gleichbleibender Abundanz auf, während auf den Sturmwurfflächen die Abundanz von 1992 bis 1994

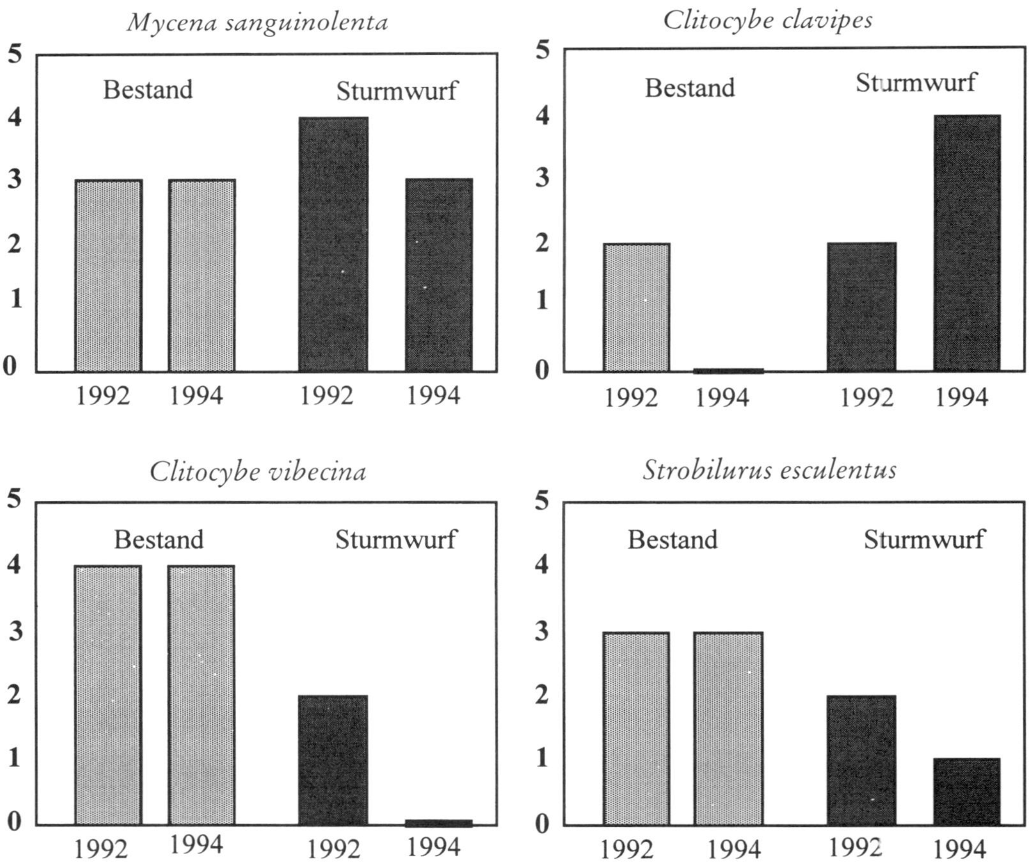

Abb. 40: Die Entwicklung der Dominanzstruktur streuabbauender Pilze der Untersuchungsflächen bei Langenau.

sank, ein sicheres Indiz für den weit fortgeschrittenen Abbau der ursprünglichen Nadelstreu auf den Sturmwurfflächen. Die hohe Spezifität der streuzersetzenden Pilze ermöglicht es, über den Status des Streuabbaus detaillierte Aussagen zu machen. Wie die obigen Beispiele zeigen, eignen sich diese Arten hervorragend als Bioindikatoren.

Mykorrhizapilze

Alle unsere Waldbäume sind auf Mykorrhizapilze angewiesen. Die Pilze sorgen für eine optimale Wasser- und Nährstoffversorgung der Bäume. Ohne eine Mykorrhizierung ist ein Keimling nicht konkurrenzfähig. Studien zur Wüchsigkeit von Pflanzschulbäumchen haben belegt, daß die Mykorrhizierung der Bäumchen zu einer deutlichen Leistungssteigerung und Streßresistenz der Pflanzen führt (Herrmann *et al.*, 1992). Mykorrhizen bieten außerdem Schutz vor Pathogenen. Damit stellt das Angebot an Mykorrhizapilzen im Boden einen entscheidenden biotischen Standortsfaktor dar.

Nach dem Durchzug von Stürmen wie »Wiebke«, stehen die Mykorrhizapilze der entstandenen Sturmwurfflächen vor einer völlig neuen Situation. Die Altbäume des ehemaligen Fichtenforstes sind zum größten Teil dem Sturm zum Opfer gefallen. Das empfindliche Mycel im Boden ist extremen Temperaturen ausgesetzt, der Niederschlag trifft ungehindert auf den Flächen auf. Diesen neuen Anforderungen sind nicht alle Arten gewachsen. Bezüglich ihrer Standortsansprüche (Feuchtigkeit, Boden-pH) sind Mykorrhizapilze sehr wählerisch. Während sich bei den streuzersetzenden Pilzen rasch Arten einfinden, die an die neuen Verhältnisse angepaßt sind, reduziert sich die Zahl der Mykorrhizapilze auf den Sturmwurfflächen gegenüber den benachbar-

Potentielles Wirtsspektrum der Mykorrhizapilze
belassene Sturmwurffläche bei Langenau

	Fichte	Buche	Eiche	Hainbuche	Linde	Ahorn	Hasel	Vogelbeere
Russula ochroleuca	M	M	M	M	M	M	M	M
Paxillus involutus	M	M	M	M	M			
Tylospora fibrillosa	M	M	M					
Xerocomus badius	M	M	M					
Hygrophorus pustulatus	M							
Lactarius mitissimus	M							
Lactarius thogalus	M							

Abb. 41: Die auf den belassenen Sturmwurfflächen bei Langenau aufgelaufenen Gehölze und die auf diesen Flächen fruktifizierenden Mykorrhizapilze. Der Buchstabe M steht für Mykorrhiza, die Größe des Buchstabens symbolisiert die potentielle Affinität zwischen den Symbiosepartnern.

ten Kontrollbeständen sehr deutlich. Die wenigen Arten, die den extremen Bedingungen gewachsen sind und auf den Sturmwurfflächen überdauern, gewährleisten das Überleben der Sämlinge und Jungbäume und sind deshalb von größter ökologischer Bedeutung. Baumschulpflanzen, die mit solchen Arten vormykorrhiziert wurden, sind für die Auspflanzung auf Extremstandorten (Äcker, kontaminierte Böden, Erdeponien usw.) besonders geeignet.

Auf den Sturmwurfflächen und in den benachbarten Beständen wurden im Untersuchungszeitraum von 5 Jahren 93 Mykorrhizapilzarten nachgewiesen. Neben den fruktifizierenden Arten wurden auch die Mykorrhizaformen aufkommender Fichtensämlinge erfaßt (Eberhardt, 1995). Vergleicht man die Mykorrhizaformen der stehenden Bestände mit denen der belassenen Sturmwurfflächen, so ist deutlich zu sehen, daß das Spektrum der Formen ebenfalls reduziert ist (Honold *et al.*, 1996). Auf geräumten Sturmwurfflächen sind noch weniger Formen anzutreffen.

In Abbildung 41 sind die Gehölze (Gattungen), die nach den Stürmen aufgelaufen waren, und das potentielle Wirtspektrum der nachgewiesenen Mykorrhizapilze für die Sturmwurfflächen bei Langenau aufgeführt. Der z.T. bereits vor dem Sturmwurf vorhanden gewesene Fichtenjungwuchs kann mit allen Pilzen eine Symbiose eingehen. Er kann von einem breiten Angebot an Partnern profitieren. Mit dem Laubbaumjungwuchs kooperieren jedoch nur wenige Mykorrhizapilze. An erster Stelle ist hier der Ockertäubling (*Russula ochroleuca*) zu nennen. Der Ockertäubling besitzt ein breites Wirtsspektrum und ist, was die Böden betrifft, sehr anspruchslos. Nur ausgesprochene Kalkböden meidet dieser Blätterpilz. Der Kahle Krempling (*Paxillus involutus*) ist ähnlich anspruchslos wie der Ockertäubling. Sein Wirtsspektrum umfaßt ebenfalls sowohl Nadel- als auch Laubbäume. Auf den Sturmwurfflächen bildete der Kahle Krempling mehr Fruchtkörper aus, als im stehenden Nachbarbestand, was belegt, daß diese Art sich rasch an die veränderten Standortsbedingungen anpassen kann. Während der Ockertäubling sich im Labor nicht kultivieren läßt, wächst der Kahle Krempling sehr gut auf künstlichen Nährmedien und ist damit für eine Vormykorrhizierung von Baumschulpflanzen besonders geeignet.

Die Mykorrhizapilze der Sturmwurfflächen sind Arten, die die Fichte als Symbiosepartner bevorzugen. Da auf diesen Flächen ursprünglich Fichtenbestände stockten, ist diese Situation verständlich. Dem aufkommenden Jungwuchs von Laubbäumen stehen nur wenige unspezifische Mykorrhizapilze zur Verfügung. Es ist fraglich, ob die Laubbäume gegenüber den Fichten eine Chance haben. Die nächste Waldgeneration wird kein standortstypischer Laubmischwald sein, wie dies von Seiten des Forstes gewünscht wird, sondern nach wie vor von der Fichte dominiert werden.

Holzabbauende Pilze

Um seiner Aufgabe als Nutzholzlieferant weiterhin gerecht zu werden, müssen dem Wald Nährstoffe zugeführt werden. Der natürlichste Weg ist, Totholz im Wald zu belassen. Der Abbau von Totholz ist in erster Linie die Aufgabe von Pilzen. Unter diesen Arten gibt es zahlreiche Spezialisten, die auch komplexe Moleküle wie Cellulose und Lignin in ihre Grundbausteine zerlegen können. Die Konzentration und Lokalisation der Nährstoffe im Holz verändert sich mit dem fortschreitenden Abbau des Holzes und damit auch die Zusammensetzung der am Holzabbau beteiligten Pilzgesellschaften. Die für den jeweiligen Zustand des Holzabbaus typischen Pilzgesellschaften zu dokumentieren war Aufgabe der Tübinger Mykologen. Es wurden nicht nur die auftretenden Fruchtkörper erfaßt, wie dies bisher die Regel war (vgl. Renvall, 1995), sondern auch die im Totholz aktiven Mycelien isoliert. Zu diesem Zweck wurden mit Hilfe eines Zuwachsbohrers Bohrkerne entnommen und daraus auswachsende Mycelien kultiviert und bestimmt.

Unter den Pilzen, die das Totholz aufarbeiten, befinden sich Arten, die lebende Bäume schädigen können. Es wird befürchtet, daß diese Parasiten ausgehend vom Totholz zu einer Gefahr für benachbarte Bestände werden könnten. Die Frage, ob diese Gefahr tatsächlich besteht, läßt sich nicht generell beantworten. Die Sturmwurfflächen mit ihren Nachbarbeständen bieten die einmalige Gelegenheit die Epidemiologie dieser Arten zu studieren.

78 Arten konnten aus Fichtentotholz isoliert werden. 97 Arten bildeten innerhalb der ersten fünf Jahre der Sukzession auf den toten Fichtenstämmen Fruchtkörper aus. Davon konnten 21 Arten auch als Mycelien im Totholz nachgewiesen werden. 57 Arten konnten ausschließlich über ihre im Holz aktiven Mycelien erfaßt

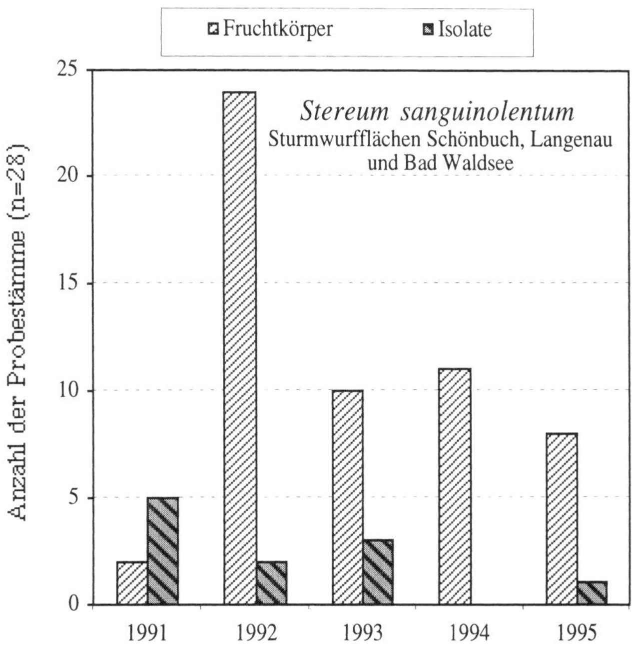

Abb 42: Nachweise von *Stereum sanguinolentum* (Blutender Schichtpilz) auf den belassenen Sturmwurfflächen aller drei Untersuchungsgebiete in den Jahren 1991–1995.

werden. Sie sind zum größten Teil nur in ihrer asexuellen Form (Anamorph) bekannt und bilden keine Fruchtkörper aus, sind aber durchaus in der Lage große Mengen an Verbreitungseinheiten (Konidien) zu produzieren.

Da die parasitischen Pilze im Vordergrund standen, sollen hier die beiden wichtigsten Arten vorgestellt werden.

Der Blutende Schichtpilz *(Stereum sanguinolentum)*

Der Blutende Schichtpilz (Farbteil, Abb. XXII) ist ein Wundfäuleerreger. Lebende Bäume werden über Wunden, die durch Rückearbeiten oder durch Rotwild entstanden sind, infiziert. An Lagerholz ruft er die »Rotstreifigkeit« hervor, was zu einer Wertminderung des Holzes führt. Es handelt sich bei dem Blutenden Schichtpilz um einen Weißfäuleerreger, der neben Cellulose auch Lignin abbauen kann.

Auf und in dem Fichtentotholz der Sturmwurfflächen war diese Art von 1991 bis 1995 in allen drei Untersuchungsgebieten nachzuweisen. Die Fruchtkörper waren großflächig auf der Rinde der gefallenen Fichten zu finden. Ein Höhepunkt der Fruktifikation war 1992 zu verzeichnen (Abb. 42). Aktive Mycelien des Pilzes wurden in den Jahren 1991 bis 1993 aus dem Holz isoliert. 1994 konnte der Pilz nicht isoliert werden und 1995 waren nur vereinzelt Isolate möglich. Parallel dazu reduzierten sich die Fruchtkörperfunde um ca. 50%, wobei die Einzelfruchtkörper nur noch sehr kleinflächig waren. Der Blutende Schichtpilz ist ein Pilz der Initialphase des Holzabbaus. Er fruktifiziert auf der Rinde der abgestorbenen Bäume und kann sich nur in wenigen Fällen im Holz gegenüber anderen Arten behaupten.

Da der Blutende Schichtpilz bereits 1991 aus den Wurzelanläufen und den unteren Stammabschnitten der geworfenen Fichten isoliert werden konnte, wurde im

Rahmen einer Diplomarbeit (Pfeffer, 1993) überprüft, ob dieser Pilz auch über Wurzeln in den Stamm vordringen kann. Es wurden unter sterilen Bedingungen angezogene Fichtenkeimlinge mit dem Pilz inokuliert. Unter den gewählten Kulturbedingungen konnte das Mycel von *Stereum sanguinolentum* nur die äußersten Rindenzellen und die toten Zellen der Wurzelhaube besiedeln. Eine Infektion der Fichtensämlinge fand nicht statt.

Aus den lebenden Bäumen der Nachbarbestände konnte der Blutende Schichtpilz nur in einem Falle isoliert werden. Dies bedeutet für die Praxis, daß nur in den ersten zwei bis drei Jahren nach dem Sturmwurf, solange der Pilz Fruchtkörper auf der Borke ausbildet und sporuliert, eine Gefahr durch diesen Wundfäuleerreger ausgeht. Wird in den benachbarten Beständen in diesem Zeitraum nicht durchforstet, ist eine Infektion gesunder Nachbarbäume nicht zu befürchten.

Der Wurzelschwamm *(Heterobasidion annosum)*

Der Wurzelschwamm ist ein Parasit, der in unseren Fichtenmonokulturen erheblichen Schaden anrichtet. Er dringt über die Wurzeln in den Baum ein, befällt über Wurzelverwachsungen und Wurzelkontakte benachbarte Bäume und kann bis in den Stamm vordringen. Es handelt sich um einen Weißfäuleerreger, der neben Cellulose auch Lignin abbauen kann. Lebende Zellen werden mit Hilfe eines Toxins, dem Fomannoxin, abgetötet und dann besiedelt. Der Wurzelschwamm ist in der Lage auch außerhalb des Baumes zu überleben. Gegenüber den Mikroorganismen des Bodens ist er zwar nicht konkurrenzkräftig genug, auf abgestorbenen Wurzeln oder Stämmen kann er sich jedoch hervorragend behaupten.

Auf den Sturmwurfflächen im Schönbuch und bei Langenau konnten Fruchtkörper des Wurzelschwammes nur vereinzelt beobachtet werden. Eine Isolation aktiver Mycelien aus dem Fichtentotholz gelang nur sporadisch. Eine ganz andere Situation wurde auf der belassenen Sturmwurffläche bei Bad Waldsee vorgefunden. Hier konnte seit 1991 Mycel des Parasiten aus dem Fichtentotholz isoliert werden (Abb. 43). Offensichtlich war der Bestand bereits vor dem Sturmwurf von dem Parasiten erfolgreich befallen worden. In den Jahren 1991 bis 1995 wurde der Parasit in 6 von 8 untersuchten Bäumen nachgewiesen. Seit 1994 konnten Fruchtkörper beobachtet werden. Aus den lebenden Bäumen des Nachbarbestandes konnte der Parasit bisher nicht isoliert werden. Es wurden im Nachbarbestand auch keine Fruchtkörper gefunden. Eine Erklärung für diese ungewöhnliche Situation liefern die Daten der Arbeitsgruppe von Prof. Pfeffer (Schneider, 1993). Die Sturmwurffläche liegt in einem sog. Toteisloch mit stark vernässten Böden (Pseudogley, Anmoor). Faulende Wurzeln sind prädestinierte Eintrittspforten für den Parasiten. Der Nachbarbestand stockt auf einer periglazialen Düne, über der sich eine Parabraunerde entwickelt hat (Abb. 37).

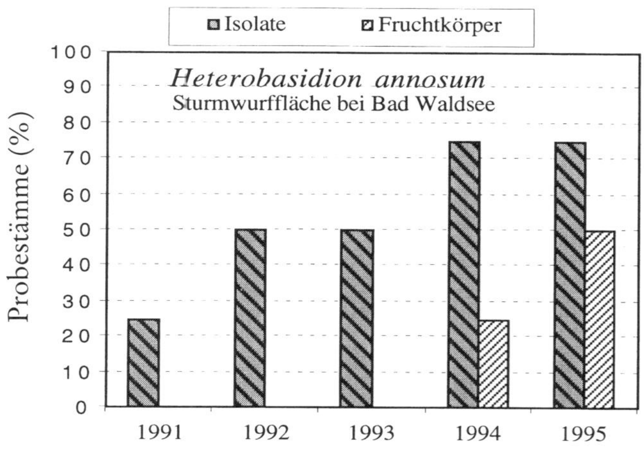

Abb 43: Ausbreitung von *Heterobasidion annosum* (Wurzelschwamm) im und auf Fichtentotholz der belassenen Sturmwurffläche bei Bad Waldsee.

Die Stürme des Frühjahrs 1990 schufen im neu geschaffenen Bannwaldgebiet bei Bad Waldsee eine Modellsituation. Das räumliche Nebeneinander einer belassenen Sturmwurffläche, deren Totholz von einem wirtschaftlich äußerst relevanten Parasiten wie *Heterobasidion annosum* besiedelt werden konnte, und eines lebenden Bestandes, der frei von diesem Parasiten ist, ermöglicht es, detaillierte Studien zur Epidemiologie dieses Parasiten zu machen. An diesem Beispiel wird sich die Frage beantworten lassen, ob Parasiten ausgehend von Totholz zu einer Bedrohung für lebende Bäume werden können. Diese Ausgangssituation bietet die einmalige Gelegenheit, die Populationsstruktur und die Populationsentwicklung des Parasiten im Totholz zu studieren. Geht der Parasit auf die benachbarten Bäume über, können auf der Basis dieser Daten detaillierte Aussagen zur Epidemiologie des Parasiten gemacht werden.

Die Befürchtung, daß Totholz eine Brutstätte für Parasiten darstellt, ist somit nicht aus der Luft gegriffen. Die Studien auf den Sturmwurfflächen haben gezeigt, daß nicht alle parasitischen Arten sich im Totholz behaupten können. Natürliche Biozönosen sind durch ein Gleichgewicht zwischen Parasiten und ihren Antagonisten ausgezeichnet. Es soll deshalb geklärt werden, ob sich im Laufe der natürlichen Sukzession dieses Gleichgewicht einstellen kann. Sollte dies der Fall sein, würde ein höherer Totholzanteil in unseren Wäldern einen naturnahen Waldbau ermöglichen.

Literatur

Beck, M. (1994). Vegetationsaufnahmen auf Sturmwurf-Bannwaldflächen der Forstdirektion Tübingen. Unveröffentlichter Bericht der Forstdirektion Tübingen.

Eberhardt, U. (1995). Zur (Erst-)Mykorrhizierung von Fichtensämlingen (*Picea abies* (L.) Karst. und *Picea sitchensis* (Bong.) Carr.) im Topfexperiment und im Freiland. Diplomarbeit, Universität Tübingen.

Herrmann, S., Ritter, T., Kottke, I., and Oberwinkler, F. (1992). Steigerung der Leistungsfähigkeit von Forstpflanzen (*Fagus sylvatica* L. und *Quercus robur* L.) durch kontrollierte Mykorrhizierung. *Allg. Forst- u. J.-Ztg.* **163**: 72–79.

Honold, A., Rexer, K.-H., and Oberwinkler, F. (1996). Pilz-Baum-Interaktionen in Sturmwurfflächen und stehenden Nachbarbeständen. *Veröff. PAÖ* 16: 341–355.

Pfeffer, C. (1993): Zum Verhalten von *Stereum sanguinolentum* (Alb. & Schw.:Fr.)Fr.. Diplomarbeit, Universität Tübingen.

Pfeffer, K.-H. (1993). Geoökologische Bestandsaufnahme des oberflächennahen Untergrundes ausgewiesener Sturmwurfflächen für anwendungsorientierte Forschung in Waldökosystemen. *Veröff. PAÖ* 7: 351–362.

Renvall, P. (1995). Community structure and dynamics of wood-rotting Basidiomycetes on decomposing conifer trunks in northern Finland. *Karstenia* 35: 1–51.

Schmitt, M. (1992). Buchen-Totholz als Lebensraum für xylobionte Käfer. *Waldhygiene* 19: 97–191.

Schneider, O. (1993). Der oberflächennahe Untergrund der Sturmwurffläche Bad Waldsee – eine von hydromorphen Bedingungen geprägte Catena im Jungmoränengebiet Oberschwabens. *Veröff. PAÖ* 7: 363–372.

Schönenberger, W., Kuhn, N., and Lässig, R. (1995). Forschungsziele und -projekte auf Windwurfflächen in der Schweiz. *Schweizerische Zeitschrift für Forstwesen* 146: 863–872.

Umweltdaten 91/92: Umweltministerium Baden-Württemberg (Hrsg.)

Das Einmaleins des Miteinander. Pilz-Wurzel-Symbiosen

Ingrid Kottke

Unsere Wälder – und so auch der Schönbuch – sind seit Jahrhunderten vielfältigen Belastungen durch den Menschen ausgesetzt. Das wird im vorliegenden Band an Hand verschiedener Beispiele anschaulich dargestellt. Bäume sind in unseren Breiten aber auch durch klimatischen Streß, wie hohe Niederschläge, Frost und zeitweilige Trockenheit und infolgedessen durch versauerte, nährstoffarme Böden belastet. Sie scheinen jedoch gut gerüstet zu sein, findet man sie doch an steilen Schatthängen und auf armen, landwirtschaftlich nicht nutzbaren Böden. Wie wissenschaftliche Untersuchungen in den letzten Jahren gezeigt haben, sind für die vielfältige »Streßbewältigung« Pilze, die mit den Baumwurzeln in Symbiose leben, unentbehrlich. Die Pilz-Wurzel Symbiose (Mykorrhiza) trägt ganz wesentlich zum Aufbau und zur Stabilisierung des Waldökosystems bei.

Ein nicht geringer Teil der Kenntnisse, die wir heute über die Bedeutung der Pilz-Baumwurzel-Symbiose haben, wurde bei Forschungen im Schönbuch gewonnen. Pflanzversuche mit Buchen- und Eichensetzlingen, die teilweise im Gewächhaus künstlich mykorrhiziert wurden, zeigten sehr anschaulich, daß die Pilz-Wurzel-Symbiose überlebensnotwendig ist (Herrmann et al. 1992, Hönig 1995). Durch Entnahme von Bodenproben in unterschiedlichen Tiefen und langzeitige Beobachtungen an in den Boden eingesenkten Glasrohren konnte ein Zugang zu den im Boden verborgen ablaufenden Prozessen hergestellt werden (Kottke et al. 1983, Haug et al. 1986, Kottke & Wöllmer 1995). Es zeigte sich, daß die bemerkenswert große Vielfalt an Pilzpartnern für die Stabilität des Waldökosystems äußerst wichtig ist (Qian et al. 1998). Das »Einmaleins des Miteinander«, wie es für eine Symbiose gefordert werden muß, ließ sich aber auch an der zellulären Organisation erkennen (Blasius et al. 1986, Kottke & Oberwinkler 1986, 1987, 1989).

Hier sollen – in allgemeinverständlicher Form – Ergebnisse von Forschungen im Schönbuch dargestellt werden. Zum besseren Verständnis der Zusammenhänge werden aber Erkenntnisse hinzugenommen, die an anderen Standorten bzw. im Labor gewonnen wurden. Abschließend soll die generelle Frage nach Miteinander (Symbiose) oder gegenseitiger Ausbeutung (ausgewogener Parasitismus) in diesen Systemen diskutiert werden.

Die Pilz-Wurzel-Symbiose als Überlebensstrategie – Ergebnisse eines Pflanzversuchs im Schönbuch

Die 1990 entstandene Sturmwurfläche auf dem Bromberg im Schönbuch wurde sehr rasch von Reitgras, Himbeeren und Brombeeren überwuchert. Dadurch haben Baumsämlinge große Probleme fußzufassen. Eine natürliche Regeneration insbesondere von Buche und Fichte wird nahezu vollständig verhindert. Die vereinzelt truppweise auf der Fläche vorkommenden Jungfichten waren an ausreichend lichten Stellen des Fichtenhochwalds bereits vor der Sturmkatastrophe aufgelaufen. Um den heute angestrebten Mischwald in absehbarer Zeit zu verwirklichen, sind daher Pflanzungen erforderlich. Doch auch diese stoßen, insbesondere für die Buche, auf große Schwierigkeiten.

Die Ergebnisse eines Pflanzversuchs mit Buchen und Eichen auf der Sturmwurffläche des Brombergs im Schönbuch machen deutlich, daß nur mykorrhizierte Setzlinge gute Überlebenschancen haben. Abbildung XXIII im Farbteil zeigt einen Ausschnitt aus der zwei Jahre alten Pflanzung. Im Vordergrund sind kräftig gewachsene, mykorrhizierte Buchenpflanzen zu sehen, die Reihen dahinter bzw. daneben weisen große Lücken auf. Die noch vorhandenen, nicht künstlich mykorrhizierten Pflanzen sind deutlich kleiner.

Die großen Unterschiede zwischen mykorrhizierten und nicht mykorrhizierten Pflanzen zeigten sich bereits im ersten Jahr der Pflanzung (Farbteil, Abb. XXIV u. XXV, Abb. 44, 45). Die Knospen der mykorrhizierten Pflanzen erlitten keine Rücktrocknung während der Winterruhe und trieben im Frühjahr, im Gegensatz zu den nicht mykorrhizierten Pflanzen, vollzählig aus (Farbteil, Abb. XXIV). Auch zeitweilige Trockenheit im Sommer beeinträchtigte das Wachstum der mykorrhizierten Pflanzen weit weniger als das der nicht mykorrhizierten. Die mykorrhizierten Buchen zeigten einen deutlichen Zuwachs, während die nicht mykorrhizierten die Auspflanzgröße am Ende des ersten Jahres häufig nicht erreichten (Abb. 44, 45). Ein Spätfrost im Mai des zweiten Jahres nach der Auspflanzung (1996) schädigte die mykorrhizierten Pflanzen nur geringfügig, vernichtete aber einen Großteil der nicht mykorrhizierten (Abb. 45). Die mykorrhizierten Buchensetzlinge wurden auch bemerkenswert weniger vom Wild verbissen.

Die Setzlinge für die Versuchsanlage waren in Zusammenarbeit mit der Forstbaumschule Goldboden (Forstamt Schorndorf, Forstdirektion Stuttgart) in Foliengewächshäusern auf Torfbeeten angezogen worden. Gleichzeitig mit der Aussaat wurde in einen Teil der Pflanzbeete Pilzmyzel des kahlen Kremplings (*Paxillus involutus*) eingebracht. Das Pilzmyzel war zuvor aus einem Fruchtkörper des Kahlen Kremplings isoliert und auf einem Gemisch von Torfmoos und Perlite unter Zug-

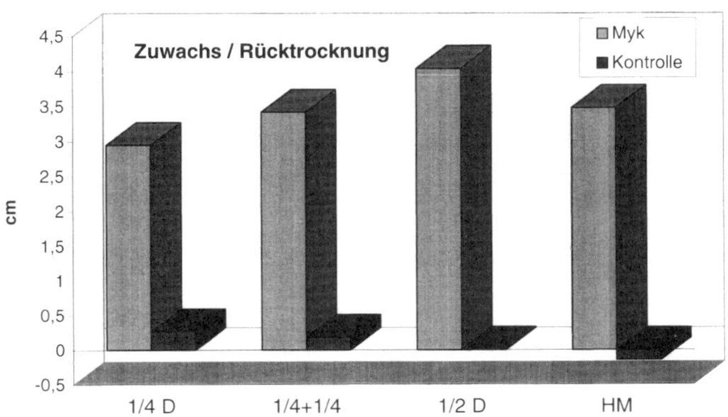

Abb. 44: Verhältnis von Zuwachs zu Rücktrocknung der Buchenpflanzen im Herbst des ersten Jahres nach der Auspflanzung

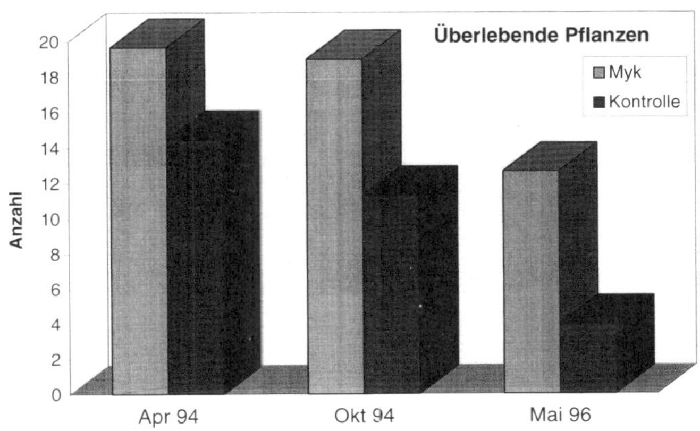

Abb. 45: Überlebensrate der Buchenpflanzen in Abhängigkeit von der Mykorrhizierung

abe einer geeigneten Nährlösung vermehrt worden. Als erstes Anzeichen einer erfolgreichen Mykorrhizierung der Sämlinge konnten im Herbst in den Pflanzbeeten, die mit dem Myzel inokuliert worden waren, Fruchtkörper des kahlen Kremplings beobachtet werden (Farbteil, Abb. XXVI). Die Untersuchung dieser Pflanzen zeigte, daß deren Saugwurzeln vollständig vom Myzel des Kahlen Kremplings umsponnen waren (Farbteil, Abb. XXVII), sie waren zu Mykorrhizen umgewandelt worden. Die nicht inokulierten Pflanzen hatten »nackte«, mit vielen Wurzelhaaren versehene Saugwurzeln.

Die Versuche lehrten, daß eine Voraussetzung erfolgreicher Mykorrhizierung in den Torfbeeten die Verringerung der mineralischen Stickstoff-Düngung auf 1/2 bis 1/4 der üblichen Dosis (= 75 g N m^{-3}) bzw. die Verwendung von Hornmehl war. Vollgedüngte Pflanzen wurden nicht mykorrhiziert. Die schwach gedüngten, mykorrhizierten Pflanzen waren zwar häufig etwas kleiner als vollgedüngte, sie erwiesen sich aber schon im Gewächshaus als weniger von Läusen und Pilzkrankheiten befallen. Nach der Auspflanzung machten sich die unterschiedlichen Düngevarianten bei den mykorrhizierten Pflanzen nur geringfügig bemerkbar (Abb. 44 und 46). Für die Buchenanzucht stellte sich Hornmehl oder 38 g m^{-3} mineralischer Stickstoff als am besten geeignet heraus (Abb. 46 und 44).

Es sind noch weitere Untersuchungen notwendig, um den Einfluß des Mykorrhizapilzes auf die Physiologie der Pflanzen und deren gesteigerte Resistenz gegen Trockenheit, Pathogenbefall und Wildverbiß zu verstehen. Wir können aber aus diesen Versuchen klar erkennen, daß die *Mykorrhizierung eine Überlebensstrategie der Waldbäume unter den Streßbedingungen des Jahreszeitenklimas* ist. Hiermit steht in Einklang, daß die Mykorrhizierung an den in den nördlichen Klimazonen vorherrschenden Baumarten der Kiefern-und Buchengewächse obligat auftritt. Hierzu gehören Fichte, Kiefer, Lärche, Tanne, Douglasie und Hemlocktanne sowie Buche, Hainbuche, Eiche, Haselnuß und Birke. Des weiteren sehen wir, daß der Kahle Krempling mit Hilfe der Baumsämlinge im Gewächshaus Fruchtkörper bilden konnte. Durch Einsatz molekularbiologischer Marker (Fragmentlängenpolymorphismus und Sequenzen der IGS Region der DNA) konnte nachgewiesen werden, daß die Fruchtkörper tatsächlich von dem eingebrachten Myzel stammten (Hönig 1995). Auch das Überleben des zur künstlichen Mykorrhizierung verwendeten Pilzisolates über drei Winter im Schönbuch konnte so belegt werden. Der Pilzpartner profitierte demnach in zweifacher Weise, er konnte im Fruchtkörper generative Sporen produzieren und er konnte in den Wurzeln überwintern.

Die Struktur der Mykorrhiza – eine bestmögliche Anpassung an die Funktion

Der Ausdruck »Mykorrhiza« wurde von dem deutschen Botaniker Frank (1885) erstmals eingeführt und wird heute für die Pilz-Wurzel-Symbiosen allgemein verwendet. Frank, der für den König von Preußen Trüf-

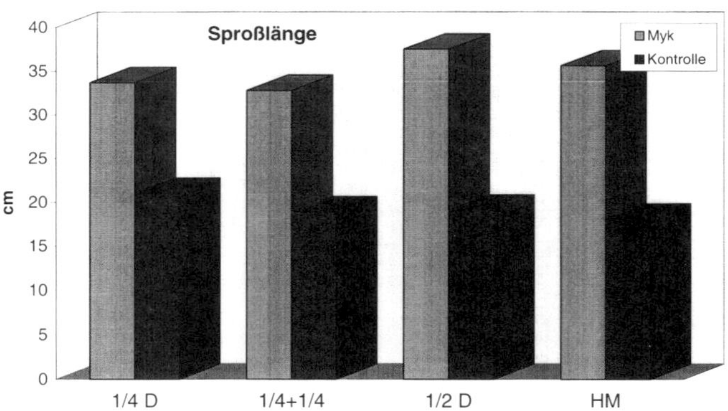

Abb. 46: Sproßlänge der mykorrhizierten und nicht mykorrhizierten Buchenpflanzen im Herbst des ersten Jahres nach der Auspflanzung auf der Sturmwurffläche. Die einzelnen Säulen bedeuten unterschiedliche Düngevarianten während der Aufzucht im Gewächshaus: D= N/P/K Düngung 1:1:1 entspricht 38g N, 1/4 entspricht 17g pro m^3; HM= Hornmehl 70 g /pro m^2.

feln züchten sollte, erkannte, daß das Pilzgeflecht den Kontakt zum Boden herstellt und der Pilz den Baum demnach mit sämtlichen Nährstoffen und Wasser versorgen muß. Der Baum liefert den Pilzen Zucker, da sie diesen ja nicht selbst herstellen können. Der Austausch von Nährelementen zwischen Pflanze und Pilz ist inzwischen durch Laborexperimente sicher belegt.

Um genauer in Erfahrung zu bringen, wie ein solcher Stoffaustausch möglich ist, haben wir uns die zellulären Strukturen der Mykorrhiza genauer angesehen. Hierfür werden die Mykorrhizen (Farbteil, Abb. XXVIII) in Kunstharz eingebettet und anschließend Schnitte von 0,5 bis 1 µm Dicke in Längs- und Querrichtung angefertigt. An den Schnitten kann man erkennen, daß der Pilz um die Wurzel eine mehr oder weniger dichte Hülle bildet, die als Hyphenmantel bezeichnet wird (Farbteil, Abb. XXIX) und daß er die Wurzelrinde bis zur Endodermis besiedeln kann (Farbteil, Abb. XXX). Dabei umhüllt das Pilzgeflecht die Wurzelrindenzellen vollständig, dringt aber nicht in das Zellinnere ein. Die zwischen den Rindenzellen liegenden Hyphen bilden das zu Ehren des Botanikers Hartig so benannte »Hartigsche Netz«. Die Konstruktion der Ektomykorrhiza, wie diese Pilz-Baumwurzel-Symbiose wegen des Fehlens intrazellulärer Hyphen genannt wird, ist in Abbildung 49 dreidimensional dargestellt (Blasius et al. 1986).

Sieht man sich Längsschnitte durch die Ektomykorrhiza genauer an, erkennt man ein Wachstum der Pilzhyphen (Farbteil, Abb. XXXI), das von dem auf Nährböden oder natürlichen Substraten bemerkenswert abweicht. Normalerweise streben Hyphen auseinander, um das Substrat möglichst optimal nutzen zu können. Im Hartigschen Netz wachsen die Hyphen quer zur Wurzellängsachse ein, liegen eng aneinander und sind vielfach verzweigt, ohne daß die Seitenäste durch Trennwände (Septen) abgeteilt werden (Farbteil, Abb. XXXI, Abb. 47 u. 48). Offensichtlich bilden die Hyphen so ein Kanalsystem, über das Nährstoffe schnell geleitet werden können. Die enge Lagerung ist ebenfalls als funktionale Anpassung zu sehen (Kottke & Oberwinkler 1987, 1989). Durch das Fehlen der Septen und die enge Aneinanderlagerung der Hyphen entstehen Kompartimente, die eine sehr stark vergrößerte Oberfläche des Plasmalemma, der Austauschmembran der Zelle, haben (Abb. 48). Zusätzlich bilden die Zellwände von Pilz und Wurzelrinde ein zusammenhängendes System, den Apoplast, in dem Stoffe gelagert und transportiert werden können und so beiden Partnern zugänglich werden. Die Konstruktion ist als ein optimaler Kompromiß zwischen den Partnern anzusehen. Es wundert deshalb nicht, daß die Struktur des Hartigschen Netzes in allen Ektomykorrhizen gleich aussieht, unabhängig von der verwandtschaftlichen Zugehörigkeit der beteiligten Pilzart und unabhängig von der Baumart.

Im elektronenmikroskopischen Bild des Hartigschen Netzes (Abb. 47) erkennt man eine Vielzahl von Mitochondrien, die Energiezentren der Zelle, und Endoplasmatisches Retikulum, das Transportsystem innerhalb der Zelle, auffallend gestreckt in Längsrichtung des Hyphenwachstums. Die benachbarten Zellen der Wurzelrinde sind ebenfalls aktiv. Zweifelsohne erfolgt im Hartigschen Netz der aktive, bidirektionelle Stoffaustausch zwischen Pilz und Pflanze (Hampp et al. 1994). In den Zellwänden der Wurzel wird der als Saccharose angelieferte Zucker in Glucose und Fructose zerlegt. Etwas vereinfacht gesagt, holt sich der Pilz die Glucose, die Wurzelzelle die Fructose. Der Pilz nimmt neben Phosphat auch Ammonium oder Nitrat aus dem Boden auf und synthetisiert Aminosäuren, insbesondere Glutamin, die ebenso wie Phosphat von der Pflanze übernommen werden. Den überschüssigen Zucker legt der Pilz in Form von Glycogen fest. Dieses Polysaccharid ist pflanzlichen Enzymen nicht zugänglich. Die Pflanze speichert ihrerseits Zucker in Form von Stärke, die vom Pilz nicht abgebaut werden kann. So legt jeder Partner seinen eigenen Energievorrat an, den er insbesondere beim Wurzelneuaustrieb im Frühjahr, aber auch nach längeren Trockenzeiten rasch zur Verfügung hat.

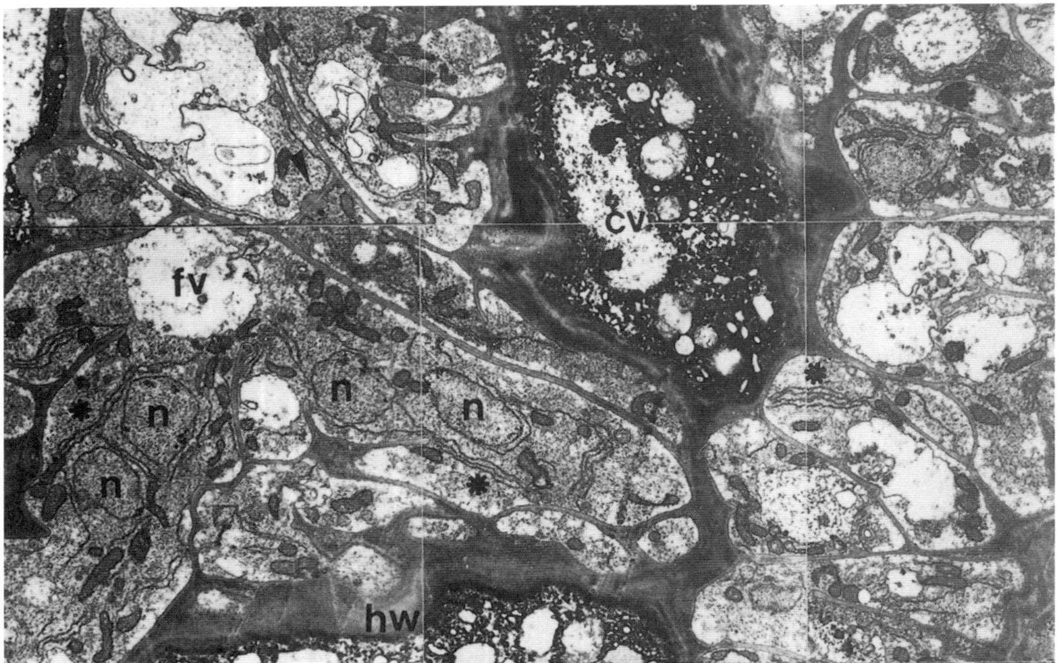
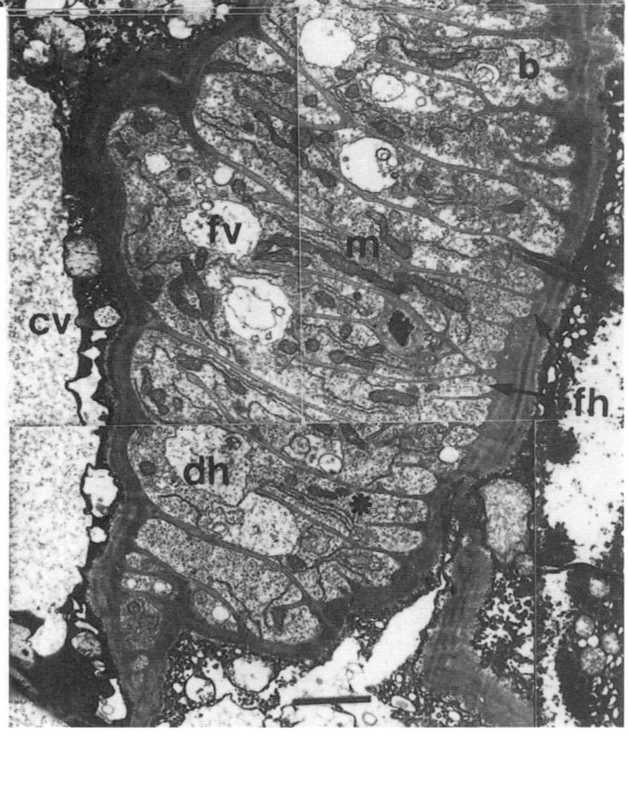

Abb. 47: Die elektronenmikroskopische Aufnahme des Hartigschen Netze zeigt hochaktive Zellen von von Pilz und Wurzel. Mitochondrien (m), Endoplasmatisches Reticulum (Stern), feine Hyphenverästelung (fh), erweiterte Hyphe (dh), Vakuole in Hyphe (fv), Kerne (n), Vakuole der Wurzelrinde (cv). Die Zellwände von Wurzel und Hyphen bilden ein zusammenhängendes System (vgl. Abb. 48).

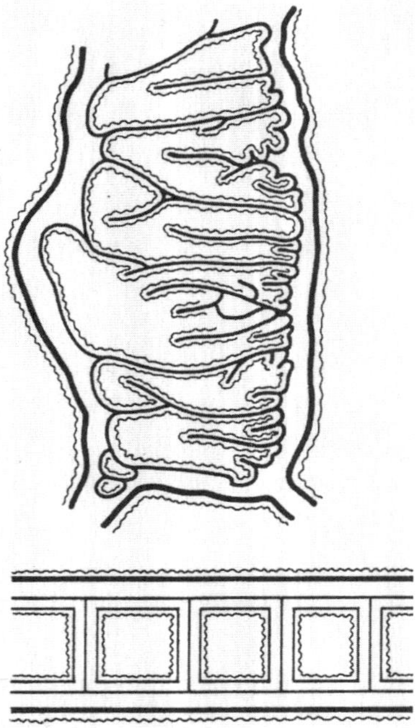

Abb. 48

Abb. 48: Die obere Zeichnung zeigt das Entstehen von größeren Hyphen-Kompartimenten als Folge der fehlenden Septierung und eine Zunahme der inneren Oberfläche (Wellenlinie) dieser Kompartimente durch die zusammengelagerten, wie Stege in das Innere ragenden Hyphenwände. Darunter ein schematischer Querschnitt, der das zusammenhängende System der Zellwände von Pilz und Wurzel veranschaulicht.

Wie bereits erwähnt, bildet der Pilz um die Wurzel einen mehr oder weniger dicken Hyphenmantel (Farbteil, Abb. XXIX, Abb. 49). Es ist zu vermuten, daß auch der Hyphenmantel eine Funktion zum Nutzen beider Partner erfüllt. In den Zellsafträumen (Vakuolen) der Mantelhyphen beobachtet man Substanzen, die sich auffallend anfärben lassen (Farbteil, Abb. XXIX). In diesen vakuolären Grana konnte mit Hilfe der Röntgenspektroskopie Phosphor nachgewiesen werden (Ashford et al. 1986). Unsere Messungen unter Einsatz der Elektronen-Energieverlust Analyse zeigten erstmals, daß auch erhebliche Mengen an Stickstoff gespeichert werden (Kottke et al. 1995). Inzwischen wissen wir, daß es sich hierbei um Aminosäuren handelt (Brun et al. 1995), die wahrscheinlich an Polyphosphate reversibel gebunden werden, ein Mechanismus über den nur die Pilze verfügen. Der Hyphenmantel dient demnach als Nährstoffspeicher und zwar höchstwahrscheinlich nicht nur für den Pilz, sondern auch für den Baum. Seine Aufgabe wäre, die Versorgung während klimatisch bedingter, temporärer Mangelsituationen zu sichern. Diese vermuteten Zusammenhänge bedürfen weiterer Klärung. Zusätzlich können zahlreiche Elemente in den Polyphosphaten offensichtlich auch »entsorgt« werden (Turnau et al. 1993). So konnten wir Aluminium in den Grana nachweisen und zeigen, daß es an Polyphosphate gebunden wird (Kottke & Martin 1994, Martin et al. 1994). Aluminium wurde in der Diskussion um die Ursachen der neuartigen Waldschäden als ein wichtiger, wurzelschädigender Faktor angesehen (Murach & Ulrich 1988). Diese Befunde und die Tatsache, daß ein Rückgang der Vitalität der Mykorrhizen nicht mit dem Anstieg des löslichen Aluminiums im Boden korrelierte, weisen die These aber als äußerst unwahrscheinlich zurück (Kottke et al. 1993, Qian et al. 1998).

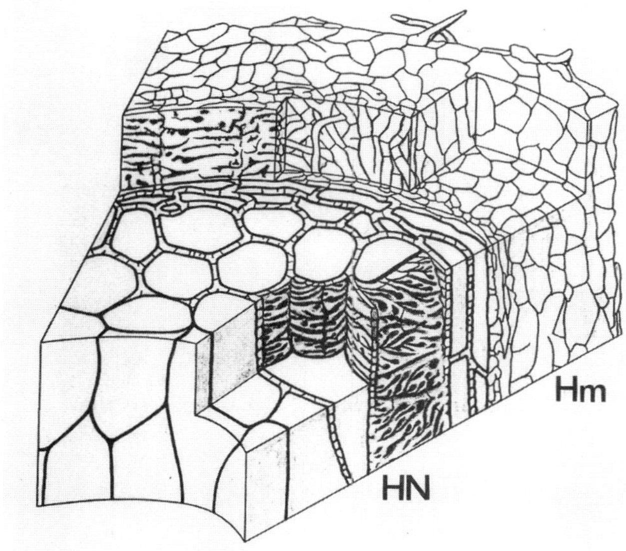

Abb. 49: Blockdiagramm einer Ektomykorrhiza. Hyphenmantel (Hm), Hartigsches Netz (HN)

Die Vielzahl von Pilzpartnern – eine Notwendigkeit bei wechselnden Bodenverhältnissen

Im Zusammenhang mit der Ursachenforschung zu den »neuartigen Waldschäden« wurde insbesondere der Bodenversauerung große Bedeutung beigemessen und auch eine eventuelle Schädigung der Mykorrhiza diskutiert. Umfangreiche Auswertungen von Wurzelproben aus Fichtenbeständen Westdeutschlands, darunter auch aus dem Schönbuch, ergaben, daß die Mykorrhizierung der Feinstwurzeln von Altbäumen auf allen Standorten nahe 100% liegt. Sie geht auch in den tieferen Bodenhorizonten nicht zurück, wie an Profilgruben im Schönbuch erstmals für Fichten gezeigt werden konnte (Haug et al. 1986). Die Probenahmen ergaben aber eine Vielzahl unterschiedlicher Mykorrhizaformen (Farbteil, Abb. XVIII), die jeweils anderen Pilzen zugeordnet werden mußten. Der Hyphenmantel weist pilzartspezifische Muster auf. Ingeborg Haug (1987) entdeckte, daß die arttypischen Muster am besten an tangentialen Längsschnitten durch die Mykorrhiza zu erkennen sind. Auf dieser Grundlage wurden bisher etwa 50 verschiedene Mykorrhizaformen der Fichte aus dem Schönbuch und dem Schwarzwald beschrieben (Abb. 50, 51; Blasius 1989; Haug & Pritsch 1992).

Wir gehen derzeit davon aus, daß zwischen 2 000 und 5 000 Pilzarten mit den wenigen Baumarten, die oben genannt wurden, Ektomykorrhizen bilden. Die Pilze sind systematisch eng verwandt. Sie gehören überwiegend zu den höchstentwickelten Gruppen der Basidiomyceten (Ständerpilze, Ordnung Boletales, Russulales, Thelephorales), in geringerem Anteil zu den Ascomyceten (Schlauchpilze, Pezzizales, Tuberales). Unter den Mykorrhizapilzen sind nicht ohne Grund eine Vielzahl guter Speisepilze. Geruch und Geschmack locken Tiere an, die für die Verbreitung der Sporen sorgen.

Die ökologische Notwendigkeit für die Vielfalt der Pilzpartner zeigen die Ergebnisse eines Versauerungs- und Kalkungsexperimentes. Der Freilandversuch wurde im Rahmen der Waldschadensforschung in einem Fichtenbestand des Höglwalds bei Augsburg vorgenommen, hätte aber im Schönbuch zu ähnlichen Ergebnissen geführt. Eine Versuchsparzelle wurde sechs Jahre lang mit schwefelsaurem Wasser (pH 2,8) beregnet, eine zweite zu Beginn des Versuchs mit 4t ha^{-1} Dolomit gekalkt, eine dritte erhielt eine kombinierte Behandlung. Nach Beendigung des Experimentes wurden die Mykorrhizapopulationen der behandelten Parzellen und einer Kontrollfläche quantiativ erhoben. Die Auswertungen zeigten eine deutliche Veränderung der Dominanzverhältnisse der beteiligten Pilzarten, wobei einige Arten unter 1% absanken, aber nicht vollständig verschwanden (Abb. 52). Durch die Kalkung wurden Arten, die auf der sauren Kontrollflächen vorherrschten, zurückgedrängt, andere Arten traten vermehrt auf. Auch die zusätzliche, künstliche Versauerung führte zu einer Verschiebung der Dominanzverhältnisse gegen-

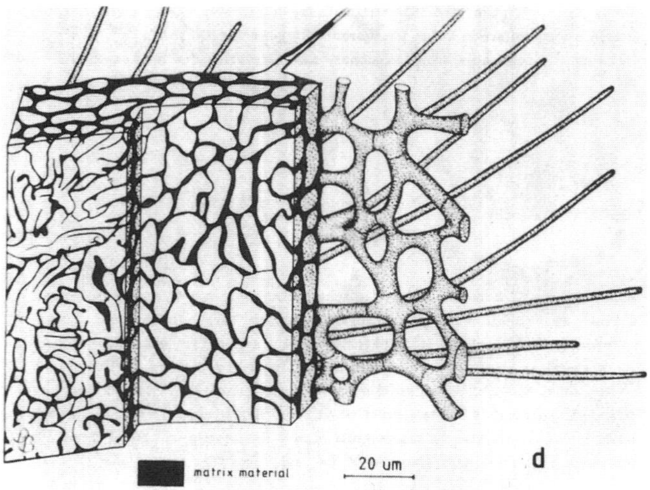

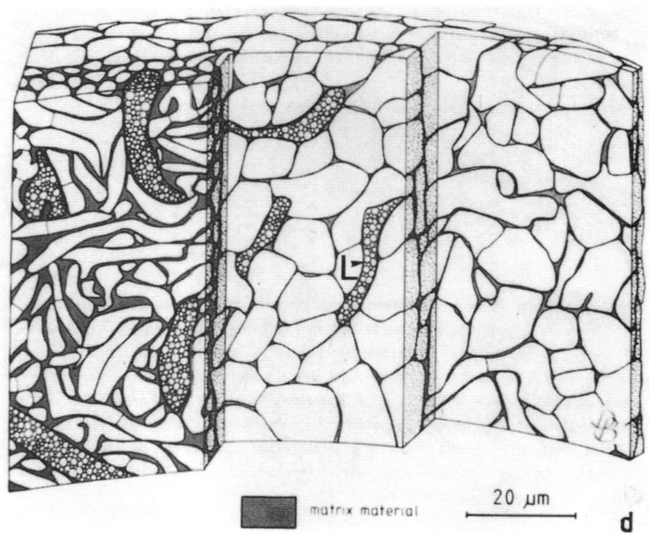

Abb. 50, 51: Diagrammatische Darstellungen des Hyphenmantels zweier Mykorrhizaformen (50 *Tuber puberulum*/Kleiner Trüffel; 51 *Lactarius* sp./Milchling; aus Blasius 1989). Die tangentialen Anschnitte zeigen die Unterschiede der Mantelformen. Borsten oder Lactiferen sind spezielle Differenzierungen, die auch die Fruchtkörper aufweisen.

über der Ausgangssituation. Durch die Kompensationskalkung bei gleichzeitiger saurer Beregnung wurde keine Rückkehr zur ursprünglichen Situation erreicht. Sie wirkte sich zunächst wie eine verstärkte Kalkung aus, führte aber im Endergebnis zur homogensten Verteilung aller Pilzarten (Qian et al. 1998). Eine genaue Analyse ergab, daß die jeweils dominanten Mykorrhizatypen die vitalsten Hyphenmäntel zeigten, sodaß die Gesamtvitalität der Mykorrhizen unverändert erhalten blieb (Qian et al. 1998). Die unter den veränderten Bodenbedingungen jeweils aktivsten wurden zu den dominanten Pilzarten und nahmen die Stelle der weniger an-

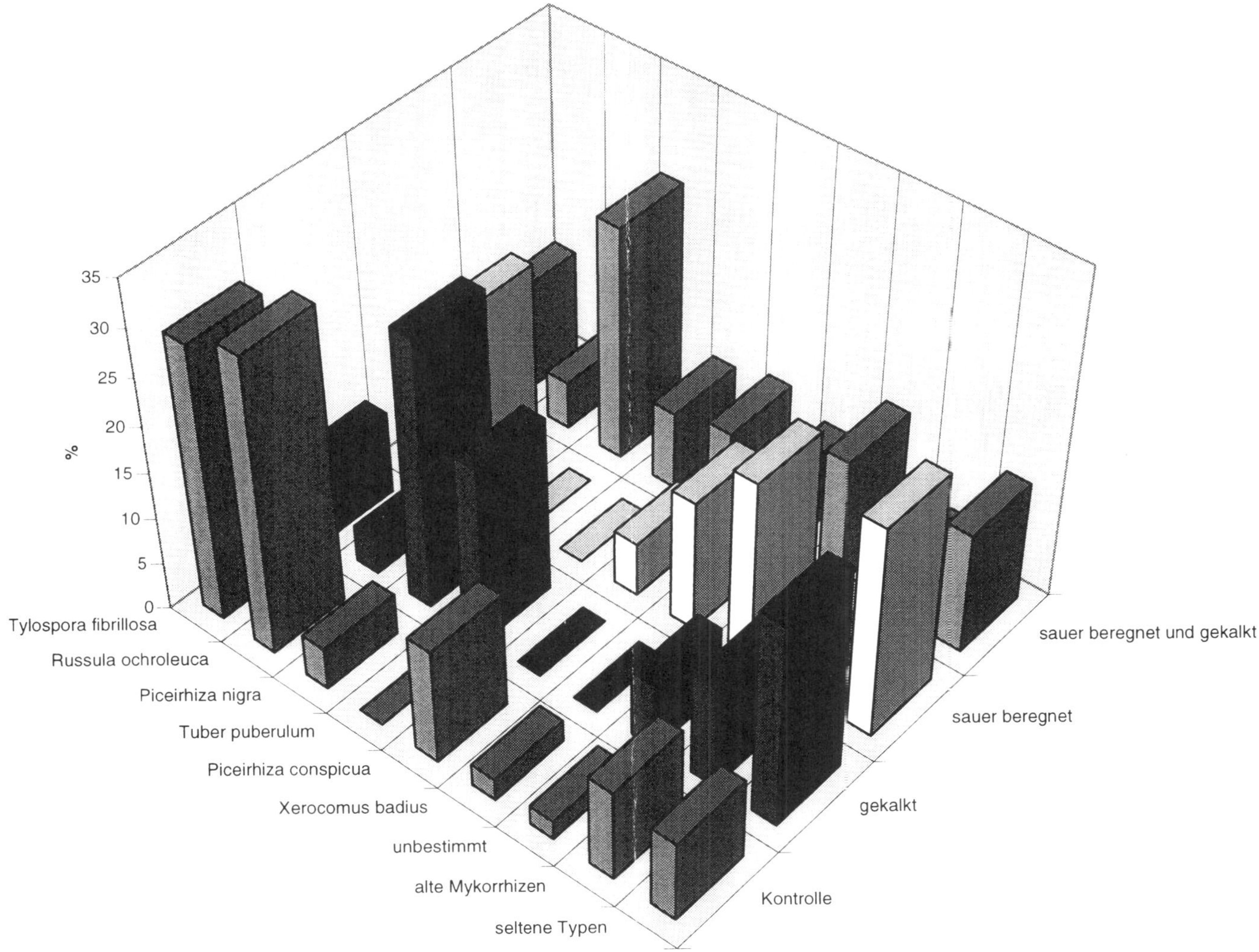

Abb. 52: Häufigkeiten der Mykorrhizatypen auf den vier Parzellen eines Versuchsfeldes, auf dem eine Parzelle mit 4t Dolomit gekalkt, eine zweite über sechs Jahre mit schwefelsaurem Wasser von pH 2.8 beregnet wurde und die dritte eine Kombination der Behandlungen erhielt. Die Mykorrhizatypen sind mit den Namen der Pilze angegeben, die die Mykorrhiza bilden, bzw. mit einem Kunstnamen belegt.

gepaßten ein. Damit wird augenscheinlich, daß die Vielzahl der Pilzpartner den Bäumen das Überleben sichert, wenn sich die Bodenbedingungen ändern. Der Baum ist demnach gut beraten, nichts gegen die Vielzahl der »Mitesser« zu unternehmen. In der physiologischen Vielfalt der Mykorrhizapilzpartner liegt eine wesentliche Ursache dafür, daß sich Wälder auf Bodenveränderungen einstellen können. Die Bodenversauerung hat daher nicht zu dem befürchteten, großräumigen Absterben von Bäumen geführt.

Voraussetzung für die Pufferfähigkeit des Mykorrhizasystems ist aber, daß eine Vielzahl von Pilzarten am Standort vorhanden ist und möglichst keine Art verloren geht. Fichtenpflänzchen, die nach gezielter Aussaat auf freien Stellen, insbesondere verrotteten Stumpen der Sturmwurfflächen aufkamen, konnten nur zu einem verschwindend geringen Bruchteil überleben. Sie waren überwiegend mit nur einer Pilzart mykorrhiziert, die auf morschem Holz fruktifiziert (*Tylospora fibrillosa*; Eberhardt 1995). Das Ergebnis zeigt, wie sehr das Pilzartenspektrum auf den Freiflächen reduziert wurde (s. auch Beitrag Honold et al. in diesem Band). Das Mykorrhizapotential des Fichtenwaldes konnte aber in den Fichtenpflanzen überleben, die vor der Sturmkatastrophe bereits im Unterholz vorhanden waren (Walter 1996). Nach der Freistellung kommen diese Pflanzen rasch auf. Von ihnen geht die natürliche Wiederbewaldung aus. Der Birkenanflug auf den Sturmwurfflächen kann nach unserem derzeitigen Kenntnisstand das Mykorrhizapotential nicht sichern. Daraus ist ersichtlich, wie wichtig der Jungwuchs im Bestand ist. Wälder sollten so licht gehalten werden, daß Naturverjüngung aufkommen kann. So kann bei großflächiger Entwaldung das Mykorrhizapotential gesichert werden.

Die Simulation des Miteinander – ein erfolgversprechendes Modell

Nach der Vorstellung dieser Beispiele, die das Miteinander von Pilzen und Bäumen illustrieren, erscheint die Frage, ob es sich bei der Pilz-Wurzel-Interaktion um eine Kooperation oder um einen gegenseitigen Parasitismus handelt, vielleicht überflüssig. Unter den Wissenschaftlern ist die Frage aber keineswegs entschieden. Forstleute tragen immer wieder die Befürchtung vor, daß das System in Parasitismus umschlagen könnte. Es ist deshalb von außerordentlichem theoretischen Interesse, daß von einer Gruppe namhafter Mathematiker eine Modellrechnung angestellt wurde, mit der Fragestellung, ob sich ein auf Kooperation ausgerichtetes System gegenüber einem, daß sich auf Ausbeutung stützt, langfristig durchsetzen kann (Sigmund 1995). Den Berechnungen liegt das sogenannte »Gefangenendilemma« zugrunde. Ein Wettstreit zwischen verschiedenen Computerprogrammen ergab, daß eine auf Kooperation ausgerichtete Population unter bestimmten Voraussetzungen tatsächlich überlegen sein kann. Die entscheidenden Voraussetzungen waren, daß der erste Zug auf Kooperation zielt, in jedem weiteren Zug der Partner/Gegner kontrolliert wird, indem Aggressivität mit Aggressivität, Kooperation mit Kooperation beantwortet wird. Der größte Erfolg wird jedoch erreicht, wenn ein geringes Maß an Aggressivität toleriert, also mit Kooperation beantwortet wird, und wenn sich mehrere gleichgesinnte Kooperanden zusammenschließen. Schließlich muß über viele Generationen gespielt werden.

Es sieht so aus, als könnten wir die meisten der geforderten Voraussetzungen bereits jetzt mit Befunden aus der Mykorrhizaforschung belegen. Es wurden keine zerstörenden Angriffe der Pilze und keine spezifischen Abwehrreaktionen in den Wurzeln beobachtet. Geringe, kurzzeitige Abwehrsignale verhindern die Mykorrhizierung nicht. Auf die Vielzahl der Kooperanden wurde ausführlich eingegangen. Sie besteht auch auf der

Seite der Bäume, da verschiedene Baumarten von den gleichen Pilzarten mykorrhiziert werden. Schließlich gehen wir davon aus, auch wenn sich das bisher nicht durch Fossilfunde belegen läßt, daß die vorgestellte Pilz-Baumwurzel-Symbiose während der Kreidezeit, also vor etwa 140 Millionen Jahren entstanden ist. Es bestand also ausreichend Zeit, sich zu der heutigen Perfektion zu entwickeln. Auf dieser Grundlage stellt das Modell zur »Evolution der Kooperation« (Sigmund 1995) einen hervorragenden Ansatz zur weiteren Erforschung der Pilz-Baumwurzel-Symbiose dar.

Literatur

Ashford, A.E., Peterson, R.L., Dwarte, D., Chilvers, G.A. (1986) Polyphosphate granules in eucalypt mycorrhizas: determination by dispersive x-ray microanalysis. Can. J. Bot. 64: 677–687

Blasius, D., Feil, W., Kottke, I., Oberwinkler, F. (1986) Hartig net structure and formation in fully ensheathed ectomycorrhizas. Nordic J. Bot. 6: 837–842

Blasius, D. (1989) Studien zur Struktur und Dynamik von Ektomykorrhizen der Fichte. Diss. Tübingen

Brun, A., Chalot, M., Finlay, RD., Söderström, B. (1995) Structure and function of the ectomycorrhizal association between *Paxillus involutus* (Batsch) Fr. and *Betula pendula* Roth. New Phytol. 129: 487–493

Eberhardt, U. (1995) Zur (Erst-)Mykorrhizierung von Fichtensämlingen (*Picea abies* [L.] Karst und *Picea sitchensis* [Bong.] Carr.) im Topfexperiment und im Freiland. Diplomarbeit Tübingen

Frank, B. (1885) Über die auf Wurzelsymbiose beruhende Ernährung gewisser Bäume durch unterirdische Pilze. Ber. Deutsch. Bot. Ges. 3, 128–145

Hampp R, Schaeffer C, Wallenda T, Wingler A, Johann P, Laurent P, Martin F, Gadal P (1994) Root carbon metabolism and anaplerosis in ectomycorrhizal trees, in: Sandermann H, Bonnet-Masimbert M (eds.) EUROSILVA – Contribution to tree physiology, INRA, Paris, pp 233- 254

Haug, I. (1987) Licht- und elektronenmikroskopische Untersuchungen an Mykorrhizen von Fichtenbeständen im Schwarzwald, Diss. Tübingen

Haug, I., Kottke, I., Oberwinkler, F. (1986) Licht- und elektronenmikroskopische Untersuchungen von Mykorrhizen der Fichte (*Picea abies* L. (Karst.) in Vertikalprofilen. Z. Mykol. 52: 373–392.

Haug, I., Pritsch, K. (1992) Ectomycorrhizal types of spruce (*Picea abies* (L.) Karst.) in the Black Forest. A microscopical atlas. Kernforschungszentrum Karlsruhe, 89 S.

Herrmann, S., Ritter, T., Kottke, I., Oberwinkler, F. (1992) Steigerung der Leistungsfähigkeit von Forstpflanzen (*Fagus silvatica* L. und *Quercus robur* L.) durch kontrollierte Mykorrhizierung. Allg. Forst- u. J.-Ztg. 163: 72–79

Hönig, K (1995) Inokulierung von Eichen- (*Quercus robur* L.) und Buchen- (*Fagus sylvatica* L.) sämlingen und Charakterisierung von zehn Stämmen von *Paxillus involutus* (Batsch) Fr. mit den molekularbiologischen Methoden PCR (polymerase chain reaction) und RFLP (restriction fragment polmorphism). Diss. Tübingen

Kottke I, Agerer R (1983) Untersuchungen zur Bedeutung der Mykorrhiza in älteren Laub- und Nadelwaldbeständen des Südwestdeutschen Keuperberglandes. Mitt. Verein Forstl. Standortskunde Forstpflanzenzüchtung. 30: 30–39

Kottke I, Holopainen T, Alanen E, Turnau K (1995) Deposition of nitrogen in vacuolar bodies of *Cenococcum geophilum* Fr. mycorrhizas as detected by electron energy loss spectroscopy. New Phytol. 129: 411–416

Kottke, I., Martin, F. (1994) Demonstration of aluminium in polyphosphate of *Laccaria amethystea* (Bolt. ex Hooker) Murr. by means of electron energy loss spectroscopy. J. Microscopy 174: 225–232

Kottke, I, Oberwinkler, F. (1986) Mycorrhiza of forest trees – structure and function. Trees 1: 1–24

Kottke, I., Oberwinkler, F. (1987) Cellular structure and function of the Hartig net: coenocytic and transfer cell-like organization. Nordic J. Bot. 7, 85–95

Kottke, I., Oberwinkler, F. (1989) Amplification of root-fungus interface in ectomycorrhizae by Hartig net architecture. Ann. Sci. For. 46 suppl.: 737s-740s

Kottke, I., Weber, R., Ritter, T., Oberwinkler, F. (1993) Vitality of mycorrhizas and health status of trees on diverse forest stands in West Germany, in: Hüttl, R.F., Mueller-Dombois, D. (eds.) Forest Decline in the Atlantic and Pacific Region. Springer Verlag, Berlin, Heidelberg, New York, pp. 189–201

Kottke I, Wöllmer H (1995) Beobachtungen zur Mykorrhiza- und Feinstwurzeldynamik sowie zur Aktivität von Bodentieren am Standort Schöllkopf unter Einsatz der Rhizoskopie, in: Bittlingmaier L, Reinhardt W, Siefermann-Harms D (eds.) Waldschäden im Schwarzwald. Ecomed Verlagsges., Landsberg, 141–148

Martin F., Rubini P., Côte, R., Kottke, I. (1994) Aluminium polyphosphate complexes in the mycorrhizal basidiomycete *Laccaria bicolor*: a ^{27}Al NMR study. Planta 194: 241–246

Murach, D., Ulrich, B. (1988) Destabilization of forest ecosystems by acid deposition. Geo Journal 17: 252–260

Qian, X.-M., Kottke, I. , Oberwinkler, F. (1998) Influence of liming and acicification on the activity of the mycorrhizal communities in a *Picea abies* (L.) Karst. Stand. Plant and Soil 199: 99–109

Sigmund K (1995) Spielpläne. Zufall, Chaos und die Strategien der Evolution. Hoffmann & Campe, Hamburg

Turnau, K., Kottke, I. Oberwinkler, F. (1993) *Paxillus involutus-Pinus sylvestris* mycorrhizae from heavily polluted forest. I. Element localization using electron energy loss spectroscopy and imaging. Acta Botanica 106: 213–219

Walter, L (1996) Zum Erhalt des Mykorrhizapotentials durch Fichten (*Picea abies* [L.] Karst.) und Birken (*Betula pendula* Roth.) auf Sturmwurfflächen. Diplomarbeit Tübingen

Säugetiere im Naturpark Schönbuch. Grundlagenforschung für den Artenschutz

Erwin Kulzer

Die Zerstörung von Lebensräumen führt heute weltweit zu immer größeren Verlusten an Tier- und Pflanzenarten. Noch nie zuvor in unserer Geschichte gab es ein ähnliches »Artensterben« oder eine »Artenkrise« wie in unserem Jahrhundert. Wir sind dabei, die biologische *Artenvielfalt* auf der Erde zu verlieren. Es sollte uns klar sein, daß dieser Verlust von allen Folgen der bisherigen Eingriffe in die Natur, der schlimmste sein wird, denn der Verlust der Artenvielfalt ist nicht mehr rückgängig zu machen (Wilson 1989).

Die Säugetiere bilden nur einen Teil dieser Vielfalt. Sie sind aber auch die dem Menschen am nächsten stehenden Tiergestalten, und wir spüren gerade für sie eine besondere Verantwortung. Von den 64 in unserem Land registrierten Säugetierarten (Braun 1989) leben die meisten in den noch halbwegs naturnahen Landschaften. Ihre Gefährdung ist uns bekannt: Mehr als zwei Drittel dieser Arten stehen in der *Roten Liste* in einer der Kategorien der Gefährdung. Ein erheblicher Teil von ihnen gilt schon seit Jahren als »verschollen« (ca. 15 Prozent). In den vergangenen Jahrhunderten waren es nur die größeren Raubtiere, z.B. der Wolf und der Luchs, noch in unserem Jahrhundert dann Wildkatze und Otter (Nagel 1992); jetzt sind wohl auch die Kleinsäugetiere an der Reihe, z.B. unter den Fledermäusen die Kleine Hufeisennase, die bei uns zuletzt 1952 in Bebenhausen nachgewiesen wurde (Kulzer 1995).

Ich glaube, das allein ist schon Grund genug für eine auf den Schutz der Säugetierarten bezogene biologische Grundlagenforschung. Unsere Fragestellung richtet sich zuerst auf die noch vorhandene *Artenvielfalt*. Danach müssen wir die *Ansprüche* dieser Tiere an ihre Lebensräume ermitteln. Erst dann wird sich zeigen, ob hier bereits ganze Populationen in ihrer Existenz gefährdet sind. Unsere Sorgen können wir schließlich in den *Prognosen* für die untersuchten Ökosysteme zum Ausdruck bringen.

Unsere Landesregierung hat sich das Anliegen des *Washingtoner Abkommens* zum Schutze der Arten nach »unverzüglichen Maßnahmen« zueigen gemacht und zunächst ein Grundlagenwerk über die jetzt noch in Baden-Württemberg wildlebenden Säugetiere vorgeschlagen. Im ganzen Land sollten die Bestände erfaßt, ihre Lebensansprüche erforscht und Erfahrungen über ihre Gefährdung gesammelt werden.

Bereits 1989 habe ich mit meinem Mitarbeiter A. von Lindeiner-Wildau und der Assistentin I.-M. Wolters eine Pilotuntersuchung dazu begonnen und zwar vor unserer Haustüre: Keine andere Landschaft war dafür besser geeignet als der Naturpark Schönbuch. Mehr denn je

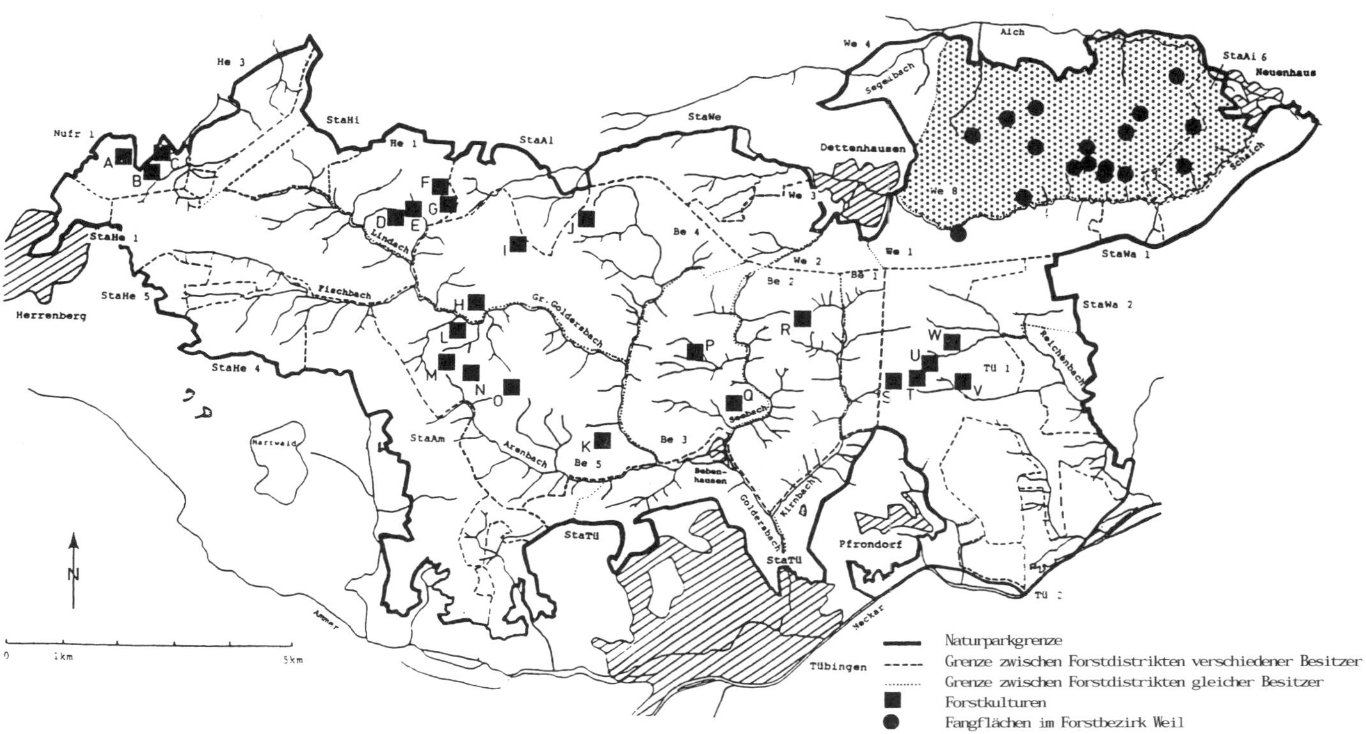

Abb. 53: Der Naturpark Schönbuch mit den ausgewählten Untersuchungsflächen. Aus: Kulzer et al. 1993.

zeigt sich hier die Problematik im Umgang mit der Natur (Stoll 1989, Volk 1989, Erbacher 1989 u.a.). Die Untersuchung sollte Modellcharakter haben. Das Umweltministerium gab uns dafür drei Jahre Zeit. Mit der Darstellung der wichtigsten biologischen und ökologischen Daten der Schönbuch-Säugetiere (Kulzer et al. 1993) wollten wir allen helfen, denen der Schutz dieser Tiere am Herzen liegt.

Vielfalt der Untersuchungsmethoden

Die Untersuchungen erstreckten sich auf eine für »uns« riesige Landschaftsfläche: 15 500 ha (Naturparkarchiv der BFANL 1991) – aber auch auf Tiere, deren Größe (Körpermasse) von nur 2,5 g bis über 200 kg reichte. Es versteht sich von selbst, daß hierbei ganz verschiedene Methoden anzuwenden waren. Ich gebe dazu einen Überblick:

Um die vielen kleineren Arten, z.B. die *Spitzmäuse* oder die *Nagetiere* zu erfassen, haben wir Kasten- oder Eimerfallen gestellt. Die gefangenen Tiere wurden nach ihrer Art bestimmt, vermessen und meist wieder entlassen.

Um das Anwachsen von »schädlichen« Nagetierpopulationen rechtzeitig zu bemerken, führen die Forstverwaltungen in ihren Kulturen »Prognosefänge« durch. Zwei Jahre lang erhielten wir die hier gefangenen Tiere von 18 der Kulturflächen. Als eine wahre Fundgrube erwiesen sich die »Bücher«, in denen die Kontrollen der *Vogelnistkästen* und der *Fledermauskästen* verzeichnet waren. Über ein Jahrzehnt hinweg enthielten sie mehr als 33.000 Inspektionen mit mehreren tausend Nachweisen an Kleinsäugetieren.

Zahlreiche Revierleiter und Jäger haben geholfen: Von ihnen erhielten wir auf Fragebögen die örtlichen Funde von *Igeln*, *Eichhörnchen*, *Bisamratten*, *Feldhasen*, von *Hermelinen* und *Mauswieseln* sowie von *Mardern*, *Füchsen* und *Dachsen* mitgeteilt (auch die Totfunde auf den Straßen).

Große Hilfe leisteten auch die *Schleiereulen*: In ihren Gewöllen befinden sich die knöchernen Überreste der Beutetiere (Kleinsäugetiere).

Schließlich haben wir zur Darstellung der *Wildschweine* sowie des *Rot- und Rehwildes* die Jagdstrekken benutzt (Statistik über mindestens 10 Jagdjahre).

Es war uns klar, daß wir den großen Raum nur »stichprobenartig« abtasten konnten. Zur Orientierung mag hier die Schönbuchkarte dienen (Abb. 53). Vermerkt sind nur die größeren Orte, die Fließgewässer und die Grenzen des Naturparkes und der Forstdistrikte. Die schwarzen Quadrate geben die Lage der bereits erwähnten 18 Kulturflächen an, auf denen die Prognosefänge erfolgten. Sie liegen quer über den ganzen Park verstreut. In dem mit einem Punktraster unterlegten Feld liegen 17 besondere Biotopflächen. (schwarze Kreise). Sie sollten die Vielfalt der Lebensräume repräsentieren und die ökologischen Präferenzen der Tiere erkennen lassen. Diese Biotope wurden nach Heydemann (1980) und Heydemann & Nowak (1980) in drei Gruppen unterteilt:

I. *Biotope im Laub- und Laubmischwald* mit insgesamt 10 Untersuchungsflächen (Kulturen, Schonungen, Altbestände, Lichtungen).

II. *Biotope im Nadelwald und im Nadelwald-beherrschten Mischwald* mit drei Untersuchungsflächen (Altbestand, gemischte Altersstrukturen, Altbestand mit nassen Standorten).

III. *Biotope der Bachaue* mit vier Untersuchungsflächen (Auwald, Uferzonen an Teichen).

Eine der Kulturflächen soll als Muster für die Art der Biotopbeschreibung dienen:

Laub- und Laubmischwald

Biotoptyp:	Kulturfläche
Höhe:	480 m
Bestandsgröße:	1 ha
Alter des Bestandes:	10–15 Jahre
Lichtverhältnisse:	in Bodennähe schattig, sonst starker Lichteinfall von allen Seiten.

Vegetation:

Baum-Strauchschicht Jungwuchs (ca. 5400 Pflanzen)
Roteiche (2200), Hainbuche (1700)
Winterlinde (1200), Kirsche, Eberesche, Holzapfel, Holzbirne;
Naturverjüngung für Fichte, Kiefer, Esche, Weide u.a.; Brombeere.
Krautschicht Brennessel bestandsbildend;
Schmalblättriges Weidenröschen an lichten Stellen, Wiesenknäuelgras, Gem.Rispengras, Gem. Wurmfarn, zahlreiche Moospolster.
Bodenbeschaffenheit: 6–7 cm humose Schicht;
bis 45 cm Schluff (Sauerbleiche).

Umgebung:

N Fichte (20–80 j.)
O Fichte (20–80 j.)
S Fichte (30 j. mit dichter Krautschicht)
W Fichte (20–80 j.)

An allen Standorten, an denen die Fallen gestellt wurden, haben wir auch die wichtigsten Habitatstrukturen aufgezeichnet. In Abbildung 54 sind beispielhaft diese Daten von 96 Fallenstandorten an vier Teichen zusammengefaßt und graphisch dargestellt (bereits in Prozent-Werten ausgedrückt). So standen hier die Fallen zu 67 Prozent im Gras (in stark-, mittel- oder schwach vergrastem Gelände). Man erkennt auch, daß mehr als die

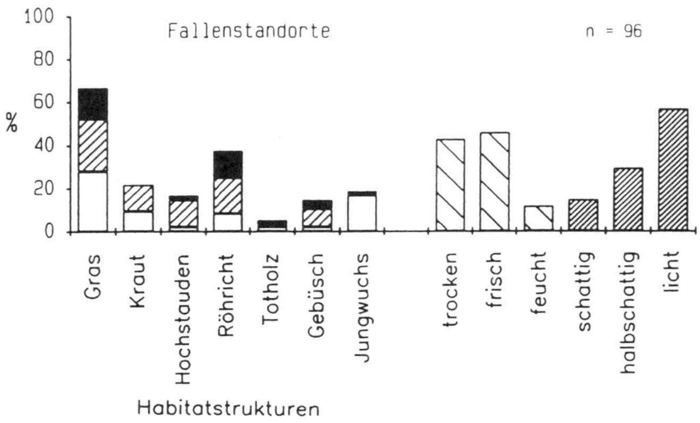

Abb. 54: Habitatsstrukturen
Ökologisch-zoologisch wichtige Habitatstrukturen (insgesamt 174) sowie Feuchte- und Lichtbedingungen im Umkreis von 96 Eimerfallen an vier Teichen (Uferzone).
Ausprägung der Strukturen: weiß = schwache-, schräg gestreift = mittlere und schwarz = starke Ausprägung.
Es bedeuten z.B.: bei 67 Prozent der Fallenstandorte war »Gras« zu 28 Prozent schwach, zu 24 Prozent mittelmäßig und zu 15 Prozent stark ausgeprägt. 41 Prozent der Fallen standen auf trockenem Grund und 54 Prozent an »lichten« Stellen.
Aus: Kulzer et al.1993.

Hälfte der Fallen an »lichten« Orten aufgestellt waren. Diese Art der Kennzeichnung erlaubt neben der qualitativen Beschreibung auch noch eine quantitative Einschätzung der Wohn- und Aktionsräume.

Bestandserfassung

In Abbildung 55 sind alle in der vorliegenden Untersuchung ermittelten Säugetierarten im Naturpark und seinen Randgebieten zusammengefaßt: Es sind 9 Arten aus der Ordnung der Insektenfresser, 10 Arten der Fledermäuse, 12 Arten der Nagetiere, 9 Arten der Raubtiere, 3 weitere Arten der Paarhufer sowie der Europäische Feldhase aus der Ordnung der Hasentiere. Nicht berücksichtigt wurden dabei das »gezäunte« Damwild und die Mufflons. Insgesamt ermittelten wir 44 Arten

Ordnung: Insectivora	
Fam. Soricidae	Waldspitzmaus Schabrackenspitzmaus Zwergspitzmaus Wasserspitzmaus Sumpfspitzmaus Feldspitzmaus
Fam. Talpidae	Maulwurf
Fam. Erinaceidae	Igel
Ordnung: Chiroptera	
Fam. Verspertilionidae	Großes Mausohr Bechsteinfledermaus Kleine Bartfledermaus Wasserfledermaus Braunes Langohr Graues Langohr Großer Abendsegler Kleiner Abendsegler Zwergfledermaus Rauhhautfledermaus
Ordnung: Rodentia	
Fam. Gliridae	Siebenschläfer Haselmaus
Fam. Arvicolidae	Rötelmaus Schermaus Feldmaus Erdmaus Bisamratte (E)
Fam. Muridae	Gelbhalsmaus Waldmaus Hausmaus Wanderratte
Fam. Sciuridae	Eichörnchen
Ordnung: Lagomorpha	
Fam. Leporidae	Feldhase
Ordnung: Carnivora	
Fam. Canidae	Rotfuchs Marderhund (E)
Fam. Procyonidae	Waschbär (E)
Fam. Mustelidae	Dachs Hermelin Mauswiesel Iltis Baummarder Steinmarder
Ordnung: Artiodactyla	
Fam. Suidae	Wildschwein
Fam. Cervidae	Rehwild Rotwild

Abb. 55: Übersicht über die ermittelten Säugetiere (Klasse Mammalia). (E) in Mitteleuropa eingeführt oder aus Gehegen entkommen und eingewandert – nicht ursprünglich.

Abb. XVI: Festeinjagen im Goldersbach, 1812

Abb. XVII: Sturmwurffläche im Schönbuch 1992. Der im Bildhintergrund sichtbare Fichtenbestand fiel dem Borkenkäfer zum Opfer und stand für die weiteren Untersuchungen nicht mehr zur Verfügung.

Abb. XVIII: Sturmwurffläche bei Langenau 1992. Sehr hohe Windgeschwindigkeiten haben einen Teil der Stämme auf halber Höhe regelrecht abrasiert.

Abb. XIX: Sturmwurffläche bei Bad Waldsee 1993. Es hat sich bereits eine geschlossene Krautschicht entwickelt.

Abb. XX: Blaublättriger Zwergknäueling *(Panellus violaceofulvus)* auf Fichtentotholz einer belassenen Sturmwurffläche im Schönbuch. Diese Art gilt in Deutschland als stark gefährdet.

Abb. XXI: Fichtenzapfenrübling (*Strobilurus esculentus*), eine Art, die auf den Abbau von Fichtenzapfen spezialisiert ist. Aufgrund dieser Eigenschaft eignet sie sich hervorragend als Bioindikator für den Status des Streuabbaus.

Abb. XXII: Blutender Schichtpilz (*Stereum sanguinolentum*), ein Wundparasit der Fichte. Bei Verletzung der Fruchtkörper sondert dieser Pilz eine blutrote Flüssigkeit ab. (Foto: Görke)

Abb. XXIII: Versuchspflanzung auf einer Sturmwurffläche im Schönbuch. Im Vordergrund eine Reihe zweijähriger, im Gewächshaus vormykorrhizierter Buchen, daneben (Pfeile) wenige nicht mykorrhizierte Setzlinge.

Abb. XXIV: Mykorrhizierte Buche im ersten Jahr nach der Pflanzung.

Abb. XXV: Nicht mykorrhizierte Buche mit starker Rücktrocknung im ersten Jahr nach der Pflanzung.

Abb. XXVI: Fruchtkörper des Kahlen Kremplings (*Paxillus involutus*), dessen Myzel in die Pflanzbeete beigegeben wurde, im Herbst des Aussaatjahres im Gewächshaus. Daneben mykorrhizierte Eichensämlinge.

Abb. XXVII: Ausschnitt des mykorrhizierten Wurzelsystems einer mit dem Kahlen Krempling inokulierten Pflanze.

(Reihenfolge der Abbildungen: von links oben nach rechts unten)

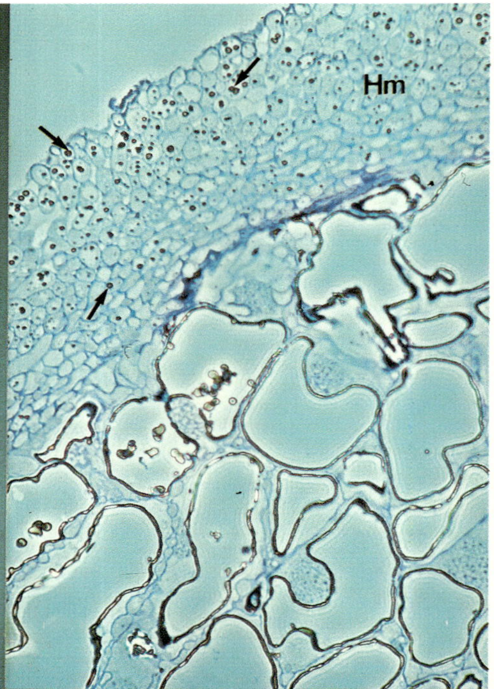

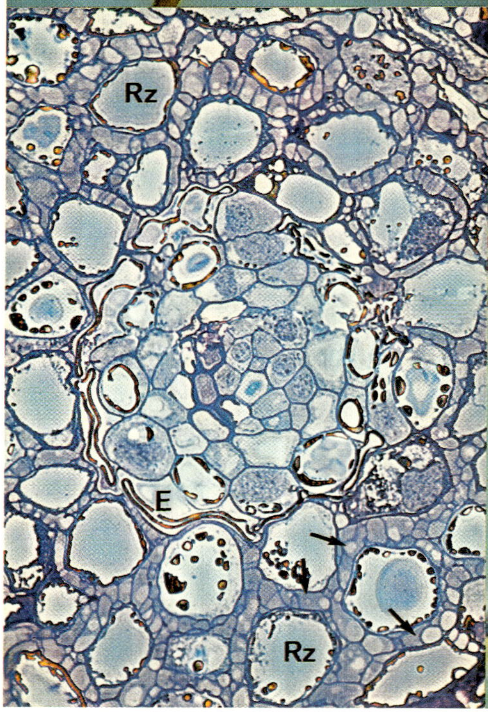

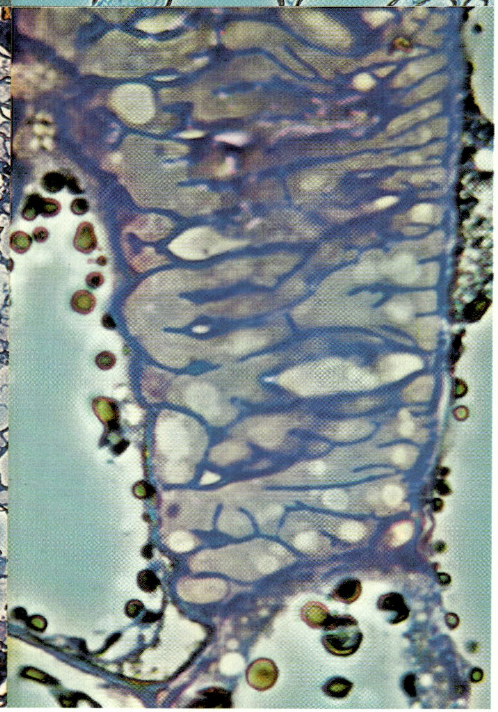

Abb. XXVIII: Feinwurzelsystem der Fichte mit erkennbar unterschiedlichen Mykorrhizatypen

Abb. XXIX: Querschnitt durch eine Ektomykorrhiza des Maronenröhrlings an Fichte. Der Hyphenmantel (Hm) enthält zahlreiche Grana (Pfeile), in denen Aminosäuren und Phosphat gespeichert werden.

Abb. XXX: Querschnitt durch das Hartigsche Netz der Ektomykorrhiza. Der zentrale Leitstrang und die Endodermis (E) sind frei von Pilzmyzel, die Rindenzellen (Rz) sind vollständig von Myzel umgeben (Pfeil).

Abb. XXXI: Der Längsschnitt durch das Hartigsche Netz zeigt das kanalartige Hyphensystem mit der Wachstumsrichtung quer zur Wurzellängsachse, der engen Lagerung, der dichten Verzweigung und der seltenen Septierung der Hyphen.

(Reihenfolge der Abbildungen: von links oben nach rechts unten)

Abb. XXXII: »Waldfledermäuse« – von oben nach unten: (links) Bechsteinfledermaus, Braunes Langohr, Wasserfledermaus; (rechts) Großes Mausohr, Zwergfledermaus, Kleiner Abendsegler.

Abb. XXXIII: Der Siebenschläfer ist fast so groß wie ein Eichhörnchen. Er besitzt einen langen, buschigen Schwanz. Siebenschläfer sind die häufigsten Bewohner von Nistkästen.

an Wildsäugetieren, die den Naturpark auch jetzt noch bevölkern. Vergleicht man damit die im ganzen Land registrierten Arten (64), so leben im Naturpark etwa 70 Prozent davon. Ein derartig umfangreiches Artenspektrum gibt es in Mitteleuropa nur noch in ähnlich naturnahen Landschaften sowie in den großen Natur-und Nationalparks (Bäumler 1981, 1986, Ellenberg 1986, Andera & Cerveny 1992).

Ökologische Belange der Arten

Die ökologischen Bedürfnisse dieser Tiere möchte ich wieder an einigen Beispielen deutlich machen:

Der *Europäische Maulwurf* besiedelt Böden, in denen er gut graben und auch nach Nahrung suchen kann. Er wirft seine Erdhaufen in »Linien« aus und legt auf diese Weise ein besonders in den Wintermonaten gut erkennbares »Revier« an. Auf den ersten Blick erkennt man die Konzentration der Tiere entlang der Täler. Die Bodenuntersuchungen ergaben hier in jedem Falle mindestens 20 cm tief humosen Schluff mit einem reichen Angebot an Regenwürmern. Allein bei Dettenhausen war die Dichte der Reviere so groß, daß sie kaum noch voneinander zu unterscheiden waren. Die vom Maulwurf bevorzugten Biotope sind eindeutig die Talauen und das Wiesengelände.

Auf 6 von insgesamt 23 untersuchten Forstkulturen wurden die meisten Arten der *Spitzmäuse* gefangen. Darunter befanden sich über 80 Prozent *Waldspitzmäuse* und etwa 16 Prozent *Zwergspitzmäuse*. Letztere wiegt nur knapp 3 g und ist eine unserer kleinsten Säugetierarten. Alle Biotopflächen waren stark vergrast und hatten feuchte Bodenzonen. Als besondere Spezialisten erwiesen sich unter den Spitzmäusen die *Wasser-* und *Sumpfspitzmäuse*, die durchweg die semiaquatischen Biotope bevorzugten.

In zwei Sommerperioden gelang es, 10 verschiedene Fledermausarten nachzuweisen. Ihre Schlafquartiere befanden sich besonders in den zahlreichen Nistkästen, die von ihnen als Ersatzquartiere für die vielfältigen Baumhöhlen angenommen werden. Letztere findet man vorwiegend in den Altbeständen oder in den Zerfallsphasen des Waldes. Die Schönbuchfledermäuse besiedeln aber auch die Randgebiete des Parkes im Siedlungsbereich, z.B. unter der Holzverschalung eines Hausgiebels oder im Dachstock einer Kirche, hier gleich zu Hunderten.

Alle diese Fledermäuse nutzen den Wald als »Ernährungsraum« (Kulzer 1989). Sie teilen sich den Wald vom Boden bis über die Baumwipfel in einzelne »Ernährungsnischen«. Welcher Rang ihnen in dem Ökosystem zukommt, zeigt eine kleine Rechnung: Etwa 200 Arten an Schmetterlingen und 200 Käferarten stehen ihnen als Nahrung zur Verfügung. Da die Fledermäuse das Chitin dieser Insekten nicht verdauen können, erscheinen die Bruchstücke der Insektenpanzer wieder im Kot. Danach läßt sich feststellen, welche Arten auf dem Speiseplan stehen, aber auch noch, welche Mengen davon sie im Verlaufe einer Sommerperiode verzehren.

Eine besonders große Kolonie von 300–600 Mausohrfledermäusen hinterläßt nach einem guten Sommer zwischen 50–90 kg an Kot (Fledermausguano). Umgerechnet auf lebende Nahrungsinsekten ergeben sich etwa 500–1000 kg, die besonders dem Lebensraum Wald entnommen werden.

Die Abbildung XXXII im Farbteil zeigt die anderen »Typen« der Waldfledermäuse, allen voran die *Bechsteinfledermaus*. Die Belegung der Nistkästen mit Fledermäusen wurde wiederum auf eine Schönbuchkarte übertragen. Im Durchschnitt waren zwischen 5–16 Prozent aller verfügbaren Kästen im Jahr 1989 von Fledermäusen besetzt. Die meisten von ihnen wurden im Umkreis von Tümpeln oder Teichen im Laubwald, aber auch noch in Fichten-Mischbeständen angetroffen.

Fast alle Arten der *Nagetiere* besitzen Präferenzbiotope. Auf die *Siebenschläfer* möchte ich hier besonders eingehen (Farbteil, Abb. XXXIII). Diese Bilche oder

Schläfer bevorzugen den Laubwald oder den Laubmischwald (besonders mit Buchen und Eichen). Nicht selten werden sie auch zu Kulturfolgern und tauchen immer wieder in periodisch unbewohnten Wochenendhäusern auf. Siebenschläfer gelten im Umkreis von 1000 Metern als »ortstreu«. Will man sie aus dem Haus haben, muß man sie in einiger Entfernung wieder aussetzen. Sie ernähren sich insbesondere von Früchten der Buchen und Eichen, aber auch von Obst und Beeren aller Art. Bei sehr hoher Populationsdichte fangen sie – zum Ärger der Forstleute – an, Baumwipfel zu ringeln.

In den Nistkastenkontrollbüchern haben wir über 8 Jahre hinweg die Besetzung der Kästen durch Siebenschläfer erfaßt. Bei insgesamt 25.125 Kontrollen wurden 4.665 dieser Tiere angetroffen. Im Durchschnitt waren 18,6 Prozent aller Kästen von ihnen belegt. Der Forstbezirk Tübingen ragt dabei mit 28,3 Prozent besonders hervor.

Ein Vergleich der Belegungsraten über 10 Jahre hinweg (1979–1989) wurde in Abbildung 56 vorgenommen: Einmal wurden diese Daten für die vier Forstamtsbereiche getrennt dargestellt (oben); danach (unten) wurden alle Daten für den Park zusammengefaßt. In beiden Darstellungen sind die Höhe – und Tiefpunkte der Siebenschläferpopulation leicht zu erkennen. Etwa alle zwei- bis drei Jahre werden die Bedingungen für die Fortpflanzung optimal und danach stellt sich die größte Dichte im Park ein. Nachdem diese Kurven gezeichnet waren, haben wir Herrn FD Ebert in Bebenhausen gebeten, uns die Aufzeichnungen für die Mastjahre der Buchen und Eichen mitzuteilen. Sie sind im unteren Bild vermerkt. Der Zusammenhang ist offenkundig. Nach diesen Befunden schätzen wir den Bestand an Siebenschläfern im Park auf etwa 2000 bis 3000 Individuen.

Im Kirchturm der Ortschaft Entringen befindet sich ein Nistplatz für *Schleiereulen*, deren Jagdraum etwa 2,5 km im Umkreis liegt und somit auch in den Schönbuch hineinreicht. In ihren Gewöllen findet man meist noch gut erhalten die Knochen ihrer Beutetiere. Ihre Untersuchung gab uns annähernd einen Überblick über die Kleinsäugerfauna des südlichen Parkrandes. Insgesamt fanden wir 1037 Reste von Beutetieren. Darunter waren 803 (77 Prozent) Vertreter der Nagetiere, 186 (19 Prozent) Arten der Insektenfresser und schließlich noch 48 (4 Prozent) Fledermäuse. Insgesamt enthielten die Gewölle die Reste von 15 verschiedenen Säugetierarten.

Die im Schönbuch lebenden Arten der *Raubtiere* gehören zu den jagdbaren Wildsäugetieren. Ihr bedeu-

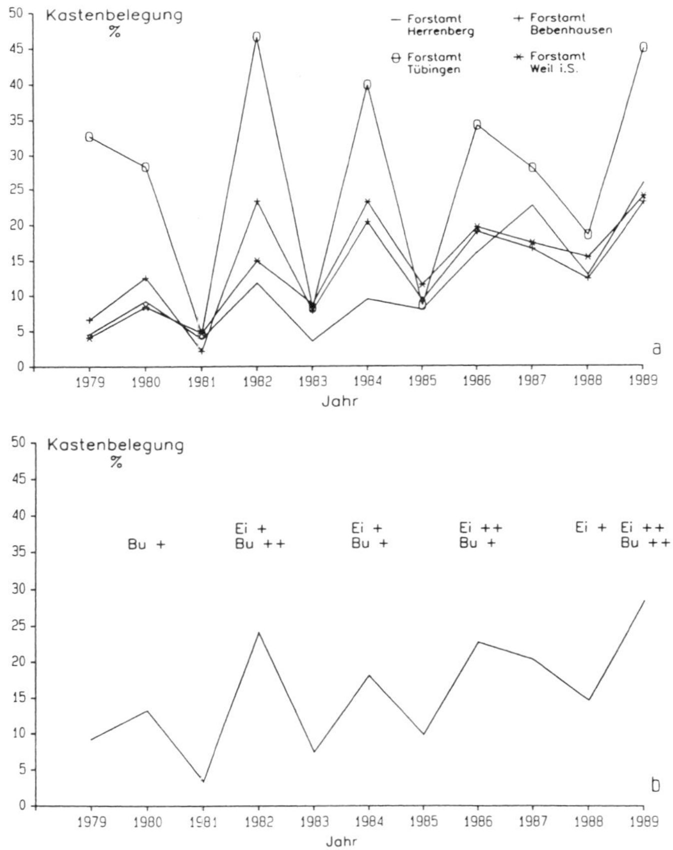

Abb. 56: Belegung der Nistkästen durch Siebenschläfer von 1979–1989 in den vier Bereichen der Forstämter (a).
Belegung der Nistkästen im gesamten Parkgebiet (b).
Die Jahre mit Eichen und Buchenmast (Ei,Bu) sind vermerkt (+ geringe, ++ starke Mast). Aus: Kulzer et al. 1993.

tendster Vertreter ist der *Rotfuchs*. Er ist so anpassungsfähig, daß es nur wenige Biotope gibt, die er nicht besiedeln könnte. Im Park gibt es ihn überall, wo sich der Boden zum Graben eignet. Auch in der Ernährung ist der Rotfuchs ein »Generalist«, wobei 90 Prozent seiner Nahrung Tiere sind. Informationen über die örtlichen Vorkommen erhielten wir von den Forstleuten, insbesondere aus dem Bezirk um Bebenhausen: Hier wurden 14 befahrene Fuchs- und 6 Fuchs/Dachsbaue mitgeteilt.

In diesem Gebiet liegen die Baue und dementsprechend die Fuchsreviere besonders dicht beisammen. Fast alle verzeichneten Baue liegen weniger als 2,5 km voneinander entfernt. Es liegt wohl eine besondere örtliche Konzentration vor. Von hier aus haben die Füchse auch Zugang zu den an Nagetieren reichen offenen Landschaften am Parkrand. Es ist sogar anzunehmen, daß sich hier die Streifgebiete der Füchse überlagern.

Aus der Jagdstatistik entnahmen wir die Zahl der Abschüsse in den Jagdjahren 1980/81 – 1989/90. In dieser Zeitspanne wurden im Park (mit Randgebieten) 2048 Füchse erlegt; im Durchschnitt sind das 196 pro Jahr. Soweit wir es beurteilen können, gibt es im Park noch eine stabile Population an Rotfüchsen.

Bei den *Marderartigen* liegen uns nur wenige Einzelbeobachtungen vor; hier sind wir weitgehend auf die Jagdstrecken angewiesen (Abb. 57). Nach der Anzahl der Abschüsse liegen die Steinmarder, Dachse und Hermeline an der Spitze. Die Zahl der Iltisse und Baummarder ist dagegen gering. Für das Mauswiesel liegen uns keine Abschußdaten vor.

Art	n	$\overline{x}$	$\overline{x}$/100 ha	Extremwerte/100 ha
Dachs	167	16,7 ± 8,3	0,07	0,9* bzw. 1,3**
Steinmarder	283	28,3 ± 14,3	0,10	1,5* bzw. 3,3**
Baummarder	16	1,6 ± 1,9	–	
Hermelin	164	16,4 ± 10,5	0,07	2,4*
Iltis	49	4,9 ± 4,5	0,02	

n: Gesamtzahl der registrierten Abschüsse
$\overline{x}$: mittlere jährliche Abschußzahl für das ganze Untersuchungsgebiet
$\overline{x}$/100 ha: mittlere Abschußzahl pro 100 ha
*: Revier StaTü 8 (Unterjesingen)
**: Revier StaAm 3+4 (Ammerbuch-Breitenholz)

Abb. 57: Statistik der Abschüsse von Marderartigen in den Jahren 1980/81-1989/90

Auch beim *Großwild* müssen wir uns an die Jagdstrecken halten, können aber in allen Fällen Vergleiche über mindestens 10 Jagdjahre anstellen. In diesem Zeitraum wurden im Park und an seinen Rändern 2.930 Wildschweine erlegt. Im Durchschnitt sind das 2,5 Tiere pro 100 ha Fläche. Die Biotope der Wildschweine sind besonders die an Unterwuchs reichen Bestände von Eichen und Buchen sowie der Auwälder.

Auch die Jagdstrecken des *Rehwildes* erlauben in allen vier Bezirken einen Vergleich über 10 Jagdjahre. In Bebenhausen gehen diese Aufzeichnungen sogar bis 1964 zurück. Insgesamt wurden in 10 Jagdjahren 9.139 Rehe erlegt. Im Durchschnitt sind das 2,3–4 Tiere pro 100 ha. Danach bevölkerte das Rehwild (mit sicherlich unterschiedlicher Dichte) den ganzen Park und seine Umgebung. Seine wichtigsten Habitate sind die Dikkichte an den Waldrändern.

Das *Rotwildvorkommen* im Schönbuch entspricht nur noch einem »Punkt« in dem ursprünglichen Verbreitungsgebiet der Art, das jetzt eine äußerst kritische »Verinselung« der Vorkommen zeigt. Die Einstände des Rotwilds im Schönbuch liegen im Wald. Im Gegensatz zum Rehwild ist das Rotwild in seiner Nahrung nicht sehr wählerisch; es verzehrt zahlreiche Gräser und Kräuter und verbeißt oder schält nahezu alle heimischen Baumarten. Wir haben die Jagdstrecken im Schönbuch bis 1970 zurückverfolgt. Hier erkennt man die zunächst steigende Zahl an Abschüssen, danach aber wieder rückläufige Zahlen. In dem Gehegebezirk *Bebenhausen* erfolgten die Abschüsse entsprechend der Rotwildverordnung (34 Abschüsse pro 100 Individuen mit Aufteilung nach Alter und Geschlecht). Zum Zeitpunkt der Untersuchung zählte der Bestand ca. 150 Individuen (3,7/qkm).

Bewertung der Ergebnisse

In keiner anderen Tierklasse ist der Schutz der Arten und ihrer Biotope so mit Problemen behaftet, wie bei den Säugetieren. Wir fühlen zuerst einmal die besondere Verantwortung für sie. Der Gesetzgeber hat für sie aber auch noch besondere Kategorien geschaffen, in denen wirtschaftliche Belange eine Rolle spielen. Zudem tauchen hier noch die Begriffe »schädlich und nützlich« auf. Bis sich hier eine bessere Einsicht Bahn bricht, haben wir es bei den Wildsäugetieren mit »geschützten (auch besonders geschützten) Arten, mit nicht geschützten, mit teilweise geschonten und schließlich noch mit den jagdbaren Arten« zu tun.

Welche Stellung beziehen hierbei die großen Ordnungen der Säugetiere im Naturpark?

Bei den Insektenfressern sind z.B. alle europäischen Arten der Spitzmäuse geschützt. Die 7 im Park verbreiteten Arten gelten mindestens als potentiell, d.h. örtlich in ihrer Existenz gefährdet. Im Park leben sie in relativ eng abgrenzbaren Biotopen. Der Verlust ihrer Habitate und ebenso ihrer Nahrungsressourcen würde auch hier ihr Ende bedeuten. Zu ihrem Schutz muß es also im Park ständig entsprechende Biotope geben. Verschwinden diese etwa im Zyklus der Waldentwicklung oder Waldbaumaßnahmen an einer Stelle, so können die Spitzmäuse nur in benachbarte Biotope mit ähnlicher Habitatstruktur ausweichen und überleben.

Alle heimischen *Fledermausarten* sind besonders geschützt. Entziehen wir ihnen den Wohnraum oder den Ernährungsraum, dann haben sie bald keine Chancen mehr. Der Einsatz von Nistkästen lindert nur den Mangel an natürlichen Tagesquartieren, z.B. Baumhöhlen; er kann diese keinesfalls ersetzen. Baumhöhlen aller Art findet man besonders in den letzten Phasen der Waldentwicklung, besonders in den »Zerfallsphasen«. Sie bilden einen Lebensraum mit optimalen Bedingungen für die verschiedenen Arten der »Waldfledermäuse«.

Unter den *Nagetieren* stehen z.B. die verschiedenen Arten der Wühlmäuse nicht unter Schutz. Ihre Habitatpräferenzen sind vielfältig und reichen von den Grasfluren bis zu den Dickungen. Einige von ihnen besitzen die Fähigkeit zur Massenvermehrung; sie werden demnach auch schlichtweg als »Schädlinge« eingestuft (Übersicht bei Bäumler & König 1985). Wir bedenken, daß die verschiedenen Nagetiere die Nahrungsbasis für die nächste Ordnung, die Raubtiere sind. Die Dichte der Wühlmäuse bestimmt wesentlich auch die Dichte der Räuber.

Die *Raubtiere* stehen in dem Ökosystem Wald am Ende der Nahrungspyramide. Unter ihnen gelten z.B. die Rotfüchse als noch »nicht in ihrem Bestand gefährdet«. Dies sollte aber kein Freibrief für einen ungezügelten Abschuß sein. Alle neueren Untersuchungen haben gezeigt, daß gerade sie zur Stabilisierung der Nagerpopulationen wesentlich beitragen (Suchentrunk 1984). Über das Jahr hinweg beträgt der Anteil an Nagetieren in der Fuchsnahrung etwa 42 Prozent.

Von den Steinmardern ist bekannt, daß sie sich auch dem Menschen anschließen und nicht einmal seine Staatskarossen scheuen. Sie gelten bislang auch als nicht in ihrem Bestand gefährdet. Dagegen lebt der Baummarder zurückgezogen und nur in gut strukturierten Waldgebieten. Sein Verbreitungsgebiet schrumpft und sein Schutz ist dringend; er sollte überhaupt nicht mehr bejagt werden (Stubbe 1989).

Während die Hermeline noch nicht als »gefährdet« eingestuft werden, zeichnen sich beim Walditis und auch beim Mauswiesel die Arealverluste deutlich ab. Beide sind wohl auch in ihrem Bestand gefährdet.

Seit Jahrhunderten galten Hermeline und Mauswiesel als »Mäusevertilger« erster Ordnung. Entsprechend wurden sie auch gehegt. Ihre Verfolgung begann erst mit der Niederwildhege. Alle neueren Untersuchungen (Übersicht bei King 1980) haben aber das bestätigt, was unsere Vorfahren schon wußten: Die Verfolgung der Wiesel ergibt keinen Sinn, und sie ist heute zudem noch unverantwortlich.

Auch die Ordnung der *Paarhufer*, mit den Wildschweinen, dem Rot- und Rehwild, gerät ständig in Konfliktsituationen mit dem Menschen, insbesondere bei dem gegenwärtig anhaltenden Landschaftsverbrauch. Dieser »Druck« auf den Schönbuch wird sicher auch noch in den nächsten Jahren anhalten

Wahrscheinlich gibt es in Europa kein anderes Wildsäugetier, das im Verlaufe der Geschichte so stark vom Menschen beeinflußt wurde, wie das *Rotwild* (Smit & Wijngaarden 1981). Es wurde nicht nur gejagt, in Gatter eingeschlossen , in verschiedene Gegenden versetzt und mit verwandten Arten und Rassen gemischt, es wurde auch selektiv geschossen und an anderen Orten wieder nahezu domestiziert. Heute gleicht sein europäisches Areal einem Punktraster; es zeigt die totale *Verinselung einer Art*. Dies gilt auch für die kleine Population in Naturpark (Wildgatter ca. 4000 ha Fläche). Alle Anstrengungen richten sich nun darauf, die Tiere hier in einer optimalen Dichte zu erhalten (Palmer 1989).

Nach dem letzten Krieg wurden die Schäden in der Land- und Forstwirtschaft durch die hohe Wilddichte so groß, daß für das Rotwild im Schönbuch ein Gehegebezirk eingerichtet werden mußte. An der Konfliktlösung wird seither gearbeitet. So hat Herr FD Ebert auch neue Wege in der Bewirtschaftung des Rotwildes durchgesetzt. Seine Zielvorstellung entspricht mehr der Naturparkidee: Nicht mehr die Jagd ist vorrangig, sondern der hohe Erlebniswert, den Parkbesucher empfinden, wenn sie Rotwild unmittelbar beobachten können. Im Schönbuch soll deshalb auch ein möglichst sichtbarer Rotwildbestand mit einer Dichte von 7–8 Individuen pro 100 ha Wald erreicht werden, aber in einer Weise, bei der die Schäden an Pflanzen möglichst gering bleiben (Ebert 1989).

Folgerungen

Die Untersuchungen haben gezeigt, daß die jetzige Artenvielfalt an Säugetieren im Schönbuch mit der *mosaikartigen Vielfalt* an *Biotopen* zusammenhängt. Teilweise wurden diese Lebensräume sogar künstlich angelegt, z.B. zahlreiche Feuchtgebiete. Diese Lebensräume simulieren gewissermaßen auch die verschiedenen Entwicklungsstadien eines »Naturwaldes«. Gerade in den jungen Entwicklungsstadien, aber auch in den verschiedenen Altbeständen und besonders in den Zerfallsphasen des Waldes leben vorzugsweise die in ihrer Existenz bedrohten Arten der Wildsäugetiere. *Welche Ziele soll hier der Artenschutz verfolgen?*

Wir prüfen zunächst die Möglichkeit, die »Zielarten« hier besonders langfristig zu schützen und zwar so, daß sie auch ihr Potential zur Anpassung an die Umwelt bewahren und auf Veränderungen ihrer Umgebung reagieren können.

Es ist bekannt, daß die *Artenvielfalt* von der Größe der Lebensräume abhängt und daß auch die *Größe von Populationen* (Individuendichte) mit der Größe eines Raumes anwächst (Loeschcke 1988a,b). Unser Naturpark wäre für einen solch langfristigen Schutz, der zu einer natürlichen Entwicklung der Populationen führt, bereits viel zu klein. Ich vergleiche damit die Situation im Nationalpark Bayerischer Wald (ca. 13.000 ha). Nach einer Verordnung von 1992 werden hier die bisher forstwirtschaftlich geprägten Wälder langfristig einer natürlichen, vom Menschen unbeeinflußten Entwicklung zugeführt (Ständige Arbeitsgruppe der Biosphärenreservate in Deutschland 1995). Für diesen Bergwald schätzt Scherzinger (1991) aber den Flächenbedarf für den Artenschutz unter natürlichen Entwicklungsbedingungen auf das 5–6fache der jetzt geschützten Zone.

Der Naturpark Schönbuch ist etwa gleich groß, er ist weitgehend auch ein Wirtschaftswald mit zahlreichen Schutzfunktionen (Beisel 1989). In der Zielsetzung steht für den Park zudem die »Erholungsfunktion« für die Bevölkerung im Vordergrund.

Somit kommen für die bedrohten Arten im Park im wesentlichen nur die relativ *kurzfristigen Stützungsmaßnahmen* in Betracht, z.B. die Schaffung zusätzlicher und verschiedenartiger Biotope, die sich sinnvoll in das Mosaik der Entwicklungsstadien des Waldes einfügen lassen und die auch Verbindung untereinander haben. Vielleicht läßt sich gerade damit eine Verinselung der Arten verhindern oder wenigstens hinauszögern. Irgendwann aber werden die Populationen einmal so klein werden, daß sie auch ihr Potential für die Weiterentwicklung verlieren.

Der Artenschutz über die kurzfristigen Stützungsmaßnahmen steht und fällt mit der Planung im Waldbau. Diese muß sich in erster Linie von ökologischen Gesichtspunkten leiten lassen. Es muß zu einer Übereinstimmung zwischen *Waldbau, Forstökologie*und *Naturschutz* kommen (Otto 1991, Bürger-Arndt 1996). Ich führe hier nur zwei Gesichtspunkte an, die im wesentlichen schon bei der Zielvorgabe der Forstdirektionen genannt wurden:

Um die Vielfalt an Pflanzen- und Tierarten im Park solange wie möglich zu erhalten, muß der Wald möglichst »standortgemäß« sein. Er sollte eine höchstmögliche Vielfalt an Baumarten aufweisen und auch vertikal gestaffelt sein. Die Bestände sollten sich möglichst kleinflächig abwechseln. In einem erträglichen Maß müssen auch Zerfallsphasen vorhanden sein; Naturverjüngung ist anzustreben.

Die Pflege des Waldes sollte behutsam erfolgen, mit Techniken, die den Biotopen nicht schaden (auch Nutzung von Einzelstämmen). Verschiedene Flächen sollten der natürlichen Entwicklung überlassen werden, z.B. in Form von Schon- und Bannwäldern (Fischer 1989). Hier könnten Erfahrungen über die Eigendynamik des Schönbuchs gesammelt werden.

Zwischen der Forstökologie, dem Waldbau und dem Naturschutz gibt es auch in unserem Land noch genügend Konfliktstoff. Ich habe hier versucht, das »Machbare« darzustellen und nicht einer Utopie nachzujagen. Unbestritten ist sicherlich bei allen Beteiligten der Wunsch, daß der Schönbuch mit seiner ganzen Artenvielfalt an Pflanzen und Tieren auch noch für die kommenden Generationen erhalten bleibt.

Die Untersuchungen wären ohne die Hilfe der vier Forstdirektionen und zahlreicher Revierleiter nicht möglich gewesen. Auch die Jagdämter haben uns mit statistischem Datenmaterial geholfen. Eine Reihe von Spezialisten, Biologen, Geologen und Biochemiker, haben mitgewirkt. Wir danken hier allen, nicht zuletzt auch dem Regierungspräsidium Tübingen, das die Genehmigung dazu erteilte. Für die finanzielle Unterstützung bedanken wir uns beim Umweltministerium.

Der gesamte Bericht ist als 71. Beiheft zu den Veröffentlichungen Naturschutz und Landschaftspflege Bad.-Württ. unter dem Titel »SÄUGETIERE IM NATURPARK SCHÖNBUCH« erschienen (ISBN 3-88251-185-0) und kann über den Buchhandel oder die Landesanstalt für Umweltschutz, D-76157 Karlsruhe (Postfach 210752) bezogen werden (DM 24.–).

Literatur

Andera, M. & J. Cerveny (1992): Übersicht über die Säugetierarten des Böhmerwaldes und seines Vorgebirges.- Artenschutzreport, (2) : 52–55.

Bäumler, W. (1981) : Die Verbreitung von Mäusen in verschiedenen Waldgebieten Bayerns.-Anz. Schädlingskd., Pflanzenschutz, Umweltschutz, 54 : 99–104.

– (1986) : Populationsentwicklung kleiner Säugetiere in verschiedenen Waldgebieten Bayerns in den Jahren 1977–1985.- Schriftenr. Bayer. Landesamt Umweltschutz, (73) : 7–14.

Bäumler, W. & E. König (1985) : Mäuse, Bestimmung, Biologie und Schäden.- In: Merkblätter der Forstlichen Versuchs- und Forschungsanstalt Baden- Württemberg, Nr. 9, (2. Aufl. Teil 1).

Beisel, G. (1989) : Waldverhältnisse und Waldbauplanung im Naturpark Schönbuch.- AFZ 51–52 : 1363–1366.

Braun, M. (1989) : Zum Vorkommen der Säugetiere in Baden-Württemberg.- Entwurf einer Roten Liste (Stand 1988).-Veröff. Naturschutz Landschaftspflege Bad.-Württ., 64/65 : 145–201.

Bürger-Arndt, R. (1996): Zukunftsziele im Waldnaturschutz.-Forstw. Cbl. , 115: 80–89.

Ebert, K.H. (1989) : Neue Wege der Rotwildbewirtschaftung im Gatterforstamt Bebenhausen.-AFZ 51–52: 1371–1375.

Ellenberg, H. (Hrsg.) (1986) : Ökosystemforschung – Ergebnisse des Sollingprojektes.- Stuttgart (Ulmer).
Erbacher, J. (1989) : Naturschutz und Landschaftspflege in Naturpark Schönbuch.-AFZ 51–52: 1390–1391.
Fischer, G. (1989) : Bann- und Schonwälder im Naturpark Schönbuch.-AFZ 51–52: 1376–1377.
Heydemann, B. (1980) : Terrestrische Habitate und ihre Typisierung in Mitteleuropa.- Natur und Landschaft , 55: 5–7.
Heydemann, B. & E. Nowak (1980) : Katalog der zoologisch bedeutsamen Biotope (Ökosysteme) Mitteleuropas.-Natur und Landschaft , 55: 7–9.
King, C.M. (1989) : The natural history of weasels and stoats.-London (Ch. Helm).
Kulzer, E. (1989) : Fledermäuse im Ökosystem Wald.-Veröff. Naturschutz Landschaftspflege Bad.-Württ., 64/65: 203–220.
– (1995) : Über den Rückzug der Kleinen Hufeisennase Rhinolophus hipposideros (Bechstein 1800) aus Baden-Württemberg.-Laichinger Höhlenfreund, 30: 3–24 (Laichingen).
Kulzer, E., A.v. Lindeiner-Wildau & I.-M. Wolters (1993) : Säugetiere im Naturpark Schönbuch. Übersicht über die Biologie der Arten und Ergebnisse einer faunistisch-ökologischen Untersuchung in den Jahren 1989–1991.-Beih. Veröff. Naturschutz Landschaftspflege Bad.-Württ., 71: 1–212.
Loeschcke, V. (1988a) : Populationsgenetik und Artenschutz.-Naturwissenschaftliche Rundschau, 41: 310–314.
– (1988b) : Biogeographie und Artenschutz.-Naturwissenschaftliche Rundschau, 41: 261–265.
Nagel, A. (1992) : Säugetiere in Schönbuch und Gäu.-In: Die Tierwelt in Schönbuch und Gäu (Schubert, W. Hrsg.), 125–154, Remshalden (Natur-Rems-Murr- Verlag).
Naturparkarchiv der BFANL (1991) : Naturparke in der Bundesrepublik Deutschland, Stand 31. 1. 1991.-Natur und Landschaft, 66: 205–209
Otto, H.-J. (1991) : Forstökologie, Waldbau und Naturschutz.-AFZ Nr. 1/1991: 9–14.
Palmer, S. (1989) : Waldbauplanung im Rotwildgatter des Forstamtes Bebenhausen.- AFZ 51–52: 1367–1370.
Scherzinger, W. (1991) : Das Mosaik-Zyklus Konzept aus der Sicht des zoologischen Artenschutzes. Laufener Seminarbeiträge ANL, Laufen/Salzach, Nr. 5
Smit, Cor.J. & A. van Wijngaarden (1981) : Threatened Mammals in Europe.-Supl. Vol., Handbuch der Säugetiere Europas (Niethammer, J. & F. Krapp, Eds.), Wiesbaden (Akad. Verlagsges.).
Suchentrunk, F. (1984) : Zur Nahrungsökologie und körperlichen Kondition österreichischer Rotfuchspopulationen (Vulpes L.).- Diss. Wien.
Stoll, P. (1989) : Der Naturpark Schönbuch.-AFZ 51–52: 1355–1356.
Stubbe, M. (1989) : Baum- und Steinmarder, Martes (L.), Martes foina (Erxleben). In: (Stubbe, H.Ed.) Buch der Hege.-Bd. 1, Haarwild.- Berlin (VEB Dt. Landwirtschaftsverlag).
Volk, H. (1989) : Der Schönbuch und seine Waldbesucher.-AFZ 51–52: 1378–1382.
Wilson, E. (1989) : Bedrohung des Artenreichtums.-Spektrum der Wissenschaft, 11/1989: 88–95.

»Nicht viele Wunder«. Eine literarische Spurensuche

Thomas Vogel

Ach, hätten die Planer dieser Schönbuch-Reihe doch einen Blick ins Repertoire der literarischen Schönbuchliteratur geworfen! Manch ritterliches Gemäuer an Rhein oder Donau wurde mehr besungen als der ganze mächtige Schönbuchwald mit seinen Eichen und Buchen. So war mir anfangs doch bang, als ich auf die Schönbuchliteratur-Entdeckungsreise ging. Ich machte mir Mut. Rief mir ins Gedächtnis, daß Schwaben ein Land der Dichter ist, denn bekanntlich dichtet jeder Schwabe.

Bei den meisten fängt's in der Jugend an, etliche tun es wieder im sogenannten Ruhestand, nicht wenige ein ganzes Leben lang. Wie viele echte Genies unter ihnen sind, läßt sich nicht sagen, da viele ihre Verse für sich behalten. Allerdings weiß man von so manchem Schwaben, daß sie sich verkannt fühlen. Woher rührt des Schwaben Lust am Versemachen? Sicher hängt es damit zusammen, daß hier früher als anderswo die allgemeine Schulpflicht eingeführt wurde, nämlich schon 1559. Die Reformation spielte dabei eine große Rolle, sollte doch jeder die von Martin Luther ins Deutsche übersetzte Heilige Schrift selber lesen können. Genauso wichtig, vielleicht noch wichtiger als das Lesen- und Schreibenlernen, war das Auswendiglernen von Texten aus der Bibel. Ein solches für alle verbindliches Sprachtraining über viele Generationen hinweg ist – abgesehen von der jahrhundertelangen Tradition des Lernens im Judentum – sicher außergewöhnlich.

Alphabethisierungskampagne unter Herzog Christoph von Württemberg, schön und gut, reformatorisches Bibellesen auch gut, aber standen und stehen die Schwaben nicht geradezu unter Schreibzwang? Ist es also nicht ein Dichtenmüssen geradezu? Es drängt sich der Verdacht auf, daß magische, überirdische, historisch allein nicht mehr erklärbare Kräfte einwirkten auf das Volk der Schwaben. Und so stöberte ich weiter, durchwanderte Zeit und Raum schwäbischer Dichtkunst und landete schließlich, einem Hinweis Justinus Kerners folgend, auf dem Michaelsberg bei Brackenheim.

Man sagt, auf diesem Berge habe der heilige Bonifatius mit dem Teufel einen Zweikampf gehabt, in welchem ihm der Engel Michael zu Hülfe gekommen; dabei habe der Engel eine Feder aus seinem Flügel fallenlassen, dieser habe der Heilige dann eine Kirche hier gestiftet und zu Ehren Michaels eingeweiht. Die Feder, die lange Zeit in der Kirche bewahrt wurde, soll zur Zeit der Reformation von da weggekommen sein; man sagte, es habe sie ein alter Stadtschreiber aus Stuttgart, der von der katholischen zur lutherischen Kirche übergegangen, heimlich an sich gezogen. Vergebens baten die Mänche des Berges bei Herzog Ulrich um die Bestrafung des Stadtschreibers und Zurückgabe der heiligen Feder; sie erhielten keine Genugtuung. Darob in Zorn entbrannt, habe der Erzengel Michael die Strafe der Vielschreiberei über Württemberg ausgeschüttet.[1]

Ein Fluch also treibt den Tintenfluß. Und folgen wir der Logik unserer Geschichte, so müßte es die Protestanten am härtesten treffen. Und somit dringen wir vor und mitten hinein in den Schönbuch. Hier schlägt das Herz des schwäbischen Pietismus. In Altdorf wurde 1758 Johann Michael Hahn geboren, Gründer einer immer noch blühenden, nach ihm benannten pietistischen Gemeinschaft. Hahns Geburtshaus liegt gleich neben dem Altdorfer Rathaus. Immanuel Gottlieb Kolb, der sich selbst einen Schüler Hahns nennt, bezeugte diesem einen königlichen Geist. Als gebürtiger Sindelfinger war mein Weg zu Hahns Schriften gerade mal zwei Schritte bis zum Bücherschrank mit den Erbstücken der Großeltern. Und so vertiefte ich mich in Hahns christliche Poesie, las laut, denn nur laut läßt sich Lyrik lesen und verstehen, und nach längerem Lesen war's mir, als hörte ich meines Großvaters Stimme aus der fernen Kindheit nachklingen.

Niemand traute seinem Herzen,
Wenn auch mancher Kampf vorbei.
Es läßt sich gewiß nicht scherzen,
Bis wir recht wahrhaftig frei.
Sündengift ist tief gedrungen,
Das erfährt man alle Tag.
Wenn's uns etlichmal gelungen,
Gibt es doch noch manche Klag.

Haben wir gleich Friedensstunden,
Scheint's ein wahrer Stillestand,
Ist's doch noch nicht überwunden,
Noch sind wir im fremden Land.
Etwa rüsten sich die Feinde,
Uns mit Macht zu fallen an,
Merkt euch das, ihr Wahrheits-Freunde,
Daß er Euch nicht fällen kann.

Augenlust und Sinnvergnügen
Kann den Jüngling, der nicht wacht,
Oft am leichtesten betrügen,
Diese Dinge haben Macht.
Können sie im Grund erwecken
Etwas, welches ihnen gleicht,
Tut der Feind ein Feu'r anstecken,
Daß er einen Sieg erreicht.

Hoffart, geistlich oder leiblich,
Setzt dem guten Jüngling zu,
Und es ist fast unbeschreiblich,
Was ihm stört die inn're Ruh.
Wird er nicht in Friedenszeiten
Sinken in den Demutsgrund,
Ist er ihm bereits im Streiten
Nicht mit seinem Orte kund.[2]

So und in endlosen Vatiationen immer nur so klingt diese pietistische Poesie, die nicht froh zu machen vermag, die uns in ein dichtes Sündennetz verstrickt, all irdische Freude im Keim erstickt und höchstens zum Reimeschmieden anregt. Nein, von Freude hinieden keine Spur, alle Lust, aller Witz und Spaß und alles Heitere kleben an der Sünde, und das irdische Dasein wird entwertet, und der Blick ist aufs Jenseits gerichtet. In tausenden von Versen drehen sich die Gedanken um den Fluch der Fleischeslust, um Satanswerkzeug und die sündige Natur.

Das Schlangensprechen riecht so rauh,
und es vergiftet schrecklich schlau
so nach und nach die Seel.
Die Schlange wirkt aufs irdische Teil,
aufs ewige mit schneller Eil,
der Satan in der Hölle.
Was eine solche Seele spricht,
ist anders nun als tödlich nicht.[3]

Es ist wissenschaftlich belegt, daß im altwürttembergischen Teil Schwabens, also da, wo der Pietismus zuhause ist, die Schwermut – man könnte auch von Depression sprechen – weit häufiger vorkommt als anderswo. Anfang der 80er Jahre veröffentlichten Wissenschaftler der Tübinger Universitätsnervenklinik das Ergebnis ihrer acht Jahre dauernden Untersuchung über depressive Erkrankungen bei Schwaben. Im Grunde wurde von den Medizinern bestätigt, was in der Literatur schon ganz allgemein als schwäbische Charaktereigentümlichkeit hervorgehoben wurde. Ich möchte dieses Thema nicht vertiefen, denn wir verlassen damit, wenn auch nicht den Schönbuch, so doch literarisches Terrain. Der Dichter Christian Wagner, ein tief religiöser Mann, allerdings keiner von der kirchlich-pietistischen Sorte, schrieb zu diesem Thema folgende bedenkenswerte Sätze:

Bei Gott, man liest schrecklich geringe Sachen. Eine wahre Geschmacksverirrung. Nicht einen Auf-, eher einen Niedergang hat unsere Zeit zu verzeichnen. Bei den Christlichen, den Frommen ist Dummsein Frommsein. Der Grundgedanke ihrer sämtlicher Erzählungen ist ein krankes Weib, das Heimweh, Sehnsucht nach dem Himmel hat. Die es nicht erwarten kann, bis sie zum Heiland kommt. Weltflucht in schlimmster Form.[4]

Und plötzlich stehe ich wieder mit fast leeren Händen da. Von Literatur im Schönbuch also doch keine lohnende Spur? Unzufrieden, müde auch, saß ich eines Nachts am Schreibtisch mit drei Dutzend aufgeschlagenen Büchern um mich herum auf dem Boden verstreut, empfand mich als Stubenhocker und zerfloß fast vor Selbstmitleid. Da fiel mein Blick auf das Wort »Wanderwege« in einem der Bücher, und mir kam die glänzende Idee, ich könnte ja mal ein paar Schritte durch den Schönbuch wandern. Es war eine kleine Überwindung, denn ich gestehe, ich bin kein Wandersmann. Aber ich kam einen guten Schritt weiter. Denn mir fiel, als ich fast nur Vogelgezwitscher und meine Schritte auf dem Waldboden hörte, eine Geschichte ein, die uns Kinder ungeheuer beeindruckt hatte. Ein Onkel der Familie mußte täglich zu Fuß durch den Schönbuchwald nach Vaihingen zur Arbeit gehen und abends, versteht sich, den gleichen Weg wieder zurück. Einmal nun hörte er plötzlich hinter sich rhythmisch ein Geräusch, das ihm folgte, immer im gleichen Abstand. Ging er schneller, folgte das Geräusch entsprechend schneller. Den Mut, zurückzuschauen, hatte er nicht, und so rannte er schließlich durch den Wald und erst in Vaihingen schaute er hinter sich und sah, daß sein Hosenträger hinter ihm auf dem Boden schleifte. Diese Geschichte, die mir spazierengehend wieder in den Sinn kam, brachte mich auf eine neue Fährte: kein Wald ohne Waldgeister, ohne Zwerge, Riesen, Feen und Klabautermänner. Zu Zeiten, als Geschichten nicht aus dem Fernseher in die Halbrunde flimmerten, sondern Geschichten von Menschen erzählt ihre Runde machten, zu jenen Zeiten gab es, wie ich bald entdeckte, auch Schönbuchsagen. Vielerorts war es nicht geheuer. In der Hummelsklinge gegen das Aichtal etwa gingen Geister um, unter anderem ein Geiger mit riesigen Augen, von der Windsbraut war die Rede und von einer Schlange bei Altenriet, die zu einem Goldschatz führt. Bei Lustnau kamen winters die Erdwichtle zuweilen in die Spinnstuben und setzten sich neben die Spinnererinnen, und nach Walddorf kam der Kappelgeist, meist in Tiergestalt. Am bekanntesten sind die Geschichten über den Schimmelreiter und den Ranzenpuffer.

Ranzenpuffer war eigentlich ein Jäger auf dem Einsiedel bei Tübingen und führte ein gottloses Leben, quälte die Menschen, liebte Wein, Weiber und Spiel über die Maßen und trieb auch Zauberei, wofür er seit vielen hundert Jahren als Geist umgehen muß. Er spukt in dem ganzen Forstrevier, das er früher zu beaufsichtigen hatte, namentlich zwischen dem Einsiedel und Dettenhausen, bei der Blaulach zwischen Lustnau und Kirchentel-

linsfurt, besonders im Schönbuch, wo er sich in dem sogenannten »Bärloch« aufhält. Da kommt er dann auf seinem Schimmel zu den Leuten hergejagt, als ob er sie umreiten wollte, daß es kracht und rauscht; allein, er erschreckt sie bloß. – Häufig sieht man ihn auch als Jäger gekleidet zu Fuß, mit dem Gewehr auf dem Rücken, allerlei Possen treibend. So zeigt er sich oft des Nachts an der Blaulach und läuft neben den Fußgängern her und sucht sie ins Wasser zu treiben. Zuweilen erscheint er mit, zuweilen ohne Kopf, indem er ihn wie einen Hut unter dem Arme trägt.[5]

Schmucklos und unliterarisch kommen solche Geschichten daher, spröde fast im Ton, da wird nicht dick aufgetragen. Authentizität erhalten sie durch präzise Ortsangaben und durch die Namen der Beteiligten. Doch trotz solcher präziser Verweise handelt es sich oft um Wandergeschichten, die weitergetragen und an die jeweiligen Örtlichkeiten angepaßt wurden. Noch im letzten Jahrhundert wanderte der Tübinger Professor Ernst Meier, ein Zeitgenosse Gustav Schwabs, durch unser Land, um sich von den Leuten »altes Gesag« erzählen zu lassen. Heute können wir solcherlei Sagen durchaus als Denk- und Lebensweise unserer Vorfahren lesen, darin ihre Wünsche, Ängste und Sehnsüchte entdecken und sie, wie Manfred Wetzel schrieb, auch »als Befangenheit im naiven Glauben an jenseitige Kräfte, denen sie sich ausgeliefert fühlten, als Dokumentation einstiger Herrschaftsverhältnisse« verstehen. Und es drängte sich mir bei der Lektüre dieser Sagen der Gedanke auf, daß wir diesbezüglich kaum einen Deut klüger sind als die Altvorderen.

Kunde kommt also durchaus aus dem Schönbuch in solchen Sagen und Geschichten. Kunde kommt aber auch aus dem Wald, wenn die, die dort arbeiten, an Markttagen in die Stadt kommen. Dann ist große Gesellschaft beim Speisewirt. Neuigkeiten von Jägern und Gejagten. Ein Wort gibt das andere bei solchen Gelegenheiten, und spielt sich solches bei Tübingen ab, so sitzt das Jägerlatein auf der Eckbank gleich neben dem Gelehrtenlatein. Karl August Varnhagen von Ense schrieb 1808 aus Tübingen an seine Rahel:

Dienstag, am 15ten war hier Markt, bei unserem Speisewirt große Gesellschaft, fast lauter Jäger und Förster, schöne, ruhige, erfahrene Leute, gescheut und sicher, dabei mild und freundlich. Wir saßen unter ihnen bei Tisch, mein Nachbar zeichnete sich besonders aus, war früher Wachtmeister in österreichischen Diensten, und trug ein Ehrenband auf dem grünen Rock, sein Hut war ganz durchlöchert, ein Wilddieb hatte nach ihm geschossen, als er im Wald herumstrich. Er erzählte die Sache ganz einfach, die anderen hörten und sprachen verständig um ihn her, es kamen auch andere Geschichten vor, von Füchsen, die Menschen und Schafe angefallen und dergleichen. Mein Nachbar war schon öfters von Wilddieben geschossen worden, ich erschrak über die Infamie, daß diese braven Leute verpflichtet sind, den Wilddieben aufzupassen, wobei sie hundertmal ihr Leben wagen, nicht einmal zuerst schießen dürfen, wenn der Wilddieb auch sie angreifen will, und daß dennoch dieser, wenn er ergriffen wird, nur um 10 Gulden gestraft wird, wie unverhältnismäßig! es ist empörend! Damit wir recht in der Jägerei lebten, fügte es sich, daß ein Bauer einen ungeheuren Adler, der in der Gegend war geschossen worden, hereinbrachte, und vorzeigte, ein schönes, kräftiges Tier, die ausgebreiteten Flügel gaben eine Breite von sieben Fuß, die Augen waren noch nicht ganz erstorben, denn vor einer halben Stunde hatte er noch gelebt. Es war ein schöner Anblick, ich freute mich sehr![6]

Doch zurück in den Wald. Weil ich mich also auf den Weg gemacht hatte, fand ich auch mehr und mehr literarische Spuren. Nicht nur laubbedeckte Waldwege gibt's im Schönbuch, es führt durch ihn auch eine veritable Dichterstraße. Und wohl keiner, der heute von Tübingen nach Stuttgart über die B 27 rast, ist sich dessen bewußt. Eine uralte Handelsstraße, später als Schweizerstraße bezeichnet, denn die Kaufmannswagen, die von

Abb. 58: »Alte Post« in Waldenbuch (vor 1974). (Archiv der Stadt Waldenbuch.)

Frankfurt und Heilbronn über Stuttgart kamen, fuhren weiter in die Schweiz. Unterwegs gab es Stationen. Im Hirsch in Echterdingen etwa. Von dort überliefert ist der Abschiedsgruß, wenn man wieder aufbrechen mußte: »Wenn wir uns auf dieser Welt sonst nicht mehr sehen, im Hirsch zu Echterdingen treffen wir uns«. Nicht weniger berühmt die POST (Abb. 58) und die KRONE in Waldenbuch. Dort hat sich 1825 auf der Tischplatte Wilhelm Hauff verewigt. Der Wirt der KRONE behauptet, er habe als Bub das Zeichen von Goethe und Schiller im Holz noch entdeckt. Aber schon sein Großvater, der jetzt 120 Jahre alt wäre, habe nicht gewußt, wie alt die Tische seien.

Uhland erwähnt in seinem Tagebuch die Stadt Waldenbuch 15 mal. Unter dem 17. März 1811 etwa vermerkt er: »Besuch mit Mayer bei Kerners Rickele. Begleitung Mayers nach Waldenbuch mit seinem Bruder. Gespräch mit Rosa.« Immer wieder streifte der leidenschaftliche Wanderer und Uhland-Freund Karl Mayer durch den Schönbuch. Seine biedermeierlich anmutende Lyrik ist heute weitgehend vergessen. Als alter Mann schrieb er »Über die Schweizer Straße durch den Schönbuch«:

Waren es nicht noch in ihrer Art schöne Zeiten, als junge, rüstige, geisteslebendige Männer, wie der Tübinger Prokurator Schott und Uhland, es nicht verschmähten, den waldreichen, siebenstündigen Weg zwischen Stuttgart und Tübingen über Echterdingen und Waldenbuch und über die famosen sieben Berge zu Fuß zu machen, und ist es zu verwundern, wenn mich, der ich dieses Wegs auf gleiche Weise so oft in meinem Leben gewandert bin, noch später nicht selten die Sehnsucht anwandelte, diese nun so verlassene Straße in derselben Art noch einmal zu bewandern.[7]

Johann Wolfgang von Goethe schrieb am 7. September 1797 in sein Tagebuch:

Tübingen, den 7. September 1797.

Früh 5 1/2 von Stuttgart. Stieg nach Hohenheim. Weinbau fährt fort. Sandstein. Auf der Höhe schöne Allee von Obstbäumen. Weite Aussicht nach den Neckarbergen. Fruchtbau. Auf und ab durch Fruchtbau und Wald in der Nähe. Echterdingen, ein wohlgebaut heiter Dorf. Pappelallee. Wald. Wiesen. Trift. Der Weg geht auf und ab, quer durch die Täler, welche das Wasser nach dem Neckar zuschicken. Über Waldenbuch, das im Tale liegt, eine schöne Aussicht auf eine fruchtbare, doch hügelige und rauhere Gegend, mit mehrern Dörfern, Feldbau, Wiesen und Wald. Waldenbuch, artig zwischen Hügeln gelegner Ort, sehr gemischte Kultur, Wiesen, Feld, Weinberge, Wald. Ein herrschaftlich Schloß, Wohnung des Oberforstmeisters. Wir kamen um 8 1/2 an. Ähnliche Kultur bis Dettenhausen, doch rauher und ohne Weinberg. Weiber und Kinder brachen in Gesellschaften Flachs in der Gegend. Weiterhin wird es etwas flächer. Trift, einzelne Eichbäume. Schöne Ansicht der nunmehr nähern Neckarberge; Blick ins mannichfaltige Neckartal. Lustenau, gemischte Kultur, Wiese, Wald, Trift, Garten, Weinberg. Man sieht das Tübinger Schloß und Tübingen, eine anmutige Aue führt bis hinein.[8]

Bereits 1782 zog der Züricher Theologe und Schriftsteller Lavater diese Straße. Schiller im Sommer 1793 auf einer Reise nach Tübingen. Und auch Hölderlin, Mörike, Schwab, Waiblinger waren des öfteren auf der Schweizer Straße unterwegs. Von Uhland, Lenau und Kerner weiß man, daß sie unterwegs auf dieser Straße auch Gedichte schrieben. Uhland dichtete hier am 5. Juli 1814 die Einleitung zu »Graf Eberhard der Rauschebart«.

Lenau schrieb unmittelbar nach einer Wanderung durch den Schönbuch als einen Reiseeindruck den »Postillon«:

Lieblich war die Maiennacht,
Silberwölkchen flogen,
Ob der holden Frühlingspracht
Freudig hingezogen.

Schlummernd lagen Wies' und Hain
Jeder Pfad verlassen;
Niemand als der Mondenschein
Wachte auf der Straßen.

Leise nur das Lüftchen sprach
Und es zog gelinder
Durch das stille Schlafgemach
All' der Frühlingskinder.

Heimlich nur das Bächlein schlich,
Denn der Blüten Träume
Dufteten gar wonniglich
Durch die stillen Räume.[9]

Und 1809 wanderte Justinus Kerner wieder einmal auf der Schweizer Straße, diesmal auf dem Rückweg von Tübingen über Echterdingen nach Stuttgart. Bei diesem Anlaß entstand sein Wanderlied. Seinem Freund Uhland berichtet er:

Ich schlenderte darauf so meinen Gang weiter in einem ZickZack, ... und dichtete auch wirklich ein Wanderlied ... das Lied hatte bald darauf das Glück noch eh ich Stuttgardt erreichte (bekreuzigt euch ihr 7. Weisse Stuttgarts!) von einem Handwerkspurschen gekrönt ... zu werden. Zu Echterdingen schrieb ich es im Wirtshause für die LangeWeile auf und als ich weiter ging, sang ich es auf der Straße vom Blättchen nach eigner Melodie ab. Da kam ein Handwerkspursche die Straße her, der lief auf mich zu und bat mich sehr höflich: »Doch ihm diess Lied zu geben«. Da vergaß ich, daß es noch nicht gefeilt war und gab es vor den zehen Jahren der Feilung (Fäulung) in die Welt hinaus...[10]

Mit den *zehen Jahren* spielt Kerner auf die *rigorose Geduldanweisung des Horaz – »nonumque prematur in annum – und bis ins 9. Jahr muß sie verborgen bleiben«* an. So ganz ungefeilt will mir dieses Gedicht aber wahrlich nicht scheinen:

Wanderlied

Wohlauf noch getrunken
Den funkelnden Wein
Ade nun, ihr Lieben!
Geschieden muß sein.
Ade nun, Ihr Berge,
Du väterlich Haus!
Es treibt in die Ferne
Mich mächtig hinaus.

Die Sonne, sie bleibet
Am Himmel nicht stehn,
Es treibt sie, durch Länder
Und Meere zu gehn.
Die Woge nicht haftet
Am einsamen Strand,
Die Stürme, sie brausen
Mit Macht durch das Land.

Mit eilenden Wolken
Der Vogel dort zieht
Und singt in der Ferne
Ein heimatlich Lied.
So treibt es den Burschen
Durch Wälder und Feld,
Zu gleichen der Mutter,
Der wandernden Welt.

Da grüßen ihn Vögel
Bekannt überm Meer,
Sie flogen von Fluren
Der Heimat hieher;
Da duften die Blumen
Vertraulich um ihn,
Sie trieben vom Lande
Die Lüfte dahin.

Die Vögel, die kennen
Sein väterlich Haus:
Die Blumen einst pflanzt' er
Der Liebe zum Strauß,
Und Liebe, die folgt ihm,
Sie geht ihm zur Hand:
So wird ihm zur Heimat
Das ferneste Land.[11]

Betrachten wir die literarischen Spuren im Schönbuch, so fällt auf, vieles hat nur anekdotischen Charakter, ist von beiläufigem Wert. Hübsch etwa zu wissen, daß Heinrich Heine, der poetische Spötter, auf die vielen tausend Kubikmeter Stubensandstein aus Dettenhausen und Schlaitdorf anspielt, die an der Südseite des Kölner Doms verbaut wurden. In »Deutschland, ein Wintermärchen«, finden sich folgende beiden Strophen:

Er wird nicht vollendet, der Kölner Dom,
Obgleich die Narren in Schwaben
Zu seinem Fortbau ein ganzes Schiff
Voll Steinen gesendet haben.
Er wird nicht vollendet trotz allem Geschrei

Der Raben und der Eulen,
Die altertümlich gesinnt, so gern
In hohen Kirchtürmen weilen.[12]

Auch Uhlands Wohnhaus in der Tübinger Gartenstraße, das im Mai 1944 zerstört wurde, war ganz aus Sandstein erbaut. Ein vierspänniger und 32 zweispännige-Wagen, vollgeladen mit Bausteinen, kamen damals aus dem Schönbuch. Kommen wir nach Gültstein, so erfahren wir, daß sich dort im 18. Jahrhhundert die bedauernswerte Christine Müller in das Sonnenwirtle verliebt hat, den späteren Räuber Johann Friedrich Schwan aus Ebersbach. Friedrich Schiller berichtet über dieses tragische Leben in seiner Erzählung »Verbrecher aus verlorener Ehre« und Hermann Kurz greift die Geschichte auf in seinem Roman »Der Sonnenwirt«. Solch anekdotische Spuren gibt es auch im Norden, da wo der Schönbuch in den Glemswald übergeht, nördlich von Vaihingen und Sindelfingen, etwa in Leonberg und Umgebung. Schelling wurde 1775 in Leonberg geboren, Johannes Kepler legte dort 1583 das sogenannte Landexamen ab, Voraussetzung für die Aufnahme in das Evangelische Stift in Tübingen. Schillers Mutter Elisabeth Dorothea wohnte von 1796 bis 1801 im Leonberger Schloß. Und der Leonberger Bäckermeister Nast hatte eine Tochter Luise, diese verliebte sich bis über die Ohren in einen 18-jährigen Tübinger Studenten. Seine Besuche bei dem »herrlichen Mädchen« waren für ihn »die glücklichsten Zeiten..., all die seligen Stunden, die Stunden der feurigsten, süßesten Liebe«. Als man Abschied nehmen mußte, da » stürzten Tränen des bittersten Schmerzes aus den Augen«. Beide besangen ihre Liebe in Gedichten. Luise schrieb:

Es wechsle, wie sie will, die Zeit!
Es mögen ihre Jahre schwinden!
Nie wird sie unsere Zärtlichkeit,
oh bester Freund, verändert finden.
Drum keine Wünsch' und Schwüre heut'.
Denn unser Bund ist für die Ewigkeit![13]

Nicht weniger stürmisch und die Ewigkeit dieser Liebe beschwörend, die Verse des Tübinger Studenten:

Laß sie drohen die Stürme, die Leiden,
Laß trennen – der Trennung Jahre
Sie trennen uns nicht!
Sie trennen uns nicht!
Denn mein bist Du! Und über das Grab hinaus
Soll sie dauern, die unzertrennbare Liebe!
O! Wenn's einst da ist
Das große selige Jenseits,
Wo die Krone dem leidenden Pilger
Die Palme dem Sieger blinkt,
Dann Freundin – lohnet auch Freundschaft -
Auch Freundschaft – der Ewige.[14]

Ein Jahr später war diese ewige Liebe beendet zwischen der Bäckerstochter Luise aus Leonberg und dem Theologiestudenten Friedrich Hölderlin aus Tübingen. Im letzten Brief heißt es:

»Ich will Dich nicht binden, weil es ungewiß ist, ob jener mein ewiger Wunsch jemals erfüllt, ob jemals dieser – eben menschliche – Ehrgeiz befriedigt wird, ob ich also jemals ganz heiter, ganz froh und gesund werden kann. Und ohne dies würdest Du nie ganz glücklich mit mir sein.«[15]

Wie ein Verbannter in Siberien fühlte sich 1831 Eduard Mörike, der in Eltlingen, südlich von Leonberg, die Stelle eines Pfarrverwesers zu besorgen hatte. Neugierig fragen wir uns, wie wir uns am Rande des Schönbuchs ein solches Sibirien vorzustellen haben. Nun, in einem Brief an seine Verlobte Luise Rau, beschreibt uns der 27jährige Vikar und Dichter Mörike den Tagesablauf:

»Zwei kleine Mädchen bedienen mich, bald geschickt, bald ungeschickt; das Essen hab ich von einem hiesigen Förster, sehr gute wohlgewählte Speisen, reinlich und schmackhaft. Ich frühstücke und speiße meistens zu Haus. Der Morgen geht mit Arbeiten, mit Lesen, Phan-

tasieren, auch wohl mit ernsten und spaßhaften Selbstgesprächen hin. Nach Tisch, wenn die Herbstsonne einigermaßen erquicklich ist, sitz ich wohl eine halbe Stunde in der verwitterten Laube im Garten, oder kommt Mögling und wir spazieren in die Stadt; da seh ich denn zuweilen Dr. Lächler im Wirtshause und nehme gelegentlich Notiz von Allem was begegnet. – Das Abendessen nehm ich manchmal zur Abwechslung bei meinem Kostherrn: oder er besucht mich und ich muß dann ein Dutzend Jagdgeschichten anhören, deren Vortrag ziemlich verworren und in verstiegenem Styl vor sich geht, wobei ich selten etwas anderes zu tun habe als zuzuhören oder wenigstens die Miene anzunehmen. Gewöhnlich aber unterhält mich's ganz behaglich.«[16]

Ein recht behagliches Sibirien will mir scheinen, in das Mörike vom Oberkirchenrat für ganze 5 Monate verbannt wurde. Ach, hätte er uns doch des Försters Jagdgeschichten aufnotiert, so hätten wir, wer weiß, Schönbuchliteratur vom feinsten.

Eine knappe Reisestunde südlich von Eltlingen liegt das Dörfchen Warmbronn. Dort lebte von 1835 bis 1918 sein ganzes Leben lang der Bauer Christian Wagner, der oft als der Bauerndichter bezeichnet wurde. Der Titel seines ersten, 1884 erschienen Buches war: »Märchenerzähler, Bramahne und Seher«. So sah er sich und so, denke ich, ist er auch zu sehen. Natürlich war dieser eigene Kopf in seinem pietistisch geprägten Heimatort verkannt. Und so schreibt er auch:

Warmbronn ward mir Geburtsort, Heim kaum.
Geistig vereinsamt sucht ich in Liedern mir Trost und Erhebung.
Freudig besang ich Halmflure, Wiese und Wald
und den Berghang. (...)[17]

»Was soll man von einem Manne halten«, so schreibt Hans Dieter Musch, *»der seine Gänse an Altersschwäche sterben läßt und die älteste von ihnen, als sie blind wird und nicht mehr laufen kann, zum Futternapf trägt! Und der das alles tut, obwohl er bettelarm ist und mit seiner Familie kaum etwas zu beißen hat. So war er denn wohl auch weniger Bauer, als vielmehr Dichter und Schwärmer und Denker.«*[18]

Was so naturlyrisch anmuten mag, ist bei genauerem Hinhören ein viel modernerer Ton, einer, der weit in unser Jahrhundert hineinklingt, moderner als das meiste aus dem Repertoire Wagnerscher Zeitgenossen. Hier dichtet kein Bauer »mit unsicher tastendem, ästhetischem Streben, der« wie Hesse schreibt, »Verse gelesen hat und danach selber Verse zu machen versucht«. Christian Wagners Lyrik ist nicht betulich und nicht harmonisierend, sondern visionär, sie holt aus, will mehr, und das hier auf Erden. Sie ist utopisch und fordernd.

Großer Feierabend

Es wird dereinst auf Erden
Noch sein ein Ruhen:
Bei vollen Truhen
Sie schlafen werden.

Es wird dereinst auf Erden
Noch sein Genügen:
Aus vollen Zügen
Sie trinken werden.

Es wird dereinst auf Erden
Noch sein Gewähren:
In Königsehren
Sie thronen werden.

Es wird dereinst auf Erden
Nicht sein mehr Hoffen:
Den Himmel offen
sie schauen werden.[19]

Kein Jenseits wird intendiert, keine Vertröstung wird in wohldosierten Versen verabreicht, zur Linderung der schwermütigen Seele, sondern klare Forderungen werden formuliert:

Ich möchte eine Gemeinde gründen, deren Äcker und Wiesen Domänen des Zukunftsreiches wären, wie es meine wenigen wirklich schon sind. Eine Freistätte der Vertriebenen und Geächteten, ein Nährort der Armen und Verlassenen, wo weder Falle noch Feuerrohr, weder Gift noch Schlinge etwaige kleine Näscher bedroht, sondern wo Freude ist und Erquickung. Wo der Markstein stände gegen die Härte, den Undank und den Eigennutz der Menschen.[20]

Die Natur auch in ihrer historischen Dimension ist bei Christian Wagner ein Ganzes, und der Mensch darin als Teil hineinverwoben. Nicht sezierend, Staubfäden zählend, Nutzen und Schaden abwägend nähert sich Wagner »Schwabens heimatlicher Flur und seinen Blumen«. Er forscht nach dem Seelenleben und steht, so gesehen, einem Hopi-Indianer sehr viel näher als der deutschen Aufklärung und ihrem wissenschaftlichen Zugang zur Natur. Er ist sich im übrigen völlig bewußt, daß Dichten in schwäbischen Landen eigentlich Sache von Schulmeistern und Pfarrern ist, kurz von G'studierten. Doch scheint ihn das nicht sonderlich zu beeindrucken. Er schreibt: *»Wie ich dazu komme, als einfacher Landmann Gedichte zu schreiben, fragen mich die Leute. Ich weiß es selbst nicht, oder, richtiger gesagt: weil ich muß. Jede Blume erzählt mir ihre Geschichte und vollends wann ich durch den Wald gehe.«* Und so beschreibt er etwa einen Sommernachmittag auf einer Waldlichtung. Dabei gelingt ihm hellsichtig eine poetische Zusammensicht von Natur und Geschichte, von Leben und Tod:

Auf der Lichtung

Sommermittag auf dem Hochwald brütet,
Aber auf der Lichtung, treu behütet
Vom Geflechte dunkler Brombeerranken,
Wachen auf des Waldes Lichtgedanken.

Falter sind es, die so farbenprächtig,
Auf der Lichtung sonnig halb und nächtig,
Diese Brombeerblüten still umbeben,
Purpurdisteln geistergleich umschweben.

Sagt mir an, ihr stillen Geisterfalter
Auf der Lichtung: Wie viel Zeitenalter
Ihr im Banne laget bei den Toten,
Eh' ihr wurdet solche Wunderboten?[21]

Sicher, viele Dichter und Schriftsteller haben inzwischen Christian Wagner für sich entdeckt. Große Verdienste hat die Christian-Wagner-Gesellschaft, und viel getan haben kleine Verleger wie Ulrich Keicher und Jürgen Schweier. Christian Wagner ist mehr als nur ein Poet am Rande des Schönbuchs, und Karl Kraus wies zurecht darauf hin, daß es nicht viele Wunder in der deutschen Sprache gäbe, in der Art des Gedichts

Syringen

Fast überirdisch dünkt mich euer Grüßen
Syringen ihr, mit eurem Duft, dem süßen.
Nach Geisterweise weiß ich euch zu werten:
Ein Duftgesang er ist mirs von Verklärten.
Gott, wie ich doch in dieser blauen Kühle
Der Blumenwolke hier mich wohlig fühle!
Süß heimlich ahnend was hineinverwoben;
Wie fühl ich mich so frei, so stolz gehoben!
Ha, bin ichs selbst, des einstig Erdenwesen
Nun auch einmal zu solchem Glanz genesen?
Sinds meine Lieben, die, ach längst begraben,
In diesen Düften Fühlung mit mir haben?[22]

Hermann Hesse gab 1912 eine Auswahl von Gedichten Christian Wagners heraus. Dabei notierte er einleitend:

Er hat niemals unter Kollegen gelebt und niemals jene ironisierende Geringschätzung des Geistigen kennen gelernt, nie jene verzweifelnde Selbstkritik und Gemütsermüdung, die in unserer neuen Literatur so häufig geworden ist. Ihm war seine Begabung stets eine zwar ver-

einsamende, aber stolze Auszeichnung. Als Berufener und Seher ging er durch den heimatlichen Wald, im Innersten erfaßt von den Stimmen der Natur, die er mit empfindlichster Feinfühligkeit zu sich reden fühlte, während in seiner Umgebung niemand Ähnliches empfand.[23]

Christian Wagner war in seiner Welt und auch ganz von dieser Welt, aber er war nicht in seiner Zeit. Ganz Kind seiner Zeit dagegen war Wagners Zeitgenosse Wilhelm Christan Ganzhorn aus Sindelfingen. Bei ihm der bekannte Volksliedton, dazu gesellt sich die bereits angesprochene altwürttembergische Schwermut. So viel Traurigkeit in so wenig Vers:

Abendschein, letzte Stunde, letzter Gruß, Scheiden, herbstes Leiden, letzter Gang. Die Leute im Schönbuch haben das Gedicht »Stilles Tal« zu ihrem Lieblingslied erkoren.

Im schönsten Wiesengrunde ist meiner Heimat Haus;
da zog ich manche Stunde ins Tal hinaus.
Dich, mein stilles Tal, grüß ich tausendmal!
Da zog ich manche Stunde ins Tal hinaus.

Müßt aus dem Tal ich scheiden, wo alles Lust und Klang,
das wär mein herbstes Leiden, mein letzter Gang.
Dich, mein stilles Tal, grüß ich tausendmal!
Das wär mein herbstes Leiden, mein letzter Gang.

Sterb ich, in Tales Grunde will ich begraben sein;
singt mir zur letzten Stunde beim Abendschein:
›Dir, o stilles Tal, Gruß zum letztenmal!‹
Singt mir zur letzten Stunde beim Abendschein.[24]

Der schönste Wiesengrund, Heimat des Dichters, verwandelt sich durch poetische Phobie in ein todessehnsüchtiges Szenarium, ganz ähnlich übrigens, wie in Uhlands Gedicht über die Wurmlinger Kapelle. Bei Ganzhorn anfangs ein Tal, »wo alles Lust und Klang«, bei Uhland singt »bei Wies und Quelle froh und hell der Hirtenknab«. Doch ist Lust und Klang ausgesprochen, da dräut schon der letzte Gang. Ein »Gruß zum letztenmal«. In der bereits erwähnten Untersuchung über die höhere Neigung der Schwaben zur Melancholie schreiben die Autoren über die Bewohner im altwürttembergischen Gebiet: *»Sie besitzen ein Bedürfnis nach religiöser Erbauung. Schwerer als ihre Nachbarn können sie sich heiterem Lebensgenuß hingeben und neigen eher zu einer pessimistischen Lebensauffassung«.* Mir geht ein französisches Volkslied durch den Kopf, es besingt das Meer, das man entlang der hellen Bucht silbrig glänzend tanzen sieht, vom Sommerhimmel ist die Rede und von der Schäferin, die die Wölkchen am Himmel hütet und vom Meer als einem Liebeslied, das mein Herz wiegt ein Leben lang. Ein Wärmestrom geht aus von diesem französischen Chanson und vielleicht ist es mir eingefallen, weil zu viel morbide Feuchtigkeit aus dem schönsten Wiesengrund aufsteigt. Pardon also für die Abschweifung und schnell zurück in den Schönbuch. Ich sehe ja auch ein, er liegt nicht gerade am Meer, und es herrscht nicht alle Tage Freud und Sonnenschein. Doch ist Schwermut auch nicht die einzige Antwort auf ein *memento mori.* Man könnte sich durchaus auch auf ein *carpe diem* kaprizieren. Aber sagen Sie das mal einem *typus melancholicus suevicus.* Hermann Kurz schrieb vor 150 Jahren: *»Das Heimweh ist eine poetische Krankheit, welcher alle unterworfen sind, aber nirgends tritt sie so poetisch auf wie beim Schwaben.«*

Ich muß gestehen, je mehr ich unsere Gegend durchstreife auf der Suche nach literarischen Spuren, desto mehr ist auch zu entdecken. Da wird durchaus auch mal in Dialekt gedichtet. Keine große Lyrik zwar, aber die Bilder sind präzise, und der Grundton ist heiter, wie etwa in dem Gedicht »'s alt Bachhaus« von Gotthilf Otto Groß.

's alt Bachhaus stoht mittla em Flecka,
's ischt rueßech on schwarz on vorraucht.
Mr hot em Fleckle koan Becka,

Abb. 59: Schloß Hohenentringen, Sammlung Metz, Nr. 26001, 1906 (Haus der Geschichte, Baden-Württemberg)

bächt selber 's Brot, d' Kuacha on d' Wecka,
macht Mutschla, Seela on Schnecka.
dörrt Zwetschga, raischt Haber, bähnt Stecka!
Do siehscht, so a Bachhaus wurd braucht!

's alt Bachhaus stoht mittla em Flecka,
on wem mer no a'zend on's raucht,
kommet Kender vo älla Ecka,
grad dutzedweis, könntescht vorschrecka,
on hocket am Bachhaus wie d' Zecka,
on wellet vorsuecha on schlecka.
Do siehscht, so a Bachhaus wurd braucht.[25]

Immer nähren sich solche Geschichten im Dialekt aus der eigenen Anschauung. Hier trifft man durchaus noch auf den Erzählton der mündlich tradierten Literatur.

Aus dem lebendigen Weitersagen und aus erlebten Geschichten schöpfte auch die Schriftstellerin Ottilie Wildermuth. Schnörkellos erzählt sie die Geschichte der Urgroßmutter, die nach dem Tod ihres Mannes nach Hohenentringen zieht (Abb. 59).

Nun ist nicht zu fern von dem Ort, wo ihr Mann begraben liegt, ein freundliches Schlößchen, Hohenentringen genannt; es knüpfen sich keine ritterlichen Sagen an das einfache Gemäuer, das ohne vornehme Prätensionen von seiner Höhe niederschaut auf die schönen Kornfelder und Wiesen, die dazu gehören. Das Schlößchen, das kurz nach ihres Mannes Tod verkauft wurde, hat sich die Urgroßmutter zum Sitz erkoren. Das Haus war öde und unwohnlich, die Güter verwahrlost, die Ställe verdumpft, – vor dem Allem fürchtete sie sich nicht, das war recht das Element für ihren betriebsamen Geist.

Es war im Spätherbst, als sie abends mit ihrem zehnjährigen Töchterlein in dem Dörflein ankam, das am Fuß des Schloßbergs liegt. Sie wollte keine Nacht unter fremdem Dach schlafen, daher ließ sie das Mädchen unten, um oben die nötigsten Anstalten für ihr Nachtquartier zu treffen. Als sie spät vor Schlafengehen das Kind herauf holte, sagte ihr die: »Aber Mutter, die Bauern im Wirtshaus haben recht aufgeschaut, wie ich ihnen erzählt, daß Du einen ganzen Sack voll Geld mit hast.« – »Einfältiges Ding«, rief die Mutter ärgerlich, indem sie ihr für die unzeitige Renommage ein paar Ohrfeigen verabfolgte, »konntest du nichts Dummeres sagen? es ist ja gar kein Geld.« Das Töchterlein schwieg erschrocken und begriff nicht recht, warum sie dieser unerwartete Einschlag getroffen, während sie doch nur ihre Mama hatte in Ansehen bringen wollen.

Der Urgroßmutter war's bedenklich; sie schlief diese erste Nacht mit einer jungen Magd ganz allein im Schlößchen, da sie sich die übrige Dienerschaft aus dem Orte selbst herziehen wollte, und war so ganz schutzlos. Viel Lärm zum Voraus wollte sie nicht machen; als die Magd und das Kind schon im Schlaf lagen, suchte sie im Stillen nach einer Waffe, sie fand nichts Taugliches für ihren Zweck, als das Küchenbeil, das nahm sie denn an ihr Bett, das sie im großen Saal des Schlößchens, der nach vorn ging, hatte aufmachen lassen, und legte sich angekleidet schlafen, nachdem sie sich und ihr Kind in Gottes Hut befohlen.

Nach Mitternacht erwachte sie an einem leisen Geräusch, sie setzte sich auf und lauschte. Am Fenster wurde von außen ein Stück aus dem Laden geschnitten, durch die Öffnung kam eine Hand, der es gelang, das schlechtverwahrte Fenster von außen sachte aufzudrükken. Inzwischen hatte sich die Urgroßmuttrer leise erhoben, ging an's Fenster und führte mit ihrem Beil einen kräftigen Streich auf die besagte Hand; mit einem heftigen Schrei ward die schnell zurückgezogen, sie hörte einiges Geräusch wie von einer fallenden Leiter, dann ward's still. Nach einer Weile öffnete sie das Fenster, um hinabzusehen, ob kein Verwundeter drunten liege. Alles war leer und blieb still. So machte sie denn Licht, setzte sich auf's Bett und las in ihrer Bibel bis der Morgen anbrach.

Sie sprach kein Wort von dem nächtlichen Abenteuer, schickte aber bei Zeiten die Magd zu dem Wirt im Dorf, daß er ihr einen Taglöhner sende zum Abpacken ihrer Effekten. Die Magd brachte einen; der Thomas aber, meldete sie, zu dem sie der Wirt zuerst geschickt, der liege krank im Bett, er habe sich beim Holzhacken gestern Abend spät in die Hand gehauen. Die Urgroßmutter wußte nun, woran sie mit dem Thomas war, sie schwieg über die Sache, der Thomas wahrscheinlich auch; von Stund an blieb sie aber unangefochten auf ihrer kleinen Burg.[26]

Besonders beliebt im 19. Jahrhundert sind historische Ereignisse in Balladenform. So wird die Döffinger Schlacht von Uhland in Reimen geschlagen und der Verkauf von Burg und Stadt Tübingen an den Grafen von Württemberg im Ton einer Urkunde von Uhland 1847 notiert.

Der letzte Pfalzgraf

Ich Pfalzgraf Götz von Tübingen
Verkaufe Burg und Stadt
Mit Leuten, Gülten, Feld und Wald,
Der Schulden bin ich satt.

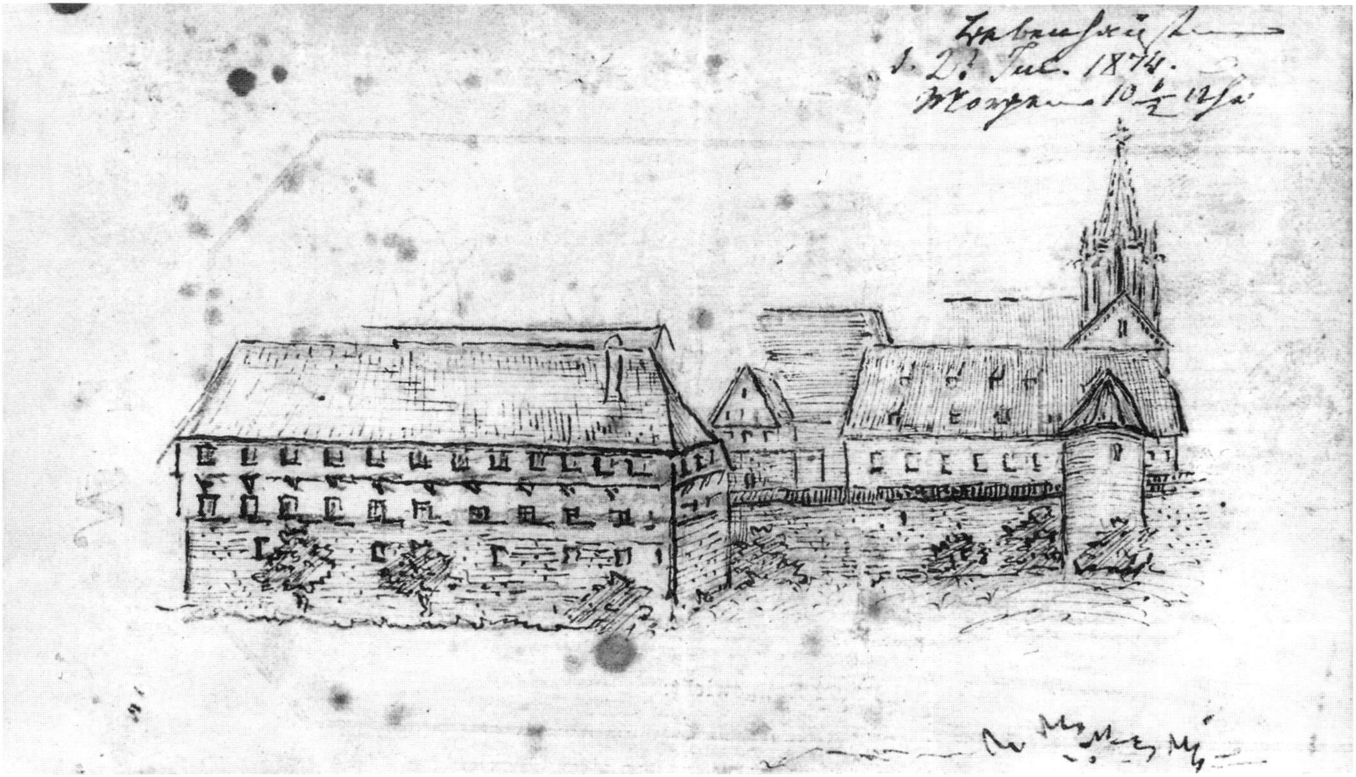

Abb. 60: Bebenhausen. Federzeichnung von Mörike, Nr. 233 (Schiller-Nationalmuseum Marbach)

Zwei Rechte nur verkauf ich nicht,
Zwei Rechte, gut und alt:
Im Kloster eins, mit schmuckem Turm,
Und eins im grünen Wald.

Am Kloster schenkten wir uns arm
Und bauten uns zugrund,
Dafür der Abt mir füttern muß
Den Habicht und den Hund.

Im Schönbuch, um das Kloster her,
Da hab ich das Gejaid,
Behalt ich das, so ist mir nicht
Um all mein andres leid.

Und hört ihr Mönchlein eines Tags
Nicht mehr mein Jägerhorn,
Dann zieht das Glöcklein, sucht mich auf!
Ich lieg am schatt'gen Born.

Begrabt mich unter breiter Eich
Im grünen Vogelsang
Und lest mir eine Jägermeß!
Die dauert nicht zu lang.[27]

Das Ambiente dieses Gedichts spiegelt weniger das 14. als vielmehr das romantische 19. Jahrhundert. *Dieses Gedicht*, so notiert Martin Katzmaier zurecht in seinen *Tübinger Spaziergängen, begründete eine wahre Be-*

benhausen-Romantik. So begeisterte sich der Schriftsteller Eduard Paulus über Bebenhausens wiedererstandene Pracht:

Wer aber heute durch die Forste des Schönbuchs dem einstigen Kloster zuwandert, findet die so lange öde gestandenen Räume durch die Huld eines hochherzigen und kunstsinnigen Königs in erneuter Schönheit, erfüllt mit kostbaren Kleinoden der Kunst und umgeben von sorgfältig gepflegten Baumwegen und Gärten, durch deren grünende Wipfel die ernsten und zarten Formen der zusammengedrängten Gebäude malerisch hindurchschauen. Und weiter heißt es: *»Schmale Wege führen an den vollen Bächen, die in kleinen Wasserfällen über Sandsteinbänke rauschen, empor in tiefe Stille, nur durchbrochen von den Stimmen der Waldvögel…, klimmt man südlich von Bebenhausen auf die Höhe, so verläßt uns bei Waldhausen der Wald und gibt wieder den Anblick der Albkette, des Neckartals und der Stadt Tübingen mit dem alten Pfalzgrafenschloß. Von der sonnigen Heide schaut man entzückt in die Weite der Welt und denkt kaum mehr zurück an das im waldigen Goldersbachtal versteckte Kloster.*[28]

Und damit wären wir am Südrand des Schönbuchs angekommen. Literarisch wie realiter im ehemaligen Zisterzienzerkloster Bebenhausen. Und plötzlich wird mir bewußt, daß ich doch vielleicht viel zu viel über die Literatur geredet habe, ganz gegen mein anfängliches Versprechen. Und so soll zum Schluß ein Dichter zu Wort kommen, der, so unstet er auch durch sein Leben wanderte, doch gerade hier in Bebenhausen ganz gerne den Urlaub noch verlängern wollte. Im Sommer und Herbst 1863 verbringt Eduard Mörike zusammen mit seiner Schwester Clara und seiner Tochter, dem Mariele, hier einen idyllischen Kururlaub. Für die zuhause gebliebene Frau entstand dabei ein Brieftagebuch, und da notiert der Feriengast:

Morgens mit einer Cigarre in die Ecke bei der Scheuer, bis uns die Sonne vertreibt. Mariele spielt mit der schwarzen Katze im Gras: »Ein gutmütiges Tier von großer Erfahrung und Menschenkenntnis«, wie Clara sagte. Spaziergang… Hierauf Verschiedenes in Klunzingers Büchlein und Wolffs Exzerpten zur Vorbereitung auf einen Besuch im Innern des Klosters nachgelesen, der aber wegen Abwesenheit des Schulmeisters wieder verschoben werden mußte. Den Schwäbischen Merkur nachgeholt. Im Garten nach Tisch den Ammoniten auf der Ecke des Mäuerchens ausgereinigt, wozu Mariele Wasser trägt… Große Schwüle der Luft; heftiges Gewitter; wir hörten bei der Bühnensteige unter dem Dach mit Lust dem Regen zu; zuletzt aber fielen haselnußgroße Kiesel, und man war um den Jaud und sein Vieh auf dem Felde besorgt. Nachher, in Folge des Unwetters, schöner Anblick der weißen Nebel, die sich in langen Schwaden um die Seegegend herziehn.[29]

Der fast 60jährige Mörike, seit fast 20 Jahren im Ruhestand, präsentiert sich hier als Bürger und Genießer und als Papa, der Zeit für's Töchterchen hat. Selbst kleine Dialoge und Fragen von Marie werden protokolliert: *»Papa, gell, der Unterschied von Homöopathisch und den anderen Arzneien ist nur wie katholisch und deutsch? Die Mutter ist katholisch und wir sind deutsch.«*

Aus seinen *Bildern aus Bebenhausen* strahlt uns die Wärme eines Sommers entgegen, der keine Hektik kennt und keine Eile. Da heißt es:

Mädchen am Waschtrog, du blondhaariges, zeige die Arme
Nicht und die Schultern so bloß unter dem Fenster des Abts!
Der zwar sieht dich zum Glück nicht mehr, doch dem artigen Forstmann
Dort bei den Akten bereits störst du sein stilles Konzept.

Drei Uhr schlägt es im Kloster. Wie klar durch die schwülige Stille
Gleitet herüber zum Waldrande mit Beben der Schall,
Wo er lieblich zerfließt, in der Biene Gesumm sich mischend,
Das mich Ruhenden hier unter den Tannen umgibt.

Bleistift nahmen wir mit und Zeichenpapier und das Reißbrett;
Aber wie schön ist der Tag! und wir verdürben ihn so?
Beinah dächt' ich, wir ließen es gar, wir schaun und genießen!
Wenig verliert ihr, und nichts wahrlich verlieret die Kunst.
Hätt' ich auch endlich mein Blatt vom Gasthaus an und der Kirche
Bis zur Mühle herab fertig gekritzelt – was ist's?
Hinter den licht durchbrochenen Turm, wer malt mir dies süße,
Schimmernde Blau und wer rundum das warme Gebirg'?
– Nein! wo ich künftig auch sei, fürwahr mit geschlossenen Augen
Seh' ich dies Ganze vor mir, wie es kein Bildchen uns gibt.[30]

Zum Schluß noch Mörikes Blick in das Sommerrefektorium in Bebenhausen:

Sommerlich hell empfängt dich ein Saal; man glaubt sich in einem
Dom; doch ein heiterer Geist spricht im Erhabnen dich an.
Ha, wie entzückt aufsteiget das Aug' im Flug mit den schlanken
Pfeilern! Der Palme vergleicht fast sich ihr luftiger Bau.
Denn vielstrahlig umher aus dem Büschel verlaufen die Rippen
Oben und knüpfen, geschweift, jenes unendliche Netz,
Dessen Felder phantastisch mit grünenden Ranken der Maler
Leicht ausfüllte; da lebt, was nur im Walde sich nährt:
Frei in der Luft ein springender Eber, der Hirsch und das Eichhorn;
Habicht und Kauz und Fasan schaukeln sich auf dem Gezweig.
– Wenn, von der Jagd herkommend, als Gast hier speiste der Pfalzgraf,
Sah er beim Becher mit Lust über sich sein Paradies.[31]

Und noch einmal stellt sich mir zum Schluß die Frage: Warum gibt es nicht noch viel mehr Literatur über diesen Wald? Vielleicht, weil es viele mit Bernhard von Clairvaux hielten und noch so halten:

Glaube mir, du wirst mehr in Wäldern finden als in Büchern; Bäume und Tiere werden dich lehren, was kein Lehrmeister dir zu hören gibt.

So hab ich's gelesen. Beim Spazierengehen hinein in den Schönbuch.

Anmerkungen

1 Justinus Kerner, »Das Bilderbuch aus meiner Knabenzeit« in: Ausgewählte Werke, Stuttgart 1981.

2 Johann Michael Hahn, Sendschreiben und Lieder, Tübingen 1841.

3 Joh. Mich. Hahn, Sendschreiben und Lieder, Tübingen 1841.

4 Ein Briefwechsel, 1909–1915 zwischen Chr. Wagner und H. Hesse. Begleitheft zum Marbacher Magazin 6/1977. Marbach am N.: Dt. Schillergesellschaft 1977.

5 Walter Hahn, Eine Wanderung durch den Schönbuch, Aalen, 1956, S. 137.

6 Aus: Rahel Varnhagen. Gesammelte Werke. Hrsg. von Konrad Feilchenfeld, Uwe Schweikert und Rahel E. Steiner. Bd. 4: Briefwechsel zwischen Varnhagen und Rahel 1808 – 1812. München 1983, S. 131 ff.

7 Walter Hahn, Eine Wanderung durch den Schönbuch, Aalen 1956.

[8] Goethes Werke, Bd. 34/1, Weimar 1902, S. 320ff.

[9] Lenaus Werke. Walter Dietze (Hrsg.) 2 Bde., Berlin/Weimar 1967.

[10] Marbacher Magazin 39/1986 Justinus Kerner.

[11] Marbacher Magazin 39/1986 Justinus Kerner.

[12] Heinrich Heine in: Schönbuch-Museum, Stein-Wald-Jagd. Hrsg. Schönbuch-Museum/ Ulrich Hägele,Tübingen 1992.

[13] Hans-Dieter Musch. Schönbuch und Gäu, Stuttgart 1976.

[14] Ebd.

[15] Ebd.

[16] Eduard Mörike, Werke und Briefe, Stuttgart 1900, Band 11.

[17] »Mein Heimatsort« in: Chr. Wagner »Blühender Kirschbaum«, Gedichte. Kirchheim/Teck 1995.

[18] Hans-Dieter Musch, Schönbuch und Gäu, Stuttgart 1976.

[19] Christian Wagner »Blühender Kirschbaum«, Kirchheim/Teck 1995.

[20] Ebd.

[21] Ebd.

[22] Ebd.

[23] Gedichte. Ausgewählt und eingeleitet von Hermann Hesse, Franfurt, 1980.

[24] Volkslied

[25] Hans-Dieter Musch, Schönbuch und Gäu, Stuttgart 1976.

[26] Ottilie Wildermuth »Die Urgroßmutter«. In: Bildern und Geschichten (1852). Stuttgart o.J.

[27] Ludwig Uhland, Ausgewählte Werke. Hrsg. Hermann Bausinger, München 1987.

[28] In: Martin Kazmaier, Tübingen Spaziergänge, Pfullingen 1977.

[29] E. Mörike. Bilder aus Bebenhausen, in: Sämtl. Werke, Bd. 1, 2. erw. Auflage, Stuttgart 1961.

[30] Ebd.

[31] Ebd.

Autoren

GAMER-WALLERT, INGRID, geboren in Lyck / Ostpreußen, Professor Dr.; Ägyptologin an der Universität Tübingen, Forschungsschwerpunkte im Bereich Kunst und Religion des Alten Ägypten sowie deren Einflußnahme auf andere Kulturen der damals bekannten Welt. Als Vizepräsidentin der Universität von 1990 bis 1994 Vorsitzende der Arbeitsgruppe »Studium generale« und Organisatorin mehrerer Ringvorlesungen des Studium generale, die allesamt beim Attempto Verlag Tübingen erschienen sind; u.a.: *Troja – Brücke zwischen Orient und Okzident*; *Tübingen. Eine Stadt und eine Universität* (mit G. Steffen); *Nähe und Ferne. Erlebte Geschichte im geteilten und vereinten Deutschland* (mit E. Blumenthal und G. Klinger).

GREES, HERMANN, geboren 1925, Dr. phil., Professor i.R.; Geographisches Institut der Universität Tübingen, Arbeitsgebiete: Regionale Geographie Mittel- und Westeuropas, Siedlungs-, Sozial- und Wirtschaftsgeographie, Historische Geographie. Veröffentlichungen: (Hrsg.:) *Der Schönbuch* (1969).

HONOLD, ANGELIKA, geboren 1954, Dr. rer. nat.; Biologie-Studium, Wissenschaftliche Angestellte der Universität Tübingen am Lehrstuhl für Spezielle Botanik/Mykologie, Tätigkeit in Forschung und Lehre, Arbeitsschwerpunkt ist die Ökologie holzbewohnender Pilze, insbesondere von Wurzel- und Stamm-Parasiten unserer Waldbäume.

KIESS, RUDOLF, geboren 1930, Dr. phil.; Studium der Fächer Geschichte, Latein, Englisch. Gymnasiallehrer und Schulaufsichtsbeamter, zuletzt bis 1992 Leiter der Abteilung Gymnasien im Oberschulamt Stuttgart. Publikationen und Vorträge zur Landesgeschichte, insbesondere Forstgeschichte.

KOTTKE, INGRID, geboren 1939, Dr. rer. nat. habil.; Wissenschaftliche Angestellte, Leiterin der Arbeitsgruppe Mykorrhiza am Lehrstuhl Spezielle Botanik / Mykologie der Universität Tübingen, Forschungsschwerpunkte: Entwicklung, Funktion und Ökologie der Pilz-Wurzel-Symbiosen von Waldbäumen.

KULZER, ERWIN, Dr. rer. nat., Professor i.R.; vormals Leiter der Abteilung Physiologische Ökologie am Zoologischen Institut der Universität Tübingen, Arbeitsschwerpunkte und Lehre: Anpassungen der Tiere an ihre Umweltbedingungen, Auswirkungen von Schadstoffen in aquatischen Ökosystemen, Grundlagenforschung zum Naturschutz.

LORENZ, SÖNKE, Dr. phil., Professor für Mittlere und Neuere Geschichte an der Universität Tübingen; als Direktor des Instituts für Geschichtliche Landeskunde und Historische Hilfswissenschaften hat er in Lehre, Forschung und Öffentlichkeitsarbeit weitgespannte Themen- und Aufgabenbereiche zu vertreten; das spiegelt sich auch in seinen Publikationen wider, die sich beispielsweise mit der Universitäts- und Bildungsgeschichte, der Hexen-Forschung, der Geschichte von Land und Herrschaft Württemberg, der mittelalterlichen Siedlungsgeschichte sowie diversen Feldern der vergleichenden Landeskunde beschäftigten.

MORRISSEY, CHRISTOPH, geboren 1961, Dr. phil., Archäologe; Studium der Vor- und Frühgeschichte und Musikwissenschaft, befristete Mitarbeit beim Landesdenkmalamt, zur Zeit freiberuflich tätig. Publikationen und Ausstellungen zur Archäologie, Landeskunde und Ortsgeschichte Baden-Württembergs.

OBERWINKLER, FRANZ, Professor Dr. rer. nat.; Studium der Biologie, Chemie und Geographie an der Universität München, Promotion 1965, Wissenschaftlicher Assistent an der Universität Tübingen 1965 bis 1967, anschließend an der Universität München, 1968 bis 1969 einjähriger Forschungsaufenthalt in Venezuela, seit 1974 Lehrstuhlinhaber für Spezielle Botanik / Mykologie an der Universität Tübingen und Direktor des Botanischen Gartens; Forschung: Systematik, Evolution und Ökologie der Pilze, besonders Koevolution mit Pflanzen, Biodiversität tropischer Basidiomyceten; mehrfache Forschungsaufenthalte in der Neotropis, in Japan und Taiwan.

REXER, KARL-HEINZ, geboren 1960, Dr. rer. nat.; Studium der Biologie (Botanik, Mikrobiologie, Pharmazeutische Biologie, Geologie) an der Universität Tübingen, Arbeitsgebiet: Mykologie mit den Schwerpunkten Systematik von Homobasidiomyceten, organismische Interaktionen und Ökologie von Pilzen, Forschungs- und Lehrtätigkeiten in Tübingen und Marburg.

SCHÖNTAG, WILFRIED, geboren 1942, Dr. phil., Honorarprofessor; Präsident der Landesarchivdirektion Baden-Württemberg, Stuttgart, archivfachliche, sphragistische, hoch- und spätmittelalterliche Kirchengeschichte, neue und neueste württembergische Verwaltungs- und Landesgeschichte betreffende Veröffentlichungen, Lehrauftrag für historische Hilfswissenschaften an der Universität Tübingen.

SCHOLKMANN, BARBARA, Professor Dr. phil.; seit 1994 Professorin für Archäologie des Mittelalters und Leiterin des Arbeitsbereichs Archäologie des Mittelalters am Institut für Ur- und Frühgeschichte der Universität Tübingen, davor wissenschaftliche Referentin beim Landesdenkmalamt Baden-Württemberg, Referat Archäologie des Mittelalters. Forschungsschwerpunkte: regionale Archäologie des Mittelalters, Archäologie der Kirchen und Klöster, archäologische Sachgutforschung, Glastechnologie des Mittelalters.

SETZLER, WILFRIED, geboren 1943, Dr. phil., Honorarprofessor an der Geschichtswissenschaftlichen Fakultät der Universität Tübingen, Verfasser und Herausgeber zahlreicher Schriften zur südwestdeutschen Landeskunde und Geistesgeschichte.

STOLL, PETER, geboren 1931, Diplom-Forstwirt, Forstpräsident i.R.; bis 1996 Leiter der Forstdirektion Tübingen, Präsident des Schwäbischen Albvereins e.V. Publikationen: Forstwirtschaft, Heimatkunde, Naturschutz, Landschaftspflege.

VOGEL, THOMAS, geboren 1947 in Sindelfingen; studierte Romanistik, Theologie und Kunstgeschichte in Tübingen und Heidelberg, 1980 Promotion, Lehrauftrag am Seminar für Allgemeine Rhetorik der Universität Tübingen, Leiter der Redaktion Kultur des SWR-Landesstudios Tübingen. Veröffentlichungen u.a.: Lieder, Gedichte, Kurzgeschichten und Essays, außerdem zahlreiche Funkfeatures und Hörspiele für den Südwestfunk; beim Attempto Verlag Herausgeber der Bände *Vom Lachen* (1992) und *Über das Hören* (^{2}1998), zusammen mit Gert Ueding Herausgeber des Bandes *Von der Kunst der Rede und Beredsamkeit* (1998).

»Die erste deutsche Biologin: Sie erkämpfte Ungewöhnliches.« Emma

Herausgegeben und
mit einem Vorwort versehen
von Gabriele Junginger.

Überarbeitete Neuauflage.
160 Seiten, br.
28.– DM / 204.– öS / 28.– sfr
ISBN 3-89308-286-7

Maria von Linden, die streitbar-engagierte Gräfin, 1869 auf Schloß Burgberg am Rande der Ostalb geboren, setzte sich mit aristokratischer Nonchalance über alle Erwartungen hinweg, die an eine junge Dame ihrer Zeit gerichtet wurden. Trotz des unzulänglichen Unterrichts an einer höheren Mädchenschule und trotz aller Hindernisse, die damals einer wissenschaftlichen Laufbahn von Frauen noch im Wege standen, erhielt sie schließlich nach langem Hin und Her 1892 die ausnahmsweise Zulassung zum Studium an der Tübinger »Männeruniversität«. Ihr Weg zum Dr. rer. nat., ihr ganzes Erinnerungsbändchen: ein unterhaltsames Kapitel schwäbischer Bildungsgeschichte, zudem ein wichtiges Dokument der Anfänge des Frauenstudiums in Deutschland.

»Die Erinnerungen der Doktorin mit dem flotten Hut: zur Lektüre sehr empfohlen.« **Rheinischer Merkur**

»Ein höchst lesenswertes Zeitdokument.« **Sudhoffs Archiv**

»Als im Hörsaal die spanischen Wände fielen: ein sehr schönes und lesenswertes Buch.« **Schwäbisches Tagblatt**

ATTEMPTO VERLAG · Tübingen · D-72070 Tübingen · Dischingerweg 5